《刑事犯罪案件侦查丛书》
编委会

主　任：陶驷驹
副主任：田期玉　万　海　史　进　朱恩涛　孙文玉
委　员（以姓氏笔画为序）
　　　王文治　冯志远　朱　明　朱全志　刘　奎
　　　张忠远　张大力　吴　杰　尚伟达　周　兢
　　　郑启文　祖建国　董长顺　熊　焰

《刑事犯罪办案指引丛书》编委会

主　任： 陈国庆

副主任： 苗生明　元　明　史卫忠　郑新俭　罗庆东

编　委：（按照姓氏笔画排序）

　　　　王文利　贝金欣　刘　辰　肖先华　劳　娃

　　　　张建忠　周惠永　曹红虹　黄　琳

刑事犯罪办案指引丛书

编委会主任：陈国庆

金融犯罪办案指引

贝金欣 / 主　编

JINRONG FANZUI

BANAN ZHIYIN

中国检察出版社

《金融犯罪办案指引》
主编及编写人员

本册主编： 贝金欣

编写人员：（按照姓氏笔画排序）

刘　涛　李长林　张美惠　陈　晨

胡春健

序　言

陈国庆*

2021年6月,《中共中央关于加强新时代检察机关法律监督工作的意见》印发,这是党的历史上首次就加强检察机关法律监督工作作出明确部署,为新时代检察工作高质量发展提供了根本遵循和科学指南,也为检察工作带来了新的发展机遇。刑事检察是检察机关最基本、最核心的业务,是履行检察机关法律监督职能,发挥检察机关在国家政治、经济、社会生活中保障法律实施作用的最为重要的方式和途径。新时代刑事检察工作应当深入学习贯彻党的十九大和十九届历次全会精神,全面落实习近平法治思想,探索具有中国特色、符合司法规律的创新发展之路。

随着检察工作的发展、司法责任制的落实、内设机构的调整、"捕诉一体"办案机制的确立,刑事检察队伍的结构发生了很大的变化,检察人员的能力素养与新形势下刑事检察工作的需要仍有差距。为加强刑事检察队伍"革命化、正规化、专业化、职业化"建设,努力打造"四个铁一般"的刑事检察铁军,最高人民检察院刑事检察部门有关同志组织编写了《刑事犯罪办案指引丛书》(以下简称丛书)。

---

* 陈国庆,最高人民检察院党组成员、副检察长。

丛书突出"专业性、分层次、针对性",集中解决各专业刑事办案领域中常见、多发、热点、新型犯罪的司法实务问题,立足检察机关批捕、起诉、监督工作一体化需要,兼顾法律职业共同体和学界需求,对重要罪名或类罪名,结合典型案例、法律规定,依据法律、政策、学理,进行深入分析、研讨,提示重点,提炼规则,提供有说服力的解决方案。

编写过程中,始终注意贯彻和体现本丛书的编写目的:

第一,立足检察,全面指引。丛书适应刑事检察专业化办案需要,融理论和实务、案例和法律、总则和分则、实体和程序、刑事法律和非刑事法律、定罪和量刑于一体,为办案工作提供全方位、多维度指引、帮助,实现"一卷在手、办案顺手"。

第二,立足办案,有的放矢。丛书紧贴办案工作,紧密结合不同领域、种类犯罪特点和司法实践,对办案工作中的重点、难点、热点问题,充分运用法律、原理、政策进行分析,提出解决方案;对相关的指导性案例、典型案例及相关法律作出梳理,提炼出切实管用的办案指引。

第三,立足实用,繁简得当。丛书摒弃大而全的刑法教科书模式,以问题为导向,打造精简、实用的刑事办案操作指南。对办案中的普遍困惑,结合学理通说给出权威观点,厘清问题,阐述本质;对办案中的争议问题,结合实践提出办案思路和倾向性观点,力求达致言之有理、持之有据,法理情相统一。

第四,立足指导,规范权威。力求以精干的作者团队确保丛书的高质量和指引借鉴价值。丛书由最高人民检察院第一、二、三、四检察厅等刑事检察部门领导、相关办案组主办检察官或高级检察官任分册主编。写作团队以高检院各专业办案组为主要作者,适当邀请地方检察机关司法实践经验丰富、研究能力强的检察官参与写作,经相关部门领导审稿后,由本书编委会审定。

新时代新理念新要求。希望丛书的出版能对刑事检察官的专业培训和自我学习提供有益参考,对检察系统内刑事领域高层次领军人才的培养挖掘提供交流平台,为全面提升法律监督质效,抓实刑事检察工作"质量建设年"起到积极作用。

2022 年 4 月

目 录

第一章 金融犯罪概述 …… 1

第一节 金融犯罪的构成要件 …… 3
一、犯罪客体 …… 3
二、客观方面 …… 8
三、犯罪主体 …… 11
四、主观方面 …… 13

第二节 金融犯罪办案理念和方法 …… 15
一、以正确理念对待金融创新活动 …… 15
二、运用"穿透式"认识方法实质判断行为性质 …… 16
三、围绕金融犯罪特点构建指控思路和证明体系 …… 17

第二章 伪造、变造金融票证罪办案指引 …… 21

第一节 伪造、变造金融票证罪概述 …… 23
一、立法沿革 …… 23
二、犯罪构成 …… 24
三、定罪量刑标准 …… 28

第二节 伪造、变造金融票证罪司法疑难问题 …… 30
一、银行结算凭证的认定 …… 30
二、"信用卡"及"空白信用卡"的认定 …… 31
三、主观目的的认定 …… 34

第三节 伪造、变造金融票证罪证据指引 …… 36
一、主要证据 …… 36

二、证据的审查判断 …………………………………………… 38

　第四节　相关案例评析 ………………………………………… 40

第三章　妨害信用卡管理罪办案指引 …………………………… 43

　第一节　妨害信用卡管理罪概述 ……………………………… 45

　　一、立法沿革 …………………………………………………… 45

　　二、犯罪构成 …………………………………………………… 46

　　三、定罪量刑标准 ……………………………………………… 49

　第二节　妨害信用卡管理罪司法疑难问题 …………………… 50

　　一、非法持有行为的认定 ……………………………………… 50

　　二、使用虚假的身份证明骗领信用卡行为的认定 …………… 54

　第三节　妨害信用卡管理罪证据指引 ………………………… 56

　　一、主要证据 …………………………………………………… 56

　　二、证据的审查判断 …………………………………………… 58

　第四节　相关案例评析 ………………………………………… 60

第四章　窃取、收买、非法提供信用卡信息罪办案指引 ……… 63

　第一节　窃取、收买、非法提供信用卡信息罪概述 ………… 65

　　一、立法沿革 …………………………………………………… 65

　　二、犯罪构成 …………………………………………………… 66

　　三、定罪量刑标准 ……………………………………………… 67

　第二节　窃取、收买、非法提供信用卡信息罪司法疑难问题 … 69

　　一、信用卡信息资料的认定 …………………………………… 69

　　二、骗取信用卡信息行为的评价 ……………………………… 70

　　三、罪名辨析 …………………………………………………… 70

　第三节　窃取、收买、非法提供信用卡信息罪证据指引 …… 72

　　一、主要证据 …………………………………………………… 72

　　二、证据的审查判断 …………………………………………… 73

第四节　相关案例评析……………………………………… 75

第五章　信用卡诈骗罪办案指引……………………………… 81

第一节　信用卡诈骗罪概述…………………………………… 83
　　一、立法沿革………………………………………………… 83
　　二、犯罪构成………………………………………………… 84
　　三、定罪量刑标准…………………………………………… 87

第二节　信用卡诈骗罪司法疑难问题………………………… 90
　　一、冒用他人信用卡在 ATM 机等网络终端上使用的认定……… 90
　　二、冒用他人网络支付账号交易的认定…………………… 93
　　三、恶意透支中"有效催收"及"催收后仍不归还"的认定…… 95
　　四、非法占有目的的判断…………………………………… 99

第三节　信用卡诈骗罪证据指引……………………………… 102
　　一、主要证据………………………………………………… 102
　　二、证据的审查判断………………………………………… 104

第四节　相关案例评析………………………………………… 108

第六章　骗取贷款、票据承兑、金融票证罪办案指引……… 115

第一节　骗取贷款、票据承兑、金融票证罪概述…………… 117
　　一、立法沿革………………………………………………… 117
　　二、犯罪构成………………………………………………… 118
　　三、定罪量刑标准…………………………………………… 122

第二节　骗取贷款、票据承兑、金融票证罪司法疑难问题…… 124
　　一、"其他金融机构"的范围………………………………… 124
　　二、欺骗手段的认定………………………………………… 127
　　三、金融机构有无"陷入错误认识"的影响……………… 129
　　四、损失的认定……………………………………………… 131
　　五、"有其他特别严重情节"的适用………………………… 133

第三节 骗取贷款、票据承兑、金融票证罪证据指引 ········· 135
一、主要证据 ········· 135
二、证据的审查判断 ········· 136

第四节 相关案例评析 ········· 138

第七章 贷款诈骗罪办案指引 143

第一节 贷款诈骗罪概述 ········· 145
一、立法沿革 ········· 145
二、犯罪构成 ········· 146
三、定罪量刑标准 ········· 147

第二节 贷款诈骗罪司法疑难问题 ········· 149
一、贷款诈骗罪数额的认定 ········· 149
二、单位实施贷款诈骗的处理 ········· 149
三、金融机构工作人员共犯的处理 ········· 150
四、非法占有为目的的判断 ········· 151

第三节 贷款诈骗罪证据指引 ········· 154
一、主要证据 ········· 154
二、证据的审查判断 ········· 156

第四节 相关案例评析 ········· 157

第八章 非法吸收公众存款罪办案指引 163

第一节 非法吸收公众存款罪概述 ········· 165
一、立法沿革 ········· 165
二、犯罪构成 ········· 167
三、定罪量刑标准 ········· 168

第二节 非法吸收公众存款罪司法疑难问题 ········· 169
一、非法吸收公众存款罪的立法目的 ········· 169
二、非法吸收公众存款事实的基本特征 ········· 172

三、变相非法吸收公众存款的认定 …………………………… 177
　　　四、单位犯罪的处罚 …………………………………………… 180
　　　五、违法性认识有无的影响 …………………………………… 182
　　　六、犯罪数额的认定 …………………………………………… 183
　　　七、积极退赃退赔政策的把握 ………………………………… 184
　第三节　非法吸收公众存款罪证据指引 ……………………………… 186
　　　一、主要证据 …………………………………………………… 186
　　　二、证据的审查判断 …………………………………………… 191
　第四节　相关案例评析 ………………………………………………… 195

第九章　集资诈骗罪办案指引 ……………………………………… 207
　第一节　集资诈骗罪概述 ……………………………………………… 209
　　　一、立法沿革 …………………………………………………… 209
　　　二、犯罪构成 …………………………………………………… 210
　　　三、定罪量刑标准 ……………………………………………… 212
　第二节　集资诈骗罪司法疑难问题 …………………………………… 213
　　　一、非法占有目的的认定方法 ………………………………… 213
　　　二、集资诈骗数额的认定 ……………………………………… 216
　第三节　集资诈骗罪证据指引 ………………………………………… 218
　　　一、主要证据 …………………………………………………… 218
　　　二、证据的审查判断 …………………………………………… 219
　第四节　相关案例评析 ………………………………………………… 223

第十章　欺诈发行证券罪办案指引 ………………………………… 233
　第一节　欺诈发行证券罪概述 ………………………………………… 235
　　　一、立法沿革 …………………………………………………… 235
　　　二、犯罪构成 …………………………………………………… 237
　　　三、定罪量刑标准 ……………………………………………… 239

第二节　欺诈发行证券罪司法疑难问题 …………………… 241
　　　　一、证券的范围 ……………………………………………… 241
　　　　二、发行文件的范围 ………………………………………… 243
　　　　三、欺诈发行证券行为的认定 ……………………………… 245
　　　　四、欺诈发行数额的认定 …………………………………… 246

　　第三节　欺诈发行证券罪证据指引 ……………………………… 248
　　　　一、主要证据 ………………………………………………… 248
　　　　二、证据的审查判断 ………………………………………… 249

　　第四节　相关案例评析 …………………………………………… 252

第十一章　违规披露、不披露重要信息罪办案指引 ………… 257

　　第一节　违规披露、不披露重要信息罪概述 …………………… 259
　　　　一、立法沿革 ………………………………………………… 259
　　　　二、犯罪构成 ………………………………………………… 262
　　　　三、定罪量刑标准 …………………………………………… 265

　　第二节　违规披露、不披露重要信息罪司法疑难问题 ………… 267
　　　　一、财务会计报告和其他重要信息的认定 ………………… 267
　　　　二、本罪的处罚范围 ………………………………………… 269
　　　　三、罪名辨析 ………………………………………………… 270

　　第三节　违规披露、不披露重要信息罪证据指引 ……………… 273
　　　　一、主要证据 ………………………………………………… 273
　　　　二、证据的审查判断 ………………………………………… 275

　　第四节　相关案例评析 …………………………………………… 276

第十二章　内幕交易、泄露内幕信息罪办案指引 …………… 285

　　第一节　内幕交易、泄露内幕信息罪概述 ……………………… 287
　　　　一、立法沿革 ………………………………………………… 287
　　　　二、犯罪构成 ………………………………………………… 289

三、定罪量刑标准 ································ 294
　第二节　内幕交易、泄露内幕信息罪司法疑难问题 ············ 295
　　　一、内幕信息的认定 ································ 295
　　　二、内幕信息敏感期的认定 ·························· 296
　　　三、违法所得的计算 ································ 297
　第三节　内幕交易、泄露内幕信息罪证据指引 ················ 302
　　　一、主要证据 ······································ 302
　　　二、证据的审查判断 ································ 303
　第四节　相关案例评析 ···································· 308

第十三章　利用未公开信息交易罪办案指引 ·············· 315
　第一节　利用未公开信息交易罪概述 ························ 317
　　　一、立法沿革 ······································ 317
　　　二、犯罪构成 ······································ 318
　　　三、定罪量刑标准 ·································· 321
　第二节　利用未公开信息交易罪司法疑难问题 ················ 323
　　　一、未公开信息范围的认定 ·························· 323
　　　二、"情节特别严重"的适用 ························ 324
　第三节　利用未公开信息交易罪证据指引 ···················· 326
　　　一、主要证据 ······································ 326
　　　二、证据的审查判断 ································ 327
　第四节　相关案例评析 ···································· 329

第十四章　操纵证券、期货市场罪办案指引 ·············· 339
　第一节　操纵证券、期货市场罪概述 ························ 341
　　　一、立法沿革 ······································ 341
　　　二、犯罪构成 ······································ 343
　　　三、定罪量刑标准 ·································· 346

第二节　操纵证券、期货市场罪司法疑难问题 ……………… 350
一、交易型操纵的认定 ……………………………………… 350
二、信息型操纵的认定 ……………………………………… 354
三、兜底条款的认定原则 …………………………………… 359
四、合法交易和非法操纵的区分 …………………………… 360

第三节　操纵证券、期货市场罪证据指引 …………………… 362
一、主要证据 ………………………………………………… 362
二、证据的审查判断 ………………………………………… 364

第四节　相关案例评析 …………………………………………… 367

第十五章　洗钱罪办案指引 ……………………………………… 375

第一节　洗钱罪概述 ……………………………………………… 377
一、立法沿革 ………………………………………………… 377
二、犯罪构成 ………………………………………………… 380
三、定罪量刑标准 …………………………………………… 382

第二节　洗钱罪司法疑难问题 …………………………………… 383
一、上游犯罪的范围 ………………………………………… 383
二、犯罪所得及其产生的收益的认定 ……………………… 384
三、洗钱行为的界定 ………………………………………… 386
四、自洗钱的处罚原则 ……………………………………… 388
五、他洗钱行为人的主观认识 ……………………………… 389
六、他洗钱和上游犯罪共犯的区分 ………………………… 391

第三节　洗钱罪证据指引 ………………………………………… 393
一、主要证据 ………………………………………………… 393
二、证据的审查判断 ………………………………………… 395

第四节　相关案例评析 …………………………………………… 397

附　录 ·· 403
　　附录一　金融犯罪主要立法解释、司法解释索引 ···················· 405
　　附录二　最高人民法院、最高人民检察院金融犯罪指导性
　　　　　　案例索引 ··· 407

第一章

金融犯罪概述

金融是现代经济的核心，金融安全是国家安全的重要组成部分。防范和化解金融风险特别是防止发生系统性金融风险，是金融工作的根本性任务。在防范化解金融风险中，刑事追究是最严厉的手段，也是最后的手段。改革开放后，随着我国金融市场的发展，金融刑法体系也不断健全完善。1979年刑法第二编第三章破坏社会主义经济秩序罪中，只有2个条文涉及金融犯罪，[①]这与当时计划经济条件下金融活动不活跃是相适应的。1995年6月30日，第八届全国人民代表大会常务委员会第十四次会议通过《关于惩治破坏金融秩序犯罪的决定》，系统地规定了惩治金融犯罪的刑法条款。1997年刑法全面吸收了该决定，第二编第三章在第四节规定了破坏金融管理秩序罪、在第五节规定了金融诈骗罪，[②]加上妨害对公司、企业的管理秩序罪中涉及上市公司相关罪名，以及1998年12月29日全国人民代表大会常务委员会第六次会议通过的《关于惩治骗购外汇、逃汇和非法买卖外汇犯罪的决定》（唯一的单行刑法）和1997年刑法出台后历次修正案关于金融罪名的修订条款，共同形成了较为完整的金融刑法体系。

第一节　金融犯罪的构成要件

一、犯罪客体

犯罪客体，是指我国刑法所保护而为犯罪行为所侵犯的社会关系。这里的社会关系，实质上表现为对刑法所欲保护的利益——法益。正如学

[①] 其中，第122条规定了伪造货币、贩运伪造货币罪，第123条规定了伪造支票、股票、有价证券罪。

[②] 另外，第三节妨害对公司管理秩序罪中涉及证券发行、交易相关犯罪和第八节扰乱市场秩序罪中涉及非法经营金融业务活动等也属于广义上的金融犯罪。

者所言，犯罪的本质是侵害法益，刑法的目的是保护法益。①

准确认识具体金融犯罪的客体，是正确适用相关刑法条文的价值基础。适用刑法需要解释刑法，解释刑法有诸多方法，如文义解释、历史解释、体系解释、目的解释等，运用不同的解释方法得出的结论可能有所不同，在不同的结论间必须确定一个妥当的解释结论，就需要明确妥当的法律解释的最终目标只能是：探求法律在今日法秩序的标准意义，而历史上的立法者的规定意向及其具体的规范想法，只能作为确定法律在法秩序上的标准意义的有益补充。②衡量解释结果正当与否的标准，只能是与时间一齐演进的客观精神。刑法所欲保护的社会关系，体现了刑法的立法目的，了解法条的目的何在，也就要了解值得法条保护的法益是什么。③因此，这一标准就是立法目的，立法目的构成了解释法律的价值基础。解释刑法条文，必须立足于相关条文的立法目的——刑法所欲保护的社会关系客体或者说刑法所欲保护的法益。它无论对立法还是解释都具有指导作用。破坏金融管理秩序罪和金融诈骗罪所侵犯的客体或者法益，首先体现在对金融管理秩序的破坏上。其中，金融诈骗罪在破坏金融管理秩序的同时，还表现出财产犯罪的特征。

（一）破坏金融管理秩序罪

破坏金融管理秩序罪首先侵犯的是国家金融管理秩序。金融管理秩序相对抽象，可以结合以下三个方面进行具体化。

首先，结合金融监管的目的具体把握金融管理秩序。世界各国对金融业务都实施强监管，其根源在于金融活动天生具有风险，其中信用风险是最根本的风险。金融风险会在不同金融机构、不同金融市场之间相互传导，一旦防控不当容易诱发系统性风险，导致金融体系的全面崩溃。防控

---

① 参见张明楷：《法益保护与比例原则》，载《中国社会科学》2017年第7期。客体和法益两者本质上具有共通性，尽管理论上存在不同观点，本书在使用时不作区分。

② 参见〔德〕卡尔·拉伦茨：《法学方法论》，陈爱娥译，商务印书馆2003年版，第199页。

③ 参见张明楷：《避免将行政违法认定为刑事犯罪：理念、方法与路径》，载《中国法学》2017年第4期。

系统性金融风险,成为各个国家金融监管的根本目的。针对一个时期金融风险的特征,各个国家都在探索最有效的金融监管方式,以更好地防范系统性金融风险。比如,2008年金融危机后,各国金融监管部门日益强调"双峰监管",即审慎监管和行为监管,审慎监管又细分为宏观审慎监管和微观审慎监管,分别对应防范系统性风险和防范金融机构的个别风险对金融系统稳定性造成的影响;行为监管的主要目标则是保护金融消费者的合法权益。[1]因此,金融犯罪最终表现为对具体的金融机构或者金融消费者利益造成现实危险或者具体危害。以非法吸收公众存款罪为例,之所以《防范和处置非法集资条例》将未经依法批准的吸收公众存款行为予以禁止,刑法又将非法吸收公众存款行为规定为犯罪,其原因在于非法吸收公众存款行为脱离监管,存在严重的信用风险,对集资参与人的资金安全乃至社会稳定造成危害。有的观点认为,按照法益保护的原理,行为人必须是将吸收的存款用于信贷目的,即吸收存款后再发放贷款,才有可能构成非法吸收公众存款罪,才可能对合法的金融机构即银行正常发放贷款这一业务的开展有冲击、有影响,才能危及金融秩序。[2]这一观点失之偏颇,片面地将金融秩序等同于合法金融机构业务的正常开展,而不是从防范金融信用风险的角度来理解金融秩序,不当地限缩了非法吸收公众存款罪的适用范围。实际上,近年来陆续"爆雷"的涉网络借贷平台非法吸收公众存款案件,其对人民群众合法权益造成严重社会危害,就是因为这些非法金融活动主体的信用风险逃避监管、缺乏监管。这些非法集资活动不乏将集资资金用于自身经营活动的情形,但仍以非法吸收公众存款罪追究,不是因为其影响了银行业务的开展,而是因为这种非法金融活动本身具有严重的社会危害性。也正是由于金融风险的复杂性、多元性、传染性等特点,出于防范金融风险的考虑,刑法将部分破坏金融管理秩序犯罪规定为危险犯,如非法吸收公众存款罪、违法发放贷款罪等,不要求犯罪行为造成实际危害,这类犯罪行为一旦实施,金融风险就随之形成,即使没有给集资参与人或者金融机构造成实际损失,原则上仍然需要受到刑事追究。

---

[1] 参见吴云、张涛:《危机后的金融监管改革:二元结构的"双峰监管"模式》,载《华东政法大学学报》2016年第3期。

[2] 参见周光权:《"刑民交叉"案件的判断逻辑》,载《中国刑事法杂志》2020年第3期。

这是因为，这类行为一旦施行就形成了风险，如果造成实际危害，损失往往难以全部弥补，有的甚至会诱发系统性风险，只惩治结果犯无助于有效防范化解风险，必须把关口前移。

其次，结合相应金融行政管理法律规定把握金融管理秩序。随着金融市场的发展，分工越来越精细，每一类型的金融活动涉及的具体社会关系各不相同，都具有各自的风险特征，并受到相应领域的法律、行政法规的专门规范。这些金融法律规定所保护的特定社会关系，也是刑法相应罪名所需要保护的社会关系。刑法在规定破坏金融管理秩序罪的构成要件时，也大多以违反国家规定、违反规定、非法等作为必要条件。因此，准确把握涉及证券、银行、保险等破坏金融管理秩序罪侵犯的客体，就需要结合证券法、商业银行法、保险法等行政法律规定进行判断。对于没有违反行政法律规定的行为，一般不能追究刑事责任。

最后，结合行为的具体危害把握金融管理秩序。对于金融管理秩序的理解，不能从形式上进行宽泛的解释。有的观点认为，只有当某种公法益与个人法益具有同质性，能够分解或者还原成个人法益，是促进人类发展的条件且具有重要价值时，才是值得刑法保护的法益，侵害行政管理秩序的行为即使在行政法上被侵害了公法益，但如果没有最终侵害个人法益的，就只是行政违法行为。[1] 此种观点具有一定的借鉴意义，但具体到不同罪名中，究竟侵犯了个人法益还是秩序法益，也会产生不同认识。总体上，金融管理秩序不是抽象的，是与金融风险密切相关的，每一个罪名构成要件不同，其对金融管理秩序的破坏方式、危害程度、表现形式也有所不同，需要具体把握。既不能过于宽泛地解释为破坏金融管理秩序，导致对社会关系理解的泛化，影响解释的准确性；又不能将金融犯罪行为完全脱离与金融管理秩序之间的关系，导致对社会关系的理解过度限缩，不利于金融风险的防范化解。

（二）金融诈骗罪

金融诈骗侵犯的是复杂客体，包括国家正常的金融管理秩序和公私

---

[1] 参见张明楷：《避免将行政违法认定为刑事犯罪：理念、方法与路径》，载《中国法学》2017年第4期。

财产的所有权。鉴于刑法将金融诈骗罪从诈骗罪中剥离出来独立规定为犯罪，适用时应当关注金融诈骗罪破坏金融管理秩序的客体特征，该特征构成了与其他诈骗犯罪的本质区别。

有的观点把金融诈骗罪解读为保护金融机构财产的犯罪，甚至进而质疑过度保护金融机构的正当性基础，这显然是片面地理解了金融诈骗犯罪的客体，仅从诈骗罪的客体特征解释金融诈骗罪。也有观点认为，现有的以金融管理秩序为基础的"秩序法益观"，本身就是过时的管制性金融体系的产物，不仅无助于金融诈骗罪从财产犯罪的模式中跳脱出来，反而使其在财产犯罪的方向上越走越远。[1] 这一观点似乎将金融管理秩序等同于金融管理权力，进而延伸为保护金融机构的垄断性利益。如前所述，对于金融管理秩序的理解，需要与金融监管的目的——防范金融风险紧密结合起来，之所以将破坏金融管理秩序作为金融诈骗罪的客体，是因为金融诈骗行为不仅侵犯了金融机构、投资人的财产权，而且还存在诱发金融风险的危险，因此需要作出特殊规定。这既不是对金融机构财产权的特别保护，也不是对金融监管权力的保护，归根结底还是出于防范金融风险的目的。也有学者指出，金融诈骗罪主要保护的是金融市场运作机制中涉及防范逆向选择现象的组成部分，金融机构的财产权益只是保护相应的运行机制产生的附随效果，之所以防范逆向选择，主要是因为逆向选择会增大发生风险的可能性，[2] 本质上这也属于防范金融风险的立场。

金融诈骗罪同时具有诈骗罪的基本特征，是否侵犯了金融管理秩序这一法益，是区分金融诈骗罪和普通诈骗罪的关键，这对于准确适用金融诈骗罪具有重要指引作用。一方面，对于没有实质侵犯金融管理秩序的诈骗，不能作为金融诈骗罪处理。比如，一些普通诈骗案件中，有的不法分子以投资期货、外汇之名实施诈骗行为，骗取被害人投资款，实际并未从事相关期货、外汇业务，或者自己制造一个"虚拟盘"欺骗投资者，完全属于诈骗的一种"噱头"，该行为尚不涉及侵犯金融管理秩序，而属于一般的侵犯财产安全的行为，通常以诈骗罪处理。另一方面，刑法规定的金

---

[1] 参见劳东燕：《金融诈骗罪保护法益的重构与运用》，载《中国刑事法杂志》2021年第4期。

[2] 参见劳东燕：《金融诈骗罪保护法益的重构与运用》，载《中国刑事法杂志》2021年第4期。

融诈骗罪，有的从保护金融管理秩序的立法目的出发，对金融诈骗的情形作了专门规定。构成金融诈骗罪，必须符合刑法规定的特定构成要件。比如，《刑法》第194条规定了票据诈骗罪的五种情形，没有规定兜底条款，其余利用票据进行诈骗的行为，便不构成票据诈骗罪，但可能构成合同诈骗罪或者诈骗罪；《刑法》第198条规定了保险诈骗罪的五种情形，也没有规定兜底条款，而且将主体限定于保险合同中的投保人、被保险人、受益人等，不符合规定情形的利用保险合同进行诈骗的行为，便不构成保险诈骗罪。

二、客观方面

（一）实施刑法规定的破坏金融管理秩序行为

金融业务种类复杂，新型业态不断出现，分别受到不同金融法律的调整规范，对应不同的刑法罪名。由于金融犯罪大多属于法定犯，刑法条文使用了大量金融专业术语，对于具体行为性质的认定，需要结合金融活动的基本常识和金融行政管理法规予以认定。有的直接要求根据相应的行政法律规定来确定，如《刑法》第180条内幕交易、泄露内幕信息罪中规定"内幕信息"的范围，依照法律、行政法规的规定确定。有的刑法虽然没有明确规定，但适用时仍需根据行政法律规定来确定，以与民法、行政法等其他部门法的认定保持一致，维持法秩序的统一性。比如，保险诈骗罪中的"保险标的""保险事故"，违法票据承兑、付款、保证和票据诈骗中的"票据""承兑""付款""保证"，骗购外汇罪、逃汇罪中的"外汇"等，都需要结合相关金融管理法律规定进行解释，不能只根据刑法条文本身自行作出解释。也可以说，金融法律规定的定义实则划定了相关条文的文义可能范围。对于金融管理法律规定未作明确规定的，也需要根据相关规定和金融常识进行判断，比如"金融机构"等规范要素，没有专门的规定，但刑法解释仍要与金融行政监管的认识保持一致性。

此外，还必须认识到，任何一个时期的金融法律规定都不可能面面俱到、毫无漏洞，有时还会滞后于金融市场的改革发展，刑法尤是如此。为此，更需要结合金融监管实际对现行有效的刑事法律规定进行妥当解释。一是用发展的眼光看待刑法条文。在欣欣向荣的金融市场,新的金融业务、金融名词不时出现。我国的刑法制定于1997年,当时的金融市场与今日的金融市场不可同日而语,为了适应经济社会发展,有的通过刑法修正案对相关条文表述进行了修改,从历次刑法修正案来看,金融罪名修改的频次较高;有的则仍保持原样。无论是否经历过修改,刑法条文中的金融概念的内涵和外延都不能停留于1997年,而是需要通过不断修改完善的金融法律规定,确定刑法条文相关金融概念的适用范围。不断演进中的金融法律规定,就是解释刑法条文中相关金融术语的根据。二是用穿透的眼光适用刑法条文。金融业务虽然相对有限,但是金融市场中的金融活动表现形式却千变万化,根据金融法律规定认定犯罪事实,不是机械地套用,而需要运用穿透的眼光,透过表象看实质,准确认定相关行为的金融业务属性。

(二)相关行为客观上具有违法性

破坏金融管理秩序罪是典型的法定犯,惩治此类犯罪的主要目的在于实现行政规制、经济管理目的。因此,法定犯最典型的形式特征是:必须同时具备行政违法性和刑事违法性,行政违法性是违法性的基础,刑事违法性是违法性的实质。金融犯罪的构成要件多数包含"非法""违反国家规定""未经国家主管部门批准"等要件,这些犯罪属于法定犯的范畴。

对于此类法定犯,在运用司法三段论时,需要首先明确涉案金融活动的性质,检索到相应的金融法律规定,才能根据相关的金融法律规定进一步判断其是否非法。只有违反金融行政管理法律规定的行为,才具有破坏金融管理秩序的社会危害。如果没有进行检索就认为法无禁止即可为,或者检索后错误归类,都可能导致法律适用错误。

除了法定犯之外,在涉及欺诈行为的破坏金融管理秩序犯罪和金融诈骗犯罪,本质上仍属于自然犯的范畴。这是因为,欺诈犯罪的非法性主要体现在欺诈行为上,而欺诈行为当然具有反社会、反道义的性质,刑法通常不需要专门单独规定违法性要件,只要刑法规定为犯罪的,就不需要去论证该欺诈行为是否违反了金融行政法律规定。如欺诈发行证券罪,只要行为符合《刑法》第160条规定的构成要件的,即可定罪处罚。证券法等行政法律规定仅仅是欺诈是否成立的参考。

金融诈骗罪与破坏金融管理秩序罪欺诈型犯罪一样，具有天生的反社会、反道义性质，其非法性特征是不言而喻的。但是，为了区分金融诈骗罪与普通诈骗罪等其他罪名，刑法对于部分金融诈骗罪的具体行为要件作了限制性规定，只有符合刑法规定的诈骗行为，才能构成相应的金融诈骗罪，而是否符合相关限制性规定可能仍需要结合金融法律规定作出判断，仍然具有部分法定犯的色彩。如《刑法》第194条规定了构成票据诈骗罪的5种情形，《刑法》第198条规定了构成保险诈骗罪的5种情形，这些情形中均没有"兜底条款"，且相关要件属于规范性构成要素只有根据金融法律规定对相关规范性要素符合性作出判断后，才能进一步判断是否构成相应的金融诈骗罪。

（三）具有刑事追诉必要性

破坏金融管理秩序犯罪属于法定犯的范畴，并非所有行政违法行为都具有刑事追诉的必要性，必须通过实质评价行为的社会危害性确定是否具有刑事追诉的必要性。在金融犯罪中，数额和情节通常是判断社会危害程度的主要指标，数额又包括犯罪数额、违法所得数额、损失数额等，情节有时也需要通过数额来体现。

一是准确认识刑法规定的定罪量刑要件。刑法并列规定情节标准和数额标准的，只要符合其中一个要件，即可以构成犯罪。如《刑法》第186条违法发放贷款罪，同时规定了"数额巨大""造成重大损失"两个定罪标准，符合其中之一的便构成犯罪，对于没有造成损失的违法发放贷款行为，也应当定罪处罚，不能因未给金融机构造成损失，就认为没有社会危害性。《刑法》第188条违规出具金融票证罪只规定了"情节严重"这一定罪标准，违规出具金融票证涉及的数额、造成的损失等都属于情节严重与否的判断标准，除此之外如具有其他严重情节的，也可以定罪处罚。在适用时，应当根据刑法规定的定罪量刑标准准确适用。

二是准确把握定罪和升格法定刑的标准。最高人民检察院、公安部《关于公安机关管辖的刑事案件立案追诉标准的规定（二）》（2010年出台，2022年修订，以下简称《立案追诉标准（二）》）对各罪名明确了追诉标准，一些司法解释则进一步明确了定罪标准和各个法定刑档次的量刑标准，但是仍有部分罪名只有追诉（定罪）标准，没有升格法定刑的标准。比如《刑法》第198条保险诈骗罪，原有的司法解释已经失效，《立案追诉标准（二）》仅规定了数额较大的认定标准，没有司法解释对数额巨大、数额特别巨大作出规定。在这种情形下，不能因为司法解释没有规定一律不适用升格法定刑。一般而言，可以运用体系解释的方法，参照同类犯罪的相关定罪量刑标准作出认定；在没有同类犯罪可供参照的情形下，也可以根据追诉（定罪）标准和司法解释通常的上档规则进行自由裁量。

三是准确判断社会危害性，慎重把握追诉必要性。一方面，要实质评价社会危害性，不能仅以抽象破坏金融管理秩序为由将社会危害性的评价形式化。应当从金融犯罪的客体特征出发，评价金融犯罪的社会危害性。但是，社会危害性不只是现实危害。没有造成实际的危害结果，也可能已产生现实危险，具有社会危害性。对此，需要重点考察此种行为造成的非正常的金融风险。即使这种风险最终没有演进成现实危害，只要形成了刑法所禁止的现实危险，就具有刑事追诉的必要性。否则，非正当的金融风险一旦积累爆发，就可能对投资人、金融机构、国家金融安全造成无可挽回的损失，如果只能对产生实害的金融犯罪进行追究，刑法就失去了防范金融风险的功能。另一方面，要结合金融市场发展变化评价社会危害性，司法解释规定的定罪量刑标准是针对一般情形作出的规定。在一些新型金融犯罪案件中，由于法律政策的变化、行为模式的变异、经济社会的发展、生活水平的提高以及司法解释的滞后，相关行为的社会危害性的评价维度和评价结论也会出现差别，如果适用司法解释相关规定明显违反罪责刑相适应原则，明显违反关于公平正义的通常认识，则需慎重把握追诉标准。

三、犯罪主体

大部分金融犯罪主体为一般主体，但有的罪名刑法明确规定只适用于特殊主体。比如《刑法》第180条规定的利用未公开信息交易罪，仅适用于证券交易所、期货交易所、证券公司、期货经纪公司、基金管理公司、商业银行、保险公司等金融机构的从业人员。《刑法》第186条、第188条、第189条规定的罪名只适用于银行或者其他金融机构的工作人员,非金融机构的工作人员或者金融机构的股东等非工作人员便不能直接适用。《刑法》第198条将保险诈骗罪的主体限定于投保人、被保险人、受益人三类主体,其他主体不构成保险诈骗罪。

金融市场参与者通常以公司等单位形式呈现。尤其是公司注册制度改革后,公司注册的便捷化程度大幅提高,犯罪人员为了规避法律制裁也愿意通过注册公司实施违法犯罪活动。因此,大量金融犯罪都通过单位名义实施,而且设立子公司、分公司等大量建立分支机构以及关联单位,所涉单位数量众多、层级复杂,集团化特征明显。有的分支机构遍布全国,既有具备法人资格的,也有不具备法人资格的;既有受总公司直接领导的,也有受总公司的下属单位领导的。为此,要准确区分单位犯罪和自然人犯罪,对于层级众多的集团化单位犯罪,应当从全面揭示犯罪行为基本特征、全面覆盖犯罪活动、准确界定区分各层级人员的地位作用、有利于有力指控犯罪、有利于追缴违法所得等方面出发,依法具体分析和把握追究责任的单位主体。上级公司对下级公司的人、财、物进行全面控制,下级公司虽具有独立法人资格但与一般分支机构没有明显区别的,如果上级公司已经作为单位处理,下级公司的主管人员和责任人员也可以作为上级公司的其他直接责任人员处理,不需要对每一级公司都作为犯罪主体进行处理。

一般来说,单位犯罪实行"双罚制",既处罚单位,亦处罚单位直接负责的主管人员和其他直接责任人员。但是,也存在一类特殊的"单位犯罪",条文的罪状表述中危害社会行为的实施主体为单位,但没有规定单位的刑罚,只处罚直接负责的主管人员和其他直接责任人员,通常被称为"单罚制"。[①] 金融犯罪中最典型的是违规披露、不披露重要信息罪。

---

① 刑法分则还规定了若干的罪名,这些罪名特征有所不同,可以分为四种类型:(1)犯罪行为以单位名义实施,但不是为本单位谋取利益,没有规定对单位的刑罚,如私分国有资产罪、私分罚没财物罪,这类犯罪实际上属于纯正的自然人犯罪;(2)实施犯罪行为的主体是单位,刑法规定只处罚直接责任人员,如工程重大安全事故罪;(3)实施犯罪行为的主体可以是单位,也可以是个人,均规定处罚直接负责的主管人员和其他直接责任人员,如资助危害国家安全犯罪活动罪、重大劳动安全事故罪、大型群众性活动重大安全事故罪;(4)实施犯罪行为的主体是单位,刑罚规定只处罚直接负责的主管人员和其他直接责任人员,如违规披露、不披露重要信息罪,妨害清算罪,虚假破产罪,违法运用资金罪。

对犯罪行为由单位实施但不处罚单位的罪名，如何对单位行为进行法律评价，存在不同认识：一种观点认为，依据《刑法》第 13 条关于犯罪的规定，一切危害社会的行为，依照法律应当受刑罚处罚的，都是犯罪。刑罚是犯罪的法律后果，"没有刑罚就没有犯罪"，即使某种行为是法律所禁止的，但如果刑法没有对该行为规定刑罚后果，该行为就是无罪的。刑法是否明文规定某一行为的刑罚后果，是法律上评价是否犯罪的根据，即使是免予刑事处罚，也以刑法规定了刑罚后果为前提。根据《刑法》第 161 条的规定，没有对单位规定刑罚后果，对单位不应作犯罪评价。另一种观点认为，《刑法》第 30 条规定了单位犯罪的定义，第 31 条规定了单位犯罪的罚则，其中第 31 条指出："本法分则和其他法律另有规定的，依照规定。"因此，判断某一罪名是否属于单位犯罪，应当根据刑法分则规定的犯罪主体来确定，刑法分则未对单位规定刑罚的，属于第 31 条中的"另有规定"，仍然是单位犯罪，但不能追究单位的刑事责任。在全国人大常委会法工委组织编写的《中华人民共和国刑法释义》一书中，也认为这一类犯罪是单位犯罪。根据刑法的精神和刑事责任与刑罚的理论，我们倾向于对单位不作犯罪评价的观点，进入刑事诉讼程序的应当不予立案、法定不起诉或者宣判无罪。

在引用刑事诉讼法条款时，《刑事诉讼法》第 16 条"其他法律规定免予追究刑事责任"与第 177 条"没有犯罪事实"不起诉均是可以参照的条款。最高人民检察院指导性案例博元投资股份有限公司、余蒂妮等人违规披露、不披露重要信息案（检例第 66 号）对此作了明确，对于违规披露、不披露重要信息罪中单位处理的问题，刑事诉讼法关于不起诉情形的现有规定均无法完全对应，可以援引刑事诉讼法规定的最相近的（法定不起诉）情形处理，即根据"其他法律规定免予追究刑事责任"或者"没有犯罪事实"作出不起诉，都不违背法律的精神。

四、主观方面

大部分金融犯罪属于故意犯罪。实务中争议最多的是主观故意的证明以及违法性认识必要性问题。主观故意的证明属于证据判断的问题，每个罪名的证明方法有所区别，将在各个罪名中具体阐述。

关于违法性认识必要性的问题，越来越多的学者主张在法定犯中需要特别考察行为人是否具有违法性认识。虽然刑法对违法性认识未作出规定，但在实务中对此种理论不能视而不见。首先，刑法规定的故意是指明知自己的行为会发生危害社会的结果，并且希望或者放任这种结果发生。行为人对行为违法性的认识并不是犯罪故意的内容，故犯罪嫌疑人对法律认识的错误并不影响对其主观故意的判断，即犯罪主观故意不受所谓违法性认识的影响。其次，必须承认，违法性认识的判断有时会影响罪责刑相适应，但也不能因为行为人的辩解否认就认为无法判断其是否具有违法性认识。总体上，法律一经公布即视为公众应当明知，具备一定金融活动从业经历、专业背景或在犯罪活动中担任一定管理职务的犯罪嫌疑人，对法律法规应当有相应了解，不能以不知法律为由免除责任。

同时需要考虑以下例外情形：一是犯罪嫌疑人无相关职业经历、专业背景，且从业时间短暂，在单位犯罪中层级较低，纯属执行单位领导指令的；二是犯罪嫌疑人因信赖行政主管部门出具的相关意见而陷入错误认识的。但需要注意的是，犯罪嫌疑人所信赖的行政主管部门的意见不论正确与否，该意见必须是依法独立公正作出的，且不是审批过程中的意见。如果犯罪嫌疑人与出具意见的单位或个人存在不法合谋等不正当行为影响行政意见出具的情形，则该意见不能作为否定违法性认识的依据，这方面的证据反而更有利于推翻犯罪嫌疑人的辩解。有的犯罪嫌疑人辩解其因信赖主流媒体、专家学者的观点而从事相关活动，否定其具有违法性认识，对此不应采信。无论媒体还是专家都不是判断相关金融活动合法与否的有权部门，他们的意见不具有行政主管部门意见的效力，不能以此否认行为本身的违法性和行为人的违法性认识。

第二节　金融犯罪办案理念和方法

金融业务具有较强的专业性，相关的金融犯罪又在复杂的金融活动之外设置了许多的迷惑和伪装，司法办案中遇到不少新情况、新问题。这些问题归纳起来可以分为三类：第一类属于对新金融现象的认识问题，表现为对形形色色、表现各异的新金融现象和犯罪伪装认识不清，纷纷要求立法和司法解释予以解决，实则没有准确认识金融的本质，没有准确把握运用法律认识复杂社会现象、判断罪与非罪的基本方法，影响了对金融活动性质的正确判断；第二类属于对证据的审查判断和组织运用能力问题，收集固定证据和运用证据证明犯罪的能力有待进一步提高，在证明标准和证明方法的把握上认识模糊；第三类属于准确理解和适用法律的理念、方法、能力问题，在把握刑法的原则精神和规定的构成条件上出现偏差。毋庸置疑，无论是行政立法还是刑事立法和司法解释活动，必然落后于金融活动的发展变化，寄希望于通过立法、司法解释快速回应新出现的金融犯罪类型是不现实的。解决上述办案中出现的问题，关键在于理念的更新和方法的掌握，从而实现以不变应万变。

一、以正确理念对待金融创新活动

随着金融科技的发展，金融创新日益活跃。金融科技等创新领域也逐渐成为金融犯罪的高发多发区域，对合法的、有益的金融创新甚至产生了"劣币驱逐良币"的负面效应，不利于金融市场健康可持续发展。如何区分金融创新活动中的罪与非罪，是司法办案必须直面的难题。有观点机械地认为，对金融创新活动供应予以包容，这一观点是片面的。不是任何创新都有价值，其中不乏无价值甚至"负价值"的"伪创新"。它们不仅无益于经济社会发展，而且还会挤压真创新的生存空间，带来新的金融风险。只有区别对待，依法惩治金融创新中的犯罪行为，保护有益于社会的合法合规创新，才是真正有效的保护创新。对于金融创新是否具有社会危害、是否具有刑事追诉必要性，仍应当结合金融刑法所保护的法益进行判断，不是任何金融活动都值得法律保护。

近年来，随着互联网金融风险专项整治工作的深入进行，金融监管部门已经形成明确共识，即必须坚持金融特许经营的原则。因此，根据金融法律法规，金融创新活动也必须遵守现行有效法律，非持牌机构开展创新活动不得涉及持牌业务，否则就属于非法金融活动。这是因为，金融是现代经济的核心和血脉，金融活动引发的风险具有较强的传导性、扩张性、潜在性和不确定性。为了发挥金融服务经济社会发展的作用，有效防控金融风险，国家制定了完善的法律法规，对商业银行、保险、证券等金融业务进行严格的规制和监管，商业银行法、保险法、证券法等金融法律法规对从事相关金融业务的资格等方面作了明确规定。重要的金融业务须经相关主管部门依法批准持牌经营，包括银行、保险、信托、证券承销与保荐、证券经纪、证券投资咨询、金融租赁、公募基金、第三方支付等，未经批准从事应当持牌经营的金融业务属于非法金融活动。

以金融创新之名擅自从事须持牌经营的金融业务的，属于非法。比如，网贷平台乱象的突出表现，就是依法只能从事信息中介业务的网贷平台，实际开展了信用中介业务，未经批准从事了须持牌经营的金融活动。这些网贷平台根本不是真正的金融创新，而是"伪金融创新"。不能因为涉案行为属于所谓的金融创新，就认为需要予以宽容和保护，而是要根据其金融活动的本质检索相应的法律，明确其业务属性，判断其合法性。只有严肃惩治"伪创新"，才能真正为有价值的金融创新提供良好的法治环境，避免出现"劣币驱逐良币"的后果。

二、运用"穿透式"认识方法实质判断行为性质

金融活动的表象千变万化，但大部分金融活动仍然可以归入到现有法律规定的若干金融业务种类之中。从当前的金融犯罪来看，犯罪人员通常采取隐瞒真实的股权关系、资金关系、法律关系等逃避监管，将非法活

动伪装成合法活动,将关联关系伪装成无利害关系。比如,在骗取贷款案件中,分别以自己隐名控制的公司之间签订的贸易合同作为贷款资金用途证明以骗取贷款;在网络借贷非法集资案件中,借用员工、亲属的身份证件注册公司和银行账号,将自融伪装成正常的网络借贷信息中介业务;在操纵证券市场案件中,操纵者运用分仓软件集合操作大量租借而来的证券账户,实现运用资金优势连续买卖拉抬股票价格的目的,并逃避交易所的异常交易监测;在财务造假案件中,造假的上市公司利用实际关联公司或者与其他公司相互串通,通过伪造资金流、发票流和物流实现生产销售数据的虚假增长,从而达到财务数据造假的目的。

对于这些金融犯罪案件,如果仅满足于形式上合同、交易记录等证据的审查,根本难以发现背后复杂的犯罪模式。因此,对于各类金融活动尤其是"金融创新",都要注意运用"穿透式"的认识方法,准确把握金融的本质,深入分析、清楚认识各类新金融现象,透过复杂多样的表现形式,审查认定真实的实际控制人和真实的业务模式,从而准确区分是真的金融创新还是披着创新外衣的伪创新,是合法金融活动还是以金融创新为名实施金融违法犯罪活动。在最高人民检察院发布的指导性案例杨卫国等人非法吸收公众存款案(检例第64号)中,办案机关没有拘泥于望洲集团所谓的线上P2P业务这一表面形式,全面收集固定相关证据,对资金流转过程进行细致分析,从而准确揭示了其归集、控制、支配资金的非法吸收公众存款本质。

三、围绕金融犯罪特点构建指控思路和证明体系

证据是诉讼的基石,证据裁判原则是刑事诉讼的基本原则,从立案、侦查、起诉到审判,全部刑事诉讼活动都围绕证据展开和推进。党的十八届四中全会部署推进的以审判为中心的刑事诉讼制度改革,本质上就是以证据为核心。检察机关承担指控犯罪职能,必须贯彻证据裁判的要求,构建以证据为核心的刑事指控体系,以有力指控犯罪。[①] 非法集资、操纵证

[①] 参见孙谦:《新时代检察机关法律监督的理念、原则与职能》,载《人民检察》2018年第21期。

券市场、欺诈发行证券、违规披露重要信息等金融犯罪案件案情复杂、证据庞杂、专业程度高，收集、审查、运用证据都应深入研究分析新型非法集资行为的本质特征，明确指控思路，严格把握证据要求，有力指控犯罪。

首先，要以指控犯罪思路为指引，明确某一类型金融犯罪的证明对象。证明对象是诉讼证明制度的基础性、先决性问题，也是取证工作的具体指向。① 在司法活动中，证明对象主要指需要用证据证明的案件事实，证明活动都是从证明对象出发，围绕证明对象展开，并以证明对象为归宿。② 刑法分则规定的构成要件事实就是最核心的证明对象。但具体案件中构成要件事实的证明，并非如刑法条文表述那样清晰。需要结合司法办案的经验、常识，明确特定金融犯罪的典型事实特征，并据此确定待证事实，再根据这些待证事实收集、固定相应的最基础的证据。因此，了解掌握特定金融活动的运行特征规律，是准确建构指控犯罪思路的前提。

其次，要围绕资金融通，加强对各类数据的收集、固定和有针对性地审查判断。金融的本质是资金融通，对金融活动性质的把握、对金融表象的穿透，关键在于以资金为核心，要特别注重对涉案单位和个人的股权结构、实际控制关系、资金来源、资金流向、中间环节和最终投向等相关证据进行收集固定和审查判断，查清涉案资金全部实际流转过程，进而对案件事实作出穿透式实质判断。金融活动网络化特征日渐突出，如金融机构资金交易记录大多以电子数据形式记录，电子数据在证据体系中的地位、作用越来越重要，也为运用数据技术进行高效审查判断奠定了基础。为此，应当加强对电子数据的收集、提取、保全、固定，提高对电子数据的审查、运用能力，综合运用电子数据与其他证据，准确认定案件事实。

再次，要合理运用证明方法加强对证据的综合审查判断，准确认定案件事实。证据因与案件有某种关联而具有揭示其事实真相的能力。③ 每一份证据包含的信息是多元的，但并非所有信息都有助于证明犯罪。因

---

① 参见刘静坤：《证据审查规则与分析方法》，法律出版社2018年版，第19页。
② 参见何家弘、杨迎泽：《检察证据实用教程》，中国检察出版社2006年版，第18页。
③ 参见张建伟：《指向与功能：证据关联性及其判断标准》，载《法律适用》2014年第3期。

此,运用证据证明犯罪,有赖于司法人员的审查判断活动。在认定证据、查明事实过程中,需要遵循科学、可行的证据评估方案,掌握科学的证据分析方法,坚持理性的司法证明规则,从而确定如何基于大量复杂的证据得出特定的结论。①特别是面对海量证据,更要善于发现证据中与证明犯罪有无相关的有效信息,证据与证据之间的相互联系,运用证明规则进行综合审查判断。在犯罪嫌疑人、被告人拒不供述的情形下,还经常需要运用间接证据进行刑事推定,这在主观要件的证明上运用较多。

最后,在犯罪模式复杂的金融犯罪案件中,还应当更新举证的方式方法,避免简单地以证人证言、书证等证据种类罗列举证,而是围绕指控犯罪思路,以基础事实的证明为基础,组织运用各种类证据逐级递进证明构成要件事实,尤其要通过举证描绘证明案件事实的全过程。

我们深刻地感受到,在新时代金融市场改革发展持续推进的新征程下,金融犯罪的不断演变对执法司法提出全新挑战。面对新形势新任务,最佳的应对之策就是要全面贯彻习近平法治思想,准确运用刑法解释方法,正确理解刑法精神,让刑法能够不断与时俱进,从而实现对各类金融犯罪依法惩治,更好地发挥刑法在防范化解金融风险、维护金融安全中的重要作用。

---

① 参见刘静坤:《证据审查规则与分析方法》,法律出版社2018年版,第221页。

第二章

伪造、变造金融票证罪
办案指引

第一节 伪造、变造金融票证罪概述

票据、银行结算凭证、信用证以及信用卡等,是现代贸易中商品交换和信用活动的重要凭证,是全球经济贸易中重要的信用支付结算工具,伪造、变造的金融票证经常被用于实施诈骗、财务造假等违法犯罪活动。鉴于伪造、变造金融票证行为具有严重社会危害,刑法将其规定为犯罪。实践中,早期由于信息技术不发达,使用伪造、变造的金融票证实施诈骗案件较为多见,随着金融票证相关信息技术和金融机构风控措施的升级改造,此类诈骗活动得逞的可能性大幅下降,但在资本市场财务造假相关违法犯罪案件中,仍经常出现伪造、变造金融票证的身影。

一、立法沿革

刑法第一百七十七条 有下列情形之一,伪造、变造金融票证的,处五年以下有期徒刑或者拘役,并处或者单处二万元以上二十万元以下罚金;情节严重的,处五年以上十年以下有期徒刑,并处五万元以上五十万元以下罚金;情节特别严重的,处十年以上有期徒刑或者无期徒刑,并处五万元以上五十万元以下罚金或者没收财产:

(一)伪造、变造汇票、本票、支票的;

(二)伪造、变造委托收款凭证、汇款凭证、银行存单等其他银行结算凭证的;

(三)伪造、变造信用证或者附随的单据、文件的;

(四)伪造信用卡的。

单位犯前款罪的,对单位判处罚金,并对其直接负责的主管人员和其他直接责任人员,依照前款的规定处罚。

本罪因应金融市场的不断发展和金融票证种类的陆续增加，经历了由点到面的发展过程。1979年《刑法》第123条规定了伪造有价证券罪，即伪造支票、股票或者其他有价证券的，处7年以下有期徒刑，可以并处罚金。对比该规定与现行刑法，可以看出，彼时未将支票等金融票证与股票和其他有价证券加以区分，均统称为有价证券。为更加有力地惩治伪造、变造新出现的金融票证违法活动，1995年6月30日第八届全国人民代表大会常务委员会第十四次会议通过《关于惩治破坏金融秩序犯罪的决定》，其中第11条单独规定了伪造、变造金融票证罪，将包括支票在内的金融票证与股票和国库券等其他有价证券区别开来，并以列举的方式规定金融票证的范围，既包括汇票、本票、支票等传统金融票证，也将银行结算凭证，信用证或者附随的单据、文件，信用卡一并纳入其中，刑罚结构较原伪造有价证券罪作了大幅度调整。1997年刑法基本沿用了上述规定，单设第177条伪造、变造金融票证罪，将原伪造有价证券罪分解为伪造、变造金融票证罪和伪造、变造国家有价证券罪，并在伪造金融票证罪中增加了单处罚金的规定。

二、犯罪构成

（一）犯罪客体

伪造、变造金融票证的行为严重侵害相关当事人的合法权益，影响金融票证在贸易活动之中的信誉，破坏国家对相关金融票证的管理秩序，刑法将伪造、变造金融票证的行为规定为犯罪。本罪侵犯的客体为国家金融管理正常秩序，特别是银行业经营管理秩序，以及国家对金融票证的管理制度。另外，由于本罪系伪造类犯罪，同时侵害了流通领域内金融票证的公共信用及银行等金融机构的公共信誉。

（二）客观方面

单位和自然人都可以构成本罪。本罪一般以作为的方式实施。客观方面的特征主要表现为两个方面：一是实施伪造、变造相关金融票证的具体行为；二是伪造、变造的对象属于《刑法》第177条规定的金融票证。

1. 金融票证的范围

《刑法》第177条列举规定了构成本罪的4种情形，没有兜底条款。因此，适用本罪的行为必须属于刑法规定的4种类型，针对上述类型之外的新型金融票证的伪造、变造行为不适用本罪。同时，本罪规定的金融票证均源自国家相关金融管理法律规定，具有专门的定义和内涵，在把握金融票证的内涵和外延时，应当严格依照相关金融管理法律规定认定。本罪中的金融票证类型包括以下四种：

（1）本票、支票、汇票。

本票、支票、汇票系票据法规定的三种票据类型。本票是出票人签发的，承诺自己在见票时无条件支付确定的金额给收款人或者持票人的票据。支票是出票人签发的，委托办理支票存款业务的银行或者其他金融机构在见票时无条件支付确定的金额给收款人或者持票人的票据。汇票是出票人签发的，委托付款人在见票时或者在指定日期无条件支付确定的金额给收款人或者持票人的票据，分为银行汇票和商业汇票。需要注意的是，为应对票据行业的乱象，票据电子化已成为今后票据业务的主流发展趋势。中国人民银行早在2009年专门发布了《电子商业汇票业务管理办法》，对电子商业汇票作了全面的规范，电子商业汇票是指出票人依托电子商业汇票系统，以数据电文形式制作的，委托付款人在指定日期无条件支付确定金额给收款人或者持票人的票据。2016年经中国人民银行批准设立上海票据交易所，前述电子商业汇票系统的运营也全部切换至上海票据交易所，票据电子化也成为票据交易所重点发展的方向。电子商业汇票只是外观形式上与传统的商业汇票有所变化，仍然属于《刑法》第177条规定的汇票。

（2）委托收款凭证、汇款凭证、银行存单等其他银行结算凭证。

银行结算凭证，是收付款双方及银行办理银行转账结算的书面凭证，它是银行结算的重要工具，也是银行办理款项划拨、收付款单位和银行进行会计核算的依据。银行结算凭证具有专门的格式和规范要求，中国人民银行等主管部门出台了一系列文件进行规范，如《支付结算办法》第9条规定："票据和结算凭证是办理支付结算的工具。单位、个人和银行办理支付结算，必须使用按中国人民银行统一规定印制的票据凭证和统一规定的结算凭证。未使用按中国人民银行统一规定印制的票据，票据无效；未使用中国人民银行统一规定格式的结算凭证，银行不予受理。"所谓支付结算，是指单位、个人在社会经济活动中使用票据、信用卡和汇兑、托收承付、委托收款等结算方式进行货币给付及其资金清算的行为。刑法列举了三类银行结算凭证，其适用范围包括但不限于委托收款凭证、汇款凭证、银行存单。

（3）信用证或者随附的单据、文件。

为了解决国际贸易中的信用问题，保证国际结算的安全，国际信用证于19世纪80年代在英国诞生，成为现代国际贸易中广泛使用的结算方式。我们习惯将国际信用证简称为信用证（Letter of Credit or L/C），是指在进出口贸易中，银行根据进口人（买方）的请求，开给出口人（卖方）的一种保证承担支付货款责任的书面凭证。国际商会专门出台并不断修订《跟单信用证统一惯例》（*Uniform Customs and Practice for Documentary Credits*），该惯例规定，信用证是指一项不可撤销的安排，无论其名称或描述如何，该项安排构成开证行对相符交单予以承付的确定承诺。1997年中国人民银行正式将国内信用证作为一种国内贸易的结算方式。

单证相符原则是信用证交易的基本原则，即卖方所提交的单据必须与信用证的要求相符，各个单据之间不存在矛盾，开具信用证的银行才会履行付款责任。如果卖方所提交的单据与信用证的要求不符，银行有权拒收单据、拒绝付款。在信用证业务中，卖方所提交的单据是否与信用证的要求相符，是银行审查的重要内容。伪造、变造信用证项下单据构成本罪。常见的附随单据包括商业发票、运输单据、保险单据等。在其他信用证中，还需要附其他的单据、文件。本罪所指的附随的单据、文件，应当是行为人在使用信用证时伪造、变造提单等必须附随信用证的单据，而不是其他单据和文件。[①]

（4）信用卡。

信用卡是现代金融社会十分重要的支付结算工具。刑法多个条文规定了针对信用卡的犯罪，这些条文所使用的信用卡的内涵和外延相同。在

---

① 参见王爱立主编：《中华人民共和国刑法释义》，法律出版社2021年版，第349页。

我国信用卡业务发展过程中，信用卡业务不断扩张，卡片种类、功能趋于多样化，金融管理部门经历了从规范信用卡到规范银行卡的过程，但刑法一直保留了"信用卡"这一表述。需要明确的是，刑法中的"信用卡"应当等同于相关金融法律规定中的"银行卡"，是指由商业银行或者其他金融机构发行的具有消费支付、信用贷款、转账结算、存取现金等全部功能或者部分功能的电子支付卡。

2. 伪造、变造行为

伪造是指仿冒真金融票证的图案、形状、色彩等特征进行非法制造相关金融票证的行为。伪造从本质上属于"无中生有"的行为，比如行为人仿照真实的汇票、本票或者支票的样式、图案、颜色、格式，通过印刷、复印、绘制等方式进行伪造。对于纸质形态的金融票证，伪造方式基本相近，都是仿照真实金融票证的样式、图案、颜色、格式，通过印刷、复印、绘制等方式进行伪造，以达到以假乱真的效果。

伪造既能体现在外观形式上，又能体现在具体内容上。票据、结算凭证、信用证及其附随文件、单据主要通过金融票证上记载的内容实现其在经济贸易中的特定功能。因此，对上述三种类型的金融票证的伪造，重点在于对于金融票证内容的伪造。仅伪造金融票证的外观但不能实现金融票证所特有的金融功能，除空白信用卡外，不构成本罪。虽然没有伪造金融票证的外观，但在正规的金融票证上伪造银行、公司的印章等金融票证上记载的内容，比如假冒他人在合法印制空白票据上填写内容，作出出票、背书、承兑、保证等一定的票据行为，仍应当认定为伪造金融票证。

信用卡由于本身形态与其他金融票证存在本质区别，其伪造的方式有所不同。根据最高人民法院、最高人民检察院《关于办理妨害信用卡管理刑事案件具体应用法律若干问题的解释》（以下简称《妨害信用卡解释》）第1条规定，伪造信用卡主要是指复制他人信用卡，将他人信用卡信息资料写入磁条介质、芯片或者以其他方法伪造信用卡的行为。伪造信用卡的行为方式通常包括以下几种：一是复制他人信用卡，即将他人信用卡中的信息资料复制到伪造的信用卡中，制作"克隆卡"；二是将他人信用卡信息资料写入磁条介质、芯片，即将窃取、收买或者非法获取的他人信用卡信息资料写入伪造信用卡中的磁条介质、芯片；三是其他伪造方法，如在过期卡、作废卡、盗窃卡、丢失卡等信息完整的真实信用卡的基础上篡改关键信息，或者对非法获取的发卡银行的空白信用卡进行凸印、写磁制成信用卡等。需指出的是，信用卡根据信息载体不同分为磁条卡和芯片（IC）卡，因技术原因伪造信用卡基本发生在磁条卡，境内的芯片卡难以被伪造。但目前单纯的磁条卡在境内仍能使用，磁条、芯片复合卡在境外一些国家也能使用，因此伪造信用卡仍有"市场"。

变造则是指在原有真金融票证的基础上，采取剪贴、挖补、揭层、涂改、移位、重印等方法加工处理，改变真金融票证形态、价值的行为。由于前述伪造行为包含对金融票证记载内容的伪造，其在一定程度上与变造具有相通之处，两者的主要区别在于伪造完全系"无中生有"，而变造则是对金融票证上已经记载的真实内容进行加工处理，改变记载的内容。原则上，金融票证通过其记载事项已经能够实现特定金融功能的，对其内容进行变造，包括仿造他人签章进行背书等，归入到变造范畴更为妥当。变造行为通常发生在纸质形态的金融票证上，比如通过剪接、挖补、覆盖、涂改等方法，对汇票上的签章、金额、有效期等进行修改。需要注意的是金融科技发展带来的电子化变造手段。比如，在电子商业汇票系统流通的票据，均为真实票据，此举从根本上遏制了伪造票据的可能，但仍存在通过侵入电子商业汇票系统对商业汇票内容进行篡改、变造的可能性。

（三）主观方面

伪造、变造行为都是行为人在主观意志支配下的主动而为，本罪在主观方面只能由故意构成，过失不构成本罪。

三、定罪量刑标准

《刑法》第177条以情节严重程度为标准，规定了三档法定刑，最高法定刑为无期徒刑，并处罚金或者没收财产。伪造、变造金融票证的，处5年以下有期徒刑或者拘役，并处或者单处2万元以上20万元以下罚金；情节严重的，处5年以上10年以下有期徒刑，并处5万元以上50万元以下罚金；情节特别严重的，处10年以上有期徒刑或者无期徒刑，并处5万元以上50万元以下罚金或者没收财产。

虽然第一档刑罚未对情节提出要求，但是基于罪责刑相适应的原则，并非只要实施了伪造、变造金融票证的行为即构成犯罪。《立案追诉标准（二）》和《妨害信用卡解释》对伪造、变造金融票证的定罪量刑标准作了明确规定。（1）伪造、变造汇票、本票、支票，或者伪造、变造委托收款凭证、汇款凭证、银行存单等其他银行结算凭证，或者伪造、变造信用证或者附随的单据、文件，总面额在1万元以上或者数量在10张以上的；（2）伪造信用卡1张以上，或者伪造空白信用卡10张以上的。其中，《妨害信用卡解释》对写入磁条信息的信用卡和空白信用卡作了区别规定。如在伪造信用卡行为中，伪造已写入磁条信息的1张信用卡即具有严重的社会危害性，故伪造信用卡1张以上即应构成犯罪。在伪造空白信用卡行为中，基于其社会危害性要略小于伪造信用卡，司法解释确定了伪造空白信用卡10张的定罪标准。

在升格法定刑的标准方面，《妨害信用卡解释》仅对伪造信用卡的"情节严重""情节特别严重"认定标准作出明确规定，伪造其他金融票证可以比照伪造信用卡罪立案追诉标准与升格法定刑标准之间的比例关系，结合行为的社会危害性综合判断。

伪造信用卡，有下列情形之一的，应当认定为《刑法》第177条规定的"情节严重"：（1）伪造信用卡5张以上不满25张的；（2）伪造的信用卡内存款余额、透支额度单独或者合计数额在20万元以上不满100万元的；（3）伪造空白信用卡50张以上不满250张的；（4）其他情节严重的情形。

伪造信用卡，有下列情形之一的，应当认定为《刑法》第177条规定的"情节特别严重"：（1）伪造信用卡25张以上的；（2）伪造的信用卡内存款余额、透支额度单独或者合计数额在100万元以上的；（3）伪造空白信用卡250张以上的；（4）其他情节特别严重的情形。

在以上两档法定刑中，除信用卡张数外，均将"存款余额、透支额度"作为判断标准，考虑到"存款余额、透支额度"可能处于不断变化的状态之中，基于从严惩处的考虑，将信用卡被伪造后发卡行记录的"最高余额、额度"认定为该金额。

第二节　伪造、变造金融票证罪司法疑难问题

一、银行结算凭证的认定

实践中银行出具的凭证种类繁杂，不能将伪造、变造各种名目的银行凭证行为，都纳入本罪规范。中国人民银行针对银行结算凭证的范围出台过多个批复，对于实践中存在分歧的问题予以明确。比如，2000年8月，中国人民银行办公厅《关于单位定期存款开户证实书性质认定的批复》指出，支付结算是指单位、个人在社会经济活动中使用票据、信用卡和汇兑、托收承付、委托收款等结算方式进行货币给付及其资金清算的行为，中国人民银行为上述结算活动统一制定的书面凭证为结算凭证。原则上，只要是在经济活动中具有给付货币和资金清算作用，并表明银行与客户之间已受理或已办结相关支付结算业务的凭据，均认为是银行结算凭证，属于金融票证的范畴。

因此，对于相关凭证是否属于刑法规范对象，需要对该凭证是否具有支付结算功能，是否与明确列举的三类凭证具有相当性进行实质判断，认定为银行结算凭证应当同时满足两个标准，一是该凭证具有给付货币和资金清算作用，二是该凭证能够证明银行和客户之间已经受理或办结相关支付结算业务。比如，现金缴款单是客户到银行办理现金缴存业务的专用凭证，也是银行和客户凭以记账的依据。比如，现金缴款单证明银行与客户之间发生了资金收付关系，代表相互间债权、债务关系的建立。它是银行结算凭证的一种，应属于《刑法》第177条所指的金融票证。此外，公安部经济犯罪侦查局针对具体办案中的问题，结合中国人民银行上述意见，对部分银行凭证是否属于结算凭证以批复的形式予以明确。公安部经济犯罪侦查局将以下三种形式的凭证确认为银行结算凭证：（1）2000年

12月19日公安部经济犯罪侦查局《关于单位定期存款开户证实书性质的批复》（公经〔2000〕1329号）认为，"单位定期存款开户证实书"是接受存款的金融机构向存款单位开具的人民币定期存款权利凭证，其性质上是一种金融凭证，与存单同样起到存款证明作用，只是不能作为质押的权利凭证。（2）公安部经济犯罪侦查局转发2003年5月21日中国人民银行办公厅《关于单位取款凭条性质认定问题的意见》（银办〔2003〕192号）认为，单位取款凭条，是存款人开户银行根据存款人委托，从其账户中将款项支付给指定收款人的一种书面证明，应属银行结算凭证。（3）2008年7月22日公安部经济犯罪侦查局《关于银行进账单、支票存根联、支付系统专用凭证、转账贷方传票是否属于银行结算凭证的批复》（公经金融〔2008〕116号）中称，银行进账单、支付系统专用凭证、转账贷方传票属于银行结算凭证，而支票存根联是出票人自行留存、用于核对账务的内部凭证，不属于银行结算凭证。

在一些公司、企业财务造假事件中，经常出现伪造网上银行电子回单。但是，对于网上银行电子回单是否应认定为银行结算凭证的问题，2013年7月30日公安部经济犯罪侦查局《关于网上银行电子回单是否属于金融票证的批复》（公经金融〔2013〕69号）指出，结算凭证一般可理解为银行在办理支付结算活动中所使用的，据以执行客户支付指令、办理资金划转的凭证。根据《电子支付指引（第一号）》（中国人民银行公告〔2005〕第23号）第5条、第19条的规定，电子支付指令与纸质支付凭证具有同等效力，而网上银行电子回单（包括纸质形式）可理解为银行对电子支付指令进行确认后，向客户提供的用以证明银行受理了相关业务的单证，并非办理支付结算业务和资金划转的依据，也不能证明有关的货币给付或资金清算已经完成。因此，网上银行电子回单不属于银行结算凭证。

二、"信用卡"及"空白信用卡"的认定

（一）"信用卡"的认定

信用卡的概念源自金融主管部门的规定，但因行政规章的变化，导致该定义一度出现争议。1996年中国人民银行发布的《信用卡业务管理

办法》(已失效)第 3 条规定,信用卡是指中华人民共和国内各商业银行向个人和单位发行的信用支付工具,具有转账结算、存取现金、消费信用等功能。1997 年刑法中规定的信用卡便来自于此,不区分信用卡与借记卡的概念,将二者统称为信用卡。1999 年 3 月 1 日起施行的中国人民银行《银行卡业务管理办法》废止了上述规定,将银行卡区分为信用卡和借记卡两类,信用卡分为贷记卡和准贷记卡,均具有透支功能;借记卡按功能不同分为转账卡(含储蓄卡)、专用卡、储值卡等,不具备透支功能。这种行政立法上的变化引发了借记卡是否属于刑法规定的"信用卡"的认识分歧。这也体现了作为行政犯的金融犯罪的重要特点,相关法律概念的理解和适用,需要结合相关金融法律规定来认定,以维持法秩序的统一性。

为了结束因相关金融法规的规定变化带来的刑法体系中信用卡范围的分歧,保证司法实践的统一性,2004 年 12 月 29 日全国人大常委会发布《关于〈中华人民共和国刑法〉有关信用卡规定的解释》,通过立法解释明确刑法中"信用卡"的定义:"刑法规定的'信用卡',是指由商业银行或者其他金融机构发行的具有消费支付、信用贷款、转账结算、存取现金等全部功能或者部分功能的电子支付卡。"据此明确了我国刑法中的信用卡应当既包括国际通行意义上具有透支功能的信用卡,也包括了不具有透支功能的银行借记卡。该认定标准虽与现行金融业法规对信用卡的内涵界定有所区别,但与金融行业内的银行卡内涵趋于一致。

近年来,随着网络支付结算的兴起,出现了一些新型的电子信用卡和具有类信用卡透支功能的互联网金融业务,如通过开通第三方网络支付账户并使用"花呗""借呗"等金融业务实现信用卡或小额贷款功能。对此,要对金融活动的形式和实质进行区别分析。基于刑法解释的基本原理,尽管这些新兴金融业务具有与信用卡相类似的功能和特征,但由于其明显不具有"银行卡"的形式,不能通过类推解释的方法将其归入刑法规定的信用卡的范畴。但是,对于商业银行近年来推出的无实体卡片的数字信用卡,由于银行仍然使用"信用卡"这一专用名词,遵循金融管理部门出台的信用卡管理规定开展业务,本书认为可以认定为刑法规定的"信用卡"。① 后文中信用卡均为立法解释定义的信用卡。

（二）空白信用卡的认定

无论是真实的空白信用卡还是经过特殊技术手段伪造的空白信用卡，都可以写入磁条信息伪造成信用卡并使用。因此，伪造空白信用卡，持有、运输伪造的空白信用卡，成为信用卡犯罪全链条中的重要环节，有一定的社会危害性，但危害性小于伪造已写入磁条信息的信用卡，故在追诉标准上有所放宽。② 刑法及相应的司法解释中，将伪造的空白信用卡纳入伪造金融票证罪和妨害信用卡管理罪的规制对象，但在针对伪造的空白信用卡的定罪量刑标准上，均比照伪造信用卡有所提高。

部分案件在界分信用卡和空白信用卡时，因对信用卡性质的理解和证据标准不统一，在二者区分上有不同认识，这也导致了部分案件在认定罪与非罪，及认定是否构成"情节严重""情节特别严重"等问题上有所分歧。信用卡功能的核心不在于其物理形态的外观样式，而在于磁条介质、芯片上所记载的信息内容。③ 区分信用卡还是空白信用卡，主要应围绕涉案信用卡的实际功能进行判断。在本质上，伪造空白的信用卡实非伪造信用卡，两者区别的关键就在于是否有有效信用卡信息的输入。④

根据中国人民银行《银行卡磁条信息格式和使用规范》的规定，所有银行卡磁条必须使用第 2 磁道，第 3 磁道是否使用由各发卡机构自行规定。第 1 磁道暂不使用，保留将来酌情使用，第 2 磁道作为交换磁道，各发卡机构在进行识别和信息交换时以第 2 磁道为准。故第 2 磁道是否已经

---

① 从数字信用卡的技术实践路径看，数字信用卡的密钥数据下发在收集的 SE 芯片中，目前全球还尚未发现伪造数字信用卡的案例。但可以通过技术手段，冒充他人的身份申请，利用手机号、验证码、个人信息向银行申请数字信用卡，属于以虚假身份骗领信用卡，可以以妨害信用卡管理罪定罪处罚。

② 参见刘涛:《〈关于办理妨害信用卡管理刑事案件具体应用法律若干问题的解释〉的理解与适用》，载《人民司法》2010 年第 1 期。

③ 参见刘宪权:《伪造信用卡犯罪中的伪造行为内涵对对象研究》，载《政治与法律》2020 年第 4 期。

④ 参见田宏杰:《厘清伪造信用卡内涵 促进科学定罪量刑》，载《检察日报》2019 年 3 月 22 日，第 3 版。

记载信息，决定了信用卡是否已经写入有效的信息。①因此，本书认为，基于信用卡相关犯罪的立法目的，应采取是否已经写入信用卡有效信息作为区分信用卡和空白信用卡的标准。在具体案件审查中，认定伪造的信用卡是否具有有效信用卡信息，可根据银行 ATM 机是否能够读取伪造卡卡号等数据为参照，必要时也可申请信用卡组织等鉴定机构进行技术鉴别。至于所伪造信用卡的实际使用效能，如是否必须齐备或部分具备信用卡的功能在所不问，写入有效信息的信用卡不能实际交易的，仍应认定为信用卡，而非空白的信用卡。这是因为，信用卡金融功能发挥的关键在于信用卡账户有效信息的实际具备。即便是合法有效的信用卡，也可能因为银行对信用卡持卡人信用评价的不同及其动态调整变化，从而冻结乃至关闭取消持卡人所持信用卡的部分甚至全部功能。例如，2001 年《银行卡联网联合安全规范》7.1.1 和 7.1.2 所规定的信用卡止付名单系统和不良持卡人系统建设及其相应规制后果的规定。所以，伪造的信用卡的实际功能和使用效果如何，于伪造信用卡的认定并不产生影响。②

三、主观目的的认定

对于伪造金融票证的行为，是否要求行为人具有冒充真实金融票证使用的目的，尚无明确规定。2010 年最高人民法院《关于审理伪造货币等案件具体应用法律若干问题的解释（二）》将"伪造货币"解释为"仿照……非法制造假币，冒充真币的行为"。参照该解释，对于伪造金融票证的行为，也应当考察行为人是否具有冒充真实金融票证的目的。确有证据证明行为人出于娱乐、祭祀等目的按照真实金融票证的样式进行仿照的，不具有社会危害性，不应作为犯罪处理。是否具有冒充真实金融票证的目的，是否出于娱乐、祭祀的目的，属于证据判断的问题，一般而言，除行为人自身的供述和辩解外，需要结合伪造金融票证的仿真程度、金融票证的具体使用方式等进行综合判断。比如，对于伪造金融票证在材质、

---

① 参见薛阿敏、刘慧萍：《坚持"具有有效信用卡信息"标准》，载《检察日报》2019 年 3 月 22 日，第 3 版。
② 参见田宏杰：《厘清伪造信用卡内涵　促进科学定罪量刑》，载《检察日报》2019 年 3 月 22 日，第 3 版。

样式等关键要素的"伪造"做工均十分精细，足以以假乱真的，一般可以推定具有冒充真实金融票证使用的目的。对于印制质量粗糙、在明显位置印制"道具""冥币"等字样的，一般不应认定为具有冒充真实金融票证使用的目的。

第三节　伪造、变造金融票证罪证据指引

一、主要证据

办理伪造、变造金融票证犯罪，应围绕金融票证的真实性、伪造变造的具体犯罪手段等要件收集、审查证据。此类犯罪上下游分工负责的趋势愈加明显，在侦查取证时应当树立全链条取证的意识，注意全面收集上下游人员参与伪造、变造金融票证犯罪的相关证据，全面准确认定各层级参与人员的全部犯罪事实和刑事责任，实现对此类犯罪的全链条惩治。随着信息技术的发展，金融票证的存在形态和伪造、变造的方式也在不断发展演变，对于使用信息技术手段实施伪造、变造金融票证的行为，更要注重相关电子数据的收集、固定和审查。

（一）证明涉案金融票证系伪造的证据

收集伪造、变造的涉案汇票、本票、支票，银行结算凭证，信用证及其附随单据、文件原件，伪造的信用卡或空白信用卡；向相关银行调取证明金融票证系伪造、变造的证明文件，银行开具的证明应加盖公章，同时附相应调取证据通知书、调取证据清单；对于信用卡，应当通过电子数据检查等方式提取信用卡内记载的数据，包括信用卡磁道数据、交易密码数据等，没有提取到数据的应当予以说明；鉴定机构出具的金融票证系伪造、变造的鉴定意见，鉴定意见书应附鉴定人资质、鉴定机构资质和相应的鉴定聘请通知书。

（二）证明伪造、变造行为的证据

收集用于伪造、变造金融票证的作案工具，包括空白票证，用于伪

造的银行等金融机构、公司印章，用于伪造信用卡的空白信用卡和信用卡信息资料等电子数据，复制信用卡、写入信用卡信息的写卡器、电脑等工具；获取上述作案工具的通讯联络记录（电话收集通讯记录、网络即时通讯工具记录）、交易记录、资金交易记录等证据；伪造、变造金融票证的具体位置、方式、参与人员等相关证据；犯罪嫌疑人、被告人关于伪造、变造金融票证过程的供述和辩解，以及其他可以证明伪造、变造行为的证据。注重及时扣押用于伪造、变造的手机、电脑、存储设备等原始物证，并及时进行封存，逐一记录识别码、使用人等信息，确保扣押、封存的电子设备和电子数据能够对应具体的犯罪嫌疑人、被告人。扣押可联网设备时，及时采取信号屏蔽、信号阻断或者切断电源等方式，防止电子数据被远程破坏，及时提取账户密码及相应数据，如电子设备、网络账户、应用软件等的账户密码，以及存储于其中的聊天记录、电子邮件、交易记录等。

（三）证明使用伪造、变造的金融票证的相关证据

使用伪造、变造的金融票证不是构成伪造、变造金融票证罪的必要条件，但是在缺乏直接证据的情况下，对于证明伪造、变造金融票证行为的成立特别是帮助犯的成立具有十分重要的作用。比如，向他人出售、提供伪造、变造的金融票证的通讯联络记录、交易记录、邮寄记录、资金交易记录等信息；伪造、变造的信用卡在 ATM 机、POS 机等设备上使用的证据，包括设备、视频资料、交易记录等与获利、分赃有关的证据。

（四）证明犯罪嫌疑人、被告人主观方面的证据

讯问犯罪嫌疑人、被告人和有关证人，收集、固定证明伪造、变造金融票证动机、目的、通谋情况、实施过程、上下游人员信息等有关证据。犯罪嫌疑人、被告人提出辩解的，针对辩解有针对性地收集证据，包括同案犯供述和辩解、证人证言和有关客观证据，以排除没有合理性的辩解。

二、证据的审查判断

审查判断证据,应当围绕刑法规定的构成要件展开,重点审查伪造、变造金融票证行为是否成立,伪造、变造金融票证数量、面额以及行为人是否具有伪造、变造的主观故意。

(一) 伪造、变造信用卡的证明

对于明显不符合汇票、本票、支票以及各类银行结算凭证特征的单据,不应当认定为金融票证。其中,尤其要注意对伪造、变造的信用卡性质的判断。根据《妨害信用卡解释》,需要根据信用卡记载的信息资料等相关证据,准确区分已伪造的成品信用卡和空白信用卡。为此,应当重点审查信用卡是否已经写入了有效的信用卡信息资料。在具体案件审查中,认定伪造的信用卡是否具有有效信用卡信息,可通过银行 ATM 机是否能够读取伪造信用卡的卡号等检验数据为参照,必要时应当结合信用卡组织等的鉴定意见予以认定。对于伪造、变造金融票证的面额,除了公安机关查获的外,还可以结合通讯记录、物流单据、资金交易记录等判断未直接查获的金融票证的数量和面额。

(二) 主观故意的证明

伪造、变造信用卡与妨害信用卡管理罪中的持有、运输、出售、购买、为他人提供伪造的信用卡行为以及窃取、收买、非法提供信用卡信息罪的相关行为存在牵连关系,对牵连犯,刑法分则有特别规定的,应当适用特别规定定罪处罚;刑法分则没有规定的,按照择一重罪从重处罚的原则处理。但后两个罪名的刑罚轻于伪造、变造金融票证罪,需要根据刑法规定的构成要件,结合证明行为人主观故意内容的相关证据进行判断。对于利用信息网络上下游分工实施伪造、变造金融票证的行为,应当结合上下游人员之间的联络信息、上下游人员实施的具体行为等重点审查判断提供信用卡信息资料、伪造信用卡和持有、运输、出售、购买伪造的信用卡人员之间是否存在通谋,是否具有伪造、变造信用卡的共同故意。在伪造、变造信用卡共同犯罪故意的支配下,分别实施窃取、收买、非法提供信用卡信息资料和持有、运输、出售伪造信用卡的人员,同时构成伪造、变造金融票证罪，应当按照处罚较重的罪名定罪处罚。对于无法证明上下游人员之间具有共同犯罪故意的，则分别按各自触犯的罪名定罪处罚。

对于为伪造、变造金融票证提供帮助的犯罪嫌疑人、被告人提出的不具有伪造、变造金融票证故意的辩解，应当结合其提供帮助的具体内容、帮助行为的性质、其他被帮助对象的供述和辩解、通过获取相关利益的合理性等证据，判断其辩解是否具有合理性。比如，在熊某军、陈某景等人伪造金融票证、妨害信用卡管理、信用卡诈骗案中，被告人熊某军和陈某景商量并进行分工，约定分成，由被告人熊某军利用窃取的银行卡信息伪造银行卡，被告人陈某景负责持伪造的银行卡（以下简称伪卡）在POS机上刷卡套现或者在银行ATM机上取现，2016年6月至7月5日，陈某景用53张卡套现及在ATM机上取现累计达人民币421378元。陈某景辩称，卡不是他做的，也没有教人做卡的方式，不构成伪造金融票证罪。但是，熊某军以及其他被告人的供述、伪造信用卡设备的淘宝交易记录、熊某军与相关人员的行程轨迹等证据证实，被告人熊某军以非法占有为目的，与被告人陈某景商量合意，由其利用已窃得的信用卡信息复制信用卡并破译密码，提供专业技术，为被告人陈某景使用信用卡进行诈骗伪造信用卡，然后由被告人陈某景将复制信用卡里的钱取出，获取收益按五五分成。而且，被告人苏某某等人受陈某景指使，与熊某军同住，防止熊某军与他人合作，以及为陈某景租赁车辆用于作案；被告人毛某某、付某某、刘某某受陈某景指使，直接参与在POS机上刷伪卡或者在ATM机上持伪卡取现；被告人张某亮受陈某景等人指使，直接参与持伪卡取现或者帮助联系车辆用于作案。上述事实，足以推翻陈某景的辩解。① 在收集、审查、判断证据时，要尽可能对用于证明上下游或者共同犯罪人员之间犯意联络的主客观证据进行全面收集和审查，尤其需要借助大数据分析的方法对信息网络上的数据、行程轨迹、作案工具等各类相关信息之间进行深度对比碰撞，证明案件事实。

---

① 浙江省温岭市人民法院 (2017) 浙1081刑初1029号判决书。

第四节 相关案例评析

黄某平伪造金融票证、伪造国家机关证件案[①]

【关键词】 伪造金融票证　银行结算凭证　客户回单

【要旨】

存取款凭条，是开户银行根据存款人委托，将款项存入其账户或者从其账户中将款项支付给收款人的一种书面证明，证明存款人与银行之间具有货币收取给付的关系，具有银行结算凭证的功能，符合伪造金融票证罪的构成要件。

【基本案情】

2008年7月间，被告人黄某平从不法人员处购买了伪造的中国建设银行客户回单、存取款凭条等银行结算凭证及济南中油石化销售有限公司企业法人营业执照、组织机构代码证、税务登记证、成品油批发经营批准证书、危险化学品经营许可证等证件，并使用上述伪造的银行结算凭证和国家机关证件与于某侦等人进行商务活动，后被抓获。

【诉讼过程】

2009年9月，北京市崇文区人民法院经公开审理认为：被告人黄某平无视国法，伪造银行结算凭证和国家机关证件，其行为已构成伪造金融票证罪、伪造国家机关证件罪，应依法予以惩处并数罪并罚。北京市崇文区人民检察院起诉书指控的事实清楚，证据确实、充分，指控的罪名成立。被告人黄某平归案后认罪态度较好，酌情对其从轻处罚。北京市崇文区人民法院以黄某平犯伪造金融票证罪，判处有期徒刑1年，并处罚金人民币2万元；犯伪造国家机关证件罪，判处有期徒刑1年；决定执行有期

[①] 根据北京市崇文区人民法院（2009）崇刑初字第208号编写。

徒刑1年6个月,并处罚金人民币2万元。

【评析意见】

本案涉及的焦点问题是行为人伪造的存取款凭条是否属于金融票证,进而是否构成伪造金融票证罪。伪造金融票证罪指伪造、变造汇票、本票、支票、委托收款凭证、汇款凭证、银行存单等其他银行结算凭证、信用证或者附随的单据、文件的行为。本案所涉存取款凭条明显不属于刑法条文明确列举的金融票证,需要判断其是否属于其他银行结算凭证。

银行结算凭证,是收付款双方及银行办理银行转账结算的书面凭证,它是银行结算的重要工具,也是银行办理款项划拨、收付款单位和银行进行会计核算的依据。银行结算凭证具有专门的格式和规范要求。刑法列举了三类银行结算凭证,其适用范围包括但不限于委托收款凭证、汇款凭证、银行存单。中国人民银行针对银行结算凭证的范围出台过多个批复,对于实践中存在分歧的问题予以明确。比如,2000年8月,中国人民银行办公厅《关于单位定期存款开户证实书性质认定的批复》指出,支付结算是指单位、个人在社会经济活动中使用票据、信用卡和汇兑、托收承付、委托收款等结算方式进行货币给付及其资金清算的行为,中国人民银行为上述结算活动统一制定的书面凭证为结算凭证。原则上,只要在经济活动中具有给付货币和资金清算作用,并表明银行与客户之间已受理或已办结相关支付结算业务的凭据,均认为是银行结算凭证,属于金融票证的范畴。因此,认定为银行结算凭证应当同时满足两个标准,一是该凭证具有给付货币和资金清算作用,二是该凭证能够证明银行和客户之间已经受理或办结相关支付结算业务。据此,公安部经侦局转发2003年5月21日中国人民银行办公厅《关于单位取款凭条性质认定问题的意见》认为:单位取款凭条,是存款人开户银行根据存款人委托,从其账户中将款项支付给指定收款人的一种书面证明,应属银行结算凭证。因此,本案中的存取款凭条属于银行结算凭证,伪造行为构成伪造金融票证罪。

第三章

妨害信用卡管理罪
办案指引

第一节　妨害信用卡管理罪概述

信用卡是人们日常生活中的主要支付结算工具，已成为实施各类涉财产犯罪的重要工具。在伪造、变造信用卡出现之后，持有、运输、出售、购买伪造信用卡等中间产业也随之滋生，与上游的伪造、变造信用卡和下游的利用伪造信用卡实施犯罪等行为相互勾连、分工协作、沆瀣一气。随着网络犯罪的蔓延，当下信用卡还大量被用于帮助电信诈骗，跨境赌博，金融诈骗，接收、掩饰、隐瞒犯罪所得及其收益等犯罪活动，需要加大惩治力度。对于难以认定上下游犯罪的对非法利用伪造信用卡以及他人信用卡的黑色产业，以妨害信用卡管理罪等追究刑事责任，进一步增强了刑事惩治链条完整性、有效性和威慑力。

一、立法沿革

刑法第一百七十七条之一第一款　有下列情形之一，妨害信用卡管理的，处三年以下有期徒刑或者拘役，并处或者单处一万元以上十万元以下罚金；数量巨大或者有其他严重情节的，处三年以上十年以下有期徒刑，并处二万元以上二十万元以下罚金：

（一）明知是伪造的信用卡而持有、运输的，或者明知是伪造的空白信用卡而持有、运输，数量较大的；

（二）非法持有他人信用卡，数量较大的；

（三）使用虚假的身份证明骗领信用卡的；

（四）出售、购买、为他人提供伪造的信用卡或者以虚假的身份证明骗领的信用卡的。

随着信用卡应用的普及、业务的发展和经营环境的变化，信用卡在日常经济生活中的支付结算作用日益凸显，伪造信用卡或者使用他人信用卡进行犯罪活动在一段时间内相当泛滥，形成了境内外互相勾结、集团化、专业化的特点，从窃取、非法提供他人信用卡信息资料、制作假卡，到运输、销售、使用伪造的信用卡等各个环节，分工细密，犯罪活动猖獗。这些伪造或者非法持有的信用卡通常被用于信用卡诈骗等犯罪活动，不仅严重扰乱了正常的金融管理秩序，而且侵害了银行消费信贷资金和持卡人的财产，并有可能对国家金融资产安全造成威胁，具有严重社会危害性。但由于不同环节人员实施行为不同、对伪造信用卡实际用途的主观认识不同，查清全链条犯罪活动又受到诸多客观因素的制约，既不能以伪造信用卡罪也不能以下游犯罪追究刑事责任，存在立法空白。为了保护银行等金融机构和公众的合法利益，维护金融机构的信誉和金融秩序，2005年《刑法修正案（五）》中增设了第177条之一第1款的妨害信用卡管理罪，将实践中高发的几类涉信用卡行为纳入刑法处罚范畴。[1] 本罪包括明知是伪造的信用卡而持有、运输；非法持有他人信用卡；使用虚假的身份证明骗领信用卡；出售、购买、为他人提供伪造的信用卡或者以虚假的身份证明骗领的信用卡等。

二、犯罪构成

（一）犯罪客体

本罪犯罪对象为信用卡，既包括真实的信用卡，也包括伪造的信用卡、空白信用卡。妨害信用卡管理罪侵犯客体为国家金融管理正常秩序及信用卡管理制度，不仅严重扰乱了正常的金融管理秩序，而且侵害了银行消费信贷资金和持卡人的财产，并有可能对国家金融资产安全造成威胁。

（二）客观方面

本罪系自然人犯罪，刑法未规定单位构成本罪。对单位实施妨害信

---

[1] 参见胡康生：《关于〈中华人民共和国刑法修正案（五）（草案）〉的说明》，载《全国人民代表大会常务委员会公报》2005年第2期。

用卡管理行为的，可以对单位直接负责的主管人员和直接负责的责任人员以自然人犯罪追究刑事责任。本罪客观方面具体表现为《刑法》第177条之一明文列举的妨害信用卡管理的各项具体行为。关于信用卡的范围，与前一章伪造、变造金融票证罪中的信用卡范围一致。本罪主要惩治以虚假身份证明骗领信用卡以及持有、运输、出售、购买、提供伪造信用卡的行为，针对商业银行正式发放的信用卡（为叙述方便，以下称"真实信用卡"），仅将对其非法持有的行为规定为犯罪。刑法列举了四项构成犯罪的妨害信用卡管理行为类型，第一项与第四项是针对伪造信用卡，第二项和第三项是针对银行制发的真实信用卡。由于本罪没有规定兜底条款，因此对于本条列举范围之外的其他妨害信用卡管理的行为，不适用本罪。

1. 持有、运输伪造的信用卡或者伪造的空白信用卡

本项规定的行为对象是伪造的信用卡或者伪造的空白信用卡。伪造的信用卡是指复制他人信用卡、将他人信用卡信息资料写入磁条介质、芯片等方式制作的信用卡。以虚假身份证明骗领的信用卡不属于伪造的信用卡。对于伪造的空白信用卡与伪造的信用卡的区分，可以参见前述伪造、变造信用卡的相关标准，以伪造的信用卡是否写入有效信用卡信息进行区分。

2. 非法持有他人信用卡

本项规定的行为对象是由银行制发的真实信用卡。非法持有信用卡这一行为往往与其他犯罪相关联，但可能因证据收集和证明难度等原因，在其他犯罪无法查实的情况下，以非法持有对其定罪量刑。

3. 使用虚假的身份证明骗领信用卡

信用卡必须由符合条件的申领人凭借真实的身份证明文件申领，使用虚假的身份证明骗领信用卡行为违反信用卡管理秩序。本项规定的身份证明仅包括居民身份证、军官证、士兵证、港澳居民往来内地通行证、台湾居民来往大陆通行证、护照等用于证明身份的官方文件，其他与申领信用卡有关的证明文件，比如工作单位证明、收入证明等，不属于《刑法》第177条之一规定的身份证明文件，不适用本罪。对利用虚假资信证明申请信用卡的行为，符合《刑法》第229条、280条规定的，可以分别认定为伪造、变造、买卖国家机关公文、证件、印章罪，伪造公司、企业、事业单位、人民团体印章罪，提供虚假证明文件罪或者出具证明文件重大失

实罪。①

4.出售、购买、为他人提供伪造的信用卡或者以虚假的身份证明骗领信用卡

本项规定的出售、购买、为他人提供的对象仅限于两种形式,一是伪造的信用卡,二是以虚假的身份证明骗领的信用卡,不包括伪造的空白信用卡和商业银行发放的真实信用卡。其中,为他人提供不需要具有牟利的目的,只要为他人提供便构成本罪。

(三) 主观方面

本罪所规定的情形均系故意犯罪,过失不构成本罪。其中,本条第一项规定要求行为人对持有、运输的信用卡系伪造的信用卡或者伪造的空白信用卡在主观上应当明知。由于刑法对伪造的空白信用卡和信用卡规定了不同的定罪量刑,因此适用相应条款时,必须证明行为人对伪造的系写入有效信用卡信息的信用卡还是空白信用卡具有明确的认识。如果仅能认定行为人知道或应当知道持有、运输的系空白信用卡,不能证明其对该信用卡已经写入有效信用卡信息的,只能按照持有、运输伪造的空白信用卡定罪处罚。

刑法对其余三项未作出类似规定,但这并不表明不需要证明行为人对其行为对象性质的主观认识状态。本书认为,适用第二项至第四项都需要对其行为对象的特征主观上明知,即适用第二项应当明知系他人信用卡而非法持有,并具有违法性认识;适用第三项应当明知使用的系以虚假身份证明骗领的信用卡;适用第四项应当明知出售、购买、为他人提供的系伪造的信用卡或者以虚假身份证明骗领的信用卡。明知包括知道和应当知道,行为人不承认明知的,可以通过其他证据进行刑事推定。如果确有证据证明行为人对其持有、运输、出售的信用卡的性质主观上不明知的,不构成相应的罪名。

---

① 参见最高人民法院研究室、最高人民检察院法律政策研究室、中国银联风险管理部编:《银行卡犯罪司法认定和风险防范》,中国人民公安大学出版社2010年版,第41页。

三、定罪量刑标准

《刑法》第 177 条之一对妨害信用卡管理罪设置了两档法定刑:"妨害信用卡管理的,处三年以下有期徒刑或者拘役,并处或者单处一万元以上十万元以下罚金;数量巨大或者有其他严重情节的,处三年以上十年以下有期徒刑,并处二万元以上二十万元以下罚金。"针对不同类型的妨害信用卡管理犯罪行为,《妨害信用卡解释》规定了不同的定罪量刑标准。

《刑法》第 177 条之一第 1 款对于本罪的前两项行为类型规定了"数量较大"的入罪标准,对于后两项行为类型则没有规定数量或者情节标准:(1)明知是伪造的信用卡而持有、运输的,犯罪对象为 1 张伪造的信用卡即符合数量较大的标准;(2)明知是伪造的空白信用卡而持有、运输,数量累计在 10 张以上,不满 100 张的;(3)非法持有他人信用卡,数量累计在 5 张以上,不满 50 张的;(4)使用虚假的身份证明骗领信用卡 1 张以上不满 10 张的;(5)出售、购买、为他人提供伪造的信用卡或者以虚假的身份证明骗领的信用卡 1 张以上不满 10 张的。

本罪以数量巨大或者有其他严重情节作为升格法定刑的标准。相关司法解释对"数量巨大"的标准作出了明确规定,但对"有其他严重情节"尚未作出明确规定。"数量巨大"的情形有:(1)明知是伪造的信用卡而持有、运输 10 张以上的;(2)明知是伪造的空白信用卡而持有、运输 100 张以上的;(3)非法持有他人信用卡 50 张以上的;(4)使用虚假的身份证明骗领信用卡 10 张以上的;(5)出售、购买、为他人提供伪造的信用卡或者以虚假的身份证明骗领的信用卡 10 张以上的。

虽然司法解释对"有其他严重情节"未作出规定,在具体适用时,需注意以下问题:首先,适用"有其他严重情节"的前提是,行为人的行为符合本罪基本犯的构成,即达到立案追诉标准。比如,在适用第一、二项时,必须达到数额较大的数量标准,方有适用"有其他严重情节"的空间。其次,虽然司法解释未作规定,但对部分有其他严重情节,相关数量未达到数量巨大标准的,可以按第二档处罚。比如因妨害信用卡管理行为给银行或者其他人员造成严重经济损失的,因多次实施妨害信用卡管理犯罪被刑事处罚后又实施犯罪的,等等。具体标准可以参照司法解释对其他涉信用卡犯罪规定的严重情节的认定标准。

第二节　妨害信用卡管理罪司法疑难问题

一、非法持有行为的认定

（一）持有的界定

持有是一种事实上的支配，即行为人与持有物之间存在一种事实上的支配与被支配关系。① 对持有物的支配应采取实质判断的方法，其具体表现形式呈现多样性，包括直接占有、携有、藏有或者以其他间接的方法进行支配。持有不要求行为人必须在物理空间上存在接触，不要求行为人系持有物的所有者、占有者，可以通过第三人间接持有，当然持有在时间上还应当具有一定的持续性，只有当持有物在一定时间内有行为人持有，才构成持有。② 根据上述对"持有"的界定，持有并不局限于行为人与信用卡之间具有直接的接触或者空间上的管理行为，行为人借助他人之手持有信用卡，同样可以认定为持有。比如，在上海市闵行区检察院办理的金某、祝某妨害信用卡管理案中，金某通过祝某招揽2名办卡人在本市多家

---

① 参见张明楷：《刑法学》（下册），法律出版社2016年版，第1151页。
② 张明楷教授在关于非法持有毒品罪的阐释中，对非法持有的具体表现方式作了归纳：(1)持有具体表现为直接占有、携有、藏有或者以其他方法支配；(2)持有不要求物理上的握有，不要求行为人时时刻刻将持有物握在手中、放在身上或者装在口袋里，只要行为人认识到它的存在，能够对之进行管理或者支配，就是持有；(3)持有时并不要求行为人是持有物的"所有者""占有者"，事实上置于行为人支配之下时，行为人即构成持有；(4)持有并不要求直接持有，即介入第三者时，也不影响持有的成立，持有人交给他人保管后的间接持有，也构成持有；(5)持有不要求单独持有，可以共同持有；(6)持有是一种持续行为，只有当持有物在一定时间内有行为人持有，才构成持有。参见张明楷：《刑法学》（下册），法律出版社2016年版，第1151—1152页。

银行办理了8张银行卡,由祝某将上述银行卡及配套开户资料、U盾等进行收集并邮寄至金某指定地址,由金某负责联系出售,后将上述银行卡等转至李某处。法院判决认为,金某虽然未与信用卡进行物理上的直接接触,但祝某所取得的他人信用卡均在金某的管理和支配之下,金某属于间接持有,祝某、李某属于直接持有,金某、祝某、李某构成妨害信用卡管理(非法持有)的共同犯罪。①

非法持有信用卡数量,通常根据公安机关在案发现场查获的信用卡数量进行计算。随着信用卡洗钱的需求日益庞大,社会上出现专门组织他人收购、出售他人信用卡的黑色产业链条。对于非法取得他人信用卡后,已经出售、出租给他人使用的,是否构成妨害信用卡管理罪,司法实践中存有争议。刑法规定了多个持有型罪名,比如《刑法》第128条非法持有枪支、弹药罪,第172条持有、使用假币罪,第210条之一持有伪造的发票罪,第380条非法持有毒品罪等。在上述罪名中,通常将相关联的出售、使用等行为规定为独立罪名,如与非法持有枪支、弹药罪相对应的非法制造、买卖、运输、邮寄、储存枪支弹药罪,与持有假币罪相对应的使用假币罪,与持有伪造的发票罪相对应的非法出售发票罪,与非法持有毒品罪相对应的走私、贩卖、运输、制造毒品罪,等等。但是对于真实信用卡,除了《刑法》第177条之一将非法持有他人信用卡规定为犯罪外,未将出售、出租他人信用卡的行为规定为犯罪。

"曾经持有"是否属于刑法规定的"持有"?对此有两种观点。一种观点认为,非法持有信用卡数量只能根据现场查获的实际持有的信用卡数量认定。另一种观点认为,由于持有型犯罪往往难以做到人赃俱获,如有确实证据充分证明该持有行为,即已经具有社会危害性,不影响"非法持有"的认定。②本书赞同第二种观点,非法持有,既包括公安机关当场查获时持有的他人信用,也包括行为人曾经非法持有他人信用卡的数量。首先,将"曾经持有"解释为《刑法》第177条之一的"持有",没有超出刑法条文的文义范围。刑法中规定的犯罪行为类型,都不局限于公

---

① 参见曹晓烨、李颖:《妨害信用卡管理罪中"非法持有"如何认定》,载《上海法治报》2017年11月1日,第B05版。

② 参见曹晓烨、李颖:《妨害信用卡管理罪中"非法持有"如何认定》,载《上海法治报》2017年11月1日,第B05版。

安机关现场查获的行为，还包括查证属实的过去实施的犯罪行为，将"非法持有"行为限定于公安机关现场查获时的持有状态，实际上并无合理性。因此，将非法持有后出售他人信用卡的行为，认定为非法持有他人信用卡，以妨害信用卡管理罪定罪处罚，不违反罪刑法定原则和罪责刑相适应原则。非法持有型犯罪也是如此。其次，此种解释符合罪责刑相适应的原则。按照常理，将非法持有的他人信用卡出售给他人用于违法犯罪活动的行为，其社会危害性显著高于尚未出售的行为，更具有刑事追究的必要性。在其他非法持有型犯罪中，之所以不将曾经持有纳入其中，是因为刑法明确规定将非法持有后的销售、贩卖、使用等行为单独规定为更重的犯罪，如持有、使用假币罪，非法持有毒品罪和走私、贩卖、运输、制造毒品罪，本质上属于牵连关系，通常情形下无须再将"曾经持有"作为持有型犯罪处理。

（二）非法性的认定

持有他人信用卡，是否属于刑法规定的"非法持有"，首先要结合信用卡相关管理规定进行判断。如果按照行政法律规定都不具有非法性，在刑法上当然不能作为非法持有来认定，仅违反持卡人与发卡行之间约定的，不应认定为刑法上的非法持有。

关于持有他人信用卡合法性问题，中国人民银行在《银行卡业务管理办法》第 28 条规定："银行卡及其账户只限经发卡银行批准的持卡人本人使用，不得出租和转借。"第 59 条进一步规定："持卡人出租或转借其信用卡及其账户的，发卡银行应当责令其改正，并对其处以 1000 元人民币以内的罚款（由发卡银行在申请表、领用合约等契约性文件中事先约定）。"可见，根据上述行政规章，信用卡依法仅限本人使用，出租、转借信用卡即属非法，持有他人出租、转借的信用卡的行为即可以认定为行政法意义上的"非法持有"。举轻以明重，非法持有当然还包括违背持卡人本人的意愿而非法取得的信用卡，比如持有以虚假身份证明骗领的信用卡，通过盗窃、抢劫、诈骗等非法手段取得的信用卡，等等。

（三）非法持有信用卡特殊情形的处理原则

遵循上述持有和非法性的判断标准，可以依法认定非法持有他人信用卡的犯罪事实。但是，从行政法律规定关于非法持有的判断标准可以看出，非法性的界定范围过于宽泛，可能将一些社会危害不大、情节显著轻微的行为错误地纳入刑事处罚范围，违反罪责刑相适应的基本原则。比如，父母与子女之间、配偶之间持有并使用对方的信用卡，明显不具有社会危害性。因此，在认定非法持有他人信用卡犯罪时，还需要考虑持有他人信用卡的动机、目的、原因等因素，充分判断相关行为的社会危害性，进而判断刑事追诉必要性。需要区别对待的情形包括：

1. 拾得他人信用卡后继续持有的行为

有观点认为，拾得他人多张信用卡而持有的，即属于非法持有他人信用卡。[①] 本书认为，拾得后未及时归还的行为应当给予负面评价，但不宜直接认为具有刑事违法性。对于此类行为，应当结合其非法持有信用卡的动机、目的和实际用途判断其社会危害性，不宜一律认定为非法持有。

2. 经持卡人同意而持有他人信用卡的行为

随着信用卡的普及和使用方式的多样化，持有他人信用卡的动机、目的也呈现出多样化特征。其中，经持卡人本人同意将信用卡交付他人的现象也频频发生。比如，有的出于获取非法利益的目的，将本人的信用卡出售、出租给他人使用；有的出于归还透支款项、赚取积分等目的，将本人的信用卡交给他人管理使用。虽然将信用卡交由他人持有并使用的行为违反了信用卡管理的有关规定，但是上述基于不同动机、目的的非法持有行为社会危害性明显不同，需要区别对待。在具体适用时，应当根据"非法持有"行为对信用卡管理秩序的侵害程度，把握罪与非罪的界限。

对于基于实施电信网络诈骗、掩饰、隐瞒犯罪所得、犯罪所得收益，洗钱等犯罪目的收购他人信用卡后非法持有的，应当作为犯罪处理。对基于养卡等不正当目的持有他人信用卡的，与本罪规定的其他妨害信用卡管理行为相比，社会危害性尚不具有刑事追诉的必要性，一般宜由发卡行或者银行业监督管理机关进行处罚，慎作犯罪处理，如果构成非法经营信用卡套现业务等其他犯罪的，以其他犯罪定罪处罚。基于亲密关系、收藏娱乐等不具非法性的目的持有他人信用卡的，由于此类行为不具有社会危害性，不应认定为刑法规定的"非法持有"。

---

① 参见张明楷：《刑法学》（下册），法律出版社2016年版，第783页。

另外，在行为人向他人出售或提供本人名下银行卡使用时，虽因系处分自己合法所有的财物不构成妨害信用卡管理罪，但在涉案银行卡被实际用于电信诈骗等犯罪活动，而行为人对于自己名下的银行卡可能被用于违法犯罪系明知的情况下，则可能构成关联犯罪的共犯或者《刑法》第287条之二所规定的帮助信息网络犯罪活动罪等其他犯罪。比如，在黄某某等帮助信息网络犯罪活动案中，被告人为获得经济利益，受人指派，在明知银行卡可能被用于网络违法犯罪活动的情况下，在各银行网点共办理了银行卡18张。法院裁判认为，被告人明知可能被用于信息网络犯罪活动仍然开办银行卡，情节严重，已构成帮助信息网络犯罪活动罪。[①] 在非法持有他人信用卡用于其他犯罪的情形下，同时构成其他犯罪的，应当按照牵连犯的一般处断原则，择一重罪处理。

二、使用虚假的身份证明骗领信用卡行为的认定

刑法规定的"虚假"身份证明包括伪造、变造的身份证明和违背他人意愿使用他人身份证明两种情形。前者主要是指伪造、变造身份证明文件，以该证件上记载的身份申领信用卡，即属于此种情形。后者主要是指违背他人意愿，使用其居民身份证、军官证、士兵证、港澳居民往来内地通行证、台湾居民来往大陆通行证、护照等身份证明申领信用卡。

使用他人身份证件申领信用卡行为违背了本人的意愿。此外，实践中还存在一些特殊情形，如以非法途径骗领居民身份证的情况，使用该骗领身份证的，一般也应认定为使用虚假身份证明。又如，向他人收购身份证用于申领信用卡的情形，表面上系经过他人同意，但此种情形实质上与违背本人意愿具有一致性，而且申领信用卡的行为人并非身份证件上的本人，对于申领信用卡的行为人而言，仍然属于使用虚假的身份证件的行为，同时也因欺骗行为使银行陷入了错误认识，应当认定为"使用虚假的身份证明骗领信用卡"。

需要指出的是，在金融业风控体系日益发达的当下，直接在银行柜台使用假证件办卡的漏洞已经基本被堵塞，但随着网上银行业务的不断扩

---

① 参见北京市朝阳区法院（2020）京0105刑初1147号刑事判决书。

展,仍然存在利用部分银行的技术漏洞,采用非法技术手段绕过人脸识别等验证系统,以虚假身份信息或他人个人信息网上申办银行卡等新型犯罪行为。比如,在田某纪等人非法获取计算机信息系统数据一案中,被告人通过软件抓包、PS身份证等非法手段,在厦门银行手机银行App内使用虚假身份信息注册银行Ⅱ、Ⅲ类账户。其在注册账户过程中,先输入本人身份信息,待进行人脸识别步骤时,利用软件抓包技术将银行系统下发的人脸识别身份认证数据包进行拦截并保存。而后,在输入开卡密码步骤,将App返回到第一步(上传身份证照片之步骤),输入伪造的身份信息,并再次进入到人脸识别之身份验证步骤,此时,其上传此前拦截下来的包含其本人的身份信息数据包,使系统误以为要比对其本人的身份信息,其遂用本人人脸通过银行系统人脸识别比对,使得成功利用虚假身份信息注册到银行账户。被告人田某纪利用上述方法成功注册厦门银行Ⅱ类账户76个。其将上述账户信息(包括身份证号、银行卡号、绑定的手机号)卖给多人使用,获利2万余元。[1] 又如,在黄某夫、薛某等人妨害信用卡管理一案[2]中,由黄某夫负责提供开卡技术支持,教授如何利用黑客技术和软件绕过银行系统验证,由薛某从网上购买包括姓名、身份证号、手机号及绑定的银行卡号在内的公民个人信息用于注册银行账户,与多人共同负责具体实施"代跳"工作,利用华润银行、温州民商银行、金华银行、浦发银行、中国银行、招商银行、建设银行等银行App的漏洞和使用抓包软件,修改数据,利用所购买的公民信息,开设大量银行账户,并将银行账户出售获利。[3] 上述两种情形,本质上与柜面申领信用卡欺骗银行工作人员相同,应当归入违背他人意愿使用他人身份证明文件骗领信用卡的情形。

---

[1] 参见福建省厦门市思明区人民法院(2019)闽0203刑初890号刑事判决书。
[2] 参见浙江省金华市婺城区人民法院(2019)浙0702刑初851号刑事判决书。
[3] 参见浙江省金华市婺城区人民法院(2019)浙0702刑初851号刑事判决书。

第三节　妨害信用卡管理罪证据指引

一、主要证据

办理妨害信用卡管理犯罪案件，需要区分不同的妨害信用卡管理的情形，有针对性地收集相关的证据材料。

（一）证明涉案信用卡性质的证据

妨害信用卡管理案件中的信用卡性质分为伪造的信用卡（空白信用卡）、使用虚假身份证明骗领的信用卡和他人信用卡三类，侦查取证首先明确涉案信用卡的可能属性，然后有针对性地收集固定相关证据材料。

1. 伪造的信用卡和空白信用卡相关证据

调取银行关于信用卡系伪造的证明，银行开具的证明应加盖公章，同时附相应调取证据通知书、调取证据清单；通过电子数据检查等方式提取信用卡内记载的数据并以符合规范的方式进行存储，包括信用卡磁道数据、交易密码数据等，没有提取到数据的应当予以说明；提供伪造的信用卡或者空白的信用卡相关同案犯的供述和辩解、证人证言；鉴定机构出具的金融票证系伪造、变造的鉴定意见，鉴定意见书应附鉴定人资质、鉴定机构资质和相应的鉴定聘请通知书。

2. 使用虚假身份证明骗领的信用卡相关证据

向银行调取信用卡申办、开户相关书证、视频资料、电子数据等，必要时对书证上的签名等进行鉴定；调取银行关于信用卡系骗领的证明；有关部门出具的居民身份证、军官证、士兵证、港澳居民往来内地通行证、台湾居民来往大陆通行证、护照等身份证明文件系虚假的证明，或者被冒用身份证明的人员的证言，取得上述虚假身份证明文件过程有关的证据，以证明使用他人的身份证明是否违背其本人意愿等。

3. 他人信用卡相关证据

调取信用卡的申办、开户等书证；信用卡申领人的证言；获取他人信用卡相关的通讯联络记录、邮寄记录、交易记录、资金交易记录等。

（二）证明妨害信用卡管理行为的证据

1. 持有、运输伪造的信用卡、伪造的空白信用卡和出售、购买、为他人提供伪造的信用卡或者以虚假的身份证明骗领的信用卡相关证据

全面收集犯罪嫌疑人手机电话通讯记录、即时通讯软件、电脑、存储设备、书面笔记，账册，邮寄单据，资金交易记录等各类可能记载持有、运输、出售、购买、为他人提供等有关信息的证据材料。对于手机电话、即时通讯软件、电脑等，要及时扣押、封存并通过电子数据检查规范的方法检查、提取、固定与案件有关的电子数据。犯罪嫌疑人、被告人的供述和辩解，上下游有关人员关于与犯罪嫌疑人、被告人往来的供述和辩解、证人证言，以及相关人员的行程轨迹等信息。

2. 使用虚假的身份证明骗领信用卡相关证据

与前述证明信用卡属于使用虚假身份证明骗领的信用卡的证据基本相同。注意收集实施骗领信用卡过程有关的证据，包括监控录像等视频资料、人脸识别记录、办卡人签名、办卡人手机号码的开户资料、办卡人预留的身份证复印件等，以证明实际办卡人身份与身份证明信息是否相符。信用卡名义申办人报警的，应当收集报警记录机器证言。身份信息人的报警记录及其证言，核实其是否委托犯罪嫌疑人申领过信用卡、身份证是否发生过丢失、被盗用等情形。

3. 非法持有他人信用卡相关证据

调取银行关于信用卡持卡人的开户资料等信息，查明非法持有信用卡的原持有人的身份信息，并调取其证言，核实犯罪嫌疑人、被告人取得信用卡的途径。对于以购买、出售信用卡为业的人员，注意从犯罪嫌疑人手机电话通讯记录、即时通讯软件、电脑、存储设备、书面笔记，账册，邮寄单据、资金交易记录等各类可能记载购买、出售他人信用卡信息的证据材料，查清非法持有他人信用卡的具体数量、实际用途和社会危害性。

此外，还要收集、固定犯罪嫌疑人、被告人实施妨害信用卡管理犯

罪动机、目的相关证据材料和获取非法利益相关的证据材料。

(三) 证明主观方面的证据

对于非法持有他人信用卡、使用虚假的身份证明骗领信用卡，证明其客观行为的证据即可证明其具有相关的主观故意。对于持有、运输、出售、购买、为他人提供伪造的信用卡、伪造的空白信用卡、以虚假的身份证明骗领的信用卡的犯罪，需要有针对性地收集固定证明其明知的相关证据，上述证明客观行为的证据中，不符合正常使用信用卡习惯的相关证据材料，也是证明主观明知内容的重要证据，不再赘述。

二、证据的审查判断

(一) 伪造信用卡、使用虚假身份证明骗领信用卡相关案件

此类案件审查判断中，相对比较困难的是行为人对信用卡属于伪造或者虚假身份骗领是否具有主观明知，这通常也是犯罪嫌疑人、被告人辩解的重点。《刑法》第177条之一明确规定"明知是伪造的信用卡而持有、运输的"，明确将"明知"作为必要构成条件；对于使用虚假的身份证明骗领的信用卡和出售、购买、为他人提供伪造的信用或者以虚假的身份证明骗领的信用卡条款中，虽然在条款中没有出现"明知"一词，但是"明知"仍然是证明犯罪成立的必要条件，也是与非法持有他人信用卡相区别的重要构成。应当重点审查：伪造的信用卡或者使用虚假身份证明骗领的信用卡的实际来源，行为人与提供上述信用卡的人员之间的关系、日常联络情况，行为人持有、运输、购买、出售、非法提供上述信用卡的目的，行为人获取、保管、邮寄上述信用卡的异常表现，行为人非法获利情况等，并进行综合判断。同时，对于客观上证明伪造的信用卡系成品而非空白信用卡的，还需要结合上述证据进一步审查行为人主观明知的具体内容。有证据证明行为人在持有、运输、出售、购买、为他人提供信用卡时，主观上只认识到涉案信用卡系空白信用卡，如上游人员以空白信用卡的名义提供给行为人进行运输，应当认定为持有、运输、出售、购买、非法提供空白的信用卡。对于行为人辩解不知道是信用卡成品但没有提供其

他证据的，应当结合其他相关证据综合判断行为人的主观明知具体内容，不能简单地认为有辩解就无法排除合理怀疑。

（二）非法持有他人信用卡案件

第一，通过上下游人员供述、辩解或证言，行为人与上下游人员之间的关系，行为人与上下游人员之间通讯联络的内容，行为人的非法获利情况，行为人获取信用卡的途径，持有期间使用信用卡的方式，以及持有后信用卡的实际去向或者计划用途等相关证据，判断非法持有他人信用卡的社会危害性，以区分刑法上的非法持有和行政违法层面的非法持有。

第二，对于间接持有信用卡的，通过对行为人与实际持有人之间的关系，双方之间的通讯联络情况，实际持有人的供述和辩解，上下游人员与行为人、实际持有人之间的通讯联络交付情况，双方非法获利分配情况等，综合认定间接持有的事实和间接持有的数量。

第三，对于非法持有后已经转移、出售的信用卡，应当结合与上下游人员的通讯联络记录、资金交易记录、邮寄单据、书面记录、信用卡开户资料、从下游人员处查获的信用卡以及犯罪嫌疑人、被告人的供述、证人证言等证据材料，综合认定曾经非法持有的信用卡数量。对于没有查获信用卡实物的，证明非法持有数量的证据之间应当相互印证，并能排除合理怀疑。比如，对于只有犯罪嫌疑人、被告人的供述和本人手写的信用卡卡号，缺乏其他证据印证的，不宜计入非法持有信用卡的数量之中。

第四节 相关案例评析

严某、李某超等五人妨害信用卡管理案①

【关键词】 妨害信用卡管理罪 非法持有 自愿出售

【要旨】

行为人出于帮助违法犯罪的目的收购持卡人自愿提供的信用卡并持有的,通过他人间接非法持有信用卡的,或者已经将信用卡非法出售给他人,但证明行为人曾经非法持有信用卡的证据确实、充分的,都应当认定为妨害信用卡管理罪中的非法持有。

【基本案情】

2018年2月至2019年6月,被告人严某发现买卖信用卡可牟利后,多次以每张人民币1500元的价格向被告人李某超等人收购信用卡127张(含银行U盾等配套资料)再转售给上家。被告人李某超为牟利多次以每张人民币1000元至1300元不等的价格,向同事梁某乔等人收购信用卡55张再转售给被告人严某。被告人梁某乔、王某云、孟某广为牟利,分别从其亲友、同事处,收购多张信用卡再转售给严某、李某超。

另查明,严某自李某超处收购的55张信用卡中,23张信用卡系由李某超按照严某提供的收件地址邮寄给买家,严某未经手接触。侦查机关在严某手机里提取到其手书的184张信用卡卡号记录照片、转账记录等。

【诉讼过程】

2019年10月24日,检察机关以严某、李某超涉嫌妨害信用卡管理罪向法院提起公诉。2020年8月11日,法院以妨害信用卡管理罪对被告人严某判处有期徒刑4年6个月,并处罚金6万元;对被告人李某超判处

---

① 根据江苏省苏州市工业园区人民法院(2019)苏0591刑初490号编写。

有期徒刑3年，并处罚金2万5千元。2020年5月至6月，检察机关以妨害信用卡管理罪分别对被告人梁某乔、王某云、孟某广三人提起公诉，同年10月，被告人梁某乔、王某云、孟某广分别被判处8个月至1年2个月有期徒刑，并处罚金，并分别适用缓刑。上述被告人均未上诉，判决已生效。

【评析意见】

与以往将他人信用卡用于信用卡诈骗等目的不同，随着信用卡在电信网络诈骗等上游犯罪洗钱链条中的作用日益突出，收购、出售信用卡已形成一条专门的非法产业链。刑法仅在妨害信用卡管理罪中对非法持有真实信用卡的行为作了规定，没有专门对收购、出售等行为作出规定。本案的焦点在于信用卡持有人自愿提供的信用卡、间接持有信用卡以及对曾经持有信用卡的行为是否构成非法持有。

（一）持有他人自愿出售的信用是否属于非法持有

随着信用卡的普及和使用方式的多样化，持有他人信用卡的动机、目的也呈现出多样化特征。其中，经持卡人本人同意将信用卡交付他人的现象也频频发生。比如，有的出于获取非法利益的目的，将本人的信用卡出售、出租给他人使用；有的出于归还透支款项、赚取积分等目的，将本人的信用卡交给他人管理使用。虽然将信用卡交由他人持有并使用信用卡的行为违反了信用卡管理的有关规定，但是上述基于不同动机、目的的非法持有行为社会危害性明显不同，需要区别对待。在具体适用时，应当根据"非法持有"行为对信用卡管理秩序的侵害程度，把握罪与非罪的界限。对于基于实施电信网络诈骗、掩饰、隐瞒犯罪所得、犯罪所得收益、洗钱等犯罪目的收购他人信用卡后非法持有的，应当作为犯罪处理。对于基于亲密关系、收藏娱乐等目的持有他人信用卡的，虽然也不符合银行卡管理相关规定，但由于此类行为不具有社会危害性，不应认定为刑法规定的"非法持有"。

（二）授意他人收购、持有、出售而未直接接触信用卡是否属于持有

持有是一种事实上的支配，行为人与持有物之间存在一种事实上的支配与被支配关系。对持有物的支配应采取实质判断的方法，其具体表现形式呈现多样性，包括直接占有、携带、藏有或者以其他间接的方法进行支配，持有不要求行为人必须在物理空间上存在接触，不要求行为人系

持有物的所有者、占有者，可以通过第三人间接持有，当然持有在时间上还应当具有一定的持续性。根据上述对"持有"的界定，持有并不局限于行为人与信用卡之间具有直接的接触或者空间上的管理行为，行为人借助他人之后持有信用卡，同样可以认定为持有。

（三）对于非法取得他人信用卡后，已经出售、出租给他人使用的，是否构成"非法持有"

对于真实信用卡，除了《刑法》第177条之一将非法持有他人信用卡规定为犯罪外，未将出售、出租他人信用卡的行为规定为犯罪。非法持有，既包括公安机关当场查获时持有他人信用卡，也包括行为人曾经非法持有他人信用卡。首先，刑法中规定的犯罪行为类型，都不局限于公安机关现场查获的行为，还包括查证属实的过去实施的犯罪行为，将"非法持有"行为限定于公安机关现场查获时的持有状态，实际上并无合理性。其次，将非法持有的他人信用卡出售给他人用于违法犯罪活动的行为，其社会危害性显著高于尚未出售的行为，更具有刑事追究的必要性。此种情形下，认定"曾经持有"，应当通过银行账户开户信息、转账记录、快递寄件记录、被告人书面记载信息、被告人认罪供述和下家证言等证据，综合考量认定信用卡数量。对于仅有被告人手书的信用卡卡号或被告人有罪供述，没有信用卡开户信息证实信用卡真实有效性、缺乏下家证言等其他证据印证的，不予认定。

第四章

窃取、收买、非法提供信用卡信息罪
办案指引

第一节 窃取、收买、非法提供
信用卡信息罪概述

信用卡信息资料，是伪造信用卡或使用他人信用卡的核心和关键。窃取、非法提供他人信用卡信息资料，成为伪造、变造信用卡的黑色产业链中的重要一环。2005年《刑法修正案（五）》增设第177条之一，其中第2款单独规定了窃取、收买、非法提供信用卡信息罪，专门用于惩治此类为伪造信用卡等犯罪活动提供帮助的行为。

一、立法沿革

刑法第一百七十七条之一第二款、第三款 窃取、收买或者非法提供他人信用卡信息资料的，依照前款规定①处罚。

银行或者其他金融机构的工作人员利用职务上的便利，犯第二款罪的，从重处罚。

1997年刑法未规定本罪。非法获取他人信用卡信息资料是伪造信用卡的前提。有的犯罪分子为了伪造信用卡，窃取、收买他人的信用卡信息资料，有的犯罪分子则专门向伪造信用卡的人非法提供他人的信用卡信息资料。这种窃取、收买、非法提供他人信用卡信息的行为具有严重的社会危害性，它既是伪造信用卡的前提条件，也是伪造信用卡一系列活动的关

---

① 《刑法》第177条之一第1款规定："有下列情形之一，妨害信用卡管理的，处三年以下有期徒刑或者拘役，并处或者单处一万元以上十万元以下罚金；数量巨大或者有其他严重情节的，处三年以上十年以下有期徒刑，并处二万元以上二十万元以下罚金……"

键一环。但由于分工细化，不同环节人员的主观故意和客观行为存在区别，有的无法以《刑法》第177条伪造金融票证罪的共同犯罪定罪处罚。为此，全国人大常委会在2005年审议通过的《刑法修正案（五）》中增设了本罪，将信用卡信息非法流转环节中的几类行为单独评价纳入刑法处罚范畴。同时，考虑到银行或其他金融机构的工作人员由于工作上的便利，较容易接触到客户的信用卡信息资料，负有为客户保密的义务，如其向他人非法提供信用卡信息资料，不仅危害国家金融秩序、客户财产权利，也有损金融机构工作人员的廉洁性和专业性，社会危害性更大，故规定对此类特殊主体犯本罪的从重处罚。

二、犯罪构成

（一）犯罪客体

本罪侵犯客体为国家对银行信用卡的管理秩序，以及银行的信誉。非法获取或者非法提供的他人信用卡信息资料最后基本都用于伪造信用卡或实施信用卡诈骗行为，为下游犯罪提供很大方便，对金融秩序安全具有极大破坏性。但需注意的是，并非任何涉及信用卡信息的窃取、收买和非法提供行为，都构成本罪。《妨害信用卡解释》中对"窃取、收买、非法提供信用卡信息资料"行为的目的作了限定，即"足以伪造可进行交易的信用卡，或者足以使他人以信用卡持卡人名义进行交易"。对于窃取、收买、非法提供信用卡信息行为没有造成使信用卡信息被用于伪造或者使他人以信用卡持卡人名义进行交易的具体危险的，不能以本罪定罪处罚。

（二）客观方面

本罪属于自然人犯罪，银行或者其他金融机构的工作人员构成本罪的，从重处罚。刑法未规定单位犯罪，对单位实施上述行为的，可以对单位直接负责的主管人员和直接负责的责任人员以自然人犯罪追究刑事责任。本罪的客观行为表现为，窃取、收买或者非法提供他人信用卡信息资料，足以伪造可进行交易的信用卡，或者足以使他人以信用卡持卡人名义进行交易。

1. 信用卡信息资料

信用卡信息资料的范围十分广泛，既包括持卡人的姓名、公民身份号码、收入情况、联系方式等个人隐私信息，也包括信用卡磁条、芯片中记载的信息材料，其中主要记载的是信用卡账号和个人标识代码（即卡密码）。

2. 窃取、收买、非法提供行为

窃取信用卡信息资料是指行为人以秘密的方法取得他人信用卡信息资料，如通过偷窥、破解密码、非法侵入系统等手段窃取。

收买是指行为人以有偿的方式获得他人出卖的信用卡信息行为。如果行为人无偿取得他人信用卡资料，不能认定为收买。

非法提供是指将通过非法或者合法手段获取的他人的信用卡信息资料转让他人。与收买不同，非法提供不以有偿性为要件，无论行为人以无偿还是有偿的方式将他人信用卡信息转让的，均应认定为非法提供行为，出售、租借、无偿赠与都属于非法提供。但是，非法提供的只能是他人的信用卡信息资料，不论是合法获取信用卡信息资料的银行等金融机构，还是窃取、收买信用卡信息资料的行为人，均可成为非法提供的主体。

（三）主观方面

本罪在主观方面只能由故意构成，过失不构成本罪。行为人只要具有窃取、收买、非法提供信用卡信息资料的主观故意，即构成本罪，一般不需要证明其对信用卡信息资料是否足以伪造信用卡或以持卡人名义进行交易主观上明知。只要客观上涉案信用卡信息资料符合司法解释规定的标准，主观上有窃取、收买、非法提供的故意，就可以构成本罪。行为人作出的不明知信用卡信息资料是否足以用于伪造和交易的辩解，不是阻却本罪成立的事由。

三、定罪量刑标准

《刑法》第 177 条之一规定，本罪的刑罚与妨害信用卡管理罪相同，分两档刑罚。窃取、收买或者非法提供他人信用卡信息资料的，处 3 年以下有期徒刑或者拘役，并处或者单处 1 万元以上 10 万元以下罚金；数量巨大或者有其他严重情节的，处3年以上10年以下有期徒刑，并处2万元以上20万元以下罚金。

根据《妨害信用卡解释》的规定窃取、收买、非法提供他人信用卡信息资料，足以伪造可进行交易的信用卡，或者足以使他人以信用卡持卡人名义进行交易，涉及信用卡1张以上不满5张的，依照《刑法》第177条之一第1款的规定处罚。

本罪以数量巨大或者有其他严重情节作为升格法定刑的标准。相关司法解释对"数量巨大"的标准作出了明确规定，但对"有其他严重情节"亦尚未作出规定，适用"有其他严重情节"时，应当以符合基本犯的定罪标准为前提。窃取、收买、非法提供他人信用卡信息资料，足以伪造可进行交易的信用卡，或者足以使他人以信用卡持卡人名义进行交易，涉及信用卡5张以上的，应当认定为《刑法》第177条之一第1款规定的"数量巨大"。此外，银行或者其他金融机构的工作人员利用职务上的便利，窃取、收买或者非法提供他人信用卡信息资料的，从重处罚。

第二节　窃取、收买、非法提供信用卡信息罪司法疑难问题

一、信用卡信息资料的认定

《刑法》第177条之一规范窃取、收买、非法提供信用卡信息资料行为，主要目的在于防范不法分子利用上述信息伪造信用卡或者使用他人信用卡进行交易。为此，《妨害信用卡解释》在刑法规定的基础上，对刑事处罚范围进行了限缩，即窃取、收买、非法提供的他人信用卡信息资料，需要满足足以伪造可进行交易的信用卡，或者足以使他人以信用卡持卡人名义进行交易的前提条件。如相关信用卡信息资料不符合上述条件，则不属于本罪规定的信用卡信息资料。从司法解释的表述来看，以他人名义进行交易应当与伪造可进行交易的信用卡具有相当性。

基于信用卡信息资料用途的不同，信用卡信息资料的外延有所区别。对于伪造可进行交易的信用卡的，相关信用卡信息资料应当符合非法复制他人信用卡必要的技术要求，否则就谈不上足以伪造，主要包含信用卡磁条、芯片中记载的信息资料，即有关发卡行代码、信用卡账号、密码、校验码等内容的加密电子数据，通常由发卡行在发卡时使用专用设备写入信用卡的磁条或芯片中，作为POS机、ATM机等终端机具识别合法用户的依据。[①] 对此，通常需要通过专业技术手段进行鉴定。对于以持卡人名义进行交易为目的的，此种情形主要涉及无卡交易的情形，商业银行规定的无卡交易所需的必要信息资料，便属于此种信息资料，如信用卡账号、密码、校验码等，不需要符合伪造信用卡的技术标准。但是，对于上述信用

[①] 参见刘涛：《〈关于办理妨害信用卡管理刑事案件具体应用法律若干问题的解释〉的理解与适用》，载《人民司法》2010年第1期。

卡信息资料范围的认定，不需要以伪造或者交易成功为必要。

二、骗取信用卡信息行为的评价

从《刑法修正案（五）》设立本罪的立法目的看，将伪造信用卡和信用卡诈骗行为各环节中的一个环节上升为可以独立评价的犯罪行为，主要是为了解决窃取、收买、非法提供信用卡信息行为人与伪造信用卡、信用卡诈骗行为人之间共同犯罪故意查证难度较大，使部分环节的行为人无法受到相应处罚，同时解决因各个犯罪环节表现形式不同而带来的具体适用刑法困难这一问题，以严密涉信用卡犯罪刑事法网。① 因此，有观点认为，对于"窃取"的理解，不应局限于秘密方法取得，对于采用欺骗手段，持卡人在不知情的情况下"自愿"透露有关信息资料的行为，可以解释为窃取。②"窃取"和"骗取"在文义上有显著区别，如盗窃罪与诈骗罪，前者提供信用卡信息资料的行为违背了持卡人的意愿，而后者并未违背持卡人的意愿，虽然骗取信用卡信息资料行为与窃取信用卡信息资料在社会危害性方面具有相当性，但将"骗取"解释为"窃取"明显超出了"窃取"的文义范围，有类推解释之嫌，违反罪刑法定原则。信用卡信息资料属于公民个人信息中的财产信息，对于非法获取信用卡信息资料等财产信息的行为，虽不构成窃取信用卡信息资料罪，但可以以《刑法》第253条之一侵犯公民个人信息罪定罪处罚，采取强迫、胁迫等手段非法获取信用卡信息资料的行为也是如此。

三、罪名辨析

窃取、收买、非法提供信用卡信息罪与信用卡诈骗罪一般分别位于涉信用卡犯罪链条中的最前端和最末端，而伪造信用卡的行为则居于两者之间。故一般情况下，窃取、收买、非法提供信用卡信息的行为是典型的手段行为，其目的可能是伪造信用卡并出售或自行使用，在网络支付发展

---

① 参见黄太云：《刑法修正案解读全编》，人民法院出版社2011年版，第222页。
② 参见周道鸾、张军主编：《刑法罪名精释》（上），人民法院出版社2013年版，第328页。

迅速的当下，信用卡信息也可能不经制作实体卡的环节，直接被用于进行信用卡诈骗活动。在这两种情形下，窃取、收买、非法提供信用卡信息的行为均是手段行为，而伪造信用卡、信用卡诈骗相对其而言则是目的行为，故应适用牵连犯从一重罪处断的原则，以法定刑较重的伪造金融票证罪、信用卡诈骗罪定罪处罚。

需进一步讨论的是，经持卡人同意收买、非法提供银行卡、U盾、电话卡、身份信息、U盾登录密码、取款密码等物品和信息资料的行为是否构成本罪。从形式上来讲，上述信息资料足以使他人以持卡人名义进行交易，实际上这些信用卡也通常被用于非法支付结算或者掩饰、隐瞒犯罪所得及其收益等违法犯罪活动。

司法实践中，对于购买上述信用卡"套装"的或者向下游人员提供信用卡"套装"的，有的以收买、非法提供信用卡信息罪定罪处罚，表面上看并无不妥。但是，对于刑法的解释并不能停留在文义解释层面，必须从立法目的考量文义解释结论的妥当性。从立法原意看，2005年《刑法修正案（五）》增设该条文的目的是打击非法提供信用卡信息用于伪造银行卡的行为，是对伪造信用卡预备行为的正犯化处理。① 基于本人同意收买信用卡信息或者提供给他人的行为，与违背他人意愿伪造信用卡或者以持卡人名义进行交易的社会危害性存在程度上的差别，这一立法原意在司法解释中得到了贯彻。一方面，《妨害信用卡解释》将窃取、收买或非法提供他人信用卡信息资料，足以伪造可进行交易的信用卡，或者足以使他人以信用卡持卡人名义进行交易的，认定为非法提供信用卡信息罪；另一方面，该解释对窃取、收买、非法提供信用卡信息资料罪规定了较非法持有信用卡罪更低的定罪标准，与妨害信用卡管理罪中伪造的信用卡罪相当，1张即构成此罪。因此，从体系解释的角度，非法持有信用卡行为与经他人同意收买、非法提供信用卡信息的行为具有相当性，在定罪量刑标准等方面应当保持一致性，对于买卖信用卡"套装"的行为，不应以处罚较重的窃取、收买、非法提供信用卡信息罪定罪处罚。如果构成非法持有型妨害信用卡管理罪的，可以以妨害信用卡管理罪定罪处罚。

---

① 参见黄太云：《〈刑法修正案（五）〉的理解与适用》，载《人民检察》2005年第3期。

第三节 窃取、收买、非法提供信用卡信息罪证据指引

一、主要证据

办理窃取、收买、非法提供信用卡信息案件，应当重点收集固定以下证据：

（一）证明信用卡信息资料的证据

及时扣押犯罪嫌疑人、被告人的手机、电脑、存储设备，运用规范的方法提取其窃取、收买的信用卡信息资料。银行或其他信用卡组织出具的涉案信用卡信息资料记录，包括信用卡卡号、有效期、持卡人姓名及CVV校验码，以证明犯罪嫌疑人窃取、收买、非法提供的信用卡信息资料具体情况，以及原信用卡已被启用并正常使用的情况。

（二）证明窃取、收买、非法提供行为的证据

1. 窃取行为

窃取信用卡的方式多样，应当根据窃取方式的特征有针对性地收集固定证据，结合讯问犯罪嫌疑人、被告人和询问证人了解窃取信用卡信息资料行为全过程，并查清其窃取的所有信用卡信息资料。比如，通过POS机窃取信用卡信息的，应当扣押涉案的POS机，并对涉案POS机是否进行改装进行检测，由银行卡检测中心等机构出具检测报告；调取涉案POS机的交易记录；调取直接使用POS机同案犯的供述辩解或证人证言；调取涉案POS机的改装、交易、寄递、提取等相关的作案工具、邮寄单据、交易记录等相关证据材料；调取涉案信用卡原身份信息人的证言及辨认笔

录。通过安装读卡器窃取信用卡信息的，扣押读卡器并对读卡器进行检测，调取读卡器安装场所的监控视频等视频资料。通过非法入侵信息网络等方式窃取信用卡信息的，及时扣押犯罪嫌疑人、被告人使用的电脑等设备，并提取用于入侵窃取信用卡信息的程序，对程序的功能进行检查或者鉴定。

2. 收买行为

注意收集与上游提供信用卡信息人员的通讯联络记录、交易记录、资金交易记录、行程轨迹等证据材料。调取上游提供信用卡信息人员的证言及辨认笔录。

3. 非法提供行为

注意收集与下游人员的通讯联络记录、交易记录、资金交易记录、行程轨迹等证据材料。调取下游取得信用卡信息人员的证言及辨认笔录。

（三）证明足以伪造可进行交易的信用卡或者足以使他人以信用卡持卡人名义进行交易的证据

该要件是判断犯罪嫌疑人、被告人是否构成犯罪的必要条件。一方面，对涉案信用卡信息资料进行鉴定，由银行卡检测中心等专门机构出具涉案信息资料是否可以伪造信用卡进行交易的检测报告。另一方面，调取犯罪嫌疑人、被告人或者下游人员使用涉案信用卡信息资料进行伪造信用卡或者交易的证据，包括信息资料所涉及信用卡相关交易记录、信用卡真实持卡人的证言，直接使用信用卡信息资料的人员的供述辩解、证言等。此外，对于共同犯罪的，还应重点讯问犯罪嫌疑人、被告人分工情况及牟利情况等。

二、证据的审查判断

办理窃取、收买、非法提供信用卡信息资料案件，审查判断需注意以下两个方面：

（一）信用卡信息资料足以伪造可进行交易的信用卡，或者足以使他人以信用卡持卡人名义进行交易的证明

涉案信用卡信息资料被直接使用的证据，或者银行卡组织等专门机构出具的检测报告，是证明信用卡资料符合两个"足以"条件的直接证据。由于本罪依照数量定罪处罚，涉案信用卡信息资料数量众多的，也应当逐一认定，不应采取抽样调查的方式。银行卡组织出具了检测报告，但有相反证据证明确实不具备两个"足以"的，不计入信用卡信息资料的数量。对于不符合两个"足以"的信用卡信息资料，不应当计入数量。此外，在审查证据时，应当对犯罪嫌疑人是否实际使用信用卡信息资料进行伪造信用卡或者信用卡诈骗等进行审查，对于犯罪嫌疑人将部分信用卡信息资料用于伪造信用卡、信用卡诈骗等犯罪，部分信用卡信息资料尚未用于下游犯罪的，应当分别定罪处罚，前者按照伪造金融票证罪、信用卡诈骗罪定罪，后者按照窃取、收买、非法提供信用卡信息罪定罪处罚，并数罪并罚。

（二）主观方面的证明

窃取、收买、非法提供信用卡信息，是涉信用卡犯罪链条的一个中间环节，这一行为通常属于为伪造信用卡、信用卡诈骗提供帮助的手段行为，刑罚相对较轻。在无法证明犯罪嫌疑人、被告人具有伪造信用卡、信用卡诈骗等主观故意的情形下，以本罪定罪处罚。同时构成多个犯罪的，按照牵连犯的基本原则从一重罪处罚。因此，主观故意内容不同，触犯的罪名就不同。在审查、判断证据时，应当通过对涉及通讯联络、行程轨迹、获利分赃以及其他异常表现等证据综合判断，认定行为人主观故意的具体内容，判断其是否与下游犯罪中伪造信用卡、信用卡诈骗行为人存在共同故意。

第四节　相关案例评析

一、赵某收买信用卡信息案[①]

【关键词】"云闪付"App 账户　信用卡信息　收买信用卡信息罪

【要旨】

行为人购买以他人身份信息实名注册并绑定注册人银行卡的"云闪付"App 账户信息，通过手机登录"云闪付"App 账户，以持卡人名义进行交易的，构成收买信用卡信息罪。

【基本案情】

2019 年 3 月，被告人赵某通过互联网从他人处购买 3 个利用信用卡已经完成注册的"云闪付"App 账户，均未取得持卡人本人的同意，账户内容包括"云闪付"App 账号、密码、手机号码以及绑定银行卡部分卡号。由于"云闪付"App 仅显示绑定的银行卡部分卡号，被告人赵某以向"云闪付"App 账户绑定的银行卡小额转账的方式，在付款银行账户交易明细中获取"云闪付"App 账户绑定的银行卡完整号码。

赵某使用"云闪付"App 账户，以账户中绑定的银行卡持卡人名义，通过以下几种方式获利：第一，每日进行账户登录获取平台给予的签到红包，红包金额从几分钱至几角钱不等；第二，使用其购买的"云闪付"App 账户相互转账获取消费代金红包，每次获取的红包金额为几角钱；第三，赵某与他人合意将平台提供的消费代金红包套现，并按照二八比例分成，操作方式为赵某向他人提供其购买的"云闪付"App 账户支付二维码，对方扫码收取赵某支付的钱款中包括平台提供的消费代金红包，次日，对方将赵某实际支付的钱款连同 20% 的消费代金红包金额转回给赵

[①] 根据北京市丰台区人民法院（2019）京 0106 刑初 1368 号编写。

某。经中国银联股份有限公司核算，赵某通过"云闪付"App 的支付交易优惠活动获利共计 9000 余元。

【诉讼过程】

2019 年 8 月 2 日，北京市公安局丰台分局以赵某涉嫌收买信用卡信息罪移送起诉。

2019 年 9 月 12 日，北京市丰台区人民检察院对赵某以收买信用卡信息罪提起公诉，北京市丰台区人民法院公开开庭审理本案。公诉人发表公诉意见指出：第一，本案中，被告人赵某购买的"云闪付"App 账户包含账户注册人姓名、身份证件类型及号码、银行卡号等信息。中国人民银行发布的《银行卡磁条信息格式和使用规范》规定，银行卡是由商业银行（含邮政金融机构）向社会发行的具有消费信用、转账结算、存取现金等全部或部分功能的信用支付工具。银行卡磁条中记录的信息包括，标识发卡机构和持卡者信息的主账号、个人账户标识、个人标识代码等信息。因此，被告人赵某购买的"云闪付"App 账户记录并保存有他人的信用卡信息，"云闪付"App 账户信息属于刑法保护的信用卡信息资料，被告人赵某收买"云闪付"App 账户信息，侵犯了刑法所保护的法益，具有了刑事处罚的必要性。第二，本案中，被告人赵某购买的"云闪付"App 账户中包含信用卡信息以及持卡人的身份信息，从而使得"云闪付"App 账户具有身份识别性，赵某使用其购买的"云闪付"App 账户进行扫码支付、转账等行为系"以信用卡持卡人名义进行交易"。根据《妨害信用卡解释》第 3 条的规定，窃取、收买、非法提供他人信用卡信息资料，足以使他人以信用卡持卡人名义进行交易，涉及信用卡 1 张以上不满 5 张的，依照《刑法》第 177 条之一第 2 款的规定，以窃取、收买、非法提供信用卡信息罪定罪处罚。综上，对被告人赵某应当以收买信用卡信息罪追究其刑事责任。

法庭经审理认为，本案现有证据能够相互印证已形成完整锁链，足以认定赵某构成收买信用卡信息罪。2019 年 11 月 25 日，北京市丰台区人民法院作出一审判决，以收买信用卡信息罪判处被告人赵某有期徒刑 1 年 6 个月，并处罚金人民币 1 万元。宣判以后，被告人赵某未上诉，判决已生效。

【评析意见】

随着"云闪付"等信用卡网络支付功能的兴起，信用卡信息成为交易的关键。行为人购买以他人身份信息实名注册并绑定注册人银行卡的"云闪付"App 账户信息，通过手机登录"云闪付"App 账户，属于收买信用卡信息资料。审查判断行为人以持卡人名义进行交易涉及的信用卡信息数量时，对于确属持卡人提供给行为人使用的信用卡信息，不应当计入行为人收买信用卡信息的数量；对于行为人实际使用的信用卡信息，如无法核实是否确属持卡人提供，亦不应当计入行为人收买信用卡信息的数量；对于持卡人明确否认向行为人提供信用卡信息，且行为人以支付对价的方式取得持卡人的信用卡信息，并以持卡人名义进行交易的，所涉及的信用卡信息数量即为行为人收买的信用卡信息数量。

办理此类案件时，应当准确认定电子支付账户与行为人之间的对应关系。重点审查电子支付账户来源、登录途径，行为人对登录工具的支配方式，判断电子支付账户与行为人之间是否存在关联关系。对于行为人非法获取的电子支付账户信息，如果该账户中包含注册人身份信息、银行卡信息，足以使电子支付账户具备身份识别性及专属性，能够实现银行卡支付交易功能的信息内容，可以认定为信用卡信息资料，行为人使用该电子支付账户进行消费、转账等行为，可以认定为足以以信用卡持卡人名义进行交易。

二、熊某军、陈某景等人窃取信用卡信息、伪造金融票证、信用卡诈骗案[①]

【关键词】　窃取信用卡信息　伪造金融票证　信用卡诈骗　牵连犯

【要旨】

窃取信用卡信息罪、伪造金融票证罪、信用卡诈骗罪之间存在牵连关系。应当坚持主客观相一致的原则，根据犯罪嫌疑人、被告人实施的具体行为和主观故意等内容，准确认定其行为触犯的刑法规定。同时触犯多个罪名的，依照处罚较重的规定定罪处罚。

【基本案情】

被告人熊某军利用在北京金某兴达电子商务有限公司工作的便利，

---

① 根据浙江省温岭市人民法院 (2017) 浙 1081 刑初 1029 号判决书编写。

窃取消费客户的银行卡信息资料，涉及银行卡26609张。2016年6月，被告人熊某军和陈某景商量并进行分工，约定分成，由被告人熊某军利用窃取的银行卡信息伪造银行卡，被告人陈某景负责持伪造的银行卡（以下简称伪卡）在POS机上刷卡套现或者在银行ATM机上取现，至2016年7月5日，用53张卡套现及在ATM机上取现累计达人民币421378元。期间，被告人陈某景纠集被告人苏某某、付某某、毛某某、张某亮、孙某、刘某某等人参与实施，其中被告人苏某某等积极参与、提供帮助，并受陈某景指使，与熊某军同住，防止熊某军与他人合作，以及为陈某景租赁车辆用于作案；被告人毛某某、付某某、刘某某受陈某景指使，直接参与在POS机上刷伪卡或者在ATM机上持伪卡取现；被告人张某亮受陈某景等人指使，直接参与持伪卡取现或者帮助联系车辆用于作案；被告人孙某等人明知陈某景等人实施违法犯罪行为，仍积极提供帮助。

【诉讼过程】

2017年6月20日，温岭市人民检察院以被告人熊某军犯窃取信用卡信息罪、伪造金融票证罪、盗窃罪，被告人陈某景犯伪造金融票证罪，被告人张某亮、苏某某等犯信用卡诈骗罪等向法院提起公诉。

法庭审理过程中，被告人熊某军及其辩护人提出，被告人在窃取信用卡信息、伪造金融票证共同犯罪中不是主犯。被告人陈某景对起诉指控事实无异议但其及辩护人提出信用卡不是被告人做的也没有教人做卡的方式，被告人的行为不构成伪造金融票证罪。

法庭经审查认为，被告人熊某军以及其他同案犯的供述，熊某军与陈某景商量获取更快的赚钱方法，约定由其在信用卡技术上突破，利用已窃得的银行卡信息复制信用卡并破译密码，然后由陈某景将复制信用卡上的钱取出，获取收益按五五分成。熊某军通过其手机及淘宝账号在淘宝网上买到了一套写卡设备和30张空白卡，按照约定操作。陈某景为防止他离开与其他人单干复制信用卡，特安排苏某某等人看管熊某军。被告人付某某供述曾希望与熊某军合作单干未遂。上述证据与被告人熊某军手机淘宝软件的截图及北京到温州的行程轨迹等证据能相互印证，证明被告人熊某军以非法占有为目的，与被告人陈某景商量合意，由其利用已窃得的信用卡信息复制信用卡并破译密码，提供专业技术，为被告人陈某景使用信用卡进行诈骗伪造信用卡，然后由被告人陈某景将复制信用卡里的钱取出，获取收益按五五分成，在共同犯罪中起主要作用，应系主犯。被告人陈某景的行为与被告人熊某军依法应共同构成伪造金融票证罪、与其他被告人共同构成妨害信用卡管理罪、信用卡诈骗罪，但其信用卡诈骗的目的行为与伪造信用卡的手段行为及妨害信用卡管理出于同一目的，存在牵连关系，按"从一重处断"的原则处理。故对被告人陈某景的犯罪行为应以伪造金融票证罪情节特别严重予以处理。

2018年3月2日，温岭市人民法院一审判决，被告人熊某军犯窃取信用卡信息罪，判处有期徒刑4年，并处罚金人民币10万元；犯伪造金融票证罪，判处有期徒刑10年6个月，并处罚金人民币5万元；犯盗窃罪，判处有期徒刑4年，并处罚金人民币4万元；决定执行有期徒刑14年，并处罚金人民币19万元。被告人陈某景犯伪造金融票证罪，判处有期徒刑11年，并处罚金人民币10万元。被告人张某亮、苏某某等人分别犯伪造金融票证罪、信用卡诈骗罪、妨害信用卡管理罪等罪名，判处相应的刑罚。

【案例评析】

准确把握窃取信用卡信息罪、伪造金融票证罪、信用卡诈骗罪等罪名之间的关系，依法认定罪名和刑罚。窃取信用卡信息罪、伪造金融票证罪、信用卡诈骗罪之间存在牵连关系。应当坚持主客观相一致的原则，根据犯罪嫌疑人、被告人实施的具体行为和主观故意等内容，准确认定其行为触犯的刑法规定。窃取信用卡信息后，伪造信用卡并使用伪造的信用卡进行消费的，分别构成窃取信用卡信息罪、伪造金融票证罪、信用卡诈骗罪。由于三者之间存在手段与目的的牵连关系，在刑法没有明确规定的情形下，可以按牵连犯的一般处断原则，依照处罚较重的规定定罪处罚。对于窃取的信用卡信息尚未用于伪造信用卡、信用卡诈骗等犯罪的，对这部分行为仍应以窃取信用卡信息罪定罪处罚。本案中，熊某军、陈某景同时构成伪造金融票证罪和信用卡诈骗罪。但是根据《妨害信用卡解释》，二人伪造金融票证属于情节特别严重，应当判处10年以上有期徒刑或者无期徒刑，而信用卡诈骗数额属于数额巨大，应当判处5年以上10年以下有期徒刑。故对二人以处罚较重的伪造金融票证罪定罪处罚。对于不具有伪造金融票证故意的其他同案犯，以其实际实施的信用卡诈骗罪定罪处罚。

第五章

信用卡诈骗罪办案指引

第一节　信用卡诈骗罪概述

信用卡诈骗罪是金融诈骗犯罪的常见多发类型。《刑法》第 196 条采取列举的方式规定了四种利用信用实施诈骗活动的类型，各有特点，实践中以冒用他人信用卡和恶意透支型诈骗居多，司法实践中的争议也较多。随着互联网第三方支付的兴起，通过网络支付端口实施的与信用卡有关的诈骗犯罪等新类型犯罪逐渐增多，使得本罪与其他罪名之间的关系更趋复杂。

一、立法沿革

刑法第一百九十六条　有下列情形之一，进行信用卡诈骗活动，数额较大的，处五年以下有期徒刑或者拘役，并处二万元以上二十万元以下罚金；数额巨大或者有其他严重情节的，处五年以上十年以下有期徒刑，并处五万元以上五十万元以下罚金；数额特别巨大或者有其他特别严重情节的，处十年以上有期徒刑或者无期徒刑，并处五万元以上五十万元以下罚金或者没收财产：

（一）使用伪造的信用卡，或者使用以虚假的身份证明骗领的信用卡的；

（二）使用作废的信用卡的；

（三）冒用他人信用卡的；

（四）恶意透支的。

前款所称恶意透支，是指持卡人以非法占有为目的，超过规定限额或者规定期限透支，并且经发卡银行催收后仍不归还的行为。

盗窃信用卡并使用的，依照本法第二百六十四条的规定定罪处罚。

1979年刑法未单独规定信用卡诈骗罪，随着信用卡的出现和普及，在此期间对涉及信用卡诈骗的行为都以诈骗罪定罪处罚。1995年4月，最高人民检察院、最高人民法院在《关于办理利用信用卡诈骗犯罪案件具体适用法律若干问题的解释》中首次对信用卡诈骗行为作了专门规定，明确对以伪造、冒用身份证和营业执照等手段在银行办理信用卡，以伪造、涂改、冒用信用卡等手段骗取财物，数额较大的；个人以非法占有为目的，或者明知无力偿还，利用信用卡恶意透支，骗取财物金额在5000元以上，逃避追查，或者经银行进行还款催告超过3个月仍未归还的等行为，以诈骗罪追究刑事责任。

1995年《关于惩治破坏金融秩序犯罪的决定》第14条正式将信用卡诈骗罪作为独立条文作出规定，确定了三档刑罚幅度，并将使用伪造的信用卡、使用作废的信用卡、冒用他人信用卡、恶意透支信用卡等四种情形以列举的方式作为本罪的客观表现形式。此外，法条还规定对盗窃信用卡并使用的，以盗窃罪定罪处罚。

1997年《刑法》第196条基本承继了1995年《关于惩治破坏金融秩序犯罪的决定》中关于信用卡诈骗罪的规定，并明确将"恶意透支"规定为持卡人以非法占有为目的，超过规定限额或者规定期限透支，并且经发卡银行催收后仍不归还的行为。随着银行信用卡业务的发展，在实践中出现了以虚假的身份证明骗领信用卡后实际使用进行刷卡消费或者提取现金的新情况，这一行为同样破坏了国家金融管理秩序，同时侵犯银行和原持卡人的财产权益，因此，2005年《刑法修正案（五）》又将"使用以虚假的身份证明骗领的信用卡"与"使用伪造的信用卡"并列，作为信用卡诈骗罪的行为类型之一。

二、犯罪构成

（一）犯罪客体

本罪侵犯的客体是复杂客体，既破坏了国家金融管理秩序和银行信用卡管理制度，又侵犯了发卡行或者持卡人的财产权。因此，基于这一复合客体特征,并非所有涉及信用卡的诈骗都以信用卡诈骗定罪处罚,符合《刑法》第196条规定的信用卡诈骗行为才构成本罪。

(二)客观方面

信用卡诈骗的主体是一般主体,本罪属于自然人犯罪,单位不构成本罪。单位实施信用卡诈骗行为的,对单位直接负责的主管人员和直接负责的责任人员以自然人犯罪追究刑事责任。《刑法》第196条规定了本罪的四种行为类型,包括:(1)使用伪造的信用卡,或者使用以虚假的身份证明骗领的信用卡;(2)使用作废的信用卡;(3)冒用他人信用卡;(4)恶意透支。

1.使用伪造的信用卡或者以虚假的身份证明骗领的信用卡

信用卡具有消费支付、信用贷款、转账结算、存取现金等金融功能。伪造的信用卡和以虚假身份证明骗领的信用卡,足以以假乱真,同样具备上述功能。在持卡人不知情的情况下,以伪造的信用卡冒充持卡人本人信用卡进行交易,或者以持卡人根本没有申领过的信用卡进行交易,完全违背了持卡人的真实意愿,持卡人无过错的情况下无须承担任何责任,行为人的行为构成了对银行的欺诈。银行工作人员或者自动化交易系统错误地认为形式上的持卡人本人在进行交易,从而使真正的行为人得以逃避相应的还款责任。在通常情况下,对通过上述方式进行信用卡交易的,由于银行无从找到真实的交易者而无法追偿,当然可以推定行为人具有非法占有目的。有确实证据证明行为人没有非法占有目的,比如行为人假借亲戚、朋友之名申领信用卡,交易后一直正常归还透支款项,则不构成信用卡诈骗罪。

该规定涉及的两类信用卡,与《刑法》第177条、第177条之一的伪造金融票证罪、妨害信用卡管理罪中的相关行为具有对应关系,在认定伪造的信用卡和以虚假身份证明骗领的信用卡时应保持一致。此类信用卡犯罪与前述罪名之间通常存在牵连关系,先实施了伪造、骗领信用卡的手段行为,又使用上述信用卡进行诈骗,对此原则上应以处罚较重的信用卡诈骗罪论处。

2.使用作废的信用卡

作废的信用卡,是指因法定原因而失去效用的信用卡,如信用卡超过有效期限而自动失效、持卡人在有效期内停止使用交回原发卡银行而失效、因信用卡挂失而失效等，已无法实现交易功能。使用作废的信用卡，本质上与第一项规定的信用卡诈骗类型相同。作废的信用卡本已无法正常交易，但行为人通过一定的技术手段使用作废的信用卡进行交易，伪装成持卡人本人的交易行为，使得信用卡交易系统陷入错误认识支付资金。随着银行机构金融科技的发展，使用作废的信用卡实现诈骗的可能性也越来越少。对于利用作废的信用卡诈骗他人财物，比如以作废的信用卡作为质押物从他人手中骗取财物，没有通过银行交易系统实施的行为，属于诈骗罪，而非信用卡诈骗罪。

3. 冒用他人信用卡

冒用他人信用卡，也是将信用卡交易行为伪装成持卡人本人的交易行为，使得银行工作人员或者银行交易系统陷入错误认识从而付款的行为。冒用信用卡行为也违背了持卡人本人的真实意愿，欺骗行为本质与前述两项基本相同。不同的是使用的信用卡有所区别，此项中的信用卡是持卡人本人合法申领、可以正常使用的信用卡。是否冒用，需要根据行为人获取卡片的原因和持卡人本人的真实意愿判断，经持卡人同意使用持卡人的信用卡，虽然违反了银行卡业务管理规定，但不属于本罪中的冒用他人信用卡的情形。需注意的是，并非所有违背他人意愿冒用他人信用卡行为均构成本罪。《刑法》第196条第3款明确规定，盗窃信用卡并使用的，依照盗窃罪定罪处罚，此款规定的盗窃信用卡进行使用的行为，当然包含典型的冒用他人信用卡，但不以信用卡诈骗罪定罪处罚。

4. 恶意透支

透支是指持卡人在发卡银行规定的信用额度内先消费、后还款的行为。透支功能，是信用卡中的贷记卡的重要功能。《银行卡业务管理办法》第6条规定："信用卡按是否向发卡银行交存备用金分为贷记卡、准贷记卡两类。贷记卡是指发卡银行给予持卡人一定的信用额度，持卡人可在信用额度内先消费、后还款的信用卡。准贷记卡是指持卡人须先按发卡银行要求交存一定金额的备用金，当备用金账户余额不足支付时，可在发卡银行规定的信用额度内透支的信用卡。"

信用卡透支功能是银行的正常业务，正常的透支行为不构成违法，更谈不上犯罪，只有恶意透支的行为才构成犯罪。对于什么是恶意透支，

《刑法》第196条第3款对主客观要件作了限定，主观上需要行为人以非法占有为目的，客观上则应符合超过规定限额或者规定期限透支，并且经发卡银行催收后仍不归还的行为。构成恶意透支，首先需要满足客观要件：(1) 超过规定限额或者规定期限透支，实践中以超过规定期限透支为主，具体是否透支，由持卡人在申领银行卡时与银行签订的协议为准；(2) 经发卡行催收；(3) 仍不归还。这里的不归还不是指逾期后不归还，而是指催收后不归还。

(三) 主观方面

本罪在主观方面只能由故意构成。同时，行为人还必须具有非法占有目的，这也是构成所有诈骗类型犯罪的基本构成要件。对于没有非法占有目的的行为，不能以信用卡诈骗罪定罪处罚。在刑法规定的前三项信用卡诈骗类型中，其客观行为本身即可直接证明行为人以他人名义进行信用卡交易以诈骗钱财，认定其具有非法占有目的一般不存在困难。针对非法占有目的的争议多出现在恶意透支型信用卡诈骗犯罪中。这是因为，在约定范围内进行信用卡透支的行为，不具有违法性，而透支后逾期不还款的原因也复杂多样，本身并不能自证行为人主观上具有非法占有目的，需结合案件事实准确判断。

三、定罪量刑标准

《刑法》第196条对信用卡诈骗罪规定了三档刑罚："进行信用卡诈骗活动，数额较大的，处五年以下有期徒刑或者拘役，并处二万元以上二十万元以下罚金；数额巨大或者有其他严重情节的，处五年以上十年以下有期徒刑，并处五万元以上五十万元以下罚金；数额特别巨大或者有其他特别严重情节的，处十年以上有期徒刑或者无期徒刑，并处五万元以上五十万元以下罚金或者没收财产。"构成本罪需要达到数额较大标准，由于恶意透支型信用卡诈骗的特殊性，司法解释对其规定了相对较高的数额标准。

（一）非恶意透支型信用卡诈骗犯罪

《立案追诉标准（二）》第54条规定："进行信用卡诈骗活动，涉嫌下列情形之一的，应予立案追诉：（一）使用伪造的信用卡，或者使用以虚假的身份证明骗领的信用卡，或者使用作废的信用卡，或者冒用他人信用卡，进行诈骗活动，数额在五千元以上的……"

《妨害信用卡解释》第5条规定："使用伪造的信用卡、以虚假的身份证明骗领的信用卡、作废的信用卡或者冒用他人信用卡，进行信用卡诈骗活动，数额在五千元以上不满五万元的，应当认定为刑法第一百九十六条规定的'数额较大'；数额在五万元以上不满五十万元的，应当认定为刑法第一百九十六条规定的'数额巨大'；数额在五十万元以上的，应当认定为刑法第一百九十六条规定的'数额特别巨大'。"

（二）恶意透支型信用卡诈骗犯罪

恶意透支数额是定罪量刑的标准。《妨害信用卡解释》第8条规定："恶意透支，数额在五万元以上不满五十万元的，应当认定为刑法第一百九十六条规定的'数额较大'；数额在五十万元以上不满五百万元的，应当认定为刑法第一百九十六条规定的'数额巨大'；数额在五百万元以上的，应当认定为刑法第一百九十六条规定的'数额特别巨大'。"

实践中，信用卡透支后银行收取的费用类型多样，且随着不归还状态的持续不断累加。为明确标准，《妨害信用卡解释》对恶意透支数额计算的时点、计算方式均作了明确规定，以便于司法办案操作。根据该规定，恶意透支数额指公安机关刑事立案时尚未归还的实际透支的本金数额，不包括利息、复利、滞纳金、手续费等发卡银行收取的费用。而且，行为人在公安机关立案前已归还或者支付的数额，应当认定为归还实际透支的本金。这里已归还或者支付的数额，无须以本金名义归还，以利息、违约金、滞纳金等其他各种名义归还或者支付给发卡银行的，都可以从未归还的数额中扣除。由此可见，司法解释只保护信用卡发卡行的本金损失。

同时，2018年修订《妨害信用卡解释》时还专门规定了从宽处罚的情形，恶意透支数额较大，在提起公诉前全部归还或者具有其他情节轻微情形的，可以不起诉；在一审判决前全部归还或者具有其他情节轻微情形的，可以免予刑事处罚。但是，曾因信用卡诈骗受过两次以上处罚的除外。需要注意的是，该条款只适用于恶意透支数额较大，即5万元以上不满50万元的情形，对于恶意数额巨大、数额特别巨大的，不能适用该条款不起诉或者免予刑事处罚，但司法办案时也可以适当从宽。

第二节　信用卡诈骗罪司法疑难问题

一、冒用他人信用卡在 ATM 机等网络终端上使用的认定

随着支付工具的发展，信用卡的使用方式种类日益增多。除了传统的通过银行工作人员或者商户工作人员进行面对面交易外，行为人还可以通过 ATM 机、网络银行或者互联网终端进行交易。前者原则上需要工作人员核验持卡人身份、账号密码或者签名，以确定交易人为持卡人本人。后者原则上通过预设的账号、密码、密码工具（U 盾等）或者手机验证码等，由自动化交易系统进行自动验证，验证通过后便可进行交易，验证的目的也是确定交易人为持卡人本人。对于前一交易类型，构成信用卡诈骗罪基本没有争议。但是对于后一交易类型，则引发了广泛的"机器能否被骗"的广泛讨论，并据此形成了不同结论。

以拾得信用卡后在 ATM 机上使用为例，一种观点认为，拾得信用卡在 ATM 上取款的行为，不成立信用卡诈骗罪，而是成立盗窃罪。主要理由是：ATM 机内的现金由银行事实上占有，行为人捡拾他人信用卡后在 ATM 机上取款的行为，属于违反被害人的意志，以平和的方式将他人占有的财物转移为自己占有的行为，因机器不可能被骗，"冒用""使用"只能针对自然人，因此这种行为没有欺骗任何人，也没有任何人陷入认识错误与处分财产，不符合信用卡诈骗罪或者诈骗罪的构成要件。以欺骗自然人为前提，机器不可能被骗，信用卡诈骗中的冒用他人信用卡，只限于对自然人使用，在机器上使用他人信用卡取款的，成立盗窃罪。[①] 另一种观

[①] 参见张明楷：《也论拾得的信用卡在 ATM 机上取款的行为性质——与刘明祥教授商榷》，载《清华法学》2008 年第 1 期。作者进一步指出，欺骗必须影响被害人的头脑，机器不能被骗成为各国刑法理论公认的命题。

点则认为，机器本身并不能受骗，但由于机器是按人的意志来行事的，机器背后的人可能受骗。用信用卡在 ATM 机上恶意取款，是通过银行的电子营业员交付而取得现金的，不可能构成盗窃罪，属于信用卡诈骗罪。①还有观点认为，经电脑编程后的机器（包括 ATM 机），已经不同于一般的机械性机器，而是具有相当程度识别能力的机器，它既不是"机器"，也不是"人"，而是"机器人"，即将人的意识通过计算机程序加以体现，机器所体现的意识是人的意识，如果行为人利用"机器人"因其所具有的"识别"功能而产生的认识错误获取财物的，就可以对行为人的行为按诈骗犯罪认定，如果行为人是利用"机器人"本身存在的"机械故障"获取财物，则行为人的行为属于盗窃犯罪。②支持构成信用卡诈骗罪的观点中，还有观点认为，《刑法》第 196 条第 3 款规定的"盗窃信用卡并使用"的本质是诈骗，主要理由是，盗窃信用卡并使用的行为包含了"盗窃"和"使用"，单纯盗窃信用卡的行为不构成犯罪，而"使用"盗窃信用卡的本质就是冒用他人信用卡，且与《妨害信用卡解释》中窃取信用卡信息资料并在互联网、通讯终端上使用没有本质区别，鉴于后者司法解释规定为信用卡诈骗，对于该条文的进行调整或废除有利于刑法罪刑均衡原则的贯彻。③

司法实践也存在认识分歧。比如，最高人民检察院《关于拾得他人信用卡并在自动柜员机（ATM 机）上使用的行为如何定性问题的批复》指出："拾得他人信用卡并在自动柜员机（ATM 机）上使用的行为，属于刑法第一百九十六条第一款第（三）项规定的'冒用他人信用卡'的情形。"但是，浙江省高级人民法院于 2012 年在《全省法院刑事审判疑难问题研讨会纪要》中明确规定利用他人遗忘在自动柜员机内并已输入密码的信用卡取款的行为，应以盗窃罪追究其刑事责任。随后实践中出现多起对此类情形检法定性认识不一致的案件，检察机关以信用卡诈骗罪起诉，法

---

① 参见刘明祥：《再论用信用卡在 ATM 机上恶意取款的行为性质——与张明楷教授商榷》，载《清华法学》2009 年第 1 期。

② 参见刘宪权：《盗窃信用卡并使用行为定性的困境与破解》，载《法学评论》2018 年第 6 期。

③ 参见刘宪权：《盗窃信用卡并使用行为定性的困境与破解》，载《法学评论》2018 年第 6 期。

院改判为盗窃罪，出现多起检察机关抗诉案件，最后又改判为信用卡诈骗罪。比如，福建省莆田市秀屿区检察院对三起法院改判盗窃罪的案件提出抗诉，经莆田市中级人民法院逐级请示最高人民法院，最终支持检察机关的抗诉意见，均改判为信用卡诈骗罪。[①]

　　本书认为，机器不能被骗的观点，机械地将机器和机器背后的实际控制主体割裂开来。无论是通过商户、银行工作人员还是ATM机使用信用卡，面对的都是银行与信用卡持卡人之间预先约定的持卡人身份验证规则，银行通过信用卡密码验证、人工识别持卡人签名、自动化交易系统、人脸识别等不同的验证规则，以在不同场景识别信用卡使用者身份。采取不法手段绕开验证规则，使银行陷入错误认识，便属于对银行的欺诈，并使银行因此陷入错误认识处分财物，符合诈骗罪的原理。ATM机、支付端口的账户、密码等，只是连接持卡人与银行的中间媒介，无论在民事关系还是刑事关系上，都不属于诈骗的对象，与线下交易中的银行工作人员或者商户工作人员并无本质上的区别。因此，对于冒用他人信用卡的行为，不论通过何种方式取得密码，不论是与自然人交易还是与"机器"交易，都应以信用卡诈骗罪定罪处罚。

　　《妨害信用卡解释》根据获取信用卡的原因和使用方式的不同，进一步细分类型：第一，拾得他人信用卡并使用。对于拾得而来的信用卡，具体使用的方式有所区别。一是同时拾得信用卡和密码的，行为人直接进行使用。二是拾得信用卡但不知密码的，行为人通过猜配密码进行使用，或者在POS机交易的场合通过伪造持卡人签名进行交易。三是拾得他人遗留在ATM机里的信用卡并使用，如前所述，这也是实践中认识分歧较多的类型。第二，骗取他人的信用卡并使用，是指行为人通过欺骗的手段取得他人的信用卡账号和密码并进行使用的行为。此处强调骗取，是为了与盗窃信用卡并使用的行为相区分。对于此种信用卡诈骗行为，诈骗金额以行为人实际使用的金额为准，不是指行为人所骗取信用卡内的余额。第三，窃取、收买、骗取或者以其他非法方式获取他人信用卡信息资料，并通过互联网、通讯终端等使用。通过信用卡账号、密码和识别码等在互联

　　[①] 参见《信用卡诈骗or盗窃？三案历经三级法院终获改判，看检察机关如何精准抗诉》，载"法律读库"微信公众号，2019年7月5日。

网终端、通讯终端进行交易的行为越来越普遍，其本质与在 POS 机、ATM 机上刷卡交易相同，《妨害信用卡解释》将利用互联网和电话等方式使用他人信用卡明确作为"冒用"的一种形态。对于非法获取的他人信用卡信息资料，通过网上银行或银联"闪付"进行冒用的行为，适用本项没有争议。

二、冒用他人网络支付账号交易的认定

随着信用卡使用场景和渠道从线下向线上扩展的趋势和非银行支付结算业务的发展，信用卡往往借助非银行网络支付平台实现交易功能。以 2013 年之后发展起来的银行卡"快捷支付"为例，使用快捷支付业务时，用户不需开通网银，只需提供银行卡卡号、户名、手机号码等信息，银行验证手机号码正确性后，第三方支付发送手机动态口令到用户手机号，用户输入正确的手机动态口令，即可完成支付。如果用户选择保存信用卡信息，则用户下次支付时，只需输入第三方支付的支付密码或者是支付密码及手机动态口令即可完成支付。信用卡通过网络支付平台开通快捷支付的场景下，用户使用信用卡无须借助信用卡本身的账号、密码，只需要掌握网络支付账号、密码便可发起快捷支付功能实现转账、透支、投资等功能。当然，更重要的是，信用卡也不再是网络支付平台交易中唯一的资金来源，网络支付账户余额、余额宝业务之类的余额增值服务和活期资金管理服务产品、依托网络支付平台的小额贷款业务等，都可以通过网络支付平台实现类似于信用卡快捷支付的功能，这些业务都可以通过网络支付平台的账号、密码来实现，但其并非属于信用卡业务。

因此，在冒用他人网络支付账号的情形下，可能存在冒用他人信用卡快捷支付、以他人名义发起小额贷款、以他人名义使用支付余额等各种情形。对于行为人使用网络支付账号、密码进行交易的行为，根据客观上资金来源性质的不同以不同罪名论处，有时还需要数罪并罚，在形式上可能符合刑法或司法解释的规定，但在处理结论上并不符合法律精神，这也是产生争议的原因所在。由于网络支付资金来源的多样性客观存在，一律按照"冒用他人信用卡"或者"窃取、收买、骗取或者以其他非法方式获取他人信用卡信息资料，并通过互联网、通讯终端等使用"情形处理，显

然超出了文义可能范围，属于罪刑法定原则禁止的类推解释。

而且，由于网络支付账号、密码窃取方式，信用卡与网络支付账户绑定方式等不同，造成实际行为样态更加复杂。行为人非法获取非银行支付账号密码的方式各异，如账号密码系窃取所得或者欺骗所得；也有合法取得账号密码的情形，如账号密码系账号持有人主动提供，但并未允许其使用。信用卡绑定的过程也有所不同，有的账号内的信用卡已由持卡人预先绑定，有的账号内的信用卡由行为人未经允许私下绑定。

对于上述复杂行为样态，以信用卡诈骗罪、诈骗罪、合同诈骗罪、贷款诈骗罪还是盗窃罪论处，司法实践和学术观点各持己见、莫衷一是。以非法取得账号密码后直接使用预先绑定信用卡为例，存在构成信用诈骗罪和盗窃罪两种观点。一种观点认为，信用卡诈骗罪与账户密码以何种方式取得无关。[1]另一种观点则认为，第三方支付和信用卡支付的差异在于第三方支付平台的介入，在转账的过程中行为人不直接和银行发生关系，行为人主观和客观上都具符合盗窃的特征。[2]还有观点认为，应当以获取账号、密码具体手段行为的性质认定具体罪名。[3]

需要明确的是，非银行支付机构网络支付业务系伴随互联网经济发展形成并发展的一种全新金融业务，在1997年制定刑法时并不存在，制定刑法时不可能考虑到此种金融业务，因此对于冒用网络支付账户的行为可以不拘泥于传统规定。网络支付业务出现后，直至2015年12月中国人民银行才出台《非银行支付机构网络支付业务管理办法》，以部门规章的形式对网络支付业务进行规范。该规定指出，网络支付业务是指收款人或付款人通过计算机、移动终端等电子设备，依托公共网络信息系统远程发起支付指令，且付款人电子设备不与收款人特定专属设备交互，由支付机构为收付款人提供货币资金转移服务的活动。2017年，中国人民银行支付结算司要求将非银行支付机构网络支付业务由直连模式迁移至非银行支

---

[1] 参见唐祥、金朝榜：《第三方支付方式中侵财犯罪的定性困境与出路》，载《中国检察官》2020年第20期。

[2] 参见黄伯青、宋文健：《涉第三方支付类侵财案件的刑事规制解析》，载《人民法院报》2019年2月14日，第005版。

[3] 参见江苏省南通市崇川区人民检察院课题组：《涉第三方支付类案件法律疑难问题研究》，载《中国检察官》2020年第24期。

付机构网络支付清算平台处理。

对于冒用网络支付账号行为的定性,应当从网络支付的本质出发进行实质判断,对网络支付账户、信用卡等支付结算工具的运作机理进行分析,以协调一致的标准来区分此罪与彼罪。首先,从网络支付业务的性质来看,网络支付已经成为与银行支付并列的支付结算业务,遵守各自规范,既有联系又相互独立。冒用他人网络支付账号的行为,可以认定为对网络支付平台的欺诈。其次,从网络支付业务流程来看,基于客户与网络支付平台的合同,网络支付平台根据验证规则处理客服的各种支付请求,而最终支付结算流程的完成则是根据网络支付平台与其他机构之间的合约,以网联平台交易为例,客户发起支付交易申请后,支付机构再向网联平台发起协议支付请求,网联平台再向付款行转发支付机构的协议支付请求,付款行作出付款行为。从这一业务流程来看,网联平台与银行的行为是基于支付机构的指令作出的,与客户之间并没有建立直接的交易关系。而支付机构之所以作出指令是基于客户的交易请求。在冒用他人网络支付账户进行交易的情形下,支付机构因冒用行为陷入错误认识,继而向后续的交易机构发出了错误的指令,导致了信用卡交易、小额贷款等交易行为的进行,从网络支付的业务流程来看,冒用网络支付账号的行为人的冒用行为欺骗的是支付机构,支付机构因受骗而发起了后续的交易行为,该行为的本质是对支付机构的欺诈。因此,冒用他人网络支付账户的行为与冒用他人信用卡的性质相同,但由于刑法未对此种行为作出特殊规定,只能以诈骗罪论处。如果将此种行为以盗窃罪论处,就与冒用他人信用卡行为的刑法规定以及《妨害信用卡解释》关于窃取、收买、使用信用卡信息资料并使用行为的规定产生矛盾冲突,违反了刑法体系的协调性。对于盗窃网络支付账户并使用的,由于刑法未作特别规定,也以诈骗罪论处为宜。

三、恶意透支中"有效催收"及"催收后仍不归还"的认定

(一)有效催收

司法办案中争议较多的是"催收"的认定,不是任何催要款项的行为都符合刑法规定的催收。

2009年最高人民法院、最高人民检察院在《妨害信用卡解释》中将催收后仍不归还限定为经发卡银行2次催收后超过3个月仍不归还；2018年在修改司法解释时又对催收的条件作进一步的限制，限定为经发卡银行2次有效催收后超过3个月仍不归还，同时还对有效催收的认定标准和证据标准都作了明确规定：（1）在透支超过规定限额或者规定期限后进行；（2）催收应当采用能够确认持卡人收悉的方式，但持卡人故意逃避催收的除外；（3）2次催收至少间隔30日；（4）符合催收的有关规定或者约定。对于是否属于有效催收，应当根据发卡银行提供的电话录音、信息送达记录、信函送达回执、电子邮件送达记录、持卡人或者其家属签字以及其他催收原始证据材料作出判断。发卡银行提供的相关证据材料，应当有银行工作人员签名和银行公章。作出上述规定的主要目的在于避免信用卡诈骗罪成为银行怠于履职的催收"工具"。具体而言，认定"催收"时需注意催收的时间、效果、间隔、合法性等以下方面问题。

一是在透支超过规定限额或者规定期限后进行。持卡人的透支尚未超过规定限额或者规定期限的，属于对信用卡的合法使用，此时的所谓"催收"，本质上属于中国银行业监督管理委员会《商业银行信用卡业务监督管理办法》第67条"发卡银行应当及时就即将到期的透支金额、还款日期等信息提醒持卡人"中的提醒，不属于催收，故明确催收应当在透支超过规定限额或者规定期限后进行。

二是催收应当采用能够确认持卡人收悉的方式，但持卡人故意逃避催收的除外。这是有效催收的本质要求。（1）"确认持卡人收悉"，并非仅指持卡人实际知晓催收内容，也包括司法机关根据一般生活经验，判断持卡人确实收悉催收的情况，例如，发卡银行按照约定，将催收短信送达持卡人的手机，即使不能证明持卡人已实际阅读，也可以认定有效催收。（2）有的持卡人通过变更联系方式不通知发卡银行等方式故意逃避催收的，要求发卡银行的催收现实、确定被故意逃避催收的持卡人知悉，显然不符合现实情况。对此种情形，可以参照民事诉讼法上关于送达的规定。最高人民法院《关于进一步加强民事送达工作的若干意见》第6条对送达也有类似规定："当事人变更送达地址，应当以书面方式告知人民法院。当事人未书面变更的，以其确认的地址为送达地址"。据此，对于有证据证明持卡人故意逃避催收的，不需要发卡银行的催收必须采用能够确认其收悉的方式,只要发卡银行按照与持卡人约定的方式进行了催收,例如,向故意逃避催收的持卡人预留的手机号码发送催收短信的,也可以认定为有效催收。(3)催收方式。考虑到随着信息技术的发展,催收的方式更加灵活多样,例如,近年开始出现短信、微信、电子邮件等催收方式,故在保证"催收应当采用能够确认持卡人收悉的方式"的情况下,对催收形式没有限制。

三是2次催收至少间隔30日。这在《妨害信用卡解释》作了明确规定,主要目的是保证两次"催收"的真实性,确保持卡人能够收悉发卡银行的催收,避免短时间内连续催收造成把两次催收实质上合并为一次催收的情况。

四是符合催收的有关规定或者约定。"约定"是指持卡人与发卡银行就催收达成的合意,主要表现为持卡人同意发卡银行的信用卡章程中有关催收的条款。"规定"目前主要是指《银行卡业务管理办法》等有关行政法律规定和规范性文件中对催收作出的规定。①

需要注意的是,如果持卡人与实际使用人不一致,就会导致催收对象与实际使用人之间的不一致。在此种场合,对实际使用人不需要满足两次有效催收的要件。比如,实际使用人以拾得、骗取、窃取、收买甚至抢劫、盗窃等方式获取他人信用卡后恶意透支,根据刑法和司法解释的有关规定,可以盗窃罪、信用卡诈骗罪(冒用他人信用卡)等规定定罪处罚,不需要催收。持卡人明知甚至与实际透支人共谋,共同使用自己的信用卡恶意透支的,对持卡人进行催收即可。因为此种情形下,持卡人与实际透支人一般存在某种关联,且双方违反了《银行卡业务管理办法》"银行卡及其账户只限经发卡银行批准的持卡人本人使用,不得出租和转借"的规定。司法解释明确的催收对象是持卡人,但是持卡人是否构成恶意透支型信用卡诈骗罪以及追究的刑事责任具体主体,需要根据恶意透支行为具体实施者等情况作出判断。②

---

① 参见耿磊:《〈关于修改《关于办理妨害信用卡管理刑事案件具体应用法律若干问题的解释》的决定〉的理解与适用》,载《人民司法》2019年第1期。

② 参见耿磊:《〈关于修改《关于办理妨害信用卡管理刑事案件具体应用法律若干问题的解释》的决定〉的理解与适用》,载《人民司法》2019年第1期。

(二) 催收后仍不归还

《妨害信用卡解释》对"仍不归还"作了限定，是指催收后超过3个月不归还。如果催收后3个月内归还的，便不符合该要件。实践中，持卡人在催收后的还款情形较为复杂。比如，有的持卡人为了规避法律风险，每月还款100元，甚至1元，在形式上显示每个月均在还款；还有的在催收后与银行协商达成分期还款等协议。上述特殊情形下，如何认定"仍不归还"？对于第一种情形，虽然持卡人持续归还一定款项，但由于经银行有效催收后未按照催收的要求归还全部款项，对于未归还部分应当认定为"仍不归还"。但需注意的是，部分还款行为是否具有真实还款目的会影响持卡人是否具有非法占有目的的判断，但不影响"仍不归还"这一客观要件的认定。对于第二种情形，应当尊重银行与持卡人之间关于分期付款的协议，只有持卡人违反协议，在催收后超过3个月没有履行分期付款义务的，才能认定为"仍不归还"。如在被告人罗某某信用卡诈骗案中，银行在被告人罗某某信用卡还款到期后，先后对其账户欠款分别于2013年7月、8月、9月、11月做了四次分期处理。在被告人长达5个月都不还款的情况下，银行明细显示2013年11月将该账户欠款全部分期处理，公安机关于2013年12月26日将其抓获归案。鉴于分期还款协议系银行与被告人重新达成的还款协议，期限应重新计算，自达成还款协议之日起至案发，银行催收未超过3个月，被告人不构成信用卡诈骗罪，检察机关最终作出不起诉决定。[①]

随着银行业务的不断拓展，银行为方便不同客户的需求，依托信用卡推出了各种"类贷款"业务，这种业务依托信用卡及持卡人的信用，采用"一次性贷款，分期还款"的模式，将贷款一次性转入发放给借款人的信用卡中，由借款人分期还款。这种业务模式与传统信用卡的"透支"业务存在一定区别，实务中将银行的该种业务称为"类贷款业务"。该类业务虽然置于信用卡功能中，但与信用卡先消费、银行代支付、持卡人后还款的透支服务的本质功能不同，均系银行经审核同意后先行发放一定额度资金进入指定账户，然后由持卡人再使用、再还款付息，不存在透支的本

---

① 参见北京市朝阳区人民检察院编：《金融犯罪检察实务》，中国检察出版社2019年版，第142—149页。

质特征，不应认定为信用卡透支业务，本质上是变相地突破相关内部监管规定的小额信用贷款业务。2018年最高人民法院、最高人民检察院修改《妨害信用卡解释》时，对信用卡透支的范围作了限定，明确发卡银行违规以信用卡透支形式变相发放贷款，持卡人未按规定归还的，不适用《刑法》第196条"恶意透支"的规定，将信用卡透支与银行贷款作了区分。此种行为如果符合贷款诈骗罪、骗取贷款罪等构成要件的，可以以相应的罪名定罪处罚。

四、非法占有目的的判断

2009年"两高"出台《妨害信用卡解释》时就明确规定，以非法占有为目的是构成恶意透支型信用卡诈骗的必备要件。但此后的司法实践中，不同程度地存在以客观行为符合恶意透支代替主观上非法占有目的证明的问题，故2018年修改该司法解释时又进一步强调"不得单纯依据持卡人未按规定还款的事实认定非法占有目的"。

非法占有目的的判断，是证据判断问题。持卡人在透支后逾期不还款的行为，是否具有非法占有目的，最直接的证据来自于犯罪嫌疑人、被告人的供述。如果缺少这方面的证据，通常需要运用间接证据进行综合判断。《妨害信用卡解释》指出，认定以非法占有为目的，应当综合持卡人信用记录、还款能力和意愿、申领和透支信用卡的状况、透支资金的用途、透支后的表现、未按规定还款的原因等情节作出判断，并详细列举了六种可以推定行为人具有非法占有目的的情形：（1）明知没有还款能力而大量透支，无法归还的；（2）使用虚假资信证明申领信用卡后透支，无法归还的；（3）透支后通过逃匿、改变联系方式等手段，逃避银行催收的；（4）抽逃、转移资金，隐匿财产，逃避还款的；（5）使用透支的资金进行犯罪活动的；（6）其他非法占有资金，拒不归还的情形。上述规定本质上属于刑事推定的规则。

前述五项具体情形实际上又可以分为两类：

第一，通过对持卡人经济状况判断其是否具有非法占有目的，前两项系该情形。在判断时，应当重点考察行为人在透支时的经济状况，而不能仅仅考察其在申办信用卡时的经济状况，因为申办信用卡并不表明持卡人着手实施透支行为,最多只是属于预备阶段。其中,在适用上述第一项情形时,需要重点判断行为人在透支时是否明知没有还款能力,有无还款能力应当综合行为人的收入来源、生产经营状况等判断,不能因其生产经营短暂陷入困难或者有其他负债就认定其没有归还能力。更不能以透支后有无归还能力来判断其非法占有目的,如持卡人原有正常、稳定收入来源,曾有持续还款行为且无大额拖欠,后因失业、突发重大疾病、家庭变故等客观原因导致经济状况严重恶化,无力还款但未继续透支的,或虽继续透支但系为维持日常生活正常开支的,不能认定其具有非法占有目的。①在透支资金用于生产经营活动,在资金生产经营过程中后因资金周转迟缓导致无法继续还款,曾有持续还款行为,且未继续透支的,也不应认定具有非法占有目的。②在适用第二项情形时,需要注意两个方面:一是虚假

---

① 如在丁某某信用卡诈骗案中,丁某某自2007年5月至2013年3月11日间办卡使用消费、还款正常,2013年2月8日最后一次消费,2013年3月11日最后一次还款。2013年2月26日在北京医院住院治疗,2013年3月4日出院确诊患有慢性粒细胞白血病,每月药费24000元左右。截至案发,共欠款人民币本金12777.84元。丁某某在银行电话催缴过程中,多次表示现患白血病,生活困难无力还款。2013年9月27日经北京市劳动能力鉴定委员会鉴定确认:丁某某已达到完全丧失劳动能力鉴定标准。本案中,现有证据虽然可以证明持卡人透支信用卡,经过银行2次催收后超过3个月仍未归还的事实,但持卡人系因突发重大疾病而导致经济状态严重恶化,无力还款且未继续透支,应认定其没有"以非法占有为目的"恶意透支的主观故意,不构成信用卡诈骗罪。最终,检察机关以丁某某不具有"非法占有目的",作出法定不起诉决定。参见北京市朝阳区人民检察院编:《金融犯罪检察实务》,中国检察出版社2019年版,第142—149页。

② 如在薛某某信用卡诈骗案中,薛某某系北京某公司法定代表人,自2013年8月15日第一次消费至2013年10月16日,薛某某持卡消费共计人民币2015863.68元,其中1545500元为支付其供货商上海某公司的货款。截至2014年4月29日,薛某某已还款1778100元,欠款本金为237763.68元。后银行多次打电话催收还款,薛某某于2014年4月29日与银行签订了还款承诺书,约定2015年5月6日前还清全部款息。因公司资金周转不开,薛某某在4月29日还款8万元后再无还款行为。2014年12月5日银行报案,同日公安机关立案并将薛某某抓获。本案中,现有证据证明持卡人薛某某未变更联系方式,后因公司资金周转不开,导致还款不能。且其与银行的还款协议期限也未到。故最终以没有证据证明其主观上存在"非法占有目的",依法作出法定不起诉决定。参见北京市朝阳区人民检察院编:《金融犯罪检察实务》,中国检察出版社2019年版,第142—149页。

资信证明的虚假程度，轻微的造假行为不能推定为具有非法占有目的；二是使用虚假资信证明掩盖的经济状况与无法归还之间应当具有一定的因果关系，即申领信用卡时的真实经济状况延续至透支前后，持卡人始终出于无法归还透支款项的状态。持卡人申领时使用了虚假资信证明，在透支时有归还能力且透支后有归还意愿的，不能以最终无法归还就认定具有非法占有目的。

第二，通过透支后的行为方式判断非法占有目的，后三项属于此种情形，但具体表现方式有所区别。其中，对第五项使用资金进行犯罪活动的，在具体适用时应当限缩于资金消耗性的犯罪活动或者用于犯罪活动的资金成为赃款后将被依法追缴的，可以直接认定为具有非法占有目的；对于部分非资金消耗性犯罪活动，仍要结合其他相关证据综合判断，如将透支资金用于非法放贷的，不宜因非法放贷活动构成非法经营罪，就认定持卡人具有非法占有目的。

总之，运用间接证据取得的刑事推定结论不具有必然性，在有证据证明持卡人确实不具有非法占有目的的情形下，推定结论可被推翻，前述司法解释列举的情形均系如此。可能推翻推定结论的情形，如持卡人透支消费未明显超过其收入水平，虽未完全清偿，但有持续的超过最低还款额的还款行为，已偿还的数额超过了未偿还金额。又如，持卡人仅对欠款数额或还款方式有异议，无拒不归还欠款的意思表示，与发卡行之间联系畅通，积极与发卡行沟通、寻求解决方案的。①

---

① 如在李某信用卡诈骗案中，被告人李某系应银行工作人员电话，为与银行商量还款事宜到达与银行约定还款的地点某银行，且当场给其男友打电话还款，其男友委托合伙人通过"缴费易"还款，但交易没有成功。银行报警后，李某当场被赶来的民警抓获。但本案中李某确有还款的行为，仅因客观原因（"缴费易"需要一段时间才能进入银行账户）钱没有马上到账，应当认定其主观上具有还款意愿，抓捕当时并不符合信用卡诈骗罪的主观构成要件。参见北京市朝阳区人民检察院编：《金融犯罪检察实务》，中国检察出版社2019年版，第142—149页。

第三节　信用卡诈骗罪证据指引

一、主要证据

《刑法》第196条规定的四类信用卡诈骗行为，可以归为两大类，即使用伪造信用卡、虚假身份证明骗领信用卡，使用作废信用卡或者冒用他人信用卡作为一类，恶意透支型信用卡作为一类，收集、固定证据的内容也稍有区别。

（一）使用伪造信用卡、虚假身份证明骗领信用卡，使用作废信用卡或者冒用他人信用卡诈骗案件

1. 证明用于诈骗的信用卡来源性质的证据

使用伪造、作废的信用卡案件应当重点收集固定以下证据：调取银行关于信用卡系伪造、作废的证明，银行开具的证明应加盖公章，同时附相应调取证据通知书、调取证据清单；调取银行提供的信用卡申办、开户相关书证、视频资料、电子数据等，必要时对书证上的签名等进行鉴定，调取信用卡真实持有人的证言，以证明信用卡系骗领；调取信用卡的申办、开户等书证，信用卡申领人的证言，以证明其信用卡被冒用。

2. 证明使用上述信用卡进行交易的相关证据

调取银行经办人、消费商户收银员等的证言，银行、商场等交易场所的监控录像等视频资料，涉案信用卡的交易记录和持卡人签名，以证明信用卡诈骗行为的具体实施过程；讯问犯罪嫌疑人、被告人，重点讯问伪造的过程及明知是伪造、作废的信用卡而使用的情况，以及实施信用卡诈骗的时间、地点、经过、赃款去向、组织分工等情况；调取信用卡身份信息所属人员的报警记录及证言，证明其未委托犯罪嫌疑人申领过信用卡的

情况，以及身份证是否发生过丢失、被盗用等情形。

此外，对于通过窃取、收买、骗取或者以其他方法非法获取他人信用卡信息资料，通过互联网、通讯终端等使用的案件，应当即时扣押、封存犯罪嫌疑人的电脑、手机等存储设备，并固定证明人机同一性的相关证据；通过电子数据检查等方式提取用于信用卡诈骗的程序、使用日志等电子数据，并有针对性地调取银行等支付机构的交易记录、证明材料等。

（二）恶意透支型信用卡诈骗案件

重点围绕刑法和司法解释规定的构成信用卡诈骗的要件进行全面侦查取证。具体包括：（1）信用卡消费记录、信用卡对账单（透支账单、还款账单）、律师函等书证，证明犯罪嫌疑人实施了恶意透支拒不归还的行为以及诈骗数额等。其中，信用卡对账单应要求银行提供涉案信用卡自开卡之日起的全部初始账单，不得仅以银行自行计算整理后的账目账单作为定案依据，应将透支本金与利息、滞纳金等费用分开列明。（2）发卡银行提供的电话录音、信息送达记录、信函送达回执、电子邮件送达记录、持卡人或者其家属签字以及其他催收原始证据材料，证明银行进行了有效催收。发卡银行提供的催收证明存在明显瑕疵（如催收记录虚假、邮政回执虚假等）的，银行应当另行提供其他证据证明催收的有效性。持卡人预留发卡银行虚假联系方式或者改变联系方式后不通知发卡银行导致催收不能的，不影响催收成立。行为人对催收提出异议的，发卡银行应当提供挂号信回执、电子邮件送达回复或已读回复邮件、电话录音、短信截屏、持卡人签收记录等证据予以证明。（3）持卡人信用记录、还款能力和意愿、申领和透支信用卡的状况、透支资金的用途、透支后的表现、未按规定还款的原因等相关证据材料，证明犯罪嫌疑人具有非法占有目的。（4）讯问犯罪嫌疑人、被告人，重点讯问透支时的经济状况，透支信用卡的金额和用途，未按时还款的原因，是否接到催收，催收后仍未还款的原因等。需注意的是，发卡银行提供的相关证据材料应当有银行工作人员签名和银行公章。

二、证据的审查判断

非法占有目的，是认定信用卡诈骗罪的焦点问题。使用伪造信用卡、虚假身份证明骗领的信用卡，使用作废信用卡或者冒用他人信用卡的，本身就可以判断具有非法占有目的，司法实践中争议最多的是恶意透支型信用卡诈骗。在恶意透支型信用卡诈骗犯罪案件中，由于信用卡透支本身属于民事违约，并不必然构成犯罪。下面重点就恶意透支型诈骗罪的证明方法进行阐述。

（一）"有效催收"的证明

对银行是否进行有效催收，应当结合司法解释规定的条件对相关证据进行实质审查：（1）通过审查发卡银行提供的电话录音、信息送达记录、信函送达回执、电子邮件送达记录、持卡人或者其家属签字以及其他催收原始证据材料判断"有效催收"。发卡银行提供的相关证据材料，应当有银行工作人员签名和银行公章。如系委托催收，则应调取授权委托书、相关证人证言等证据材料。（2）核实交易明细中是否存在"二次催收已满三个月后"又有主动对账单进行分期销账的情况。（3）谨慎对待银行以商讨分期偿还卡债为由将持卡人约至银行后实施抓捕的情况。

（二）信用卡诈骗数额的证明

通过审查发卡银行提供的交易明细、分类账单（透支账单、还款账单）计算公安机关刑事立案时尚未归还的实际透支的本金数额，不包括利息、复利、滞纳金、手续费等发卡银行收取的费用。已经归还或者支付的数额，应当认定为归还实际透支的本金。发卡银行提供的相关证据材料，应当有银行工作人员签名和银行公章。恶意透支的数额难以确定的，应当依据司法会计、审计报告，结合其他证据材料审查认定。

（三）非法占有目的的证明

客观上催收后仍不归还透支款项的行为人，也可能不具有非法占有目的，便不构成信用卡诈骗罪。非法占有目的系行为人的主观状况，在其不主动供认的情形下，就需要对其他证据进行综合判断。首先，要全面收集可以证明持卡人信用记录、还款能力和意愿、申领和透支信用卡的状况、透支资金的用途、透支后的表现、未按规定还款的原因等情节的相关证据，通过这些证据可以判断行为人是否具有司法解释列举的可以推定行为人具有非法占有目的的情形。比如，结合消费明细及犯罪嫌疑人供述等核实犯罪嫌疑人是否具有"肆意挥霍的行为"、生产经营的行为。在侦查取证时，通常重视收集与透支信用卡本身相关的证据，但容易忽视证明行为人非法占有目的相关的证据。如前所述，即使在具有司法解释列举的情形时，其他有关证据也可能推翻推定结论，因此必须全面收集。其次，要注意听取犯罪嫌疑人、被告人的辩解，并结合相关证据判断其辩解的合理性。比如，要注意听取犯罪嫌疑人、被告人对信用卡透支欠款的辩解：钱款用途、收入情况、还款情况、无法正常还款的原因、是否与银行达成还款协议、未达成还款协议的原因、是否变更联系方式并及时通知银行等。对于持卡人辩解因生病、家庭变故、工作变故等客观原因导致无力还款的情况，需调取相关证据予以核实，如诊断证明，工作单位出具的情况说明，父母、同事、朋友的证言等。当然，对于明显不具有合理性的辩解，特别是对根本不可能收集相关证据的情形，在判断时可以直接予以排除。

比如，在李某青信用卡诈骗抗诉案中，法院一审以证明被告人非法占有目的的证据不足作出无罪判决。检察院对证明非法占有目的的证据进行全面系统地梳理，认为可以证明被告人具有非法占有目的，提出抗诉。在抗诉意见中，针对法院裁判理由，详细阐述了认定非法占有目的的理由和根据。

第一，一审判决认为被告人李某青在申领信用卡时提供了住房、营业执照、机动车驾驶证作为信用担保，在2012年9月7日申请临时增额到60万元，发卡行予以审批，从而认定被告人李某青具有还款能力，不符合"明知没有还款能力而大量透支、无法归还的"之情形。检察机关认为，认定行为人是否具有非法占有的目的，应依据其在实施透支信用卡行为时的还款能力，而非依据行为人申领信用卡时的还款能力。行为人合法申领信用卡并正常使用一段时间后产生非法占有的目的进行恶意透支并不影响构罪。但是，当行为人透支时明知没有还款能力仍大量透支，依然使发卡行受到了欺骗，否则就会形成只要行为人领卡时没有虚构事实、隐瞒真相并提供相应信用担保，之后即使无还款能力而恶意透支也不构成犯罪的悖论。因此，应当以持卡人实施透支信用卡行为时有无还款能力，作为判断持卡人是否具有非法占有目的的依据。

第二，一审判决以被告人李某青从信用卡激活至最后一次透支属正常用卡，即2012年11月之后因资金链断裂，银行收贷后停止放贷，企业经营不善，多处房产被查封，导致无还款能力，不符合"其他非法占有资金，拒不归还的行为"之情形。检察机关认为，被告人李某青有无还款能力的临界点应该从其公司资金链断裂、公司经营不善，房产被查封等多方面的时间点进行综合评判。首先，资金链断裂是判断被告人李某青有无还款能力的依据之一。根据兴业银行上海大柏树支行的500万元借款合同和中国银行宁德东湖支行的300万元借款合同，该两份合同的还款期限在2012年上半年，因此被告人李某青资金链断裂的时间在2012年上半年。其次，被告人李某青的公司从2012年1月起就无收入。再次，根据上海市宝山区两份民事调解书证实被告人李某青在2012年对外还有民间债务计218万元。此外，根据多家银行出具的信用卡透支记录，证实被告人李某青夫妇在2008年至2013年初透支多家银行信用卡，透支额达2723884.99元。最后，李某青三处房产在2013年初被法院查封，该三套房子均办理了抵押贷款。第一套2010年年底购买，首付310万元，有两笔抵押债务，一笔533万元，一笔300万元。第二套2009年以76万元购买。第三套2010年以890万元购买。这两处房产在招商银行共同作了贷款抵押830万元。被告人李某青供称2010年其银行贷款1000余万元中的450余万元并非用于钢材经营，而是用于购买第一套和第三套房子。也就是用银行的钱买房后再贷款变现或者全额购房后抵押贷款变现，相当于房子已经是银行的并非被告人李某青的。2010年国家出台商品房限购令导致房产市值低迷，房价不可能在短期内有大幅度的提升，足以证明被告人李某青三处房产被查封与其有无还款能力无直接关系。综上，可见被告人李某青无还款能力的时间点是在2012年上半年并非一审判决书认定的2012年11月之后，即2012年上半年至2012年11月，被告人李某青是在明知无还款能力的情况下还大量透支信用卡，导致无法归还。

第三，一审判决在审理查明事实中认定，被告人李某青利用信用卡套现主要用于返还银行贷款、房子按揭贷款本息及小部分个人生活消费。检察机关认为，被告人李某青透支信用卡大部分用于偿还银行贷款本息和房子按揭贷款本息，不能认定为用于生产经营活动。根据上海市宝山区国家税务局稽查局纳税情况表及公司情况证实，被告人李某青的公司在2012年1月之后已无收入。那么2012年之后，被告人李某青透支信用卡的款项用于偿还贷款，不能认定是投资或经营行为，无资金回笼期待可能性。

综合以上事实证据，可以认定被告人"明知没有还款能力而大量透支，无法归还"的规定，理由如下：一是2012年上半年被告人因资金链断裂、企业经营不善、民间债权债务等原因已无还款能力。二是2012年9月被告人明知已有透支29余万元超期限未归还，仍向中国银行宁德东湖支行申请临时增额30万元，临时调整额度的时限为2012年9月7日至2012年11月5日，又将增额透支款用于偿还银行贷款本息。三是根据本案信用卡的消费记录可以看出，2012年5月以后，被告人的信用卡一直处于欠款状态，其没有因此而停止消费而是继续提高透支额度且将透支的大部分款项用于偿还银行贷款本息，反映出其利用信用卡的透支功能不计后果、恣意透支的心理，而不是有计划、理性的消费。根据其当时的资产状况根本无法在临时增额时限两个月内及时还款，足以证明被告人透支时无偿还能力，主观上具有非法占有的目的，构成恶意透支。[1]

法院采纳了抗诉意见，依法改判被告人构成信用卡诈骗罪。上述抗诉意见，充分展现了组织运用证据综合判断的过程，当然前提是侦查机关对证明非法占有目的相关证据作了相对全面的收集，对于办理此类案件具有借鉴意义。

---

[1] 福建省蕉城区人民检察院蕉检公诉刑抗（2017）4号刑事抗诉书。

第四节 相关案例评析

一、潘某信用卡诈骗抗诉案[①]

【关键词】 信用卡诈骗　冒用他人信用卡　盗窃　刑事抗诉

【要旨】

行为人未经合法持卡人同意或者授权，利用他人遗忘在 ATM 机内已输好密码的信用卡取款，属于"冒用他人信用卡"的情形，数额较大的，应当以信用卡诈骗罪追究刑事责任。

【基本案情】

2014年2月28日9时许，被告人潘某在常州市天宁区中国建设银行存取款一体机（ATM 机）取款时，发现被害人陈某的银行卡（借记卡）遗忘在机器内且尚未退出取款操作界面，被告人潘某分2次从该卡内取走人民币5500元，后拿着钱和银行卡离开。被害人陈某发现卡被人拿走后报警，2014年3月2日，常州市公安局天宁分局对该案立案侦查，2018年11月根据人像比对系统确定潘某为该案嫌疑人。潘某归案后如实供述了自己在上述时间、地点提取他人存款的事实，退赔了被害人陈某的损失，被害人陈某出具谅解书对潘某予以谅解。

【诉讼过程】

被告人潘某因涉嫌信用卡诈骗罪，于2018年11月8日被常州市公安局天宁分局取保候审。本案由常州市公安局天宁分局侦查终结，以被告人潘某涉嫌信用卡诈骗罪，于2019年6月10日向常州市天宁区人民检察院移送审查起诉。天宁区人民检察院以被告人潘某犯信用卡诈骗

[①] 根据江苏省常州市天宁区人民检察院天检诉诉刑抗（2019）3号、江苏省常州市中级人民法院（2019）苏04刑终315号编写。

罪，向常州市天宁区人民法院提起公诉。常州市天宁区人民法院一审认为，持银行卡在存取款一体机上使用时，输入密码与银行留存密码相符，视同银行卡所有人操作。被告人潘某在存取款一体机尚未退出的取款界面上操作提取被害人陈某的存款、不需要输入密码，没有假冒身份欺骗银行的情节，不构成信用卡诈骗罪，其行为符合盗窃罪的构成要件。依法判决：被告人潘某犯盗窃罪，判处拘役2个月，并处罚金人民币2000元。宣判后，常州市天宁区人民检察院认为本案属于"拾得他人信用卡并使用"的情形，应当按照信用卡诈骗罪定罪处罚，一审判决适用法律错误，向常州市中级人民法院提出抗诉，常州市人民检察院支持抗诉。抗诉和支持抗诉的理由是：

其一，判决认定"不需要输入密码，没有假冒身份欺骗银行的情节"的理由不能成立。合法持卡人输入密码后ATM机对于持卡人真实身份的验证并未完成，身份验证贯穿于持卡人操作ATM机的全过程，在此过程中冒用人使用持卡人信用卡的行为，应当认定为冒用行为。信用卡具有明显的专有身份属性，银行卡与持卡人一一对应。冒用人在持卡人输入密码的基础上直接按数取款，在ATM机吐钞之前，冒用人与银行之间仍然处在交易之中，ATM机界面会显示"交易正在进行中"，这个过程虽然不需要输入密码，但仍然是交易的一环，银行卡本身并不等于财产，如果要转化为财产，必须有兑现的过程。未经持卡人同意或授权，应当认定为是冒用行为。申言之，尽管被告人潘某在存取款一体机尚未退出的取款界面上操作提取被害人陈某的存款、不需要输入密码，即银行卡是真的，密码也是真的，但是持卡人不是真的，是潘某而非陈某，因此是非法持卡人潘某冒用了合法持卡人陈某的银行卡在提款。

其二，判决认为被告人潘某的行为构成盗窃罪，适用法律错误。《刑法》第196条第3款规定盗窃信用卡并使用的，依照盗窃罪的规定定罪处罚，属于法律拟制规定，即法律将本该构成信用卡诈骗罪的情形拟制为构成盗窃罪。在本案中，信用卡系被害人遗漏在ATM机中，非潘某转移他人占有，应为潘某拾得遗忘在ATM机里的信用卡并提款，因而有别于盗窃信用卡并使用。根据最高人民检察院《关于拾得他人信用卡并在自动柜员机（ATM机）上使用的行为如何定性问题的批复》，拾得他人信用卡并在ATM机上使用的行为，属于《刑法》第196条第1款第3项规定的

"冒用他人信用卡"的情形，构成犯罪的，以信用卡诈骗罪追究刑事责任。《妨害信用卡解释》明确窃取、收买、骗取或者以其他方法获取他人信用卡信息资料，并通过互联网、通讯终端等使用的，属于"冒用他人信用卡"，明确了机器可以被骗的法律适用规则。本案中，ATM 机根据银行意志程序设定，误以为是持卡人发出的指令，经银行"同意"才"交付"现金给冒用人，符合诈骗罪的客观行为表现。

其三，认定信用卡诈骗罪可以更为全面地评价此类犯罪行为。从犯罪行为侵害的法益看，潘某的行为不仅侵害了被害人陈某的财产所有权，还侵害了国家关于信用卡的管理秩序，符合信用卡诈骗罪的构成要件。依据信用卡取款以及 ATM 机设置的基本原理，持卡人所持借记卡中的存款事实上处于 ATM 机（银行）的实际控制和保管之中，持卡人享有法律上的占有权利，银行事实占有和持卡人法律占有并存。故潘某以持卡人身份骗取他人的财物，侵害了他人的财产所有权，同时也侵害了国家对信用卡的管理秩序，符合刑法和妨害信用卡管理司法解释对信用卡诈骗罪双重客体的规定。如果认定主观恶性较小的不输入密码按数取款以盗窃罪追究刑事责任，而主观恶性较大的破解输入密码按数取款却构成信用卡诈骗罪，也明显违背罪责刑相适应的原则。

常州市中级人民法院经审理认为，本案中被告人潘某的行为系"拾得他人信用卡并使用"，属于《刑法》第 196 条规定的"冒用他人信用卡"的情形，数额较大，构成信用卡诈骗罪。常州市天宁区人民检察院所提抗诉意见、常州市人民检察院的出庭意见成立。2019 年 12 月 30 日，常州市中级人民法院作出二审判决，撤销常州市天宁区人民法院一审刑事判决；同时判决原审被告人潘某犯信用卡诈骗罪，判处拘役 2 个月，并处罚金人民币 2 万元。

【评析意见】

随着支付工具的发展，信用卡的使用方式种类日益增多。对于拾得信用卡后在 ATM 机上使用的，本案存在构成盗窃罪和信用卡诈骗罪两种意见。对此，最高人民检察院《关于拾得他人信用卡并在自动柜员机（ATM 机）上使用的行为如何定性问题的批复》指出：拾得他人信用卡并在自动柜员机（ATM 机）上使用的行为，属于《刑法》第 196 条第 1 款第 3 项规定的"冒用他人信用卡"的情形。机器不能被骗的观点，机械地将机器和机器背后的实际控制主体割裂开来。无论是通过商户、银行工作人员还是 ATM 机使用信用卡，面对的都是银行与信用卡持卡人之间预先约定的持卡人身份验证规则，银行通过信用卡密码验证、人工识别持卡人签名、自动化交易系统、人脸识别等不同的验证规则，以在不同场景识别信用卡使用者身份。采取不法手段绕开验证规则，使银行陷入错误认识，便属于对银行的欺诈，并使银行因此陷入错误认识处分财物，符合诈骗罪的原理。ATM 机、支付端口的账户、密码等，只是连接持卡人与银行的中间媒介，无论在民事关系还是刑事关系上，都不属于诈骗的对象，与线下交易中的银行工作人员或者商户工作人员并无本质上的区别。因此，对于冒用他人信用卡的行为，不论通过何种方式取得密码，不论是与自然人交易还是与"机器"交易，都应以信用卡诈骗罪定罪处罚。

二、董某某信用卡诈骗不起诉案①

【关键词】 信用卡诈骗　恶意透支　非法占有目的　法定不起诉

【要旨】

对于信用卡透支逾期不还的案件，应当根据持卡人申请和透支信用卡时的经济状况、透支资金的实际用途、未还款的原因、逾期后的实际表现等证据材料综合认定持卡人是否具有非法占有目的。对于确有证据证明持卡人不具有非法占有目的的，应当认定持卡人没有犯罪事实，不构成信用卡诈骗罪；已经移送起诉的，应当作出法定不起诉处理。

【基本案情】

被不起诉人董某某，系上海某农产品科技有限公司法定代表人。2012 年 11 月 12 日，董某某持本人身份证等资信材料向兴业银行申领一张信用卡，并于同年 12 月开始透支消费，主要用于公司的日常经营活动。2016 年 11 月 23 日，董某某完成最后一笔有效还款。次日，董某某使用该卡完成最后一笔消费，后未再还款。2017 年 1 月 4 日至 6 月 2 日期间，兴业银行通过拨打电话、邮寄信函等方式多次向董某某进行催收，董某某均未能还款。在银行催收期间，董某某能够与银行保持联系，并说明了欠款原

---

① 根据上海市闵行区人民检察院沪闵检金融刑不诉（2017）19 号编写。

因，表达还款意愿。其中，2017年5月至6月间，董某某与兴业银行多次就分期还款方式进行协商，但未达成一致。同年6月15日，兴业银行向公安机关报案。同年6月18日，上海市公安局闵行分局以涉嫌信用卡诈骗罪对董某某立案侦查，至案发前董某某共欠兴业银行本金人民币17.8万余元。同年6月21日，董某某接到公安机关电话通知后主动到案。次日，董某某家人向银行归还了全部本息及滞纳金60万元，并取得兴业银行的谅解。

【诉讼过程】

2017年7月31日，上海市公安局闵行分局以董某某涉嫌信用卡诈骗罪向上海市闵行区人民检察院移送起诉。在审查起诉过程中，承办检察官认真审查了全案证据材料，充分听取了董某某的辩解。董某某否认具有非法占有目的，并表示曾多次与银行协商分期还款方式，但因双方对分期期数、每期还款金额未达成一致，且因银行停用其信用卡、工作人员态度不好而赌气，未及时还款。针对董某某的辩解，检察官向银行工作人员核实相关情况，银行工作人员证实董某某多次协商分期还款、没有躲避催收的事实。为进一步查清董某某是否具有非法占有目的，检察机关将案件退回公安机关补充侦查，要求继续查证董某某有无恶意躲避银行催收、在其他银行有无恶意透支等行为，公安机关未补充到新的证明董某某具有非法占有目的的证据。

检察机关审查认为，董某某在申领信用卡时使用了真实资信证明材料并具有相应的还款能力，信用卡透支钱款除少部分用于个人正常消费外，大部分均用于其公司的日常经营活动，后因2016年底公司因经营问题出现资金周转困难，导致逾期。银行催收期间，董某某未改变预留的联系方式，也没有隐匿、转让财产行为，并表达了还款意愿，还就分期还款方式与银行进行协商，但因分期还款期数、金额等分歧未能达成一致意见。综上，董某某在申请、使用信用卡时对透支资金不具有非法占有目的，不构成信用卡诈骗罪。

2017年11月14日，上海市闵行区人民检察院根据《刑事诉讼法》（2012年修正）第173条第1款之规定，对董某某法定不起诉。

【评析意见】

第一，从刑法条文规定的构成要件出发，准确把握信用卡透支行为中罪与非罪的界限。信用卡透支，是持卡人基于与发卡银行的合同实施的民事法律行为。逾期不归还透支款项的行为，属于民事违约，依法应当承担相应的民事责任，但不必然构成犯罪。只有符合《刑法》第196条规定的恶意透支行为，才构成信用卡诈骗罪。其中，持卡人是否以非法占有为目的透支消费，是判断透支后逾期不还行为是否构成信用卡诈骗罪的关键要素。持卡人没有非法占有目的，但因生产经营突然陷入困境、突发重大疾病、事故或者不可抗力、意外事件等原因造成逾期，经发卡银行催收后仍没有归还，属于普通民事违约行为，不是犯罪。

第二，行为人是否具有非法占有目的，属于证据判断问题，需要根据各方面相关证据进行综合判断。检察机关办案时，应当重点围绕持卡人的还款能力、意愿，申请、透支信用卡时的经济状况及有无虚构事实、隐瞒真相的行为，透支资金的实际用途，未按规定还款的具体原因，透支后的经济状况及还款态度，是否逃避催收等方面证据进行全面审查，判断行为人透支行为是否具有非法占有目的。在审查逮捕、审查起诉时，发现缺少上述相关证据材料，难以作出判断的，应当在继续侦查提纲、退回补充侦查提纲中提出具体意见。

第三，在信用卡诈骗等金融诈骗犯罪案件中，犯罪嫌疑人确实没有非法占有目的的，应当认定为没有犯罪事实，并作出法定不起诉。《刑事诉讼法》第175条第4款、第177条第1款分别规定了证据不足不起诉和法定不起诉，两种类型的不起诉都能起到终止诉讼程序的效果，但性质和意义却有明显区别。检察机关在审查起诉时应当严格把握两类不起诉的法律适用标准，对于确实不符合刑法规定构成要件的行为，应当以没有犯罪事实作出法定不起诉，不能以证据不足不起诉替代。

第六章

骗取贷款、票据承兑、
金融票证罪
办案指引

第一节 骗取贷款、票据承兑、金融票证罪概述

骗取贷款、票据承兑、信用证、保函的行为,给银行和其他金融机构的资金安全造成巨大风险,一旦造成损失,往往难以挽回。如果骗贷造成的坏账高企,对银行或者金融机构特别是中小金融机构容易形成流动性风险,可能进而影响整个金融系统的安全。为此,在1997年刑法规定贷款诈骗罪的基础上,2006年《刑法修正案(六)》增设《刑法》第175条之一骗取贷款、票据承兑、金融票证罪。

一、立法沿革

刑法第一百七十五条之一 以欺骗手段取得银行或者其他金融机构贷款、票据承兑、信用证、保函等,给银行或者其他金融机构造成重大损失的,处三年以下有期徒刑或者拘役,并处或者单处罚金;给银行或者其他金融机构造成特别重大损失或者有其他特别严重情节的,处三年以上七年以下有期徒刑,并处罚金。

单位犯前款罪的,对单位判处罚金,并对其直接负责的主管人员和其他直接责任人员,依照前款的规定处罚。

1997年《刑法》第193条只规定了贷款诈骗罪,对以非法占有为目的,诈骗银行或者其他金融机构贷款的行为规定了刑事责任,未规定骗取贷款罪。随着经济社会的发展,实践中出现了一些单位和个人以虚构事实、隐瞒真相等手段骗用银行或其他金融机构贷款的情况,这些行为虽具有社会危害性,但由于行为人在骗取贷款时并不具有非法占有目的,不构

成贷款诈骗罪，仅依靠民事或行政处罚等手段又难以起到有效的惩治和预防功能。考虑到该类案件的确扰乱了正常金融秩序，具有刑事追诉的必要性，2006年《刑法修正案（六）》专门增设了骗取贷款、票据承兑、金融票证罪。设立此罪的主要目的在于弥补因贷款诈骗罪打击范围的局限性造成的法网疏漏。该罪名设立后，对于更加全面地保护金融机构信贷秩序起到了积极作用，但由于2006年修正案规定没有造成损失但有其他严重情节的也可以构成犯罪，受到刑事处罚范围过于宽泛的担忧，司法办案处理不一。刑事追究范围的宽泛和不确定对一些企业的正常生产经营活动产生了不利影响。为此，《刑法修正案（十一）》将《刑法》第175条之一骗取贷款、票据承兑、金融票证罪构成要件中的"造成重大损失或者有其他严重情节"修改为"造成重大损失"，提高了该罪的入罪门槛，将尚未给银行或者其他金融机构造成重大损失但有其他严重情节的骗取贷款、票据承兑、金融票证行为排除在了基本犯罪构成之外。

二、犯罪构成

（一）犯罪客体

骗取贷款罪侵犯的客体，理论上存在各种各样的观点，[①]莫衷一是。本书认为，本罪侵犯客体是双重客体，《刑法修正案（十一）》删除"有其他严重情节"要件后，只有造成损失的才能定罪处罚，进一步明确客体的内容，既侵犯了银行等金融机构的财产权，又侵犯了金融信贷秩序。这是因为，银行等金融机构的风险对于国家整体金融安全具有极为重要的作用，若骗取贷款行为盛行，银行等金融机构信贷资金安全难以有效保障，其损害的不仅仅是银行等金融机构自身的利益，更为严重的是对整体金融安全的冲击，单个的信贷资金安全积累质变而成银行等金融机构的系统性安全。因此，刑法在规定贷款诈骗罪的同时，还规定骗取贷款罪，这并不

[①] 参见张明楷：《骗取贷款罪的保护法益及其运用》，载《当代法学》2020年第1期。该文列举了以下观点：金融机构对贷款资金的所有权；金融安全与信贷资金安全；金融机构信贷资金安全；金融管理（交易）秩序与贷款管理秩序；贷款秩序；保证信贷资产的安全与提高贷款使用的整体效益。

是出于给予银行等金融机构特殊保护的需要，而是从银行等金融机构在整个金融体系中的地位、作用和系统性风险等方面所作的特殊考量。

（二）客观方面

1. 银行和其他金融机构

《刑法》第175条之一规定骗取的贷款、票据承兑、信用证、保函的发放或出具主体包括银行和其他金融机构。银行的范围较为明确，根据中国人民银行法，银行业金融机构是指在我国境内设立的商业银行、城市信用合作社、农村信用合作社等吸收公众存款的金融机构以及政策性银行。刑法条文中规定了"金融机构"，我国法律法规中却找不到对应的定义，随着金融市场中能够从事部分金融业务的新兴机构不断出现，实际从事金融活动的机构范围和名称不断变化，实践中出现较大争议，本章第二节详述，此不赘述。

2. 贷款、票据承兑、信用证、保函等

《刑法》第175条之一明确列举了四类金融产品：贷款、票据承兑、信用证和保函。对于条文中"等"字，可以解释为具有与前述四类金融产品相同性质的其他金融产品。

（1）贷款。

关于贷款的定义，可以参照《贷款通则》的规定："本通则中所称贷款系指贷款人对借款人提供的并按约定的利率和期限还本付息的货币资金。"同时，《贷款通则》第二章专门规定了"贷款种类"，根据不同的分类标准进行分类：①自营贷款、委托贷款和特定贷款；②短期贷款、中期贷款和长期贷款；③信用贷款、担保贷款和票据贴现。贷款具有以下实质特征：第一，货币资金，贷款表现为银行或其他金融机构提供给申请人的货币资金；第二，约定的利息，对贷款金额、放款方式、贷款利息等均在资金发放前明确约定；第三，到期要还本付息。但对于其中金融机构不实际承担资金风险的贷款中介业务，如委托贷款是否适用本罪，尚有讨论空间。

对金融机构的各类融资业务，需要根据实际法律关系和金融监管中的业务分类判断其是否属于贷款业务，不能一概而论。比如，发卡行利用信用卡发放贷款的现金贷行为，银行分一次或数次放款至行为人的信用卡

账户,行为人可将资金用于生产和消费领域。该行为已不属于信用卡透支行为,应认定为贷款业务。《妨害信用卡解释》第11条也明确规定:"发卡银行违规以信用卡透支形式变相发放贷款,持卡人未按规定归还的,不适用刑法第一百九十六条'恶意透支'的规定。构成其他犯罪的,以其他犯罪论处。"该规定实际上将以信用卡透支形式变相发放贷款的行为作为银行贷款业务来处理。又如,实践中,银行等金融机构开展的融资业务种类繁多,并非都属于《刑法》第175条之规定的贷款。而对于金融机构以投资理财、资产管理等名义开展的融资业务,有类似贷款业务功能,但不按照贷款业务管理的,不能认定为贷款,不构成骗取贷款罪,否则就有类推之嫌。

(2)票据承兑。

票据承兑是票据法规定的票据行为,是指商业汇票的承兑人在汇票上记载一定事项承诺到期支付票款的票据行为,属于金融机构的一种授信业务。商业汇票一经银行或者其他金融机构承兑,承兑人应当承担到期无条件付款的责任。需要注意的是,票据法对每一类票据行为均有专门的定义,商业银行法对特定票据行为的业务属性也作了明确规定,刑法也根据票据行为的不同规定了不同的罪名,在具体案件中要准确认定涉案行为的业务属性,严格区分各类票据行为的适用条款。比如,票据承兑和票据贴现属于两种不同的业务种类,根据《贷款通则》等规定,票据贴现属于"贷款"业务,票据承兑则是与贷款相并列的票据业务,《刑法》第175条之一规定的罪名系选择性罪名,对于票据贴现行为,应当适用骗取贷款罪;对于票据承兑行为,应当适用骗取票据承兑罪,不能混同。当然,前提是要准确区分票据承兑和票据贴现。

(3)信用证。

信用证,是指由金融机构依照申请人的要求和指示或者自己主动,在符合信用证条款的条件下,凭规定单据向第三者或者指定方进行付款的书面文件。也就是说,信用证是金融机构开立的一种有条件的承诺付款的书面文件。1997年中国人民银行正式将国内信用证作为一种国内贸易的结算方式。

(4)保函。

保函又称保证书,是指金融机构应委托人的请求,向第三方开立的一种书面信用担保凭证，保证在申请人未按与第三方的协议履行其责任或义务时，由金融机构代其履行责任。比如，在接受委托人申请后，依委托人的指示开立保函给受益人。保函一经开出，银行就有责任按照保函承诺条件，合理审慎地审核提交的包括索赔书在内的所有单据，向受益人付款。对于保函的受益人而言，则可以按照保函规定，在保函效期内提交相符的索款声明，或连同有关单据，向担保人索款，并取得付款。

3. 以欺骗手段取得银行或者其他金融机构的贷款、票据承兑、信用证、保函等

这是构成本罪的基础要件。欺骗手段通常包括：使用虚假的身份证明文件，使用虚假的资信证明文件，提供虚假担保或者超出抵押物价值重复担保，使用虚假的贷款用途证明文件等。该要件在认定时还有较多争议问题，将在后文阐述。

4. 给银行或者其他金融机构造成重大损失

《刑法修正案（十一）》对骗取贷款罪的构造进行了重大调整，只有给银行或者其他金融机构造成重大损失的骗取贷款、票据承兑、金融票证行为，才构成本罪。对于重大损失在构成要件中的地位，一种观点认为其属于客观处罚要件，即犯罪成立条件之外用于发动刑罚权的外部条件；① 也有观点认为其不是客观处罚条件。② 本书倾向于前者，造成重大损失系客观处罚条件。同时，该条件不需要行为人在骗取贷款时主观上有认识。

需要注意的是，有损失的主体是银行或者其他金融机构本身，而非其他主体，银行或者金融机构没有损失，其他主体有损失的，不构成本罪。

5. 其他特别严重情节

《刑法修正案（十一）》着眼于解决实践中民营企业"融资门槛高""融资难"等问题，删除了第175条之一关于"其他严重情节"的定罪条件规定，即对于未造成重大损失的，不作为犯罪处理。但是，该罪的法定刑升格条件并未修改，仍然保留了"造成特别重大损失或者有其他特别严重情节"的双重标准。

其他特别严重情节，可以根据案件的具体情况、行为人的主观恶性、

---

① 参见张明楷：《骗取贷款罪的构造》，载《清华法学》2019年第5期。
② 参见周铭川：《论骗取贷款罪的行为构造——兼与张明楷、孙国祥教授商榷》，载《中国刑事法杂志》2020年第1期。

骗取行为的恶劣程度、造成的其他严重后果等综合判断。

（三）主观方面

本罪主观方面表现为故意犯罪，不要求具有特定目的；过失不构成本罪。行为人如果因过失在申请贷款时提供了虚假的材料，则不构成犯罪。但需要注意的是，是否给银行或者其他金融机构造成重大损失，不是故意的内容。

三、定罪量刑标准

《刑法》第175条之一对本罪设置了两档法定刑，最高法定刑为7年有期徒刑、并处罚金。给银行或者其他金融机构造成重大损失的，处3年以下有期徒刑或者拘役，并处或者单处罚金。给银行或者其他金融机构造成特别重大损失或者有其他特别严重情节的，处3年以上7年以下有期徒刑。在对2010年《立案追诉标准（二）》修订之前，其第27条将部分情节严重情形作为立案追诉标准，而根据现行《刑法》第175条之一的规定，没有造成损失的不构成犯罪。

为此，2022年修订后的《立案追诉标准（二）》第27条仅规定，以欺骗手段取得银行或者其他金融机构贷款、票据承兑、信用证、保函等，给银行或者其他金融机构造成直接经济损失数额在50万元（2010年规定的数额为20万元）以上的，应予立案追诉。对于"特别重大损失"尚没有司法解释明确规定，可以参照其他相近类型的案件的量刑标准以及金融犯罪案件中升格法定刑标准与基本犯标准的通常比例，在个案中具体把握。

贷款是企业生产经营的重要资金来源，企业"融资难""融资贵"一直被社会所诟病。为此，中共中央办公厅、国务院办公厅于2019年2月联合出台《关于加强金融服务民营企业的若干意见》，该意见便明确提出抓紧建立"敢贷、愿贷、能贷"长效机制的要求。但面对申请贷款所花费的时间成本以及条件苛刻、复杂烦琐的申请手续，要求行为人提交贷款申请的材料"圣洁化"的做法也是不现实的，有时生产经营企业为了更加便捷地获取金融机构贷款，或多或少可能在申请材料中进行虚假陈述。[①] 同时，企业的生产经营活动总是存在风险，充满不确定性，因经营失败造成资金周转困难的情形也经常出现，在给银行造成贷款损失的场合一律追究刑事责任，显得过于严苛，也不符合当下经济社会的稳定发展。因此，在办理骗取贷款案件时，也要注意贯彻宽严相济的刑事政策。2020年，最高人民检察院出台《关于充分发挥检察职能服务保障"六稳""六保"的意见》，要求充分考虑企业"融资难""融资贵"的实际情况，注意从借款人采取的欺骗手段是否属于明显虚构事实或者隐瞒真相，是否与银行工作人员合谋、受其指使，是否非法影响银行放贷决策、危及信贷资金安全，是否造成重大损失等方面，合理判断其行为危害性，不苛求企业等借款人。该规定主要目的在于限缩《刑法修正案（十一）》实施前对没有造成损失的案件以情节入罪的范围。在《刑法修正案（十一）》实施后，虽然没有造成损失的已无入罪的可能性，但对于将贷款主要用于正常生产经营活动、立案侦查后积极退赃退赔归还贷款等案件，这一精神对于准确把握宽严相济的刑事政策仍有意义。

[①] 参见王新：《骗取贷款罪的适用问题和教义学解析》，载《政治与法律》2019年第10期。

第二节　骗取贷款、票据承兑、金融票证罪司法疑难问题

一、"其他金融机构"的范围

我国法律体系中，对商业银行业务、保险业务、证券业务、基金业务等分别予以立法规制，各金融监管部门都根据监管职责自行界定属于本部门监管的"金融机构"，如银保监会制定的《金融许可证管理办法》没有涵盖证监会、人民银行监管的持牌金融机构。大部分金融活动需经国务院金融管理部门许可设立，此类金融机构是公认的"金融机构"，如经银保监会等国务院金融监管部门批准并持牌经营的金融资产管理公司、信托投资公司、财务公司、金融租赁公司等机构。对于经国务院金融管理部门批准设立的从事金融业务的机构，认定为刑法上的金融机构，没有争议。

出现争议的主要是一些从事金融活动无须经国务院金融管理部门批准的机构的认定。比如，2017年中国人民银行将"7+4"类机构（小额贷款公司、融资担保公司、区域性股权市场、典当行、融资租赁公司、商业保理公司、地方资产管理公司等金融机构＋投资公司、农民专业合作社、社会众筹机构、地方各类交易所）授权给省级政府主管部门批准设立和主管。在骗取贷款罪中，主要涉及专门从事发放贷款业务的小额贷款公司，对于以欺骗手段取得小额贷款公司贷款的行为是否构成骗取贷款罪，实践中认识和处理不一。违法发放贷款罪等金融机构信贷业务相关罪名中，也都涉及"金融机构"的认定问题。从理论和实践的观点来看，对"金融机构"的认定范围问题，主要有三种意见：

第一种意见认为，对金融机构作广义理解，依法设立并受金融主管部门监督，从事金融类业务的公司、机构可以认定为金融机构。只要是依

法设立的与从事金融服务有关的机构都属于金融机构，不受是否获得金融许可证限制。2020年12月最高人民法院作出《关于新民间借贷司法解释适用范围问题的批复》，明确："经征求金融监管部门意见，由地方金融监管部门监管的小额贷款公司、融资担保公司、区域性股权市场、典当行、融资租赁公司、商业保理公司、地方资产管理公司等七类地方金融组织，属于经金融监管部门批准设立的金融机构，其因从事相关金融业务引发的纠纷，不适用新民间借贷司法解释。"该司法解释明确了小额贷款公司等在民法上系"金融机构"的地位。从法秩序统一性的角度出发，有必要将小额贷款公司等认定为"金融机构"。对于骗取小额贷款公司贷款的行为，也具有刑事追诉的必要性。有观点认为，从罪名体系的层面看，对骗取小额贷款公司贷款的行为，如果不以骗取贷款罪定罪处刑，借款方触犯刑律的行为，就有极大可能被定性为贷款诈骗罪、合同诈骗罪等，相应地，贷款方本应被认定为非法放贷罪的行为就会被做无罪评价，甚至被认定为诈骗犯罪的被害人。显然，这样的结果，超出设置特定罪名体系的立法预期，会导致轻罪认定为重罪、有罪认定为无罪的情形。[1]也有观点认为，小额贷款公司遭遇骗贷，可以通过司法机关追究骗取贷款者刑事责任，维护自己的合法利益。给小额贷款公司提供了维权的途径，或许可以减少小额贷款公司的暴力催收的情况，也可以减少小额贷款公司不规范催收的情况。[2]

第二种意见认为，只有经国务院金融管理部门批准设立的从事金融业务的机构才属于刑法规定的金融机构，地方政府批准设立的从事部分金融业务的机构（如小额贷款公司）或者其他不需经批准设立的从事部分金融业务的机构（如私募基金）不属于刑法规定的金融机构。2008年银监会、央行发布《关于小额贷款公司试点的指导意见》第1条规定："小额贷款公司是由自然人、企业法人与其他社会组织投资设立，不吸收公众存款，经营小额贷款业务的有限责任公司或股份有限公司。小额贷款公司是企业法人，有独立的法人财产，享有法人财产权，以全部财产对其债务

---

[1] 参见黄京平等：《骗取贷款罪、高利转贷罪等法律适用疑难问题》，载《中国检察官》2021年第15期。

[2] 参见黄京平等：《骗取贷款罪、高利转贷罪等法律适用疑难问题》，载《中国检察官》2021年第15期。

承担民事责任。"据此，小额贷款公司的定位应是在工商行政部门登记注册的企业法人，其既不是政策性金融机构，也不是商业性金融机构。① 也有观点指出，金融机构在设立程序、业务范围、资金来源、监管机构等方面均不同于一般企业，人民银行对金融机构颁发金融许可证，而小额贷款公司无金融许可证，不属于"三会"监管，只能算是从事部分金融业务的"准金融机构"。②

第三种意见认为，金融机构由于缺乏行政法律规定作出的明确定义，对于刑法规定的"金融机构"可以做实质解释，但对于涉及省级主管部门批准设立的金融机构相关行为是否构成犯罪，需要考虑其与骗取银行贷款的社会危害是否具有相当性。此外，还有观点指出，在破坏金融管理秩序罪和金融诈骗罪中，金融机构出现的频率较多。《刑法》第175条之一就是其一。除此之外，在其他刑法条文中也出现"金融机构"，如《刑法》第263条将"抢劫银行或者其他金融机构的"作为抢劫罪的加重情节，在解释《刑法》第175条之一时，还需考虑与其他规定"金融机构"的条文的一致性。

本书倾向于第三种观点，鉴于没有法律对"金融机构"的范围专门作出界定，司法机关可以根据行为实质对刑法规定的"金融机构"进行解释，实际从事合法金融业务的合法机构都可以认定为刑法上的"金融机构"。最高人民法院于2020年12月作出《关于新民间借贷司法解释适用范围问题的批复》，明确了小额贷款公司等在民法上系"金融机构"的地位。从法秩序统一性的角度出发，有必要将小额贷款公司等认定为"金融机构"。但不容否认的是，骗取不同类型金融机构所产生的社会危害性对金融秩序的破坏并不相同，经国务院金融管理部门批准设立的金融机构，其对于金融安全的影响显然较省级政府主管部门批准设立的金融机构更为重要。对于骗取小额贷款公司贷款的行为，其造成的社会危害是否具有刑事追诉的必要性，需要进一步研究论证。即使对骗取小额贷款公司贷款的行为不宜按骗取贷款罪定罪处罚，也并非对小额贷款公司没有任何保护措

---

① 参见邱建寅：《我国小额贷款公司监管法律问题研究》，西南政法大学2011年硕士学位论文。

② 参见逄政：《骗取贷款罪司法实务若干问题研究》，载《上海金融》2016年第12期。

施,具有非法占有目的的,仍然可以以贷款诈骗罪定罪处罚。至于认为不以骗取贷款罪处罚可能造成以更重罪名处罚或者可能滋生暴力催收等观点,并不是解释刑法的根据,且相关做法本身也违法,不能归咎于此。

综上,理论上小额贷款公司是刑法规定的"其他金融机构",但基于社会危害性的考量,以欺骗手段取得小额贷款公司贷款的行为并非必然构成骗取贷款罪。对其他地方政府主管部门批准设立的金融机构,也是如此。这样处理,既保持了刑法、民法对金融机构认定的一致性,同时又体现了刑法的谦抑性。需要说明的是,上述观点只适用于《刑法》第175条之一及有关信贷业务的罪名,不一定适用于刑法其他条文中的"金融机构"。

二、欺骗手段的认定

任何单位或个人都不得通过"欺骗手段"取得贷款,行为人采取欺骗手段是骗取贷款、票据承兑、金融票证罪的基础构成要件。但是,对是否任何欺骗手段都符合构成要件,存在不同认识。有的认为,只要申请人在申请信贷资金或信用过程中有虚构事实、隐瞒真相的情节,或者只要提供假证明、假材料,或者信贷资金没有按照申请时承诺的用途去使用,就可以认定成立欺骗。[①] 有的则认为,只有实质性地提升信贷资金风险,并由此影响金融机构做出贷款决策的事实,才符合该罪的欺骗行为。[②] 有的则明确指出,应当仅限于借款人身份、贷款用途、还款能力、贷款保证四个方面的欺骗,而不包括其他方面的欺骗。主要理由是骗取贷款罪是普通法条,贷款诈骗罪是特别法条,在《刑法》第175条之一对骗取贷款罪的构成要件行为没有具体规定的情况下,应当根据《刑法》第193条对贷款诈骗罪构成要件行为的规定,判断某种行为是否属于骗取贷款罪的构成要件行为。[③]

[①] 参见黎宏:《刑法学各论》,法律出版社2016年版,第131页。
[②] 参见黄京平等:《骗取贷款罪、高利转贷罪等法律适用疑难问题》,载《中国检察官》2021年第15期。
[③] 参见张明楷:《骗取贷款罪的保护法益及其运用》,载《当代法学》2020年第1期。杨绪峰:《骗取贷款罪中"其他严重情节"的体系性反思——基于169份刑事裁判文书的实证分析》,载《法商研究》2020年第2期。

本书倾向于后两种观点，并非任何申请材料中的欺骗手段，都属于刑法上的欺骗手段，欺骗手段应当对其是否符合贷款条件产生实质性的影响，即使本不符合取得贷款等条件的行为人符合相关条件。这在金融欺诈犯罪案件中属于通行标准，比如在违规披露、不披露重要信息，欺诈发行证券等犯罪中，都要求相关信息符合"重大性"的要求，即对投资人作出投资决策产生实质影响。为此，应当从形式和实质两个层面把握"欺骗手段"。在形式上，根据《贷款通则》以及银行有关贷款业务的规定，欺骗手段主要是指借款人身份、贷款用途、还款能力、贷款保证四个方面。[①]这是对欺骗手段的形式要求。在实质上，欺骗手段具有"重大性"，即足以影响银行或者其他金融机构的决策。在现有金融体系中，银行贷款时形式审查较多，借款人需要提交的资料繁杂，欺骗手段应当限于明显、重大的欺诈行为，只有对贷款审批有实质影响的欺骗手段才是本罪的构成要件。银行发放贷款一般分为银行授信、审批发放两个阶段。银行通过对客户的财务状况、生产运营情况、贷款用途、偿还贷款能力以及贷款收益等项目进行综合分析后，对客户授予信用额度，然后在授信额度内根据实际需要审批发放贷款。行为人采取的欺骗手段影响银行授信基础的，可以认定对贷款发放有实质性影响。对贷款的审批没有实质性影响的欺骗行为，如"有不合理占用的贷款的纠正情况"，"项目建议书和可行性报告"、身份证明（在不以身份资信等级的情况下）、部分经营流水造假等，不宜直接认定为本条规定的"欺骗手段"。有的地方司法机关为便于操作制定了一些判断规则，如浙江省高级人民法院、浙江省人民检察院、浙江省公安厅《关于骗取贷款、票据承兑、金融票证罪的有关法律适用问题的纪要》规定，行为人编造虚假的资信证明、资金用途、抵押物价值等虚假材料，导致银行或者其他金融机构高估其资信现状的，可以认定为使用欺骗手段。

在《刑法修正案（十一）》实施之前，未给银行或者其他金融机构造成重大损失但其他严重情节的，也可以构成骗取贷款、票据承兑、金融票证罪。欺骗手段的认定对于判断此种情形下罪与非罪至关重要。其中最

[①] 参见张明楷：《骗取贷款罪的保护法益及其运用》，载《当代法学》2020年第1期。

为典型的是行为人提供足额担保，但在贷款用途等方面采取了欺骗手段，是否可以认定为"欺骗"手段，司法判例和学术观点都莫衷一是。① 但《刑法修正案（十一）》删除了"有其他严重情节"这一入罪要件，在只有造成重大损失在构成犯罪的情形下，即使在申请时提供了足额担保，但由于逾期后未履行担保责任而造成重大损失，该足额担保对于认定欺骗手段的意义乃至区分罪与非罪的意义就大为消减了。在已经造成重大损失的场合，不能再以行为人提供了足额担保，否定其他欺骗手段的"重大性"，因为提供的足额担保并未真正意义上对银行信贷资金安全起到保障作用。

三、金融机构有无"陷入错误认识"的影响

大多数学者认为，除不具有非法占有目的外，骗取贷款罪的成立，应当符合诈骗罪的基本构造，即行为人实施了欺骗行为，金融机构相关人员产生了认识错误，进而基于认识错误发放了贷款。② 如果银行明知借款人提供的是虚假的借款资料仍对其发放贷款，具有自我答责的性质，阻却犯罪的成立。③ 但随之而来的问题是，银行或者其他金融机构系法人而非自然人，其本身不具有主观意志，不存在陷入错误认识的问题，陷入错误认识的只能是银行或者其他金融机构的工作人员，究竟谁能代表银行或者其他金融机构"陷入错误认识"？对此问题，出现两种不同观点：一种观点认为，只有对发放贷款具有处分权限的人员，才能代表金融机构，不具有决定权的工作人员明知，但具有决定权的人员不知情的，仍应认定金融机构陷入了错误认识。④ 另一种观点则认为，不需要区分工作人员是否具有决定权，银行最初审核环节的工作人员以银行名义实施的行为属于职务

---

① 参见张明楷：《骗取贷款罪的保护法益及其运用》，载《当代法学》2020年第1期。

② 参见张明楷：《骗取贷款罪的构造》，载《清华法学》2019年第5期；王新：《骗取贷款罪的适用问题和教义学解析》，载《政治与法律》2019年第10期。

③ 参见孙国祥：《骗取贷款罪司法认定的误识与匡正》，载《法商研究》2015年第5期。

④ 参见张明楷：《骗取贷款罪的构造》，载《清华法学》2019年第5期。

行为，对外代表金融机构，其结果应归属于金融机构。①总体上持前一观点的居多。在司法实践中，也有地方司法机关按照上述观点来把握。

也有不赞同上述观点的意见，骗取贷款罪的成立，不需要以银行或者其他金融机构陷入错误认识为前提，只要行为人采取了欺骗手段并取得了贷款，即构成犯罪。不符合贷款条件的行为人与金融机构的工作人员共同谋划、内外勾结实施骗取贷款行为，如果给银行造成重大损失，同时构成违法发放贷款罪和骗取贷款罪。②最高人民法院在（2017）最高法刑申184号《宋江骗取贷款刑事通知书》中指出："本院经组成合议庭认真审查后认为，宋江以黑龙江省建三江农垦仓绿米业有限责任公司（以下简称仓绿米业）的名义，采取虚构足额质押物水稻和使用虚假的水稻权属证明作为担保等欺骗手段，骗取中国工商银行股份有限公司哈尔滨农垦支行（以下简称工商银行）贷款2000万元，给工商银行造成损失1474万元的事实，有证人吕某、郭某、贾某、焦某、王某、丁某、佟某等的证言及仓绿米业财务账、资产处置说明书、贷款申请书、商品融资合同、水稻购销合同及购粮发票、宋江与郭某等人的对账笔录等证据证实，宋江亦曾供认，足以认定。宋江的上述行为符合骗取贷款罪的构成要件，已构成骗取贷款罪。工商银行、监管公司是否准确核实质押物水稻的数量，工商银行是否承认被骗及报案，均不影响对宋江所犯骗取贷款罪的认定。原审认定宋江犯骗取贷款罪的事实清楚，证据确实、充分，定罪准确，量刑适当。"全国人大常委会工作人员关于本罪的释义中也认为，银行等金融机构人员明知他人实施骗取贷款等行为的，应以违法发放贷款罪等追究刑事责任，从其表述来看，借款人等仍构成骗取贷款、票据承兑、金融票证罪。③

从解释论的角度看，上述两类观点均有一定道理。第一种观点将骗取贷款罪纳入诈骗罪的基本构造中，符合社会公众对欺诈类犯罪的基本认知。在谁能代表金融机构的问题上，显然具有处分权限或者决定权的人代

---

① 参见孙国祥：《骗取贷款罪司法认定的误识与匡正》，载《法商研究》2015年第5期。

② 参见黄汉勇：《骗取贷款罪的法律适用问题研究》，载《法治论丛》2008年第2期。

③ 参见王爱立主编：《中华人民共和国刑法释义》，法律出版社2021年版，第344页。

表金融机构更有说服力。第二种观点将骗取贷款罪与诈骗罪相区分,将"以欺骗手段取得贷款"完全独立于欺骗对象的主观认识进行认定,从条文文义来看也未超出文义的可能范围。从刑法规定来看,并非所有涉及欺诈的犯罪均以对象陷入错误认识为必要,如销售伪劣产品罪,不需要购买伪劣产品的人陷入错误认识,只要行为人销售伪劣产品,即构成犯罪,这显然是基于该罪所保护的市场秩序这一法益而作出的合理解释。骗取贷款罪作为破坏金融管理秩序的犯罪类型,借款人是否采取欺骗手段,不仅仅影响银行的信贷资金安全,还涉及整个信贷秩序的维护,如果从这一法益保护的立场出发,可以作与销售伪劣产品罪同样的解释。在前一种观点采取具有决定权人说的情况下,两种观点的差异仅在于具有决定权的人明知行为人采取欺骗手段的情形。按照前者,行为人不构成骗取贷款罪,但如果行为人与具有决定权的金融机构工作人员相互串通、内外勾结,仍然可能构成违法发放贷款的共犯;按照后者,行为人仍可以构成骗取贷款罪,在相互串通、内外勾结的情形下,也可以分别以骗取贷款罪和违法发放贷款罪等定罪处罚。在《刑法修正案(十一)》已经将定罪条件限缩至给银行或者其他金融机构造成重大损失的情况下,由于涉案行为均已产生实际的社会危害,欺骗手段本身对金融管理秩序也具有破坏性,从骗取贷款罪所保护的法益以及刑法条文本身的文义处罚,本书倾向于后一种观点,即不以银行或者其他金融机构陷入错误认识为必要。

根据银行或者其他金融机构工作人员的主观认识、参与程度,可作如下分类处理(以贷款为例)。(1)工作人员发现借款人的欺骗手段仍予以审批同意的,分别按违法发放贷款罪和骗取贷款罪处理。(2)工作人员与借款人串通伙同骗取贷款的,由于双方均有违法发放贷款和骗取贷款的共同故意,同时构成两罪,应当从一重罪即违法发放贷款罪定罪处罚。由于违法发放贷款数额巨大的亦构成犯罪,此时不以造成损失为前提。

四、损失的认定

损失的认定,对于区分罪与非罪、罪轻与罪重至关重要。实践中,贷款逾期后归还的情形十分复杂,一是在归还的时点上,行为人可能在刑事诉讼的不同阶段归还欠款;二是在有担保权的场合,担保权是否实现也可能影响损失的认定。对于重大损失的计算方式，也有多种观点。第一种意见认为，只要债权存在实现的可能，就不宜认定银行经济损失形成，除非借款人和担保人经法定程序被宣告破产，或者潜逃、去向不明，或者超过诉讼时效等，致使债权已经无法实现的，无法实现的债权部分应当认定为经济损失。因此，金融机构穷尽一切私力救济、民事诉讼等所有可能的措施或法律程序之后，本息仍无法收回的，不能收回部分才能认定给金融机构造成重大损失。在银行损失尚未经民事程序确定性的形成之前，司法机关不宜认定银行形成重大损失。第二种意见认为，应以银行内部相关贷款核销为节点认定。即经人民法院民事诉讼、申请执行程序后未能追回贷款，按照银行内部有关规定，审批后转表外核算，未发现债务人新的财产线索前银行不再追偿。第三种意见认为，应当参照信用卡诈骗有关司法解释规定，应当以公安机关立案时为节点，借款人尚未向金融机构归还的贷款本金，不包括利息和其他金融机构应当收取而尚未收取的费用。

  本书倾向于第三种意见。前两种意见都以穷尽一切民事救济手段为前提要件，其中第二种意见进一步要求银行核销贷款才能认定，对银行的要求过于严苛。有的民事诉讼持续时间过长，待到穷尽救济手段后可能造成刑事诉讼无法顺利进行。民事诉讼与刑事诉讼作为两个独立的诉讼程序，分别解决民事责任承担和刑事责任承担的问题，将民事诉讼结果作为刑事诉讼的前提，并不具有合理性。对于损失的认定，应当结合骗取贷款罪所保护的社会关系进行认定，借款人逾期仍不归还贷款，就可以认定给银行的信贷资金安全造成了现实危害，破坏了信贷管理秩序，而不是只有穷尽民事救济手段之后危害才形成。因此，借款人逾期之时，就是给银行造成损失之时。但是，由于骗取贷款与贷款诈骗罪不同，行为人不是以非法占有为目的取得贷款，其主观上仍有归还贷款的意愿，一旦逾期就认定损失并以刑事手段介入，既不利于所欠贷款的追偿，又对借款人过于严苛，有违刑法的谦抑性原则。以公安机关立案时作为计算损失的时间节点，既能为民事救济留有余地，又能为司法办案和犯罪嫌疑人、被告人提供明确的指引，保证了刑法适用的确定性。

  对于提供担保的骗取贷款行为，由于担保合同系贷款合同的从合同，从合同的履行也是主合同履行的一种方式。在担保人为第三人的情形下，金融机构应当向担保人提出履行担保责任的主张后，担保人没有履行担保责任，或者担保人无力履行担保责任的，才能进入立案程序。此处主张担保权的行为，不需向担保人提起民事诉讼，更不必等待担保之诉的结果，只要在形式上行使担保权即可。

在担保人代为偿还的情形下，是否可以认定给金融机构造成损失，认识也不尽一致。① 但大多数观点认为，担保人代为偿还的情形下，不应仍认定为给银行或者其他金融机构造成损失，在《刑法修正案（十一）》实施之前，尚可以按"有其他严重情节"定罪处罚，在《刑法修正案（十一）》实施后，便不可能构成骗取贷款罪。借款人诈骗担保人的，可以以诈骗罪或合同诈骗罪定罪处罚，但这属于另一层次的法律关系。

五、"有其他特别严重情节"的适用

《刑法修正案（十一）》作出修改后，产生一个新问题：如果没有给银行或者其他金融机构造成重大损失，但有其他特别严重情节的，能否直接适用第二档刑罚定罪处罚？

对此产生了两种观点：一种观点认为，"其他特别严重情节"一般也应当以"造成重大损失"为条件，但如果欺骗手段特别严重或者涉嫌数额巨大，给国家金融安全造成特别重大风险的，也可依法追究刑事责任。② 另一种观点则认为，修正案将"给银行或者其他金融机构造成重大损失"作为骗取贷款、票据承兑、金融票证罪的定罪条件，没有"造成重大损失"则不符合该罪的构成条件，无论是否有其他特别严重的情节，均无法构成该罪的基本犯，更不能直接适用加重犯的法定刑，因此不能直接以第二档刑罚中的"有其他特别严重情节"定罪处罚。③ 而且，从修法的精神来看，实施本罪行为最为严重的情节应体现在最终是否给金融机构造成损失上，如果金融机构没有损失，对行为就没有必要在刑事司法上作否定

---

① 参见逄政：《骗取贷款罪司法实务若干问题研究》，载《上海金融》2016年第12期。

② 参见王爱立主编：《中华人民共和国刑法立法精解》（上），中国检察出版社2021年版，第420页。

③ 参见孙谦：《刑法修正案（十一）的理解与适用》，载《人民检察》2021年第8期。

评价。①

  本书倾向于第二种观点,即适用"有其他特别严重情节"应当以给银行或者其他金融机构造成重大损失为前提。对于损失的数额,有观点认为应当接近于特别重大损失,再加上有其他严重情节。② 是否必须接近于特别重大损失,并不能绝对化,需要综合损失数额和情节的严重性综合评价。2022年修订后《立案追诉标准（二）》只规定了造成50万元以上损失这一个立案追诉标准。

---

  ① 参见周光权:《刑法修正案十一后骗取贷款罪"其他特别严重情节"如何认定》,载《法治日报》2021年7月7日,第9版。
  ② 参见周光权:《刑法修正案十一后骗取贷款罪"其他特别严重情节"如何认定》,载《法治日报》2021年7月7日,第9版。

第三节　骗取贷款、票据承兑、
金融票证罪证据指引

一、主要证据

办理骗取贷款、票据承兑、金融票证案件，应当注意收集固定以下证据：

（一）证明犯罪嫌疑人、被告人以欺骗手段取得银行或者其他金融机构贷款、票据承兑、信用证、保函的证据

收集的证据主要包括：（1）申请贷款、票据承兑、金融票证的全部相关材料，如银行或者其他金融机构受理、审核、发放贷款、承兑汇票、签发信用证、保函等业务的合同、协议、审批材料以及转账凭证、承兑贴现凭证、交付信用证、保函的凭证，例如，借款合同、保证合同、抵押合同、质押合同、供销合同等，证实犯罪嫌疑人、被告人取得贷款、承兑汇票、金融票证的情况。（2）银行等金融机构审批文件；涉及贷款、票据承兑、金融票证资金的银行转账凭证、银行交易明细、记录本、身份证明、借款人信用报告、银行出具的查询情况说明等；借款人的实际经营状况、会计账簿、财务报告等；贷款所附合同的实际履行情况，必要时可以调取合同相对人的证言，以证明申请材料造假。（3）涉案银行或者其他金融机构的监控视频，贷款审批、发放的电子签批记录，QQ、微信聊天记录，支付宝转账记录等，证明犯罪嫌疑人、被告人参与骗取贷款、提取贷款的过程和行为。（4）询问银行工作人员、担保人等相关证人，证明犯罪嫌疑人、被告人实施犯罪行为的过程、赃款去向的有关情况等，申请贷款、票据承兑、金融票证时的具体过程、有无异常情况等，了解金融工作人员是

否履行严格审查职责,审查过程中是否发现存在欺骗手段等情形。(5)必要时,对有关合同、证明文件、用于担保的产权证明或有关印章、签名进行鉴定,对犯罪嫌疑人、被告人的财务、收支状况等进行司法审计。

(二)证明信贷资金用途和实际损失的证据

收集的证据主要包括:贷款资金转账记录、实际用途,承兑票据的流转、贴现、付款等情况,信用证付款后资金的流转记录和信用证附随合同的履行情况,保函的履行情况,受托支付对象的信贷资金流转记录,签订虚假合同等具体情况、获利情况;信贷资金使用人的还款记录,担保合同的履行情况,逾期后与银行或者其他金融机构协商还款事项情况,银行或者其他金融机构对所涉项目进行不良债务处置,对借款人、担保人提起民事诉讼等情况,银行或者其他金融机构的催收记录等;重点讯问、询问借款人及借款人方面的财务人员等,了解信贷资金的实际去向,核实造成损失的主要原因,申请贷款时的实际经济状况和动机目的等。

二、证据的审查判断

骗取贷款、票据承兑、金融票证罪与贷款诈骗罪,违法发放贷款罪,违规出具金融票证罪,对违法票据承兑、付款、保证罪,高利转贷罪等不同程度存在竞合关系,借款人的主观目的不同,与银行或者其他金融机构的工作人员的关系不同,会影响具体罪名的认定。在审查证据时,应当注重对证明上述事实有关的证据的审查、判断,准确区分罪与非罪、此罪与彼罪。

(一)欺骗手段是否足以使不符合条件的借款人取得贷款

结合贷款相关法律规定、银行或者其他金融机构有关规章制度、审批贷款材料、借款人申请贷款资料、借款人申请贷款时实际经济状况、担保合同和担保人、担保物的实际状况、资金的实际去向等证据,综合判断欺骗手段的严重程度行为人是否具有非法占有目的,是区分骗取贷款罪与贷款诈骗罪的关键要件。

（二）借款人与银行或者其他金融机构的工作人员的关系

结合犯罪嫌疑人、被告人的供述，银行等金融机构的工作人员证言、借款人方面工作人员的证言，银行或者其他金融机构的工作人员尽职调查材料、审批贷款材料等证据，银行或者其他金融机构的工作人员与借款人之间的通讯联络情况，判断犯罪嫌疑人、被告人是否与银行或者其他金融机构的工作人员串通、共谋。

第四节　相关案例评析

聚某公司、黄某岳、辜某玲等骗取贷款案[①]

【关键词】　骗取贷款　主观明知　证明方法　抗诉

【要旨】

对骗取贷款案件中的"资金掮客",通过提供"过桥"资金、编造虚假购销合同等方式,积极帮助贷款人实施欺骗手段取得银行贷款的,可以认定为骗取贷款的共犯。在被告人不承认具有主观故意的情形下,应当组织运用其他证据进行综合判断。

【基本案情】

2013年6月至7月间,被告人黄某岳系被告单位聚某公司实际控制人,在无实际货物交易的情况下,通过被告人辜某玲介绍,与万某公司签订虚假的《购销合同》,约定聚某公司向万某公司购买木薯淀粉。聚某公司即以此向平安银行股份有限公司泉州分行申请流动资金贷款1000万元。万某公司在取得贷款资金后,根据辜某玲的授意将贷款资金转账至辜某玲控制的账户,用于偿还聚某公司让辜某玲出资还贷而产生的欠款。2014年1月的贷款到期后,聚某公司无法偿还贷款。

【诉讼过程】

2015年4月16日,福建省厦门市公安局思明分局以聚某公司、黄某岳、辜某玲等涉嫌骗取贷款罪向厦门市思明区人民检察院移送起诉。2015年10月23日,思明区人民检察院以聚某公司、黄某岳、辜某玲等涉嫌骗取贷款罪提起公诉。2016年12月23日,思明区人民法院经作出一审判

[①] 最高人民检察院第四检察厅编著:《最高人民检察院第十七批指导性案例适用指引》,中国检察出版社2020年版,第152—156页。

决，宣告被告人辜某玲无罪，判决聚某公司等被告单位、黄某岳等其他被告人构成骗取贷款罪。一审判决后，思明区人民检察院提出抗诉。2017年12月29日，厦门市中级人民法院以原审判决认定的事实不清、证据不足为由，裁定将本案发回重审。2018年11月13日，思明区人民法院作出刑事判决，维持原判。思明区人民检察院再次提出抗诉，厦门市中级人民法院开庭审理本案，厦门市检察院出庭支持抗诉。

一审法院对辜某玲作出无罪判决，主要理由包括：第一，购销合同签订时间为2013年6月27日，晚于贷款合同签订时间2013年6月26日，即说明该购销合同并非平安银行被骗取贷款的主要因素。第二，被告人辜某玲先行垫付资金代聚某公司偿还平安银行的到期贷款，该行为本身即避免平安银行无法收回2013年7月1日到期的流动资金贷款，平安银行正是基于聚某公司先行归还该笔贷款，才再发放1000万元的流动资金贷款用以支付万某公司货款，在案证据不足以证明被告人辜某玲的行为与平安银行经济损失有直接因果关系。第三，被告人辜某玲因帮助被告人黄某岳资金过桥，为保证资金安全而找万某公司与聚某公司签订虚假购销合同，对于贷款的过程及购销合同对银行发放贷款作用，事后聚某公司是否会无法偿还银行贷款，其并不清楚，聚某公司之后无法偿还2013年7月1日申请支付的1000万元流动资金贷款，既非被告人辜某玲可以预见，亦非被告人辜某玲所希望和放任的结果，故在案证据不足以证实被告人辜某玲主观上有帮助聚某公司、黄某岳骗取流动资金贷款的故意。在厦门市中级人民法院审理过程中，辜某玲及辩护人均作无罪辩解。

对此，厦门市人民检察院派员出庭发表检察意见指出：第一，《购销合同》与骗贷行为具有必然因果关系。辜某玲帮助借款人聚某公司签订虚假《购销合同》是银行放贷的充分且必要条件，是平安银行被骗取贷款的主要因素。（1）在案的书证《贷款合同》明确约定，在满足提交商务合同等证明材料的情况下，聚某公司方可要求平安银行支付贷款资金；（2）平安银行经办人员、平安银行单位代表的证言均证实，《购销合同》是平安银行审批、发放贷款的充分且必要条件，即《购销合同》必须在放款之前提供，至于其与《贷款合同》签订时间的先后顺序不影响银行贷款的审批和发放；（3）中国银行业监督管理委员会《流动资金贷款管理暂行办法》第四章规定了借款合同、第五章规定了贷款的发放和支付。从该规定看，银行在签订借款合同时，仅要求在借款合同中约定由借款人承诺一些事项，并不对相关的证明材料如商务合同等进行审核，而在贷款的发放和支付时，则要求审核借款人提供的信息是否与相应的商务合同等证明材料相符。第二，辜某玲的行为与平安银行经济损失有直接因果关系。涉案的1000万元贷款应为新借贷款，被告单位聚某公司、黄某岳等获取贷款后又改变了贷款时所承诺的资金用途，骗贷时间跨度长、逾期后又没有按约定归还贷款，虽存在相关担保，但至今均未能收回贷款本息，使银行的贷款资金长期处于危险状态，严重扰乱了正常的信贷资金管理秩序，依法应认定为有其他特别严重情节。第三，辜某玲主观上有帮助骗取流动资金贷款的故意。虽然其不承认主观故意，但结合其他证据上能够认定辜某玲明知黄某岳为向其归还欠款向银行申请贷款，且明知贷款必须提供购销合同的情况下，积极寻找万某公司签订虚假购销合同并提供给银行，具有共同骗取银行贷款的直接故意心态。

2019年6月10日，厦门市中级人民法院作出终审判决，采纳检察机关抗诉意见，撤销一审无罪判决，以骗取贷款罪改判原审被告人辜某玲有罪，并采纳出庭量刑意见。

【评析意见】

本案中，辜某玲作为"资金掮客"，日常进行高利放贷，其属于一般的民间放贷者还是骗取贷款犯罪的共同参与者，系诉争焦点。

其一，重视间接证据的使用，证实共犯人员的主观认知。主观明知不以确知为限，也包括可能性认识。在共同犯罪中，由于各参与人分工不同，无法要求知晓每个犯罪环节的过程。因此在多环节的共同犯罪中，明知在证据上不要求证明明知的必然性，只要求明知的可能性。即便事前没有明确的犯意沟通，以实际行为仍然可以达成共同犯罪的合意。本案中，被告人辜某玲拒不承认主观上具有帮助聚某公司、黄某岳骗取流动资金贷款的故意。公诉人从被告人身份和职业背景、此前与黄某岳多次借款用于"过桥"业务情况、主动寻找第三方公司签订虚假合同等事实、此次合作的细节和动机、事后未采取任何措施防范和控制金融贷款风险等方面来共同论证认识因素和意志因素，证实被告人辜某玲积极实施了上述虚假购销合同的制作，明知聚某公司骗取贷款，可能导致该贷款不可收回的情况，具有骗取贷款的犯罪故意。

其二，厘清案件事实、解读行业规范，增强因果关系论证。部分被告人辩解银行方面事先知情，银行并未被骗；贷款审查流于表面，购销合同并非平安银行被骗取贷款的主要因素，故辜某玲的行为与平安银行经济损失没有直接因果关系等。因本案涉及金融领域的知识，专业化程度高。检察官提请贷款经办人员、核心岗位人员、被害单位代表等多名证人出庭参与诉讼，进一步还原案件事实经过，并结合操作实践解读相关的行业规章制度。证人出庭一方面进一步还原实践操作的规定和制度要旨，证实购销合同系银行审批、发放贷款的充分且必要条件，被告人提供虚假合同的行为对于骗取贷款具有直接的因果关系；另一方面夯实了公诉方对本罪破坏金融秩序的论证基础，有效驳斥了辩方对在案书面证言的片面解读和推定，进一步强化书面证据证明力和证据力，有力支持了指控。

第七章

贷款诈骗罪办案指引

第一节 贷款诈骗罪概述

贷款诈骗罪是指以非法占有为目的，诈骗银行或者其他金融机构贷款的行为。贷款诈骗罪与骗取贷款罪都在办理贷款业务时实施欺诈行为，损害银行等金融机构的利益，进而危害金融管理秩序，两者的区别在于前者具有非法占有目的，其主观恶性和社会危害较骗取贷款罪更大，一直以来是重点惩治的金融犯罪之一。贷款诈骗罪是诈骗罪的一种特殊形态，使用诈骗手段取得银行等金融机构的贷款，其本质仍是"诈骗"。

一、立法沿革

刑法第一百九十三条 有下列情形之一，以非法占有为目的，诈骗银行或者其他金融机构的贷款，数额较大的，处五年以下有期徒刑或者拘役，并处二万元以上二十万元以下罚金；数额巨大或者有其他严重情节的，处五年以上十年以下有期徒刑，并处五万元以上五十万元以下罚金；数额特别巨大或者有其他特别严重情节的，处十年以上有期徒刑或者无期徒刑，并处五万元以上五十万元以下罚金或者没收财产：

（一）编造引进资金、项目等虚假理由的；

（二）使用虚假的经济合同的；

（三）使用虚假的证明文件的；

（四）使用虚假的产权证明作担保或者超出抵押物价值重复担保的；

（五）以其他方法诈骗贷款的。

1979年刑法仅对诈骗罪作了原则性规定，贷款诈骗行为按诈骗罪定罪处罚，然而，自我国改革开放以来，尤其在建立社会主义市场经济的体制转型期，信贷领域欺诈失信问题凸显，有的行为人以非法占有为目的骗取银行等金融机构的贷款；有的持续取得贷款，用"后贷"还"前贷"，"拆东墙补西墙"，不断循环；有的取得贷款后拒不还贷；还有的明知资不抵债而买通贷款经办人员获取贷款等。在当时的背景下，对这些行为，司法实践部门有的以诈骗罪定罪处罚，有的以违反合同纠纷处理等，造成执法上的不确定性。为维护我国正常的金融秩序，促使刑事司法的统一规范，及时、有效地遏制这类犯罪的滋生蔓延，1995年《关于惩治破坏金融秩序犯罪的决定》，对普通诈骗罪的罪状、罪种及其量刑原则等作了较大的修改、补充，并在第10条中专门规定了贷款诈骗罪。1997年《刑法》吸收了上述决定的立法精神，在《刑法》第193条明确规定了贷款诈骗罪。

二、犯罪构成

（一）犯罪客体

本罪侵犯的客体是双重客体，既侵犯了银行或者其他金融机构的财产所有权，还侵犯了国家对金融机构信贷业务的管理秩序。与骗取贷款罪一样，若诈骗贷款行为盛行，银行等金融机构信贷资金安全难以有效保障，其损害的不仅仅是银行等金融机构自身的利益，更为严重的是对整体金融安全的冲击。

（二）客观方面

本罪在客观方面表现为采用虚构事实、隐瞒真相的方法诈骗银行或者其他金融机构的贷款。虚构事实，是指编造客观上不存在的事实，以骗取银行或者其他金融机构的信任；隐瞒真相，是指有意掩盖客观存在的某些事实，使银行或者其他金融机构产生错误认识。

《刑法》第193条对贷款诈骗的具体方法作了列举：（1）编造引进资金、项目等虚假理由骗取银行或者其他金融机构的贷款。（2）使用虚假的经济合同诈骗银行或者其他金融机构的贷款。为支持生产，鼓励出口，使有限的资金增值，银行或其他金融机构有时也要根据经济合同发放贷款，有些犯罪分子伪造或使用虚假的出口合同或者其他短期内产比很好效益的经济合同，诈骗银行或其他金融机构的贷款。（3）使用虚假的证明文件诈骗银行或其他金融机构的贷款。所谓证明文件是指担保函、存款证明等向银行或者其他金融机构申请贷款时所需要的文件。（4）使用虚假的产权证明作担保或者超出抵押物价值重复担保，骗取银行或其他金融机构贷款的。这里的产权证明，是指能够证明行为人对房屋等不动产或者汽车、货币、可随时兑付的票据等动产具有所有权的一切文件。

此外，《刑法》第193条除了列举上述四种方法之外，还规定了"兜底条款"。实际上，实践中贷款诈骗的方式五花八门，行为人以非法占有为目的诈骗贷款，一般就构成贷款诈骗。对于明显地带着不还款目的取得贷款的行为，本身就属于诈骗，不必要再论证其使用了何种诈骗方法。

（三）犯罪主体

本罪的犯罪主体是一般主体。但是，与其他金融诈骗罪不同，刑法对贷款诈骗罪没有规定单位犯罪，单位不能成为本罪的主体。

（四）主观方面

本罪在主观上由故意构成，且以非法占有为目的。如何认定以非法占有为目的，是当前司法实践部门办理这类罪案的一个难点，也是贷款诈骗罪区别于骗取贷款等其他罪名或是借贷纠纷等罪与非罪界限的关键所在。本章第二节详述，此不赘述。

三、定罪量刑标准

《刑法》第193条以诈骗数额和情节严重程度为标准，规定了三档法定刑："以非法占有为目的，诈骗银行或者其他金融机构的贷款，数额较大的，处五年以下有期徒刑或者拘役，并处二万元以上二十万元以下罚金；数额巨大或者有其他严重情节的，处五年以上十年以下有期徒刑，并处五万元以上五十万元以下罚金；数额特别巨大或者有其他特别严重情节的，处十年以上有期徒刑或者无期徒刑，并处五万元以上五十万元以下罚金或者没收财产。"

2001年最高人民法院《全国法院审理金融犯罪案件工作座谈会纪要》规定,贷款诈骗罪的数额可参照1996年最高人民法院《关于审理诈骗案件具体应用法律的若干问题的解释》第4条的规定,即个人进行贷款诈骗数额在1万元以上的,属于"数额较大";个人进行贷款诈骗数额在5万元以上的,属于"数额巨大";个人进行贷款诈骗数额在20万元以上的,属于"数额特别巨大"。但这一解释已被2013年1月最高人民法院《关于废止1980年1月1日至1997年6月30日期间发布的部分司法解释和司法解释性质文件(第九批)的决定》废止。2010年出台的《立案追诉标准(二)》将本罪的立案追诉标准确定为贷款诈骗2万元。而2022年修订后的《立案追诉标准(二)》提高了立案追诉标准,其第50条规定,即以非法占有为目的,诈骗银行或者其他金融机构的贷款,数额在5万元以上的,应予立案追诉。但"数额巨大""数额特别巨大"的标准尚无其他新的司法解释作出规定,在具体案件中,可以参照诈骗罪、信用卡诈骗罪等相近罪名的定罪量刑标准,结合经济社会发展状况和犯罪情节等具体把握,原则上不应低于诈骗罪的数额标准。

第二节 贷款诈骗罪司法疑难问题

一、贷款诈骗罪数额的认定

根据《刑法》第 193 条之规定，构成贷款诈骗罪，在犯罪数额上必须达到"数额较大"的程度。正确认定贷款诈骗罪的数额，在司法实践中意义重大。犯罪数额是指某些经济犯罪行为在实施时所必需的金钱、物品的数量。关于贷款诈骗罪犯罪数额的认定问题，在学理上有多种认识，包括：指向数额，是指诈骗犯罪指向的公私财物数额，即行为人主观上希望骗得的数额；所得数额，是指诈骗犯罪人通过实施诈骗行为实际得到的财物数额；交付数额，是指诈骗行为的被害人由于受骗而实际交付的财物数额；侵害数额，是指诈骗行为直接侵害的实际价值额。贷款诈骗罪的诈骗数额究竟应当以哪个数额为准？对此存在不同认识。

本书认为，应以行为人实际骗取的贷款数额作为犯罪数额。2001 年 1 月 21 日《全国法院审理金融犯罪案件工作座谈会纪要》明确：在具体认定金融诈骗的数额时，应当以行为人实际骗取的数额计算。参照《妨害信用卡解释》关于恶意透支型信用卡诈骗数额的解释，诈骗数额应以公安机关刑事立案时尚未归还的实际取得的本金数额认定，不包括利息、复利、滞纳金、手续费等银行收取的费用。案发前已归还的数额应予扣除。但对于贷款诈骗数额也有观点认为，案发前以利息名义归还的，不予扣除。

二、单位实施贷款诈骗的处理

对于单位实施贷款诈骗犯罪如何处理，曾经司法实践中有不同认识。最高人民法院在《全国法院审理金融犯罪案件工作座谈会纪要》中明确指出:"单位不能构成贷款诈骗罪。根据刑法第三十条和第一百九十三条的规定,单位不构成贷款诈骗罪。对于单位实施的贷款诈骗行为,不能以贷款诈骗罪定罪处罚,也不能以贷款诈骗罪追究直接负责的主管人员和其他直接责任人员的刑事责任。但是,在司法实践中,对于单位十分明显地以非法占有为目的,利用签订、履行借款合同诈骗银行或其他金融机构贷款,符合刑法第二百二十四条规定的合同诈骗罪构成要件的,应当以合同诈骗罪定罪处罚。"受这种观点的影响,司法实践中单位贷款诈骗通常以合同诈骗处理。该观点的影响一直持续至2014年全国人大常委会出台《关于〈中华人民共和国刑法〉第三十条的解释》。该解释明确规定:"公司、企业、事业单位、机关、团体等单位实施刑法规定的危害社会的行为,刑法分则和其他法律未规定追究单位的刑事责任的,对组织、策划、实施该危害社会行为的人依法追究刑事责任。"立法解释的效力明显高于最高人民法院的会议纪要,这一规定适用于刑法分则规定的所有罪名,贷款诈骗罪也应当适用该立法解释。因此,对于单位实施贷款诈骗的,应当对组织、策划、实施贷款诈骗的人员依法以贷款诈骗罪追究刑事责任,而不应再辗转以合同诈骗罪定罪处罚。

三、金融机构工作人员共犯的处理

银行或其他金融机构的工作人员与贷款诈骗的犯罪分子串通并为之提供帮助的,应以贷款诈骗罪的共犯论处。串通,是指银行或者其他金融机构的工作人员与诈骗贷款的犯罪分子在实施诈骗前或在诈骗的过程中,相互勾结,共同商量或进行策划,相互配合,充当内应而为之提供帮助的行为。对于银行及其他金融机构的工作人员与其他犯罪分子相互勾结骗取银行等金融机构钱财的行为,对此,一般认为,应当注意分清这两种人员在共同犯罪中采用行为的性质,如果是以银行等金融机构工作人员为主,而采用的行为主要是利用职务之便进行,贷款主要为自己所用,社会上的其他人员仅仅是提供帮助的,这时就应以银行等金融机构的工作人员所犯的罪行来定性处理,可能构成贪污或者职务侵占罪。如主要以金融机构以外的犯罪分子为主导,采用虚构事实、隐瞒真相的方式诈骗贷款,银行等金融机构的工作人员仅是为之提供帮助的,这时就以本罪定性处罚。如果难以分清主次的,应从一重处罚。此外,如果银行工作人员明知借款人不符合贷款条件,与借款人相互串通,但不知道其具有非法占有目的的,应当以违法发放贷款罪对其追究刑事责任。

四、非法占有为目的的判断

2001年《全国法院审理金融犯罪案件工作座谈会纪要》明确规定:"在司法实践中,认定是否具有非法占有为目的,应当坚持主客观相一致的原则,既要避免单纯根据损失结果客观归罪,也不能仅凭被告人自己的供述,而应当根据案件具体情况具体分析。根据司法实践,对于行为人通过诈骗的方法获取资金,造成数额较大资金不能归还,并具有下列情形之一的,可以认定为具有非法占有的目的:(1)明知没有归还能力而大量骗取资金的;(2)非法获取资金后逃跑的;(3)肆意挥霍骗取资金的;(4)使用骗取的资金进行违法犯罪活动的;(5)抽逃、转移资金,隐匿财产,以逃避返还资金的;(6)隐匿、销毁账目,或者搞假破产、假倒闭,以逃避返还资金的;(7)其他非法占有资金、拒不返还的行为。"纪要同时强调,"在处理具体案件时,对于有证据证明行为人不具有非法占有的目的,不能单纯以财产不能归还就按金融诈骗罪处罚"。非法占有目的的认定,总体上属于证据判断的过程。

(一)非法占有目的的认定方法

在认定时,应当坚持主客观相一致的原则,根据在案的主客观证据,对行为人贷款时的还款能力、取得贷款的手段、贷款的实际用途、贷款无法归还的原因、是否积极准备偿还贷款等客观事实进行综合分析判断。重点要审查判断以下相关证据:

1. 行为人在申请贷款时的经济状况

明知没有归还能力,大量骗取资金,是判断金融诈骗案件中行为人是否具有非法占有目的的情形之一。申请贷款时的经济状况不是判断非法占有目的的直接根据,但是对于判断其是否明知没有归还能力具有重要关联性,结合取得贷款后的相关活动,有助于判断行为人的主观目的,是判断是否具有非法占有目的的重要参考要素。比如,企业经营者在申请贷款时,已经处于资不抵债的境地,企业的生产经营活动已经停滞,申请贷款后没有将贷款投入真实的生产经营活动,结合资金使用的去向可以更加明确地认定其是否具有非法占有目的。反之,如果在申请贷款时企业经营良好,虽然贷款没有投入真实的生产经营活动,尚不足以认定其具有非法占有目的。

2. 贷款去向

资金去向是诈骗犯罪中判断行为人是否具有非法占有目的的必要条件。2001年《全国法院审理金融犯罪案件工作座谈会纪要》列举了6项推认定金融诈骗犯罪非法占有目的的情形,其中4项与资金去向有关,包括:(1)非法获取资金后逃跑的;(2)肆意挥霍骗取资金的;(3)使用骗取的资金进行违法犯罪活动的;(4)抽逃、转移资金、隐匿财产,以逃避返还资金的。在2010年最高人民法院《关于审理非法集资刑事案件具体应用法律若干问题的解释》(2010年出台,2022年修订,以下简称《非法集资解释》)规定的7项可以推定集资诈骗罪非法占有目的情形中,5项与资金去向有关,包括:(1)集资后不用于生产经营活动或者用于生产经营活动与筹集资金规模明显不成比例,致使集资款不能返还的;(2)肆意挥霍集资款,致使集资款不能返还的;(3)携带集资款逃匿的;(4)将集资款用于违法犯罪活动;(5)抽逃、转移资金、隐匿财产,逃避返还资金的。同时,该司法解释还将拒不交代资金去向、逃避返还资金的作为情形之一。上述以异常资金去向判断金融诈骗的非法占有目的的方法,同样可适用于贷款诈骗罪。认定行为人是否具有非法占有目的,一般应当查清资金的实际去向。

3. 逾期后归还贷款的主观态度

对贷款到期未归还的案件,如果行为人虽然没有归还能力,但积极筹集资金、努力归还贷款,则应考虑骗取贷款罪;如果行为人有归还能力但以转移资产、隐匿资产、销毁账册、携款潜逃等方式积极逃避归还,或者无归还能力并对贷款损失持放任不管、任由损失发生或者扩大等的消极态度,可以作为认定非法占有目的的重要因素。

在综合以上事实证据作出判断的基础上,还需要考察是否存在相反的证据。比如,对于合法取得贷款后,没有按规定的用途使用贷款,到期没有归还贷款的,不能以贷款诈骗罪处罚;对于确有证据证明行为人不具有非法占有目的,因不具备贷款的条件而采取了欺骗手段获取贷款,案发时有履行还贷义务，或者案发时不能归还贷款是因为一时意外，如因经营不善、被骗、市场风险等，不应以贷款诈骗罪定罪处罚。

（二）骗取贷款行为过程中的犯意转化

在实施骗取贷款犯罪中，行为人受各种主客观因素的影响，犯意可能由以非法占有为目的向不以非法占有为目的转化，或者由不以非法占有为目的向以非法占有为目的转化。

对于行为人在犯罪实行阶段发生犯意转化的，如申请贷款时不以非法占有目的骗取贷款，办理贷款过程中或者取得贷款后产生非法占有目的的，如何认定，学界存在争议。一种观点认为，应该整体考虑此前的行为和后续目的，并作为一个完整的系统认定贷款诈骗罪。① 另一种观点认为，非法占有目的应与实行行为同时存在，行为人先占有贷款后产生非法占有目的的，由于诈骗实行行为已经完成，不可能构成贷款诈骗罪。② 对于非法占有目的产生的时间点对犯罪认定的影响，2005年《全国部分法院"经济犯罪案件审判工作座谈会"综述》有过相关讨论。该综述指出，一般而言，诈骗犯罪非法占有的目的多产生于被害人基于错误处分财产之前，但在有的情况下，行为人先占有了被害人的财物，然后使用欺骗方法，使其自愿放弃财物，从而非法占有他人财产的，也符合诈骗罪的特征。对于合同诈骗罪而言，行为人非法占有的目的既可以在签订、履行合同之前产生，也可以在签订、履行合同过程中产生。又如，1998年最高人民法院《关于审理挪用公款案件具体应用法律若干问题的解释》第6条规定，携带挪用的公款潜逃的，按照刑法关于贪污罪的规定定罪处罚，非法占有的目的也出现在挪用公款之后。因此，本书倾向认为，对于贷款诈骗犯罪，行为人非法占有目的同样可以在实际控制他人财物以后产生。对于行为人起初不以非法占有为目的骗取贷款，但后来产生非法占有贷款目的，并积极实施了使银行或其他金融机构债权永久灭失或无法实现的行为的，可以认定贷款诈骗罪。

---

① 参见丁天球:《破坏社会主义市场经济秩序罪重点疑点难点问题判解研究》，人民法院出版社2005年版，第356页。

② 参见陈兴良:《当代中国刑法新径路》，中国人民大学出版社2006年版，第698页。

第三节　贷款诈骗罪证据指引

一、主要证据

办理贷款诈骗案件，应当重点收集固定以下证据：

（一）证明诈骗方法的证据

1. 编造引进资金、项目等虚假理由的证据

调取贷款申请或附件中有关"引进资金"的书证，相关资金供应方、"引进项目"的项目方或中介方的证明材料、证人证言，相关审批部门的证明材料和审批人员的证人证言，对有关印章、签字等进行鉴定；调取项目实施的相关材料，核实项目的真实情况；讯问犯罪嫌疑人、被告人，讯问或者询问参与编造项目或者实施项目的有关人员，了解编造引进资金、项目的具体过程，包括犯意的提起，方法、手段，有关材料的来源，具体实施过程，参与人员以及共同犯罪人在具体实施犯罪过程中的地位和作用等。

2. 使用虚假的经济合同的证据

调取贷款申请及相关合同等申请贷款的书证原件。调取工商行政管理部门的证明材料，证明合同签约主体是否存在。调取合同签约主体的证明材料和有关工作人员的证言，贷款资金转账记录；对合同使用的印章、签名等进行鉴定。收集其他有关合同内容真实性的调查材料。

3. 使用虚假的证明文件的证据

调取用于贷款申请的虚假证明文件及其附件等书证原件，讯问犯罪嫌疑人、询问证人核实虚假证明文件的来源；中介组织等出具的证明文件的，调取中介组织出具证明文件的相关材料和中介组织工作人员的证言；

调取银行或其他金融机构尽职调查、审批贷款材料以及出具的证明文件；对证明文件使用的印章、签字等进行鉴定。

4. 使用虚假的产权证明作担保或超出抵押物价值重复担保的证据

调取抵押物的产权证明，证明是否是伪造变造或无效的。调取抵押物原估价证明，必要时对抵押物价值进行重新评估，证实是否系超出抵押物价值的担保。调取有关部门出具的办理抵押物登记的情况，证明是否重复担保等。调取抵押物评估单位的说明及相关评估材料，证明其是否具有评估资格以及犯罪嫌疑人、被告人是否要求低值高估等。讯问犯罪嫌疑人、被告人，询问提供担保或重复担保的担保人，证明犯罪嫌疑人、被告人要求其提供担保或重复担保的过程。调取法院或其他国家职能部门查封、冻结、执行的文件，证明担保物、抵押物已经被查封、冻结或执行。

此外，还要注意收集犯罪嫌疑人、被告人与银行或者其他金融机构、会计师事务所等中介组织人员是否存在串通、共谋的证据。

（二）证明贷款资金去向的相关证据

围绕资金实际去向等进行全面侦查取证。包括：（1）调取提款单证、银行划拨账目、贷款账目及相关书证。（2）讯问犯罪嫌疑人、被告人，询问负责资金使用的有关工作人员和关联人员，重点了解贷款资金是否用于贷款项目，是否挥霍或用于违法犯罪活动，贷款的真实用途等，对贷款实际去向进行核实；用于其他投资经营活动的，对投资经营活动的投资决策过程、经营状况、盈利情况、盈利去向等进行核实。（3）资金流向及书证，包括银行转款单证及犯罪嫌疑人、被告人的账册等，证明所贷款项的走向及用途。（4）银行或者其他金融机构对贷后资金使用进行监管的，调取相关监管报告。（5）扣押赃款、赃物、资金、物品及其清单、照片，资产评估报告、司法审计报告等。

（三）证明具有非法占有目的的其他相关证据

调取犯罪嫌疑人、被告人及其实际控制公司的会计账簿、纳税记录、财务报告、诉讼记录、其他贷款记录等，询问借款人的其他债权人和员工，证明借款人的实际经营情况和经济状况。讯问犯罪嫌疑人、被告人，询问员工等，了解贷款逾期无法归还的具体原因。调取担保人的证言，了解担保人的履行能力和履行情况；对有真实抵押物的，核实抵押物的实际状况。调取银行或者其他金融机构的证明材料，询问银行或者其他金融机构的工作人员，讯问犯罪嫌疑人、被告人，了解贷款逾期后对归还贷款的主观态度、客观表现。

二、证据的审查判断

贷款诈骗罪的关键要件——非法占有目的的证明，在行为人不主动供认的情形下，就需要通过组织运用各方面的证据进行判断。最高人民法院会议纪要关于金融诈骗非法占有目的证明列举的情形，属于刑事推定的规则。但是，由于具体案件的复杂性，具体判断行为人是否具有非法占有目的，应当综合运用证明行为人在申请贷款时的经济状况、贷款去向、逾期后归还贷款的主观态度等相关的事实证据。尤其是对于将贷款用于部分经营活动的案件，还需要考察是否存在相反的证据。比如，对于合法取得贷款后，没有按规定的用途使用贷款，到期没有归还贷款的，不能以贷款诈骗罪处罚；对于确有证据证明行为人不具有非法占有目的，因不具备贷款的条件而采取了欺骗手段获取贷款，案发时有履行还贷义务，或者案发时不能归还贷款是出于一些意外的原因，如因经营不善、被骗、市场风险等，不应以贷款诈骗罪定罪处罚。

第四节 相关案例评析

一、刘某、赵某、钟某贷款诈骗案[①]

【关键词】 贷款诈骗罪　非法占有目的　诈骗方法

【要旨】

明知没有还款能力，伪造他人签名提供虚假抵押证明材料骗取银行贷款，用于归还个人高利贷等债务和消费活动，应当认定为具有非法占有目的，以贷款诈骗罪定罪处罚。

【基本案情】

2001年12月至2013年11月，被告人刘某在担任成都市龙泉驿区某社区党总支书记以及某综合市场法人代表职务期间，为偿还个人房产抵押借款400万元及100余万元高利贷，经与被告人赵某商量后，擅自决定使用综合市场国有土地使用权证抵押担保贷款1200万元。刘某通过赵某联系钟某、钟某联系赵某二，最后约定以赵某二（另案处理）实际控制的四川海某有限公司为贷款主体向银行贷款，刘某使用某市场的国有土地使用证进行抵押担保。赵某与成都某银行分理处联系后，银行要求提供真实采购合同、抵押物证明等资料，赵某随即将贷款需要资料内容通知钟某，由钟某联系刘某准备抵押贷款资料，赵某和赵某二准备采购合同资料。

因使用某市场国有土地使用证进行贷款抵押担保需要该土地使用证所有权者某社区同意，但该抵押担保行为确系时任社区书记、市场法人代表刘某个人行为，刘某无法提供真实的社区两委成员、居民代表签字纪要。2012年8月20日，钟某将拟好的社区两委成员、居民代表同意抵押会议纪要发给刘某，刘某随即在钟某发来的会议纪要上伪造了当时社区两

---

① 根据四川省成都市龙泉驿区人民法院（2018）川0112刑初324号编写。

委成员9人的签名、207名居民代表同意签字的记录，私自将其保管的村委会印章、友谊综合市场印章盖在了会议纪要上，而后钟某将伪造的会议纪要交由赵某提供给银行，以符合银行放款的依据。

因贷款需要提供经营性采购合同，赵某伪造了采购合同提供给银行，其中赵某二的四川海某公司与其控制的其他公司分别签订了虚假的采购合同，以符合银行放款的依据。

2012年9月14日，四川海某公司作为贷款主体，使用赵某二签订的虚假采购合同，通过钟某、刘某伪造的同意某市场国有土地使用证抵押担保的会议纪要，在成都某银行分理处贷款1200万元。经查实，提供给银行放款的同意某市场国有土地使用权证抵押担保的会议纪要，并非某社区两委成员、社区居民代表签字同意，也并未召开相应会议讨论表决，而系刘某在并未真实召开会议情况下，在钟某拟好、提供的同意抵押担保的会议纪要上伪造签名形成，并提供给银行，银行批准后放款。

收到银行放款后，赵某将1200万元私分后至今未偿还，刘某的590余万元中，400万元用于偿还个人借债、消费，赵某、钟某占用的钱款均用于个人消费、借债、其他投资。

【诉讼过程】

2018年5月15日，成都市龙泉驿区人民检察院以刘某等三人涉嫌贷款诈骗罪提起公诉。2018年12月19日，成都市龙泉驿区人民法院以被告人刘某犯贷款诈骗罪判处有期徒刑10年，并处罚金20万元；以被告人赵某犯贷款诈骗罪判处有期徒刑10年6个月，并处罚金20万元；以被告人钟某犯贷款诈骗罪判处有期徒刑10年4个月，并处罚金20万元。被告人提出上述后，成都市中级人民法院驳回上诉、维持原判。

【案例评析】

是否具有非法占有目的是区分贷款诈骗与骗取贷款、贷款民事纠纷的重要标准和切入点。实践中应当把握以下两点：一是主客观相结合。非法占有目的属于人的主观意识范畴，在被告人不主动供认的情况下，有时难以直接感知和把握。但是，主观意识会通过其客观行为、言语表现出来。因此，判断诈骗案件被告人有无非法占有目的，要综合运用主客观证据，包括银行存款、账户流水、债权债务关系、担保情况、企业财务报表等客观证据，结合被告人供述、证人证言，综合判断被告人申请贷款时的财务状况、是否有偿还能力、是否有偿还意愿。二是对贷款前中后情况综合判断。审查证据时要有整体意识和整体思维,关注被告人整个贷款活动的综合表现。既看行为人在发起银行贷款时所使用的贷款用途、提交的贷款相关材料以及之后贷款资金的去向,又要关注到期后借贷方是否有积极筹措资金返还贷款的实际行为。本案中,司法机关从三个方面进行综合判断:第一,申请贷款材料的虚假性,特别是提供的抵押担保完全无法实际履行;第二,贷款各个环节的具体情况,认定被告人自身无还款能力和意愿,事后对贷款资金的分配、使用以及能否归还均漠不关心,且将贷款资金主要用于归还个人债务;第三,从被告人行为表现判断其主观上无还款意愿、客观上也无还款行为。上述情况足以证明采取虚构事实和使用虚假的经济合同、虚假的证明文件的手段,取得银行的信任,骗取银行贷款1200万元供个人使用,至今未能归还,数额特别巨大,应以贷款诈骗罪追究其刑事责任。

二、文某某、谭某某等人贷款诈骗案[①]

【关键词】 贷款诈骗 消费贷款 非法占有目的

【要旨】

被告人以虚假资料骗取国务院金融管理部门批准设立的非银行金融机构贷款,并具有非法占有目的的,构成贷款诈骗罪。非法占有目的的认定应当坚持主客观相一致原则,应当根据借款人申请贷款时的还款能力、诈骗手段、贷款的实际用途、是否积极偿还贷款等相关事实证据综合判断。组织、帮助他人进行贷款诈骗活动的,应当以贷款诈骗罪定罪处罚。

【基本案情】

2016年7月,马某消费金融股份有限公司(以下简称马某公司,系中国银监会批准设立的非银行金融机构)与美某医疗美容门诊部有限公司(以下简称美某医院)签订合作协议,约定由马某公司为在美某医院购买服务的消费者提供消费贷款,消费者填写贷款申请资料经马某公司审核通

[①] 最高人民检察院第四检察厅编著:《最高人民检察院第十七批指导性案例适用指引》,中国检察出版社2020年版,第125—129页。

过后，马某公司将贷款发放至美某医院指定账户，用于美某医院为消费者提供医疗服务；且所有贷款只能用于购买贷款协议所注明的医疗服务，美某医院不得有套现、欺诈活动，也不得在明知的情况下参与、容忍套现活动。

合作协议签订后，美某医院实际控制人文某某与工作人员朱某某等三人，为招揽顾客、牟取利益，与中介人员王某某、龙某某等三人共谋，由中介人员寻找假意办理贷款的消费者到医院申请贷款，由朱某某等人协助消费者通过虚报医疗美容项目、费用、消费者收入情况、工作情况等，向马某公司申请贷款，美某医院分取贷款额的30%，中介人员再按照与消费者约定的比例对剩余的70%进行分配。截至案发，文某某等人通过上述方式从马某公司骗得贷款共计人民币249万余元（未归还本金）。

其中，被不起诉人谭某某通过中介人员谢某某、龙某某（另案处理）介绍，在没有实际消费需求的情况下，冒用其姐姐"谭某甲"的身份到美某医院办理美容贷款，在美某医院工作人员的指导下进行操作，虚构美容项目，骗得马某公司贷款2.48万元。事后，谭某某与美某医院、中介人员按比例分得该笔款项。谭某某将所获贷款用于偿还个人债务及日常消费，直至案发尚有20149.99元贷款未按期归还。2019年1月16日，谭某某在重庆市主动投案自首。案发后，谭某某结清了在马某公司的全部贷款本息及相关费用。

【诉讼过程】

重庆市江北区检察院于2018年11月21日以文某某等九人贷款诈骗罪向江北区人民法院提起公诉。重庆市江北区法院于2019年9月2日作出一审判决，以贷款诈骗罪判处文某某等九人1年至5年不等的有期徒刑，并处罚金。2019年6月19日，重庆市江北区检察院对谭某某作出了相对不起诉决定。

【评析意见】

其一，准确认定非法占有目的。非法占有目的是行为人的主观心态，既不能单凭口供主观归罪，也不能仅凭损失客观归罪，而应当坚持主客观相一致原则。结合本案事实，可以认定被告人具有非法占有的主观故意。理由如下：一是申请贷款时的还款能力。从借款人、美某医院人员、中介的供述及证人证言来看，大部分借款人不具备还款能力。大部分贷款人的经济状况不佳，没有美容消费的意愿和能力，申请贷款的目的是套现。美某医院、中介对借款人的经济状况和申请消费贷的目的是套现是明知的。二是诈骗手段。从申请贷款资料来看，借款人在中介、美某医院的帮助下，申请贷款时使用虚假证明文件或者虚假身份证明。龙某某等中介的供述和借款人的证言都证实由于借款人经济状况不佳，为了顺利贷款，要对贷款人的工作、收入等进行造假。借款人向金融机构提交的个人美容消费记录是美某医院帮助其伪造的。在借款人没有进行美容消费的情况下，美某医院出具虚假的《缴费通知》；在借款人进行低价美容消费的情况下，美某医院出具高价的《缴费通知》。中介、美某医院在明知借款人不是真实美容消费者的情况下，伪造征信信息和美容消费记录，积极配合借款人申请消费贷，从而帮助贷款人成功套现。三是贷款是否按贷款用途使用。贷款大部分没有用于美容消费。根据美某医院和马某公司签订的合作协议，消费贷的贷款只能用于美容消费；根据借款人和马某公司签订的消费合同，消费贷的贷款只能用于美容消费。美某医院和借款人都无视合同约定，没有专款专用，贷款被美某医院、中介、借款人按照比例共同私分。四是是否积极偿还贷款。贷款人按照和美某医院、中介的约定，可以分到贷款的 30%—40%。借款人"贷多得少"，没有积极偿还贷款的主动性。借款人自身经济状况不佳，不具备偿还贷款的现实性。根据马某公司提供的材料，证实谭某某等多名借款人没有偿还大部分贷款。

其二，准确认定犯罪金额。公安机关在移送审查时，将秦某某美容贷套现的犯罪金额算入谭某某的犯罪金额中。经审查，检察机关认为，虽然谭某某有介绍秦某某美容贷套现并收取介绍费的行为，但谭某某并非职业中介，谭某某只是把秦某某介绍给龙某某，秦某某如何进行美容贷款、贷款数额多少、是否还贷等，谭某某均不清楚。谭某某虽收取介绍费，但该介绍费是从秦某某贷款金额中提成，谭某某并不明知，也无秦某某的证言予以指证。在案证据不能证明谭某某客观上参与了秦某某的贷款诈骗行为，亦不能认定主观上谭某某与秦某某具有共同犯罪的故意。据此，不能将秦某某贷款诈骗的金额计入谭某某的犯罪数额。

第八章

非法吸收公众存款罪办案指引

第一节 非法吸收公众存款罪概述

非法吸收公众存款罪，严重扰乱金融管理秩序，损害集资参与人的合法权益，危及金融安全、社会稳定，是破坏金融管理秩序犯罪中的高发多发罪名。随着经济社会的发展和金融市场的改革，非法吸收公众存款的犯罪形态随着经济社会的发展不断发生变化。进入金融科技时代，假借互联网金融等以金融创新为名实施的非法集资，形式不断变化，而且涉及的区域、人员、犯罪数额倍增，社会危害性不断升级，给司法办案带来许多挑战。与此同时，立法机关、司法机关也更加重视非法吸收公众存款罪的刑法规制，体现了依法从严惩治的基本立场。

一、立法沿革

刑法第一百七十六条 非法吸收公众存款或者变相吸收公众存款，扰乱金融秩序的，处三年以下有期徒刑或者拘役，并处或者单处罚金；数额巨大或者有其他严重情节的，处三年以上十年以下有期徒刑，并处罚金；数额特别巨大或者有其他特别严重情节的，处十年以上有期徒刑，并处罚金。

单位犯前款罪的，对单位判处罚金，并对其直接负责的主管人员和其他直接责任人员，依照前款的规定处罚。

有前两款行为，在提起公诉前积极退赃退赔，减少损害结果发生的，可以从轻或者减轻处罚。

1979年刑法没有规定非法吸收公众存款罪。随着市场经济体系在我国的确立，金融资本市场迅猛发展，从20世纪90年代初开始，伴随着我国民间融资活动的迅速发展，乱集资、乱办金融机构、乱办金融业务（俗称"金融三乱"）的现象开始在全国范围内出现，行为人与银行争夺公众存款，且随意提高利率，将大量资金聚集在自己的手中，造成在吸收公众存款上的无序状态及不正当竞争，不仅严重影响银行的业务经营，扰乱国家金融管理秩序，而且使一些单位或者个人的存款无法追回遭受巨大损失，影响社会稳定、和谐。1995年5月10日，第八届全国人大常委会第十三次会议通过了商业银行法。1995年《商业银行法》第79条规定："未经中国人民银行批准，擅自设立商业银行，或者非法吸收公众存款、变相吸收公众存款的，依法追究刑事责任；并由中国人民银行予以取缔。"为了配合、保障商业银行法的实施，1995年《关于惩治破坏金融秩序犯罪的决定》第7条规定："非法吸收公众存款或者变相吸收公众存款，扰乱金融秩序的，处三年以下有期徒刑或者拘役，并处或者单处二万元以上二十万元以下罚金；数额巨大或者有其他严重情节的，处三年以上十年以下有期徒刑，并处五万元以上五十万元以下罚金。单位犯前款罪的，对单位判处罚金，并对其直接负责的主管人员和其他直接责任人员，依照前款的规定处罚。"1997年10月1日施行的《刑法》第176条对非法吸收公众存款罪进行了明确的规定，沿用了前述决定的有关规定。

近年来，非法集资犯罪居高不下，犯罪数额持续上升，尤其是涉互联网领域的非法吸收公众存款犯罪社会危害进一步放大，原规定的最高法定刑难以震慑获利巨大、逐利心切的非法集资犯罪分子，难以为资金遭受巨大损失的集资参与人所接受。《刑法修正案（十一）》对第176条非法吸收公众存款罪进行修改，对刑罚结构进行了调整，将该罪的法定刑档次由两档增加为三档，增设"数额巨大或者有其他严重情节"刑档，最高法定刑由10年提高至15年。基于追赃挽损的需要，修正案还增加了法定量刑情节，规定在提起公诉前积极退赃退赔、减少损害结果发生的，可以从轻、减轻处罚，以此挽回集资参与人的损失。另外，鉴于50万元的最高罚金限额是在25年前确立的，已经远远不能适应打击逐利性非法集资犯罪，修正案采取无限额罚金制的总体立法思路，改变过去的限额罚金制。

二、犯罪构成

（一）犯罪客体

非法吸收公众存款罪规定于《刑法》第176条，归属于"破坏金融管理秩序罪"，本罪的客体是金融管理秩序，主要是国家出于防范金融风险目的对吸收存款业务进行的特殊管制，包括社会公众的财产安全、人民币市值的稳定和金融市场利率的统一等。

（二）客观方面

关于非法吸收公众存款，行政法规和刑法司法解释都作出过规定。1998年国务院《非法金融机构和非法金融业务活动取缔办法》第4条第2款对非法吸收公众存款作了专门定义："非法吸收公众存款，是指未经中国人民银行批准，向社会不特定对象吸收资金，出具凭证，承诺在一定期限内还本付息的活动；所称变相吸收公众存款，是指未经中国人民银行批准，不以吸收公众存款的名义，向社会不特定对象吸收资金，但承诺履行的义务与吸收公众存款性质相同的活动。"上述定义描述了非法吸收公众存款的核心客观要素。2021年5月1日《防范和处置非法集资条例》正式实施，取代了《非法金融机构和非法金融业务活动取缔办法》，该条例仅在第2条对"非法集资"进行定义。①《非法集资解释》规定，非法吸收公众存款客观行为必须同时具备利诱性、公开性、社会性、非法性四个基本特征。其中，前三个特征是判断募集资金行为是否属于吸收公众存款行为；而非法性特征则是判断认定的吸收公众存款行为是否具有行政违法性。本书认为，在判断是否构成本罪时，只有符合吸收公众存款特征的行为，才有进一步判断是否具有非法性的必要性，不具有吸收公众存款特征的不可能构成本罪。

（三）犯罪主体

单位或个人都可能构成非法吸收公众存款罪，2010年《非法集资解

---

① 需注意的是，非法吸收公众存款仅是非法集资的一种形式，非法集资的外延广于非法吸收公众存款，两者不可混同。

释》对单位和自然人犯罪规定了不同的定罪量刑标准，2022年修改后的司法解释统一了单位犯罪和自然人犯罪的标准，不再区分。

（四）主观方面

非法吸收公众存款罪是故意犯罪，行为人是否具有违法性认识不影响主观故意的认定。

三、定罪量刑标准

《刑法修正案（十一）》实施后，非法吸收公众存款的法定刑由两档调整为三档，最高法定刑由10年增加到15年，体现了从严的趋向："非法吸收公众存款或者变相吸收公众存款，扰乱金融秩序的，处三年以下有期徒刑或者拘役，并处或者单处罚金；数额巨大或者有其他严重情节的，处三年以上十年以下有期徒刑，并处罚金；数额特别巨大或者有其他特别严重情节的，处十年以上有期徒刑，并处罚金。"

2022年《非法集资解释》根据修正案调整了本罪的定罪量刑标准，其中，入罪标准为：（1）吸收数额100万元以上的。（2）吸收对象150人以上的。（3）给存款人造成直接经济损失数额在50万元以上的。（4）吸收数额在50万元以上或者造成直接经济损失数额在25万元以上，同时具有下列情节之一的：一是曾因非法集资受过刑事追究的；二是2年内曾因非法集资受过行政处罚的；三是造成恶劣社会影响或者其他严重后果的。数额巨大或者有其他严重情节的标准为：（1）吸收数额在500万元以上的。（2）吸收对象500人以上的。（3）给存款人造成直接经济损失数额在250万元以上的。（4）吸收数额在250万元以上或者给存款人造成直接经济损失数额在150万元以上，并具有前述三项情节之一的。数额特别巨大或者有其他特别严重情节的标准为：（1）吸收数额在5000万元以上的。（2）吸收对象5000人以上的。（3）给存款人造成直接经济损失数额在2500万元以上的。（4）吸收数额在2500万元以上或者给存款人造成直接经济损失数额在1500万元以上，并具有前述三项情节之一的。

第二节　非法吸收公众存款罪司法疑难问题

一、非法吸收公众存款罪的立法目的

刑法设置非法吸收公众存款罪的立法目的是保护国家金融管理秩序。对于金融管理秩序的具体内容，传统观点概括为三个方面：第一，因破坏利率统一、影响币值稳定而破坏金融管理秩序；第二，因削弱国家通过信贷对国民经济进行宏观调控的能力而破坏金融管理秩序；第三，因使社会闲散资金失控，社会公众的资金安全面临巨大风险而破坏金融管理秩序。[①]比如，全国人大法工委的立法说明指出："随着我国经济建设的飞速发展，项目建设与资金的短缺矛盾十分突出，一些单位和个人为筹集资金，违反国家的法律规定……不择手段地把公众手中的钱集中到自己手中，与银行争资金，从而造成大量社会闲散资金失控，不利于国家集中有限的资金用于国家急需的项目，发挥资金的最佳效益。"[②]许多学者也认可这一观点。[③]

基于上述对立法目的的认识，有观点对打击非法吸收公众存款犯罪的范围提出了质疑，认为非法吸收公众存款罪是金融抑制[④]背景下的立法，

[①] 参见张亚平：《非法吸收公众存款罪的保护法益及其司法适用》，载《上海政法学院学报》2019年第5期。

[②] 参见李淳、王尚新：《中国刑法修订的背景和适用》，法律出版社1998年版，第209页。

[③] 参见高铭暄：《新型经济犯罪研究》，中国方正出版社2000年版，第654页。

[④] 发展中国家一般倾向于通过发展资本密集型的工业部门（制造业）实现经济增长，而资本短缺却是困扰经济发展的主要问题。于是，政府就将有限金融资源集中于特定工业部门以支持其发展，主动地、有意识地介入金融市场，特别是通过人为地干预金融市场的交易，控制金融市场交易价格来实现国家在特定时期的既定经济发展目标。金融抑制的主要手段包括严格的利率水平控制，金融市场的准入控制，进入行业的指导性信贷，高水平的存款准备金率和建立特别的信贷机构等。

随着市场经济的进一步发展，金融体制也在不断地进行市场化改革，在此背景下为了保护正当合法的民间融资，应适当限缩非法吸收公众存款罪的适用范围。①非法吸收公众存款罪是破坏金融秩序犯罪，按照法益保护的原理，行为人必须将吸收的存款用于信贷目的，即吸收存款后再发放贷款（用于货币、资本的经营），才可能对合法的金融机构如银行正常发放贷款这一业务的开展有冲击、有影响，才能危及金融秩序，才应以犯罪论处。如果行为人将非法吸收来的资金用于正常的生产、经营活动的，即便资金用途有所改变，也不应当构成本罪。②

但本书认为，当前金融市场发生明显变化，非法集资对金融市场的危害也已发生明显变化，对银行存贷款业务的冲击较为有限，仅从保护银行存贷款业务来认识非法吸收公众存款罪侵犯的法益已经不合时宜。

现行金融领域的行政规制和刑法规制措施，均是建立在传统金融业风险基础之上。以商业银行为代表的间接金融领域中的信用风险，以资本市场为代表的直接金融领域中的信息不对称风险，③决定了对金融市场事前准入、事中监管、事后惩治的监管体系的建构。国家对商业银行规定了严格的准入条件和一系列严格事中监管的规则，我国加入的《巴塞尔协议Ⅰ》和《巴塞尔协议Ⅱ》都是监管商业银行风险制定的国际规则。严格的准入和监管规则的最终目的就是保护存款安全，防止发生系统性金融风险。非法吸收公众存款的行为，未经国家金融监管部门依法批准，不接受金融监管部门的任何监管，却实施了与商业银行同样的存款业务，其风险不言而喻，吸收资金的规模越大，风险也就越大。而且，随着涉及人员、区域、资金的不断放大，金融领域的风险还会传导至社会领域，影响社会稳定。这些风险的产生，并不源自资金的用途，而来自吸收资金的方式以及其不受任何监管所造成的潜在风险。因此，不论吸收的资金用于何处，都已经产生了潜在的风险，破坏了金融秩序，应当予以取缔，甚至追究刑事责任，以避免风险不断扩张蔓延。

---

① 参见张亚平：《非法吸收公众存款罪的保护法益及其司法适用》，载《上海政法学院学报》2019年第5期。

② 参见周光权：《"刑民交叉"案件的判断逻辑》，载《中国刑事法杂志》2020年第3期。

③ 参见吴晓求：《互联网金融：成长的逻辑》，载《财贸经济》2015年第2期。

从防范金融风险的立法目的出发，就可以理解为什么金融创新也必须接受严格监管。在互联网金融发展之初，一些金融领域专家认为应当对互联网金融创新中的问题给予宽容，不能因为出现问题就将其扼杀在襁褓之中。① 对此，一些法学领域的专家也表示认同，认为如果刑法过度介入金融领域，频繁地通过刑法手段对互联网金融进行规制，会阻滞和扼杀金融创新，对于那些因经营正当的互联网业务活动而不得已或不小心触及刑事法网的行为，应予以适当程度的宽宥。② 同时还建议对互联网金融领域的犯罪采用与一般金融犯罪不同的追诉和量刑标准，以体现国家对金融创新的认同和鼓励，避免将"试错"的刑事责任风险让社会个体来承担，不然会反向冲击刑事责任机制本身的正当性。③ 这些观点没有准确地认识到互联网金融的本质以及非法吸收公众存款罪等相关条文保护的法益。互联网金融或金融科技的理想状态是通过大数据、云计算、人工智能和现代通讯技术等手段来更加准确地评价风险、缓和风险。"互联网金融的本质仍然是金融"④，一批研究互联网金融的金融专家都指出，当下互联网金融仍然面临信用风险和信息不对称的风险，与传统金融无本质差异。⑤ 因此，最高人民检察院公诉厅《关于办理涉互联网金融犯罪案件有关问题座谈会纪要》(以下简称2017年《纪要》)指出："互联网金融的本质仍然是金融，其潜在的风险与传统金融没有区别，甚至还可能因互联网的作用而被放大……对各种类型互联网金融活动，要深入剖析行为实质并据此判断其

---

① 参见谢平、邹传伟：《互联网金融模式研究》，载《金融研究》2012年第12期。
② 参见毛玲玲：《发展中的互联网金融法律监管》，载《华东政法大学学报》2014年第5期；刘宪权：《论互联网金融刑法规制的两面性》，载《法学家》2014年第5期。
③ 参见刘宪权：《论互联网金融刑法规制的两面性》，载《法学家》2014年第5期；黄辛、李振林：《互联网金融犯罪的刑法规制》，载《人民司法》2015年第5期。
④ 现代金融功能理论的划分，金融系统具有六项基本功能：跨期、跨区域、跨行业的资源配置；提供支付、清算和结算；提供管理风险的方法和机制；提供价格信息；储备资源和所有权分割；创造激励机制。参见吴晓求：《互联网金融：成长的逻辑》，载《财贸经济》2015年第2期。
⑤ 参见吴晓求：《互联网金融：成长的逻辑》，载《财贸经济》2015年第2期；郑联盛：《中国互联网金融：模式、影响、本质与风险》，载《国际经济评论》2014年第5期。

性质,从而准确区分罪与非罪、此罪与彼罪、罪轻与罪重、打击与保护的界限,不能机械地被所谓'互联网金融创新'表象所迷惑。"防范化解金融风险始终是金融工作的根本性任务,当前涉互联网金融非法集资等一系列重大非法集资案件表现出对金融安全、社会稳定的破坏性,这些金融活动并不一定冲击贷款程序,但以非法吸收公众存款罪惩治仍然是必要的。

二、非法吸收公众存款事实的基本特征

《非法集资解释》规定的利诱性、公开性、社会性、非法性是认定非法吸收公众存款犯罪事实的基本要素。而且,前三个要素与非法性要素之间存在递进判断的关系。

(一)利诱性

这一特征是"存款"的本质。集资人承诺在一定期限内以货币、实物、股权等方式还本付息或者给付回报是《非法集资解释》规定的要件之一,概括为"利诱性"。具体而言,承诺收益的方式可以是明示也可以是暗示;至于给付回报的名义,有利息、分红等;关于回报的形式,除货币之外,也可以实物、消费、股权、服务等形式给付回报。

司法解释中规定的"给付回报",不应理解成一切给付回报的行为均具有存款特征。《非法金融机构和非法金融业务活动取缔办法》对非法吸收公众存款和变相吸收公众存款的定义用了两个承诺,"承诺在一定期限内还本付息的活动"和"承诺履行的义务与吸收公众存款性质相同的活动",后一个承诺实则表明承诺还本付息是基本要素。因此,不具有承诺还本付息特征的给付回报行为,不属于"存款",便不构成本罪,据此,可以区分向社会公开出售商品获取资金的生产经营、商品销售活动与吸收公众存款活动,《非法集资解释》只将不具有销售商品、提供服务的真实内容或者不以销售商品、提供服务为主要目的的行为作为变相非法吸收公众存款的形式,[①] 不宜将有奖销售,以优惠折扣公开销售美发卡、健身卡之

---

① 参见刘为波:《〈关于审理非法集资刑事案件具体应用法律若干问题的解释〉的理解与适用》,载《人民司法》2011年第5期。

类的单用途预付卡等不具有承诺还本付息特征的正常商业经营活动认定为非法吸收公众存款。以投资股权为名吸收资金，没有承诺还本付息的，虽不构成非法吸收公众存款罪，但仍可能构成擅自公开发行股票罪等其他罪名。

关于付息的承诺，并不要求利率固定，也不要求利率高于银行存款利率。实践中，集资行为人为了规避利诱性，出现了许多书面协议中并不承诺保本付息的情形，比如：不将利息写入合同，以"预期收益"替代"收益"，不约定收益，不承诺回购，没有任何担保等，甚至还有风险提示条款。对变相承诺还本付息的行为，应结合集资行为人实际的宣传承诺行为，进行实质认定，如业务人员在宣传过程中保证或承诺了收益，或通过夸大、虚假宣传使投资者丧失投资理性并误认为可以保证收益，仍旧可以认定具备利诱性特征。

（二）公开性

公开性指的是向社会公开宣传，包括通过互联网媒体、推介会、传单、手机短信等途径，向社会公众公开传播吸收资金的信息，以及明知吸收资金的信息向社会公众扩散而予以放任等情形。公开性的成立包括以下两种宣传模式：一是通过各种途径向社会公众传播吸收资金的信息，这表现为"主动宣传"的方式。《非法集资解释》采取"列举式"的规定，2022年修改时还增加了"网络"方式。最高人民法院、最高人民检察院、公安部《关于办理非法集资刑事案件适用法律若干问题的意见》（以下简称2014年《意见》）中，采用原则性的表述方式，即"各种途径向社会公众传播吸收资金的信息"，以容纳将来新出现的宣传手段。办案中，无须拘泥于具体采取的方式。二是明知吸收资金的信息向社会公众扩散而予以放任。2014年《意见》对此作了规定，这主要是考虑到不限定接收信息对象范围的消极放任宣传方式，在实际效果上与主动向社会公众传播吸收资金信息并无差异。对于通过"口口相传"进行宣传的行为，实践中可以结合集资行为人对此是否知情、对此态度如何是否放任，有无具体参与、是否设法加以阻止以防止扩散等主客观因素，认定是否符合公开性特征要件。

需要指出的是，《防范和处置非法集资条例》第2条规定："本条例所称非法集资,是指未经国务院金融管理部门依法许可或者违反国家金融管理规定,以许诺还本付息或者给予其他投资回报等方式,向不特定对象吸收资金的行为。"该条例不再强调非法集资的"公开性"特征,司法部、银保监会在答记者问阐释非法集资的界定问题时,只提及非法性、利诱性和社会性三个特征。本书认为,在刑事认定上,公开性仍然是判断非法吸收公众存款罪成立与否的典型特征,但公开性与社会性的表现通常具有同一性,面向不特定对象吸收资金的行为,不通过公开宣传、口口相传的方式就难以实现。

(三) 社会性

社会性是指集资人向社会不特定对象吸收资金,这是非法吸收公众存款与民间借贷等正常融资行为的根本区别。国家不禁止正常的民间借贷行为,它是生产经营的基本需要。每个集资参与人与融资主体之间似乎也具备民间借贷的特征,但由于集资参与人为不特定的社会公众,具有了涉众性,从而形成了金融风险。因此,法律禁止的是面向不特定公众的借贷活动。社会性特征包含两个层面的内容:一是指向对象的广泛性;二是指向对象的不特定性。对于社会性特征的具体认定,除了结合上述公开性特征进行分析之外,还需要注意具体判断集资行为的社会辐射力。对象是否特定,既要求集资人的主观意图是特定的,通常又要求其具体实施的行为是可控的。如果集资人所实施行为的辐射面连集资人自己都难以预料、控制,或者在蔓延至社会后听之任之,不设法加以阻止,同样应当认定为向社会不特定对象进行集资。[①]

在具体案件中,需要注意辨识融资对象是否特定。考虑到基于亲属关系、朋友联系或者在同单位的工作关系而存在特定的信任关系,《非法集资解释》将特定对象的外延细化为"亲友"和"单位内部人员"两种类型,规定在亲友或者单位内部针对特定对象吸收资金的,不作为犯罪处理。但为了防止不法分子刻意规避,2014年《意见》又规定下列两种情形应认定为向社会公众吸收资金:(1)在向亲友或者单位内部人员吸收资

---

① 参见刘为波:《〈关于审理非法集资刑事案件具体应用法律若干问题的解释〉的理解与适用》,载《人民司法》2011年第5期。

金的过程中，明知亲友或者单位内部人员向不特定对象吸收资金而予以放任的；（2）以吸收资金为目的，将社会人员吸收为单位内部人员，并向其吸收资金的。2019年最高人民法院、最高人民检察院、公安部《关于办理非法集资刑事案件若干问题的意见》（以下简称2019年《意见》）明确，将符合上述情形的向亲友或者单位内部人员吸收的资金也一并计入非法吸收公众存款的数额。

（四）非法性

之所以将"非法性"作为最后一个要件加以判断，是因为只有行为符合"吸收公众存款"的特征，才需要判断其合法还是非法。如果行为根本不属于"吸收公众存款"，即使具有非法性也不能构成本罪。从判断路径上看，判断行为是否属于"吸收公众存款"是前提条件，而"非法性"则是区分融资活动的罪与非罪之间的界限。

"非法性"指集资行为人违反国家金融管理法律规定吸收资金，具体表现为未经有关部门依法批准吸收资金和借用合法经营的形式吸收资金两种。其中，关于借用合法经营的形式，有两种理解，一种理解是将此适用于对于法律政策没有明确规定应当审批的行为，例如，借用商品销售、房屋买卖、私募基金等合法经营活动吸收资金；另一种理解是取得吸收公众存款许可的机构借用合法经营非法吸收资金。本书倾向于第二种理解，第一种观点中的行为虽然具有其他经营活动的表象，但本质上符合前述"吸收公众存款"的本质特征，本身就应获得金融许可才能实施，直接可以适用"未经有关部门依法批准"认定其"非法性"。只有对已经取得吸收公众存款许可的金融机构，才存在进一步判断是否借用合法经营的形式吸收资金的可能性，并不是所有取得许可后的吸收公众存款行为就是合法，司法实践中已经出现超越许可范围变相非法吸收公众存款的案件。但是，适用此项时应当特别慎重，避免将取得许可的金融机构的业务违规行为作为犯罪进行处理。

刑法中规定的"非法"的认定，应当以国家金融管理法律规定作为依据。这里的国家金融管理法律规定主要有商业银行法、《防范和处置非法集资条例》①等。比如,《商业银行法》第11条规定:"未经国务院银行业监督管理机构批准,任何单位和个人不得从事吸收公众存款等商业银行业务,任何单位不得在名称中使用'银行'字样。"第81条还规定法律责任:"未经国务院银行业监督管理机构批准,擅自设立商业银行,或者非法吸收公众存款、变相吸收公众存款,构成犯罪的,依法追究刑事责任;并由国务院银行业监督管理机构予以取缔。"《防范和处置非法集资条例》则是当前专门规范非法集资的行政法规。

只要上述法律、法规的规定不发生变化,始终是判断"非法性"的主要法律根据。部门规章或者其他的规范性文件,在认定"非法性"时主要起到参考的作用。此外,还要特别注意判断这些部门规章是否具有"豁免许可"的功能,比如未经批准可以从事特定的涉及金融创新的吸收公众存款行为。比如,在网贷平台发展之初的2016年,银监会等四部门为了规范网络借贷信息中介行为,专门出台了《网络借贷信息中介机构业务活动管理暂行办法》(以下简称《暂行办法》),其第17条第2款规定:"同一自然人在同一网络借贷信息中介机构平台的借款余额上限不超过人民币20万元;同一法人或其他组织在同一网络借贷信息中介机构平台的借款余额上限不超过人民币100万元;同一自然人在不同网络借贷信息中介机构平台借款总余额不超过人民币100万元;同一法人或其他组织在不同网络借贷信息中介机构平台借款总余额不超过人民币500万元。"事实上,任何自然人或法人通过网络平台向不特定对象借款,都符合利诱性、社会性、公开性特征,属于吸收公众存款行为,但暂行办法对符合其规定的借款行为作出了豁免许可的规定,自然人、法人在上述限额内通过网贷平台借款,就不再具有非法性。但是这一豁免不适用于网贷平台自身的"自融"行为。

综上,未经许可实施的吸收公众存款行为均具有非法性。不论金融活动如何创新,只要其符合吸收公众存款的本质,就需要经过有权部门许可才能实施,除非法律规定专门作出豁免。以任何形式呈现的吸收公众存

---

① 2021年5月1日《防范和处置非法集资条例》生效前,国务院《非法金融机构和非法金融业务活动取缔办法》也是重要依据之一,该办法明确规定,未经依法批准,非法吸收公众存款、变相吸收公众存款、以任何名义向社会不特定对象进行的非法集资都属于非法金融活动,必须予以取缔。

款行为都不属于"法无禁止即可为"的领域,关键在于判断相关行为是否符合吸收公众存款的特征。

三、变相非法吸收公众存款的认定

非法吸收公众存款行为在具体表现形式上有两种:一是典型的非法吸收公众存款,即未经主管机关批准,面向社会公众吸收资金,出具凭证,承诺在一定期限内还本付息的活动。二是变相吸收公众存款,即未经主管机关批准,不以吸收公众存款的名义,向社会不特定对象吸收资金,但承诺履行的义务与吸收公众存款相同,即都是还本付息的活动。实践中,大量非法吸收公众存款犯罪以变相形式出现。

《非法集资解释》列举了11种常见变种:(1)不具有房产销售的真实内容或者不以房产销售为主要目的,以返本销售、售后包租、约定回购、销售房产份额等方式非法吸收资金的;(2)以转让林权并代为管护等方式非法吸收资金的;(3)以代种植(养殖)、租种植(养殖)、联合种植(养殖)等方式非法吸收资金的;(4)不具有销售商品、提供服务的真实内容或者不以销售商品、提供服务为主要目的,以商品回购、寄存代售等方式非法吸收资金的;(5)不具有发行股票、债券的真实内容,以虚假转让股权、发售虚构债券等方式非法吸收资金的;(6)不具有募集基金的真实内容,以假借境外基金、发售虚构基金等方式非法吸收资金的;(7)不具有销售保险的真实内容,以假冒保险公司、伪造保险单据等方式非法吸收资金的;(8)以网络借贷、投资入股、虚拟币交易等方式非法吸收资金的;(9)以委托理财、融资租赁等方式非法吸收资金的;(10)以提供"养老服务"、投资"养老项目"、销售"老年产品"等方式非法吸收资金的;(11)利用民间"会""社"等组织非法吸收资金的。司法解释仅能起到提示作用,无法涵盖全部情形,办案时应结合相关金融业务的管理规定所确定的行为准则、禁止性规定等作出判断,给准确识别行为性质和适用法律带来难度。对此,金融监管部门提出了"穿透式"监管的理念,就是要透过表面现象看清业务实质,把资金来源、中间环节与最终投向穿透联接起来,综合全流程信息来判断业务性质,并执行相应的监管规定。在办理涉互联网金融犯罪等案件时,也要引入"穿透式"监管的理念认定行为性质。对于各类金融创新活动，都要坚持实质判断的原则，透过复杂多样的表现形式，通过深入剖析行为实质才能判断其性质。下面列举网络借贷和私募基金两类典型的变相非法吸收公众存款的模式：

（一）利用网络借贷进行非法集资

《暂行办法》等网络借贷信息中介业务相关规定允许单位和个人通过网络借贷信息中介机构在规定限额内进行融资，但并没有允许网络借贷信息中介机构设立资金池、开展自融等，而实践中大量网络借贷信息中介机构打着信息中介之名，违法设立资金池或者发布虚假投资建议项目实施自融，违反了《暂行办法》的禁止性规定，此类行为当然具有非法性。

在最高人民检察院发布的指导性案例杨卫国等人非法吸收公众存款案中，杨卫国实际控制的望洲集团以从事网络借贷信息中介业务为名，辩称其行为属于金融创新。但实际上，望洲集团所谓的信息中介业务直接归集客户资金设立资金池并进行控制、支配、使用，已经异化为信用中介。通过对网络借贷平台的股权结构、实际控制关系、资金来源、资金流向、中间环节和最终投向的分析，综合全流程信息，充分反映出其具有违规设立、控制资金池的行为，具体表现为：（1）第三方支付平台赋予望洲集团对所有理财客户虚拟账户内的资金进行冻结、划拨、查询的权限。线上理财客户在合同中也明确授权望洲集团对其虚拟账户内的资金进行冻结、划拨、查询，且虚拟账户销户需要望洲集团许可。（2）理财客户将资金转入第三方平台的虚拟账户后，望洲集团每日根据理财客户出借资金和信贷客户的借款需求，以多对多的方式进行人工匹配。当理财客户资金总额大于信贷客户借款需求时，剩余资金划入杨卫国在第三方支付平台开设的托管账户。望洲集团预留第二天需要支付的到期本息后，将剩余资金提现至杨卫国的银行账户，用于线下非法吸收公众存款活动或其他经营活动。（3）信贷客户的借款期限与理财客户的出借期限不匹配，存在期限错配等问题。（4）杨卫国及其控制的公司承诺为信贷客户提供担保，当信贷客户不能按时还本付息时，杨卫国保证在债权期限届满之日起3个工作日内代为偿还本金和利息。实际操作中，归还出借人的资金都来自线上的托管账户或者杨卫国用于线下经营的银行账户。（5）望洲集团通过多种途径向不特定公众进行宣传，发展理财客户，并通过明示年化收益率、提供担保等方式承诺向理财客户还本付息。杨卫国等人假借信息中介名义从事信用中介活动,违法设立资金池,归集、控制、支配、使用资金,已经超出了信息中介业务范围,具备了公开性、社会性、利诱性、非法性等特征,属于变相吸收公众存款,因其未经许可,构成非法吸收公众存款罪。该案例反映了违规设立资金池构成非法吸收公众存款罪的指控证明要素和过程。

(二)利用私募基金进行非法集资

私募基金,不具有公开性,不能公开募集资金。证券投资基金法对私募基金的募集对象、人数、方式等作出了明确规定,符合规定的属于私募行为。比如,《证券投资基金法》第 87 条、第 91 条等规定,"非公开募集基金应当向合格投资者募集,合格投资者累计不得超过二百人","非公开募集基金,不得向合格投资者之外的单位和个人募集资金,不得通过报刊、电台、电视台、互联网等公众传播媒体或者讲座、报告会、分析会等方式向不特定对象宣传推介"。根据该规定,合法的私募基金融资行为便不具有公开性和社会性的特征,不需要经过许可便能实施。但是,如果私募基金管理人员违反上述规定,公开宣传或者变相进行公开宣传,投资人数超出 200 人的限制等,便超出了私募投资基金特定主体的范围,具有了公开性和社会性。

比如,在睿某资产管理公司非法吸收公众存款案中,该公司及其法定代表人王某合伙成立湘潭睿某管理中心(有限合伙,系私募基金),后以委托理财公司推广、拨打电话、口口相传等方式向不特定公众宣传湘潭睿某管理中心的"私募基金项目"——房地产开发项目,招揽不特定投资人入伙湘潭睿某管理中心成为有限合伙人,并向上述投资人承诺 10.5% 至 12% 保本付息的高额回报。在该案件中,睿某资产管理公司募集资金的行为已经超越了私募范畴,具有公开性和不特定性。(1)睿某资产管理公司系通过委托理财公司推广、拨打电话、口口相传等方式向社会公众公开宣传湘潭睿某管理中心的项目。虽然在募集初期其仅对单位内部员工及朋友作了宣传,但其后期的委托理财公司推广、拨打电话、口口相传等传播方式已使得该私募基金项目的信息能在公众间广泛传播。(2)睿某资产管理公司对投资人是否具备相应风险识别能力和风险承担能力的资质不进行审查,且将单个投资份额设为 50 万元至 100 万元,违反了投资人为合格投资者的规定。(3)睿某资产管理公司在招揽投资人入伙湘潭睿某管理中心的过程中允诺了到期还本以及支付年化10.5%至12%的高额回报。因此,本案中睿某资产管理公司的行为超越了私募基金募集资金的合法边界,具备了非法吸收公众存款的公开性、社会性、利诱性、非法性等典型特征,其行为实质是非法吸收公众存款。

四、单位犯罪的处罚

(一)单位的认定

有的非法吸收公众存款案件中,单位层级众多。对各层级的单位,不宜全部认定为犯罪主体。办理此类非法集资刑事案件,首先应当全面查清涉案单位,包括上级单位(总公司、母公司)和下属单位(分公司、子公司)的主体资格、层级、关系、地位、作用、资金流向等,区分情况依法作出处理。(1)上级单位已被认定为单位犯罪,下属单位实施非法集资犯罪活动,且全部或者大部分违法所得归下属单位所有的,对该下属单位也应当认定为单位犯罪。上级单位和下属单位构成共同犯罪的,应当根据犯罪单位的地位、作用,确定犯罪单位的刑事责任。(2)上级单位已被认定为单位犯罪,下属单位实施非法集资犯罪活动,但全部或者大部分违法所得归上级单位所有的,对下属单位不单独认定为单位犯罪。下属单位中涉嫌犯罪的人员,可以作为上级单位的其他直接责任人员依法追究刑事责任。或者是,有证据证明被立案的上级单位(比如总公司)在业务、财务、人事等方面对下属单位及其分支机构进行实际控制,下属单位及其分支机构涉案人员可以作为被移送审查起诉的上级单位的其他直接责任人员追究刑事责任。在这种情形下,层级众多的下属单位或分支机构本质上相当于该上级单位的部门,不具有独立性,其相关涉案人员可以认定为上级单位的其他直接负责人员。在证明实际控制关系时,应当收集、运用公司决策、管理、考核等相关文件,OA系统等电子数据,资金往来记录等证据。(3)上级单位未被认定为单位犯罪,下属单位被认定为单位犯罪的,对上级单位中组织、策划、实施非法集资犯罪的人员,一般可以与下属单位按照自然人与单位共同犯罪处理。(4)上级单位与下属单位均未被认定为单位犯罪的，一般以上级单位与下属单位中承担组织、领导、管理、协调职责的主管人员和发挥主要作用的人员作为主犯，以其他积极参加非法集资犯罪的人员作为从犯，按照自然人共同犯罪处理。

（二）单位直接负责的主管人员和其他直接责任人员的认定

对单位犯罪一般采取双罚制，即对单位判处罚金，对单位直接负责的主管人员和其他直接责任人员判处刑罚。2001年《全国法院审理金融犯罪案件工作座谈会纪要》明确，直接负责的主管人员，是在单位实施的犯罪中起决定、批准、授意、纵容、指挥等作用的人员，一般是单位的主管负责人，包括法定代表人；其他直接责任人员，是在单位犯罪中具体实施犯罪并起较大作用的人员，既可以是单位的经营管理人员，也可以是单位的职工，包括聘任、雇佣的人员。

根据法理以及单位犯罪规定，单位意志归根结底还是来自自然人意志，是自然人的意志通过一定的程序而转化来的，因此在单位非法吸收公众存款案件中，单位主管人员的犯罪意志经由单位程序转化为单位意志，其他直接责任人员则是贯彻单位犯罪意志的具体实施人员。在此类案件中，对于涉案单位人员的把握应注意以下几点。

一是直接负责的主管人员。直接负责的主管人员包括两种类型，首先是对于单位的经营事项具有决策权的人员，也就是可以将个人意志通过单位程序转化为单位意志的人员；其次是对于单位的犯罪行为负有主管责任的人员。这类主管人员要对单位犯罪负有刑事责任，还应视其在单位犯罪中实际所起的作用而定，只有这类单位人员在单位犯罪中具有组织、指挥、策划、决策的作用，他们所实施的行为成为单位犯罪行为组成部分之时，才应当承担刑事责任。

二是其他直接责任人员。其他直接责任人员，是指贯彻单位犯罪意志的具体实施人员，即具体实施犯罪并起较大作用的人员。综合来看，在单位人员知情的情况下，还要看其在整个单位犯罪过程中所起的作用。结合非法吸收公众存款罪的构成要件，也即只有那些在集资行为的非法性、集资对象的不特定性上知情，并形成决策意志，以及积极策划、指挥、实施的单位责任人、部门负责人等单位人员，才应承担刑事责任。

三是单位组织架构相关部门人员。涉嫌非法吸收公众存款的单位的组织架构中，通常会有投资决策委员会或合伙人会议、财务部、销售部、项目部、人力资源部等部门。在这种架构模式下，投资决策委员会或合伙人会议具有决策权；财务部、销售部、项目部负责具体实施；人力资源部负责招聘员工和管理人员等。这些部门负责人基于其工作职责均可以成为单位主管人员、其他直接责任人员，应当承担责任。

五、违法性认识有无的影响

行为人对行为违法性的认识并不是犯罪故意的内容，故犯罪嫌疑人对法律认识的错误并不影响对其主观故意的判断，即违法性认识有无不影响犯罪故意的认定。因此，只要行为人对其实际从事的活动以及产生的后果有明确的认识，其犯罪主观故意即能成立。

违法性认识不是主观故意的内容，但通常被作为"阶层论"中的责任要素。办案中，需要从违法性认识出发妥当地衡量行为人的罪责。对于法定犯而言，普遍观点认为违法性认识这一主观状态可以通过推定来判断，行为人否定违法性认识的辩解通常难以成立。这是因为，法律一经公布即视为公众应当明知，在金融犯罪案件中，犯罪嫌疑人、被告人都具备一定金融活动从业经历、专业背景或在犯罪活动中担任一定管理职务，对法律法规应当有相应了解，可以判断其具有违法性认识。实际上，当下司法机关和金融监管部门采取线上线下相结合的方式不断加大防范非法集资的普法宣传，行为人更不能以不知法律作为否定违法性认识的理由。除此之外，如果犯罪嫌疑人存在虚构事实、隐瞒真相等故意规避法律等情形，则更能进一步印证其辩解不成立。2017年《纪要》第10条提出了可以不作为犯罪处理的两种情形：一是犯罪嫌疑人无相关职业经历、专业背景，且从业时间短暂，在单位犯罪中层级较低，纯属执行单位领导指令的；二是犯罪嫌疑人因信赖行政主管部门出具的相关意见而陷入错误认识的。但需要注意的是，犯罪嫌疑人所信赖的行政主管部门的意见不论正确与否，该意见必须是依法独立公正作出的，且不是审批过程中的意见。如果犯罪嫌疑人与出具意见的单位或个人存在不法合谋等不正当行为影响行政意见出具的情形，则该意见不能作为否定违法性认识的依据，这方面的证据反而更有利于推翻犯罪嫌疑人的辩解。

此外，有的犯罪嫌疑人辩解其因信赖主流媒体、专家学者的观点而从事相关活动，否定其具有违法性认识，对此不应采信。无论媒体还是专家都不是判断相关金融活动合法与否的有权部门，他们的意见不具有行政主管部门意见的效力，不能以此否认行为本身的违法性和行为人的违法性认识。

六、犯罪数额的认定

数额是定罪量刑的基本标准，但不同行为人非法吸收公众存款的犯罪数额认定较为复杂，需要结合犯罪特点区别对待。负责或从事吸收资金行为的犯罪嫌疑人非法吸收公众存款金额，通常应根据其实际参与吸收的全部金额认定。同时，在具体认定时，还要根据犯罪嫌疑人吸收资金和集资参与人投入资金的行为性质、动机、目的等因素，正确判断记录在犯罪嫌疑人名下资金的真实来源。

（一）案发前后已归还的数额，计入犯罪金额

《非法集资解释》规定："案发前后已归还的数额，可以作为量刑情节酌情考虑。"非法吸收公众存款不属于占有型犯罪，将已归还数额计入犯罪数额可以更为全面客观地反映非法吸收公众存款的资金规模，更为准确地判断其社会危害性的轻重程度。在司法实践中，获得本息退出的集资参与人不报案，而未退出的集资参与人对于已经兑付的部分则不提交合同及银行流水等相关证据，因此在未起获涉案公司留存的合同或者涉案公司后台数据的情况下，已归还的金额难以认定，给追赃挽损增加难度。但案发前后无论是否归还，都不影响非法吸收公众存款金额的认定。

（二）重复投资的数额，计入犯罪数额

集资参与人收回本金或者获得回报后又重复投资的数额不予扣除，比如对投资人在每期投资结束后，利用投资账户中的资金（包括每期投资结束后归还的本金、利息）进行反复投资的金额应当累计计算，但可以作为量刑情节酌情考虑。这是因为，每期投资结束后，相应的资金已经处于投资人实际控制之下，其具有选择继续投资或者提取到自己银行账户的主

动权，再次投资与首次投资没有本质区别。但是，如果投资人对投资结束后返还的资金不具有实际控制可能性，相关资金仍在集资主体的完全控制之下的，则不予累计计算。比如，有的犯罪嫌疑人因到期后无法还款，通过续签投资合同等方式要求集资参与人继续投资，投资人实际上无法取回投资款的，不应累计计算。根据2019年《意见》的规定，对重复投资不予扣除，但可以作为量刑情节酌情考虑。

（三）其他特殊情形犯罪数额的认定

2019年《意见》指出，非法吸收或者变相吸收公众存款构成犯罪，具有下列情形之一的，向亲友或者单位内部人员吸收的资金应当与向不特定对象吸收的资金一并计入犯罪数额：(1)在向亲友或者单位内部人员吸收资金的过程中，明知亲友或者单位内部人员向不特定对象吸收资金而予以放任的；(2)以吸收资金为目的，将社会人员吸收为单位内部人员，并向其吸收资金的；(3)向社会公开宣传，同时向不特定对象、亲友或者单位内部人员吸收资金的。但在具体案件中认定直接实施吸收存款行为的犯罪嫌疑人的犯罪数额时，还要从刑事政策的角度考量，有所区分，比如，犯罪嫌疑人的近亲属投入的资金，如果犯罪嫌疑人辩解其近亲属的主要目的是为支持犯罪嫌疑人工作业绩而自愿投入，可以视为其自身的投资，在没有证据推翻其辩解的情形下，可以作有利于犯罪嫌疑人的认定，将这部分资金予以扣除，但是一般应限制在法律规定的近亲属范围以内。犯罪嫌疑人自身投入的资金，不属于其向公众吸收的资金，不应计入其自身的吸收金额。由于其他员工离职、满足业绩指标等原因，部分资金虽记录在犯罪嫌疑人名下，但其未实际参与吸收且未从中收取任何形式好处，这与犯罪嫌疑人主动吸收资金存在本质差别，也可以扣除。

七、积极退赃退赔政策的把握

追赃挽损关系集资参与人合法权益的保障，直接影响办案效果，办理非法集资案件应当将追赃挽损工作作为重要工作内容。为此，《刑法修正案（十一）》专门增加一款："在提起公诉前积极退赃退赔，减少损害结果发生的，可以从轻或者减轻处罚。"该款将退赃退赔作为法定从宽情节，既体现了宽严相济的刑事政策，又体现了对追赃挽损工作的重视。

在办理非法吸收公众存款案件时，一方面，严格把握定罪处罚的法律要件，防止将经济纠纷作为经济犯罪处理。对于非法吸收公众存款，主要用于正常的生产经营活动，能够及时清退所吸收资金的，可以免予刑事处罚；情节显著轻微的，不作为犯罪处理。另一方面，切实贯彻认罪认罚从宽制度，最大限度地体现政策精神。对于涉案人员积极配合调查、主动退赃退赔、真诚认罪悔罪的，可以依法从轻或减轻处罚；其中情节轻微的，可以免除处罚；情节显著轻微、危害不大的，不作为犯罪处理。

其中，对于《刑法修正案（十一）》规定的"积极退赃"的把握，可以从行为人的态度、能力和减少损害结果发生的程度三个方面进行考察，合理确定从轻、减轻的幅度。对于积极退赃后减少绝大部分损害结果的，可以作较大幅度的减轻处罚。对于虽然态度上积极退赃，但减少损害结果的效果不明显的，可以酌情从轻，不宜大幅度从轻处罚。对于表面上积极退赃，但实际上有资产却未不愿意用于退赃的，不应认定为"积极退赃"。

第三节 非法吸收公众存款罪证据指引

一、主要证据

办理非法吸收公众存款案件，应当重点收集固定以下证据：

（一）证明吸收公众存款事实的证据

办理非法吸收公众存款案件，首先应全面收集证明其犯罪模式有关的证据，在此基础上进一步围绕公开性、利诱性、社会性三个吸收公众存款行为的特征收集、固定证据：

1. 犯罪模式

全面收集犯罪嫌疑人、被告人与集资参与人、第三方存管机构等各类主体之间签订的各类合同、资金交易记录等证明犯罪模式的相关证据材料。包括：（1）各类变相存款合同、销售合同、股权转让合同、委托理财合同、保险单据等证据，客观地证明行为实质是吸收公众存款；（2）存款凭证、记账凭证、票据、账簿、广告、说明书、宣传单、银行存单等，证明经营运作的方式和资金的性质；（3）视听资料、电子数据，包括规定经营流程的文件、统计表格、考核方法、会议通知、记录；（4）经营过程中形成的各类宣传、会议、讲话的录音、录像资料等；（5）与银行、第三方支付机构等签订的资金存管协议、资金交易记录等。

2. 公开性

全面收集证明行为人通过媒体、推介会、传单、手机短信等途径向社会公开宣传吸收公众存款。包括：（1）收集宣传单、宣传的录音或视频、媒体的广告，收集产品推荐会等现场情况方面的证据；（2）收集手机或电脑等载体上的微信、短信、QQ等发送的信息材料电子证据及其点击量等数据,并对上述数据进行审计、鉴定;对云存储电子数据等新类型电子数据进行提取、审查时,要高度重视程序合法性、数据完整性等问题,必要时主动征求相关领域专家意见,在提取前会同公安机关、云存储服务提供商制订科学合法的提取方案,以保证证据的完整性、准确性和有效性。

3. 利诱性

全面收集证明行为人承诺在一定的期限内以货币、实物、股权等方式还本付息或者给予回报的证据材料。包括:(1)收集各类合同、协议、宣传资料、会议纪要、宣传广告等物证、书证、视听资料、电子数据等证据材料所载明的具体内容,证明行为人集资的模式,并证明行为人承诺以不同的方式还本付息或者给予回报;辅以行为人、集资参与人的言词证据,以证明行为人是如何向集资参与人宣传承诺收益的。(2)资产状况及资金融通方面的证据。收集资金收条、发放本金、分红、利息的单位账目记录、账单、汇款记录等书证;公司各类财务会计报告,包括资产负债表、损益表、财务状况变动表、财务情况说明书、利润分配表等;涉案账户的银行交易流水,包括第三方支付平台的交易数据;有关行政机关移送案件材料,集资参与人报案材料包括投资合同、转款凭证和交款收据,报案笔录和报案登记情况,证明集资参与人的损失情况。及时对相关财务数据进行司法审计,确定非法吸收公众存款犯罪给付回报的具体方式,犯罪数额及损失数额。

4. 社会性

全面收集证明向社会不特定对象吸收资金的相关证据材料。包括:(1)全面收集宣传资料、集资合同并进行造册、归纳,根据集资参与人的数量等进行分析论证。(2)收集集资参与人的基本情况,证明是否属于与非法吸收公众存款行为人之间的特定关系人。(3)收集行为人策划、商议发动吸收公众存款、宣传过程的言词证据,论证吸收公众存款是否针对的是不特定的对象。(4)收集行为人、集资参与人言词证据,证实行为人是面向社会公众的公开宣传。对于村民、朋友、合作对象等特殊群体,要专门核实其向犯罪嫌疑人、被告人借款、投资的消息来源、沟通方式等具体过程,以确定其借款、投资的性质属于民间借贷还是非法集资。

对于复杂的变相吸收公众存款犯罪,在侦查取证时应注意以下两个方面问题:第一,资金流转是证明非法吸收公众存款犯罪的核心要素,除了收集相关客观证据外,犯罪嫌疑人供述、财务人员等证人证言是证明犯罪的重要证据形式。通过对主要犯罪嫌疑人、财务人员的针对性讯问、询问,有助于了解资金运作模式、资金使用决策过程、资金最终去向等,既能服务于指控犯罪,同时也能为查找相关客观证据提供方向。第二,基于资金数据作出的司法审计报告是证明非法集资犯罪的常见证据形式,也需要根据指控犯罪思路明确需要审计的项目。因此,在引导侦查取证时,应当对需要审计的项目提出建议,确保司法审计报告与待证的构成要件事实之间的关联性。但需要注意的是,提出需要审计的项目,并非诱导审计人员提供有利于指控与证明犯罪的审计报告。

(二)证明非法性的证据

非法性,即吸收公众存款业务未经依法批准,证明的目的是犯罪嫌疑人、被告人没有获得相关许可。收集证据,应当讯问犯罪嫌疑人、被告人,调取公司营业执照,询问下属有关工作人员等,核实犯罪嫌疑人、被告人是否取得从事吸收公众存款业务的金融许可证。金融监管部门曾经开展过行政执法检查的,可以调取执法检查有关材料、行政处罚决定书等法律文书。必要时,可以商金融监管部门出具证明材料。对于特殊的非法吸收公众存款类型,在收集非法性相关证据时还应注意其特殊性,比如,对于具备从事吸收公众存款业务的金融许可证的,超越许可范围是证明非法性的关键,应重点围绕是否超越许可范围非法从事业务收集、固定证据。对于违规运用私募基金等其他金融业务形式非法吸收公众存款的,应当根据私募基金等业务相关法律规定,收集证明其不符合相关法律规定的证据。比如,私募基金对宣传方式、投资人资格、投资人数量等有明确规定,应当围绕私募基金的这些要求有针对性地收集相关证据,以证明其是否符合私募基金的法律规定。

(三)证明主观方面的证据

司法实践中,非法吸收公众存款行为多是以单位的名义实施的,因此在审查证据过程中要注重对单位主体身份、经营范围、经营情况等相关证据的审查。重点审查单位是否真实存在,是否为了实施犯罪而设立,单位设立后是否以实施非法吸收公众存款为主要业务,所吸收资金是否进入单位所有、控制的账户，是单位意志还是个人意志，从而准确区分单位犯罪和自然人犯罪。

1. 自然人

在非法吸收公众存款罪中，原则上认定犯罪主体的主观故意时，并不要求以明知法律的禁止性规定为要件。如果行为主体具备一定涉金融活动相关从业经历、专业背景或在犯罪活动中担任一定管理职务，根据常识可以判定其应当知晓相关金融法律管理规定。如果有证据证明其实际从事的行为应当批准而未经批准，行为在客观上具有非法性，原则上就可以认定其具有非法吸收公众存款的主观故意。在证明行为人的主观故意时，应当收集行为人的如下证据：

（1）收集运用行为人的任职情况、职业经历、专业背景、培训经历、此前任职单位或者其本人因从事同类行为受到处罚情况等证据，同时可以证明行为人提出的"不知道相关行为被法律所禁止，故不具有非法吸收公众存款的主观故意"等辩解不能成立。

（2）行为人是否存在故意规避法律以逃避监管的相关证据：自己或要求下属与集资参与人签订虚假的亲友关系确认书，频繁更换宣传用语逃避监管，实际推介内容与宣传用语、实际经营状况不一致，刻意向集资参与人夸大公司兑付能力，在培训课程中传授或接受规避法律的方法，等等。

对不同地区同一单位的分支机构涉案人员起诉时，证明实际控制关系的证据体系、证明标准应基本一致。

2. 单位

注意收集、审查和判断其犯罪行为所体现出的是个人意志还是单位意志方面的证据，以正确区分实施非法吸收公众存款行为的主体是单位还是自然人，以及认定直接责任的主管人员和其他直接责任的人员情况。主要证据如下：

（1）独立法人。①证明事业单位、社会团体性质的相应法律文件，机关、团体法人代码；②企业法人营业执照、工商注册登记证明；税务登记证、享受税收减免优惠政策的有关证明；③从事特殊行业的，应当有相应的批文或"许可证"；④组织人事部门的任命文件等，证明单位的组织形式、直接负责的主管人员和其他直接责任人的证据；⑤银行账号证明、注册资料、年检情况、审计或清理证明等，证明单位管理情况及资产收益、流向、处分等情况的证据;⑥单位已经被撤销的,应有其主管单位出具的证明。

(2)分支机构。对不具有独立法人资格的分支机构,是否追究其刑事责任,可以区分两种情形处理:第一,全部或部分违法所得归分支机构所有并支配,分支机构作为单位犯罪主体追究刑事责任。第二,违法所得完全归分支机构上级单位所有并支配,不能对分支机构作为单位犯罪主体追究刑事责任,而是应当对分支机构的上级单位(符合单位犯罪主体资格)追究刑事责任。因此,应当查明:第一,单位内部组织的有关合同、章程、协议书,单位资金的分配、支配、流向方面书证等相关证据。第二,在证明实际控制关系时,应当收集、运用公司决策、管理、考核等相关文件,OA系统等电子数据,资金往来记录等证据。

(3)单位的撤销及合并。涉嫌犯罪的单位被撤销、注销、吊销营业执照或者宣布破产的,对实施犯罪行为的该单位直接负责的主管人员和其他直接责任人员予以追诉,对该单位不再追诉。涉嫌犯罪的单位已被合并到一个新单位的,对原犯罪单位及其直接负责的主管人员和其他直接责任人员追究刑事责任。在提起公诉时,对被告单位应列原犯罪单位名称,但注明已被并入新的单位的除外。

(四)证明集资款去向的证据

收集证据时还应当注意非法吸收公众存款罪与集资诈骗罪之间的关联性。两罪关键区别在于行为人是否具有非法占有目的。侦查活动是动态发展的过程,尤其在非法集资案件中,侦查取证工作贯穿于整个侦查阶段,前期侦查活动难以立即查清资金去向,无法达到"有证据证明有集资诈骗犯罪事实"的标准,侦查机关只能以涉嫌非法吸收公众存款罪提请逮捕,或者对侦查机关以涉嫌集资诈骗罪提请逮捕的案件,检察机关改为以非法吸收公众存款罪逮捕。但开展侦查取证工作时,不能局限于非法吸收公众存款罪的证明,应当围绕资金的实际去向、造成损失的主要原因、犯罪嫌疑人的经营情况等全面收集、固定证据,避免因证据收集不及时、不到位而轻纵犯罪。在一些案件中,由于没有收集资金去向信息,导致无法确定资金使用主体,不仅影响犯罪事实的认定,还影响最后的追赃挽损工作。

二、证据的审查判断

办理非法吸收公众存款案件,尤其是新型复杂案件,证明过程较为复杂的主要有以下两个方面的问题。

(一)非法吸收公众存款复杂模式的证明

资金融通是非法吸收公众存款犯罪的核心事实,查清资金流转过程,就掌握了指控与证明犯罪的核心。不同类型非法吸收公众存款犯罪的资金流转过程存在明显差异,但其本质都是违规设立、控制资金池。在办理复杂案件时,需要通过对资金来源、去向过程的细致分析,判断是否违规建立资金池。在利用互联网实施的非法吸收公众存款案件中,资金交易记录十分庞杂,在委托开展司法审计的同时,可以借助现代化的数据分析手段,厘清资金来源、去向和中间环节。下面,以网贷平台中出现的自融模式和资金池模式的证明举例说明。

1. 网贷平台以虚假项目名义为自己吸收公众存款的模式

在变相自融模式中,网贷平台及其实际控制人以实施P2P网络借贷业务为名,开展非法吸收公众存款活动,所吸收资金均为网贷平台及其实际控制人自行支配使用,并非用于其宣称的第三人融资项目。指控与证明此类犯罪,重点在于揭示编造融资项目吸收公众资金并自行支配使用的过程。

根据这一指控思路,要重点审查发布融资项目的实际主体、吸收资金流转过程、资金实际用途,以确定犯罪嫌疑人、被告人的变相自融行为。在一些P2P网络借贷非法集资案件中,犯罪嫌疑人、被告人为掩盖变相自融事实,借用第三人(公司)信息和银行账户发布虚假融资项目,并虚构交易信息转移资金,最终将资金从第三人处转移至犯罪嫌疑人、被告人的实际控制账户。对这类犯罪,仅从表层信息无法揭示犯罪,必须对项目相关主体身份和资金账户信息进行穿透。因此,对资金交易记录相关证据的审查,不能停留在网贷平台上的项目数据和资金交易数据,需要全面收集和审查平台外资金交易数据,并结合对犯罪嫌疑人、被告人及负责项目发布、资金操作的其他工作人员进行有重点的讯问、询问获取的证据,查明实际的资金吸收者和使用者。

2. 网贷平台设立资金池边吸边贷

"资金池"这一概念频繁出现在金融监管部门的文件政策之中,但尚无明确法律规定。理论界和实务界对资金池的主要特征概括较为一致,资金池一般是指在金融活动中用于头寸管理的资金调配模式,在调配过程中具有"时间转化、价格转化、信用转化、流动性转化"的特征,客观上存在类商业银行的资金流动性风险。[①]如前所述,资金池模式仍是变相吸收公众存款的一种类型,但这一犯罪模式表现形式更为复杂,需要结合资金池的运作原理确定证明对象、收集、审查、判断证据。其中,资金的归集过程和资金池内资金的控制使用过程是证明构成非法吸收公众存款与否的重点。

其一,资金归集过程。归集投资人资金是设立资金池的前提。司法实践中,归集资金的手段不一,但核心在于通过实际控制投资人在平台开设的虚拟账户进行资金归集。一是利用银行账户归集资金。比如,网贷平台要求投资人在其平台上开设虚拟账户,投资人通过银行账户充值后,虚拟账户中的资金便进入该公司在合作银行开设的账户,投资人在平台的虚拟账户名义上继续持有相应资金,但实际上只是一串数字而已,网贷平台公司账户无剩余资金时投资人便无从提取资金。二是利用第三方支付平台归集资金。在杨卫国等人非法吸收公众存款案[②]中,投资人在第三方支付平台开设虚拟账户并充值,望洲集团要求第三方支付平台和投资人授权其查询、冻结、划拨投资人虚拟账户内的资金,并在第三方支付平台上设立托管账户,投资人未出借资金均被望洲集团转入托管账户后转移至其实际控制的银行账户,用于还本付息或其他经营活动。在上述两个案例中,表面上投资人对虚拟账户内的资金具有控制权限,但通过虚拟账户的实际运作方式、非法集资平台与银行或支付机构的合作协议、资金在虚拟账户与银行账户之间的流转过程、虚拟账户资金余额本质特征等相关证据,可以证明犯罪嫌疑人、被告人实际归集资金的事实。同时,应当结合客观证据,对犯罪嫌疑人、被告人及操作资金的相关工作人员就资金运作的细节进行重点讯问、询问,对相关证据作进一步收集和审查。

其二,控制使用资金过程。证明控制使用资金过程,实际上就是要证明

[①] 参见单丹、王铼:《刑法视角下的"资金池"》,载《山东警察学院学报》2018年第2期。

[②] 最高人民检察院第十七批指导性案例(检例第64号)。

是否存在上述资金流转无法一一对应的情形，需要重点收集平台资金交易规则、资金交易记录、资金实际用途等证据，并有重点地进行讯问、询问。在前述杨卫国等人非法吸收公众存款案中，该公司将投资人匹配借款人后的剩余资金直接转移至其在第三方支付平台开设的托管账户中，不论借款人是否按期还款，托管账户内的资金均统一归还到期本息。此外，在审查证据时，还可以进一步查证犯罪嫌疑人、被告人是否存在违反约定控制使用资金，违法挪用、侵占资金等情形，进一步证明其控制资金池的事实。

（二）主观故意的证明

非法吸收公众存款案件往往表现为单位犯罪或者共同犯罪，行为人的地位、职责、具体行为、参与的程度各不相同，对吸收公众存款的非法性、运作方式的主观认知度也各有不同，特别是某些实施具体行为的犯罪嫌疑人，如公司的业务员、行政人员，甚至是一些中层管理人员，往往会辩解其不明知吸收公众存款的非法性，也没有共同犯罪的故意。因此，对部分行为人非法吸收公众存款的主观故意的审查判断就成为司法实践中的难点。

一般来说，认定犯罪嫌疑人、被告人是否具有非法吸收公众存款的犯罪故意，应当依据犯罪嫌疑人、被告人的任职情况、职业经历、专业背景、培训经历、本人因同类行为受到行政处罚或者刑事追究情况，以及吸收资金方式、宣传推广、合同资料、业务流程等证据，结合其供述和辩解，进行综合分析判断：审查各类会议记录、纪要、视听资料、相关工作制度、业务培训文件等并结合其他行为人口供，证实是否参与组织、策划；审查各类合同、协议、宣传资料、视听资料并结合证人证言，通过证实行为人参与合同签订、公开宣传、游说集资参与人等活动，从而证实是否明知合同承诺内容、资金运作模式以及不特定的社会公众吸收公众存款；收集运用以下证据进一步印证行为人知道或应当知道其所从事行为具有非法性，比如行为人故意规避法律以逃避监管的相关证据，自己或要求下属与集资参与人签订虚假的亲友关系确认书，频繁更换宣传用语逃避监管，实际推介内容与宣传用语、实际经营状况不一致，刻意向集资参与人夸大公司兑付能力，在培训课程中传授或接受规避法律的方法等。对主观故意的审查判断并不要求证明所有的行为人对上述内容全部明知，特别是单位犯罪、共同犯罪中的中下层参与人员，明知吸收公众存款行为的本质是保本付息、行为方式是公开的、针对对象是不特定社会公众,应当认定具有主观故意。

此外,非法集资犯罪中,犯罪嫌疑人常以不知道行为违法、没有非法集资的主观故意为由进行辩解。这就需要借助客观构成要件进行推定,客观构成要件是故意的对象,根据客观构成要件评断故意,是当然之理。① 刑事推定是通过证明其他已知事实来推定待证事实是否存在。首先,应当证明基础性事实,包括行为人的从业经历、专业背景、任职情况等基本情况。其次,刑事推定并非凭空推定,在基础事实和推定事实之间,需要运用经验法则建立逻辑联系,从犯罪嫌疑人、被告人的金融活动从业经历、专业背景以及在同类公司任职情况、是否存在故意逃避法律等情形,推定其辩解是否具有合理性。最后,应当充分听取行为人的辩解,对相关客观行为能够作出合理的辩解或者综合全案证据不能排除其他可能性的,不能推定主观明知。比如,对犯罪嫌疑人提出因信赖行政机关的认定意见而实施相关行为的,就应当采信这一辩解。当然,行政机关的认定已经情况较为复杂,还需要通过审查行政认定意见与具体指控事实之间的一致性等作出判断。同时,通过收集培训宣传资料、集资参与人关于参与集资过程的证言、投资合同等证据,从中查找犯罪嫌疑人、被告人是否存在故意规避法律逃避监管等行为,可以进一步补强刑事推定的效果。2019年《意见》明确列举若干可以判断犯罪嫌疑人、被告人具有主观故意的若干情形:(1)是否使用虚假身份信息对外开展业务;(2)是否虚假订立合同、协议;(3)是否虚假宣传,明显超出经营范围或者夸大经营、投资、服务项目及盈利能力;(4)是否吸收资金后隐匿、销毁合同、协议、账目;(5)是否传授或者接受规避法律、逃避监管的方法;等等。

---

① 参见周光权:《明知与刑事推定》,载《现代法学》2009年第2期。

第四节 相关案例评析

一、杨卫国等人非法吸收公众存款案[①]

【关键词】 非法吸收公众存款 网络借贷 资金池

【要旨】

单位或个人假借开展网络借贷信息中介业务之名，未经依法批准，归集不特定公众的资金设立资金池，控制、支配资金池中的资金，并承诺还本付息的，构成非法吸收公众存款罪。

【基本案情】

被告人杨卫国，男，浙江望洲集团有限公司法定代表人、实际控制人。

被告人张雯婷，女，浙江望洲集团有限公司出纳，主要负责协助杨卫国调度、使用非法吸收的资金。

被告人刘蓓蕾，女，上海望洲财富投资管理有限公司总经理，负责该公司业务。

被告人吴梦，女，浙江望洲集团有限公司经理、望洲集团清算中心负责人，主要负责资金池运作有关业务。

浙江望洲集团有限公司（以下简称望洲集团）于2013年2月28日成立，被告人杨卫国为法定代表人、董事长。自2013年9月起，望洲集团开始在线下进行非法吸收公众存款活动。2014年，杨卫国利用其实际控制的公司又先后成立上海望洲财富投资管理有限公司（以下简称望洲财富）、望洲普惠投资管理有限公司（以下简称望洲普惠），通过线下和线上两个渠道开展非法吸收公众存款活动。其中，望洲普惠主要负责发展信贷

[①] 最高人民检察院指导性案例（检例第64号）。

客户（借款人），望洲财富负责发展不特定社会公众成为理财客户（出借人），根据理财产品的不同期限约定7%—15%不等的年化利率募集资金。在线下渠道，望洲集团在全国多个省、市开设门店，采用发放宣传单、举办年会、发布广告等方式进行宣传，理财客户或者通过与杨卫国签订债权转让协议，或者通过匹配望洲集团虚构的信贷客户借款需求进行投资，将投资款转账至杨卫国个人名下42个银行账户，被望洲集团用于还本付息、生产经营等活动。在线上渠道，望洲集团及其关联公司以网络借贷信息中介活动的名义进行宣传，理财客户根据望洲集团的要求在第三方支付平台上开设虚拟账户并绑定银行账户。理财客户选定投资项目后将投资款从银行账户转入第三方支付平台的虚拟账户进行投资活动，望洲集团、杨卫国及望洲集团实际控制的担保公司为理财客户的债权提供担保。望洲集团对理财客户虚拟账户内的资金进行调配，划拨出借资金和还本付息资金到相应理财客户和信贷客户账户，并将剩余资金直接转至杨卫国在第三方支付平台上开设的托管账户，再转账至杨卫国开设的个人银行账户，与线下资金混同，由望洲集团支配使用。

因资金链断裂，望洲集团无法按期兑付本息。截止到2016年4月20日，望洲集团通过线上、线下两个渠道非法吸收公众存款共计64亿余元，未兑付资金共计26亿余元，涉及集资参与人13400余人。其中，通过线上渠道吸收公众存款11亿余元。

【指控与证明犯罪】

2017年2月15日，浙江省杭州市江干区人民检察院以非法吸收公众存款罪对杨卫国等4名被告人依法提起公诉，杭州市江干区人民法院公开开庭审理本案。

法庭调查阶段，公诉人宣读起诉书指控杨卫国等被告人的行为构成非法吸收公众存款罪，并对杨卫国等被告人进行讯问。杨卫国对望洲集团通过线下渠道非法吸收公众存款的犯罪事实和性质没有异议，但辩称望洲集团的线上平台经营的是正常P2P业务，线上的信贷客户均真实存在，不存在资金池，不是吸收公众存款，不需要取得金融许可牌照，在营业执照许可的经营范围内即可开展经营。针对杨卫国的辩解，公诉人围绕理财资金的流转对被告人进行了重点讯问。

公诉人：（杨卫国）如果线上理财客户进来的资金大于借款方的资金，

如何操作？

杨卫国：一般有两种操作方式。一种是停留在客户的操作平台上，另一种是转移到我开设的托管账户。如果转移到托管账户，客户就没有办法自主提取了。如果客户需要提取，我们根据客户指令再将资金返回到客户账户。

公诉人：（吴梦）理财客户充值到第三方支付平台的虚拟账户后，望洲集团操作员是否可以对第三方支付平台上的资金进行划拨。

吴梦：可以。

公诉人：（吴梦）请叙述一下划拨资金的方式。

吴梦：直接划拨到借款人的账户，如果当天资金充足，有时候会划拨到杨卫国在第三方支付平台上设立的托管账户，再提现到杨卫国绑定的银行账户，用来兑付线下的本息。

公诉人补充讯问：（吴梦）如果投资进来的资金大于借款方，如何操作？

吴梦：会对一部分进行冻结，也会提现一部分。资金优先用于归还客户的本息，然后配给借款方，然后再提取。

被告人的当庭供述证明，望洲集团通过直接控制理财客户在第三方平台上的虚拟账户和设立托管账户，实现对理财客户资金的归集和控制、支配、使用，形成了资金池。

举证阶段，公诉人出示证据，全面证明望洲集团线上、线下业务活动本质为非法吸收公众存款，并就线上业务相关证据重点举证。

第一，通过出示书证、审计报告、电子数据、证人证言、被告人供述和辩解等证据，证实望洲集团的线上业务归集客户资金设立资金池并进行控制、支配、使用，不是网络借贷信息中介业务。（1）第三方支付平台赋予望洲集团对所有理财客户虚拟账户内的资金进行冻结、划拨、查询的权限。线上理财客户在合同中也明确授权望洲集团对其虚拟账户内的资金进行冻结、划拨、查询，且虚拟账户销户需要望洲集团许可。（2）理财客户将资金转入第三方平台的虚拟账户后，望洲集团每日根据理财客户出借资金和信贷客户的借款需求，以多对多的方式进行人工匹配。当理财客户资金总额大于信贷客户借款需求时，剩余资金划入杨卫国在第三方支付平台开设的托管账户。望洲集团预留第二天需要支付的到期本息后，将剩余资金提现至杨卫国的银行账户,用于线下非法吸收公众存款活动或其他经营活动。(3)信贷客户的借款期限与理财客户的出借期限不匹配,存在期限错配等问题。(4)杨卫国及其控制的公司承诺为信贷客户提供担保,当信贷客户不能按时还本付息时,杨卫国保证在债权期限届满之日起3个工作日内代为偿还本金和利息。实际操作中,归还出借人的资金都来自于线上的托管账户或者杨卫国用于线下经营的银行账户。(5)望洲集团通过多种途径向不特定公众进行宣传,发展理财客户,并通过明示年化收益率、提供担保等方式承诺向理财客户还本付息。

第二,通过出示理财、信贷余额列表,扣押清单,银行卡照片,银行卡交易明细,审计报告,证人证言,被告人供述和辩解等证据,证实望洲集团资金池内的资金去向:(1)望洲集团吸收的资金除用于还本付息外,主要用于扩大望洲集团下属公司的经营业务。(2)望洲集团线上资金与线下资金混同使用,互相弥补资金不足,望洲集团从第三方支付平台提现到杨卫国银行账户资金为2.7亿余元,杨卫国个人银行账户转入第三方支付平台资金为2亿余元。(3)望洲集团将吸收的资金用于公司自身的投资项目,并有少部分用于个人支出,案发时线下、线上的理财客户均遭遇资金兑付困难。

法庭辩论阶段,公诉人发表公诉意见,论证杨卫国等被告人构成非法吸收公众存款罪,起诉书指控的犯罪事实清楚,证据确实、充分。其中,望洲集团在线上经营所谓网络借贷信息中介业务时,承诺为理财客户提供保底和增信服务,获取对理财客户虚拟账户内资金进行冻结、划拨、查询等权限,归集客户资金设立资金池,实际控制、支配、使用客户资金,用于还本付息和其他生产经营活动,超出了网络借贷信息中介的业务范围,属于变相非法吸收公众存款。杨卫国等被告人明知其吸收公众存款的行为未经依法批准而实施,具有犯罪的主观故意。

杨卫国认为望洲集团的线上业务不构成犯罪,不应计入犯罪数额。杨卫国的辩护人认为,国家允许P2P行业先行先试,望洲集团设立资金池、开展自融行为的时间在国家对P2P业务进行规范之前,没有违反刑事法律,属民事法律调整范畴,不应受到刑事处罚,犯罪数额应扣除通过线上模式流入的资金。

公诉人针对杨卫国及其辩护人的辩护意见进行答辩:望洲集团在线

上开展网络借贷中介业务已从信息中介异化为信用中介,望洲集团对理财客户投资款的归集、控制、支配、使用以及还本付息的行为,本质与商业银行吸收存款业务相同,并非国家允许创新的网络借贷信息中介行为,不论国家是否出台有关网络借贷信息中介的规定,未经批准实施此类行为,都应当依法追究刑事责任。因此,线上吸收的资金应当计入犯罪数额。

法庭经审理认为,望洲集团以提供网络借贷信息中介服务为名,实际从事直接或间接归集资金、甚至自融或变相自融行为,本质是吸收公众存款。判断金融业务的非法性,应当以现行刑事法律和金融管理法律规定为依据,不存在被告人开展P2P业务时没有禁止性法律规定的问题。望洲集团的行为已经扰乱金融秩序,破坏国家金融管理制度,应受刑事处罚。

2018年2月8日,杭州市江干区人民法院作出一审判决,以非法吸收公众存款罪,分别判处被告人杨卫国有期徒刑9年6个月,并处罚金人民币50万元;判处被告人刘蓓蕾有期徒刑4年6个月,并处罚金人民币10万元;判处被告人吴梦有期徒刑3年,缓刑5年,并处罚金人民币10万元;判处被告人张雯婷有期徒刑3年,缓刑5年,并处罚金人民币10万元。在案扣押冻结款项分别按损失比例发还;在案查封、扣押的房产、车辆、股权等变价后分别按损失比例发还。不足部分责令继续退赔。宣判后,被告人杨卫国提出上诉后又撤回上诉,一审判决已生效。本案追赃挽损工作仍在进行中。

【指导意义】

其一,向不特定社会公众吸收存款是商业银行专属金融业务,任何单位和个人未经批准不得实施。根据《商业银行法》第11条规定,未经国务院银行业监督管理机构批准,任何单位和个人不得从事吸收公众存款等商业银行业务,这是判断吸收公众存款行为合法与非法的基本法律依据。任何单位或个人,包括非银行金融机构,未经国务院银行业监督管理机构批准,面向社会吸收公众存款或者变相吸收公众存款均属非法。国务院《非法金融机构和非法金融业务活动取缔办法》进一步明确规定,未经依法批准,非法吸收公众存款、变相吸收公众存款、以任何名义向社会不特定对象进行的非法集资都属于非法金融活动,必须予以取缔。为了解决传统金融机构覆盖不了、满足不好的社会资金需求,缓解个体经营者、小微企业经营当中的小额资金困难,国务院金融监管机构于2016年发布了

《暂行办法》等"一个办法、三个指引",允许单位或个人在规定的借款余额范围内通过网络借贷信息中介机构进行小额借贷,并且对单一组织、单一个人在单一平台、多个平台的借款余额上限作了明确限定。检察机关在办案中要准确把握法律法规、金融管理规定确定的界限、标准和原则精神,准确区分融资借款活动的性质,对于违反规定达到追诉标准的,依法追究刑事责任。

其二,金融创新必须遵守金融管理法律规定,不得触犯刑法规定。金融是现代经济的核心和血脉,金融活动引发的风险具有较强的传导性、扩张性、潜在性和不确定性。为了发挥金融服务经济社会发展的作用,有效防控金融风险,国家制定了完善的法律法规,对商业银行、保险、证券等金融业务进行严格的规制和监管。金融也需要发展和创新,但金融创新必须有效地防控可能产生的风险,必须遵守金融管理法律法规,尤其是依法须经许可才能从事的金融业务,不允许未经许可而以创新的名义擅自开展。检察机关办理涉金融案件,要深入分析、清楚认识各类新金融现象,准确把握金融的本质,透过复杂多样的表现形式,准确区分是真的金融创新还是披着创新外衣的伪创新,是合法金融活动还是以金融创新为名实施金融违法犯罪活动,为防范化解金融风险提供及时、有力的司法保障。

其三,网络借贷中介机构非法控制、支配资金,构成非法吸收公众存款。网络借贷信息中介机构依法只能从事信息中介业务,为借款人与出借人实现直接借贷提供信息搜集、信息公布、资信评估、信息交互、借贷撮合等服务。信息中介机构不得提供增信服务,不得直接或间接归集资金,包括设立资金池控制、支配资金或者为自己控制的公司融资。网络借贷信息中介机构利用互联网发布信息归集资金,不仅超出了信息中介业务范围,同时也触犯了《刑法》第176条的规定。检察机关在办案中要通过对网络借贷平台的股权结构、实际控制关系、资金来源、资金流向、中间环节和最终投向的分析,综合全流程信息,分析判断是规范的信息中介,还是假借信息中介名义从事信用中介活动,是否存在违法设立资金池、自融、变相自融等违法归集、控制、支配、使用资金的行为,准确认定行为性质。

二、朱某某等人非法吸收公众存款案①

【关键词】 非法吸收公众存款　分层处理　不起诉

【要旨】

对涉案人员众多的非法吸收公众存款案件，必须贯彻宽严相济的刑事政策，根据犯罪嫌疑人在犯罪活动中的地位作用、涉案数额、危害结果、主观罪过等主客观情节和认罪悔罪态度等事后表现，综合判断责任轻重及刑事追诉的必要性。对犯罪情节严重、主观恶性大、在犯罪中起主要作用的人员，特别是核心管理层人员和骨干人员，依法从严打击；对犯罪情节相对较轻、主观恶性较小、在犯罪中起次要作用的人员依法从宽处理。

【基本案情】

被告人朱某某等13人，朱某某原系北京某联盈科贸有限公司（以下简称某联盈公司）法定代表人兼执行董事、股东。被不起诉人35人。

2009年12月至2012年5月，朱某某、徐某某先后伙同张某、刘某某、肖某某，并纠集倪某某、邢某某、尹某某、刘某、汤某某、张某某、郭某、李某某等人，以某联盈公司为平台，假借销售商品之名，通过网络宣传、推介会等途径，向社会公开宣传"联合加盟方案"，通过宣讲某联盈公司以往公司业绩、模拟营业额增长比例等方式，误导社会公众相信加盟某联盈公司后，可通过领取运营补贴、招商补贴、顾问费、精英奖、排名奖等方式获取高额回报，变相非法吸收公众存款人民币26亿余元。

在实施非法吸收公众存款期间，某联盈公司形成了较为明确的部门分工：（1）客服总监尹某某负责客服部、签约部、呼叫中心及检测中心，由肖某某分管。呼叫中心负责客户电话咨询及投诉处理，客服部负责接待公司来访客户，检测中心为客户做虹膜检测等医疗服务并推销产品，签约部负责与客户签署加盟合约。（2）市场总监汤某某负责培训部、企划部、会务部及市场拓展部，由肖某某分管。企划部负责公司形象维护，为加盟课件润色，培训部负责对客户进行加盟内容的讲解，会务部专门为培

---

① 最高人民检察院第四检察厅编著：《最高人民检察院第十七批指导性案例适用指引》，中国检察出版社2020年版，第53页。

训部组织推介会,市场拓展部负责与外地服务中心的联系。(3)财务总监刘某负责财务部、审核部及结算部,整体工作由徐某某分管。其中,审核部负责签约客户的电子录入,结算部负责客户返利金额的计算,财务部负责加盟资金的收支,每月给加盟商和服务专员的奖励等计算及审核均由朱某某直接分管。(4)运营总监李某某负责物流部、产品认证部,由肖某某分管。物流部负责给加盟商运送货物,产品认证部负责产品定价。(5)行政总监钱某某负责行政部、人事部、物业部及保卫部,由倪某某分管,主要负责公司后勤保障、人员管理等。(6)公司培训总监邢某某负责对培训部讲师的授课技巧进行培训,同时负责对人数较多或较重要的顾客进行授课;公司高级讲师李某某负责对人数较多或较重要的顾客进行授课以及赴外地对加盟商进行授课,授课内容偏重经济学理论。

【诉讼过程】

2012年8月26日,北京市公安局朝阳区分局以涉嫌非法吸收公众存款罪,对朱某某等48名犯罪嫌疑人移送朝阳区人民检察院审查起诉;因案件重大、疑难、复杂,同年11月16日,北京市人民检察院将本案指定市检察院第二分院审查起诉。

审查起诉阶段,鉴于公安机关移送的犯罪嫌疑人数量较多,在公司中的地位、作用各不相同,为了准确认定各犯罪嫌疑人的地位、作用及责任轻重。检察机关结合在案证据,从以下方面对犯罪嫌疑人进行梳理:第一,根据犯罪嫌疑人具体实施行为在非法吸收公众存款犯罪中起到的作用,明确核心行为与非核心行为,最终确定三类核心行为:(1)加盟活动的设计、组织行为;(2)吸引社会公众投资的宣传、培训行为;(3)与客户签约加盟、收款及返利行为。第二,根据犯罪嫌疑人在公司的任职情况,确定其所处的层级。朱某某、徐某某、肖某某、张某、刘某某在各自的犯罪时期内属主犯,其余犯罪嫌疑人是次要实行犯或帮助犯,是从犯。第三,犯罪嫌疑人具有的其他情节,如加入公司的时间、实际获利情况等。第四,认罪悔罪、退赃退赔情况。上述情况主要有以下证据证明:被告人的供述和辩解;某联盈公司工作人员的证言及加盟商证言;书证《加盟合同》《套系订购单》《项目服务专员协议》,相关公司工商、税务登记材料及营业执照,公司账册,银行查询,冻结手续;司法会计鉴定意见书等。办案人员综合以上事实证据,根据宽严相济的刑事政策,客观分析对犯罪嫌疑人进行刑事追诉的必要性及刑事责任的轻重，区别对待、分类处理。

第一，对在非法吸收公众存款犯罪中起组织、领导等核心、骨干作用的犯罪嫌疑人，依法提起公诉。检察机关通过审查起诉认定，犯罪嫌疑人朱某某、徐某某、张某、刘某某是某联盈公司的组织者、联合加盟方案的主要设计者及最初的推动者。2011年7月至10月，张某、刘某某陆续离开公司后，肖某某加入公司，主要负责组织实施吸收公众存款行为。犯罪嫌疑人倪某某于2011年9月加入公司即担任总经理一职，在公司负责人员、流程管理。上述6人参与犯罪时间、所起作用虽不完全相同，但所处位置均为公司的最高层级，或组织公司作为吸收公众存款的载体，或设计联合加盟方案启动吸收公众存款的行为，或组织、领导员工扩大吸收公众存款的范围，与公司的总监、经理及其他员工在地位、获利方面相差悬殊，骨干作用明显，均应追究刑事责任。因此，检察机关决定对朱某某等6名公司高级管理人员依法提起公诉。

第二，对实施三类核心行为的主要参与者，原则上追究刑事责任，并根据其任职部门、参与犯罪时间、认罪悔罪、退赃退赔情况等作进一步区别对待。48名犯罪嫌疑人中，属于核心行为主要参与者的有9人，检察机关对公司培训部顾问邢某某、客服总监尹某某、财务总监刘某、市场部总监汤某某、某分公司负责人李某某等5人，决定依法提起公诉。运营总监李某某、行政总监钱某某、总裁办主任戴某某虽担任部门负责人，但对非法吸收公众存款仅起到一般帮助作用，且加入公司时间较短、实际获利较少，而且如实供述了公司经营模式和朱某某、肖某某等主犯在公司中的作用，认罪态度较好，依法对其作出相对不起诉决定。

第三，对于部门经理及公司一般员工，原则上不追究刑事责任，但对其中参与非法吸收公众存款犯罪行为时间较长、所起作用较大的人员，依法提起公诉。呼叫中心经理郭某、审核部经理张某某二人加入公司时间较长，所处部门为公司吸收公众存款的主要部门，依法决定对二人提起公诉。对其他12名不是非法吸收公众存款核心部门的经理依法作出相对不起诉决定。公司培训讲师李某某虽在讲师中层级较高，获利较大，但其授课主要偏重经济学理论，且在公司中没有担任具体职务，无组织、管理、领导职责，对其依法作出相对不起诉决定；对犯罪情节轻微的其他22名公司一般员工,依法作出相对不起诉决定。

2013年4月26日,北京市人民检察院第二分院以非法吸收公众存款罪对朱某某等13名被告人依法提起公诉,对其余35人均依法作出相对不起诉决定。

在法庭调查阶段,公诉人宣读起诉书,指控被告人朱某某、徐某某、肖某某、张某、刘某某伙同被告人倪某某、邢某某、尹某某、刘某、汤某某、张某某、郭某、李某某,以销售商品为名,宣传加入联合加盟方案可获取高额回报,向社会公众募集资金,变相吸收公众存款,扰乱金融秩序,各被告人的行为均已构成非法吸收公众存款罪,且犯罪数额巨大,其行为构成非法吸收公众存款罪,并进行了法庭调查。其中,被告人朱某某、肖某某不承认公诉机关指控的犯罪事实;被告人徐某某对公诉人指控的事实均不持异议,并当庭指认了被告人朱某某和肖某某的犯罪事实;被告人刘某某对公诉人指控的其犯非法吸收公众存款罪的事实不持异议,并当庭供述了某联盈公司的经营模式,指认了其他主要犯罪嫌疑人的犯罪事实;被告人倪某某对公诉人指控的其犯非法吸收公众存款罪无异议,并当庭供述了自己的犯罪事实,并指认了其他同案犯。

在法庭辩论阶段,公诉人对不认罪的被告人的辩解进行了有针对性的驳斥,并根据各被告人的到案情况、认罪情况等,提出相应的量刑建议,进一步体现宽严相济的刑事政策。公诉人指出,朱某某作为某联盈公司的法人、股东,系联合加盟方案的设计者和决策人,肖某某进入某联盈公司后任公司执行总裁兼朱某某的顾问,积极参与联合加盟方案的调整、宣传和推广,二人的行为导致私募所得的巨额资金脱离国家金融监管,严重危害国家金融管理秩序,符合非法吸收公众存款罪的构成要件,均已构成非法吸收公众存款罪。被告人徐某某主动到公安机关如实供述某联盈公司的犯罪行为,并提供公司人员花名册、平面图,协助抓捕同案犯,且当庭指认不认罪的被告人朱某某和肖某某;被告人刘某某在公安机关电话通知的情况下,主动到公安机关如实供述犯罪行为,认罪态度较好且庭审中积极配合公诉机关对整个犯罪模式和其他主犯的行为进行有效指认;被告人倪某某协助抓捕同案犯且自始如实供述自己和其他同案的犯罪事实。对上述被告人应当依法分别认定自首、立功、坦白,并提出了从轻或减轻处罚的量刑建议,均被法院认可。

法庭经审理认为，朱某某等被告人构成非法吸收公众存款罪，证据确实、充分。2014年8月6日，北京市第二中级人民法院作出判决，以非法吸收公众存款罪，分别判处：被告人朱某某有期徒刑10年，并处罚金人民币50万元；被告人肖某某有期徒刑10年，并处罚金人民币50万元；被告人徐某某有期徒刑6年，并处罚金人民币30万元；被告人张某有期徒刑5年，并处罚金人民币25万元；被告人邢某某有期徒刑5年，并处罚金人民币25万元；被告人刘某某有期徒刑4年，并处罚金人民币20万元；被告人倪某某有期徒刑4年，并处罚金人民币20万元；被告人尹某某有期徒刑4年，并处罚金人民币20万元；被告人郭某有期徒刑3年10个月，并处罚金人民币20万元；被告人张某某有期徒刑3年6个月，并处罚金人民币20万元；被告人汤某某有期徒刑3年，并处罚金人民币15万元；被告人刘某有期徒刑2年6个月，并处罚金人民币10万元；被告人李某某有期徒刑2年6个月，并处罚金人民币10万元。

宣判后，朱某某、徐某某、肖某某、倪某某、邢某某、尹某某、郭某、张某某、汤某某、李某某不服，向北京市高级人民法院提起上诉，北京市高级人民法院经审理认为一审法院判定事实清楚，证据确实、充分，定罪及适用法律正确，量刑适当，审判程序合法，于2015年7月6日，作出终审裁定，驳回朱某某等人的上诉，维持原判。

【评析意见】

对涉案人员众多的非法集资犯罪案件，检察机关要坚持打击少数、教育挽救大多数的基本处理原则，运用好宽严相济的刑事政策，合理把握追究刑事责任的范围。在具体把握上，要坚持主客观相统一，结合事实证据全面深入分析各犯罪嫌疑人、被告人在非法集资中的地位作用、涉案数额、危害结果、主观罪过等主客观情节和认罪悔罪、退赃退赔等事后表现，综合判断责任轻重及刑事追诉的必要性。在审查逮捕、审查起诉过程中，要通过采取不同的强制措施、起诉或不起诉进行区别对待、分类处理，依法作出不批准逮捕、变更强制措施、不起诉等决定。在法庭审理过程中，要结合被告人在庭上的认罪态度，有针对性地提出是否从宽处罚的量刑建议。对犯罪嫌疑人、被告人区别对待，既能充分体现宽严相济的刑事政策，也能在一定程度上促使不认罪的被告人转变态度，节约司法资源。

非法集资案件由于涉及人数多、证据复杂以及被告人、犯罪嫌疑人认罪态度不一，办案周期往往较长，不仅司法成本高，而且影响后续资产处置工作的开展，影响集资参与人的合法权益。对此，检察机关要改进办案方式方法，进一步提高办案的效率。2018年修改后的刑事诉讼法正式规定了认罪认罚从宽制度，该制度在依法及时惩治犯罪、强化人权保障、优化司法资源配置、推动繁简分流、提升诉讼质量效率、完善多层次刑事诉讼程序体系等方面具有明显的价值优势和独特的功能作用。办案人员要从有利于提高办案效率、有利于实现办案效果、有利于维护人民群众的合法权益出发，在办理非法集资案件中积极运用认罪认罚从宽制度，不断总结积累经验，充分发挥这一制度的功能作用。

第九章

集资诈骗罪办案指引

第一节　集资诈骗罪概述

集资诈骗罪是指以非法占有为目的，使用诈骗方法进行非法集资的行为。本罪与非法吸收公众存款罪均系非法集资的主要犯罪类型，两者最主要的区别在于行为人在非法集资过程中是否具有非法占有目的，许多集资诈骗犯罪由最初的非法吸收公众存款犯罪演变而来，其社会危害性较非法吸收公众存款罪更为巨大。近年来，集资诈骗手段不断翻新，涉案金额大，波及人数多，覆盖范围广，既严重扰乱经济金融秩序，又极大侵害了人民群众的财产安全。

一、立法沿革

刑法第一百九十二条　以非法占有为目的，使用诈骗方法非法集资，数额较大的，处三年以上七年以下有期徒刑，并处罚金；数额巨大或者有其他严重情节的，处七年以上有期徒刑或者无期徒刑，并处罚金或者没收财产。

单位犯前款罪的，对单位判处罚金，并对其直接负责的主管人员和其他直接责任人员，依照前款的规定处罚。

1979年刑法未规定集资诈骗罪，故对于以非法集资方式进行诈骗的行为只能按诈骗罪进行处罚，一定程度上不利于打击集资诈骗行为。1995年全国人大常委会《关于惩治破坏金融秩序犯罪的决定》第8条规定："以非法占有为目的，使用诈骗方法非法集资的，处三年以下有期徒刑或者拘役，并处二万元以上二十万元以下罚金；数额巨大或者有其他严重情节的，处三年以上十年以下有期徒刑，并处五万元以上五十万元以下罚金；数额特别巨大或者有其他特别严重情节的，处十年以上有期徒刑、无期徒刑或者死刑，并处没收财产。单位犯前款罪的，对单位判处罚金，并对直接负责的主管人员和其他直接责任人员，依照前款的规定处罚。"该条将集资诈骗罪从普通诈骗罪中分离出来，这也是关于集资诈骗罪的第一次正式立法，且将最高法定刑设定为死刑。1997年刑法吸收了上述规定，并把"数额较大"设定为入罪标准，细化了刑期的规定，严格规定了死刑的适用条件。2015年《刑法修正案（九）》正式废除集资诈骗罪中的死刑刑罚。同时在犯罪情节方面，用数额较大和数额巨大等代替具体金额。

2021年3月1日实施的《刑法修正案（十一）》对集资诈骗罪的刑罚结构进行了调整，取消"数额特别巨大或者有其他特别严重情节"的档次，由此将该罪的法定刑由原先的三档改为两档，并且调整相应的起刑点。这意味着以往适用第二档次法定刑的情形，如今可以进入最重的法定刑档次，判处7年以上有期徒刑或者无期徒刑。另外，修正案将该罪过去第一档法定刑设置的5年以下有期徒刑或者拘役，修改为3年以上7年以下有期徒刑，意味着集资诈骗罪的第一档刑罚起刑点是3年有期徒刑，第一档刑罚的最高法定刑由5年提升至7年，进一步加大了刑事处罚的力度。

二、犯罪构成

（一）犯罪客体

本罪侵犯的客体是复杂客体，既侵犯了公私财产所有权，又侵犯了国家金融管理秩序。集资诈骗罪对于国家金融管理秩序的侵害，本质上与非法吸收公众存款罪是一致的，应当从防范金融风险的角度去理解本罪对金融管理秩序的破坏。而且，由于集资诈骗罪具有以非法占有为目的的诈骗行为，其社会危害性较非法吸收公众存款罪更为严重。

（二）客观方面

本罪在客观方面表现为行为人使用诈骗方法非法集资。

1. 使用诈骗方法

诈骗方法包括虚构事实型和隐瞒真相型两种。

集资诈骗中的诈骗方法，通常表现为虚构投资经营项目向集资参与人募集资金后占为己有。但需要指出的是，单纯以非法占有为目的，以高息为诱饵进行非法集资后拒不归还、携款潜逃的，即使没有采用其他的诈骗手段，其不履行承诺行为本身就是诈骗方法，而不需要再去证明其他的诈骗方法。在归还本金外，以承诺的方式开展投资经营，但因投资经营风险未实现承诺的投资回报，不宜认定为使用诈骗方法。诈骗方法的认定必须建立在欺骗方法是针对客观的已有的基础事实作出的，而非基于对未来的价值判断。因诈骗方法而形成的错误认识也因涉及的行业领域不同而应当有所区别，如投机、投资领域的错误认识形成标准应显著高于生产领域。①

需要指出的是，在非法吸收公众存款案件中，非法集资人也经常采取虚构投资项目、夸大公司实力等欺骗手段。是否采取欺骗手段，不是区分非法吸收公众存款罪与集资诈骗罪的主要因素。

2. 非法集资

本条规定"非法集资"仅限于非法吸收公众存款，还是包含其他涉非法集资的行为？有的认为，集资诈骗应当符合非法吸收公众存款罪的四个基本特征。②刑法未对"非法集资"进行专门解释，从行政法律规定和刑事司法解释来看，非法集资的范围广于非法吸收公众存款，不仅包括集资诈骗本身，还包括擅自公开发行股票、债券等具有公开募集资金性质的罪名。如1998年《非法金融机构和非法金融业务活动取缔办法》（已失效）将非法吸收公众存款与非法集资并列作为非法金融活动予以规定，并对非法吸收公众存款作出了区别定义；2021年《防范和处置非法集资条例》对非法集资进行定义，不完全等同于非法吸收公众存款的定义。2022年修改后《非法集资解释》似将集资诈骗定义为以非法占有为目的以诈骗方法非法吸收公众存款的行为，但该解释也同时对擅自发行股票、债券和

---

① 参见王兆忠、雷涛、刘旎：《集资诈骗罪审理中常见疑难问题认定与证明》，载《法律适用》2019年第16期。

② 参见王爱立主编：《中华人民共和国刑法释义》，法律出版社2021年版，第394页。

基金份额的行为作了规定。如果仅将本条中的"非法集资"局限于非法吸收公众存款，将对通过以诈骗方法擅自发行股票、债券的非法集资行为，无法按照集资诈骗罪定罪处罚，只能按照合同诈骗罪或诈骗罪定罪处罚，似不太妥当。因此，本书倾向于认为，《刑法》第192条中的"非法集资"仍要求集资行为具备非法性特征，具体适用范围可以按照《防范和处置非法集资条例》予以把握，不当然以构成非法吸收公众存款为前提。

（三）主观方面

本罪在主观上由故意构成，而且必须具备非法占有为目的。集资诈骗的实现模式与普通诈骗存在较大区别，因此在认定集资诈骗罪中的非法占有目的时，也应当结合集资诈骗模式的特征有所区别。比如集资诈骗的前期，行为人往往有借有还，后期则以借新还旧的方式维持模式运转，不能因为前期有借有还就否认行为人的非法占有目的，这只是实现集资诈骗的一个环节，必须从整体上去判断行为人的主观目的。

三、定罪量刑标准

《刑法修正案（十一）》实施后，集资诈骗罪的起刑点提高至3年，最高法定刑仍为无期徒刑。但量刑档次由三档调整为两档："数额较大的，处三年以上七年以下有期徒刑，并处罚金；数额巨大或者有其他严重情节的，处七年以上有期徒刑或者无期徒刑，并处罚金或者没收财产。"

2022年修订后《非法集资解释》统一了单位和个人犯罪的定罪量刑标准：集资诈骗数额在10万元以上的，应当认定为"数额较大"；数额在100万元以上的，应当认定为"数额巨大"。集资诈骗数额在50万元以上，同时造成恶劣社会影响或者其他严重后果的，应当认定为"其他严重情节"。

第二节　集资诈骗罪司法疑难问题

一、非法占有目的的认定方法

《非法集资解释》列举了八种可以认定行为人具有非法占有目的的情形:(1)集资后不用于生产经营活动或者用于生产经营活动与筹集资金规模明显不成比例,致使集资款不能返还的;(2)肆意挥霍集资款,致使集资款不能返还的;(3)携带集资款逃匿的;(4)将集资款用于违法犯罪活动的;(5)抽逃、转移资金、隐匿财产,逃避返还资金的;(6)隐匿、销毁账目,或者搞假破产、假倒闭,逃避返还资金的;(7)拒不交代资金去向,逃避返还资金的;(8)其他可以认定非法占有目的的情形。

就该司法解释列举的情形看,认定具有非法占有目的可以归纳为两类情形:一是存在逃避返还资金的情形;二是存在不负责任地使用资金、致使资金不能返还的情形。相对而言,证明逃避返还资金情形的要求比较明确,只要证据收集到位,就较容易证明。但大量案件中资金去向都存在第二种情形,在认定上经常出现认识分歧。比如,在方某某非法吸收公众存款案中,方某某非法募集资金为1亿余元,现有证据无法查实所宣传的项目是否真实存在,只能显示有5307万余元以公司名义购买不动产,另返还投资人本息共计2933万余元。一审法院认为:非法吸收公众存款罪中的集资款被用于生产经营活动中,生产经营活动能够实现返还集资款或者存在返还集资款的可能,而集资诈骗罪中的集资款或绝大部分集资款没有被用于生产经营活动,被行为人隐匿或肆意处置,包括用于个人挥霍、偿还个人债务、维持非法集资犯罪活动或用于其他违法犯罪活动等,造成集资款不能归还。被告人方某某未经国家有关部门批准,进行虚假宣传和承诺,公开向社会公众募集资金,未将集资款用于宣传的投资项目,也未用于其他生产经营活动,在无经营性收入的情况下肆意处置集资款——用集资款购置房产、车辆后抵押、出售,支付用于非法集资的场租、销售人员佣金,用后期投资人投资款兑付前期投资人投资本息以维持非法集资犯罪活动,致使数千万元集资款不能返还。因此,可以认定被告人方某某主观上具有非法占有集资款的目的。而二审法院却认为:从资金去向上看,非法集资款的主要支出为2013年9月用人民币5307万余元以公司名义购买不动产,另返还投资人本息共计2933万余元。综上,方某某吸收的集资款绝大部分用于投资不动产、返还投资人,由此无法认定方某某具备非法占有目的。[①]上述案件中争议的产生表明实践中非法占有目的判断的复杂性。认识分歧主要存在于司法解释规定的以下两种情形。

1.集资后不用于生产经营活动或者用于生产经营活动与筹集集资款明显不成比例,致使集资款不能返还

第一,如何认定"生产经营活动"。生产经营活动应与为非法集资开展的活动相区分。用于涉案公司的日常运营、员工工资(不含提成)等部分及用于返还投资人本息、业务员返佣等部分均属于犯罪成本,不能算作是用于"生产经营"的部分。犯罪成本占募集资金的比例同样是定罪的重要参考依据,因此,司法审计还应对公司的运营成本(房租、员工工资等)、投资人返利、业务员返佣(或者第三方渠道的提成)、公司高管的借款及分红等项目进行逐一列项。如此才能充分了解募集资金的去向,才能准确作出是否有非法占有目的的判断。

第二,募集资金与用于生产经营活动的资金明显不成比例的界定。该规定中表述的"不成比例"是否可以进行量化?是否应确定具体比例来界定属于"明显"情形?这一问题被反复讨论和论证,但至今并没有得到一致而明确的答案。有观点认为,应该设定如50%左右的比例作为参考;还有观点认为,不能用明确的数学指标去衡量,正如天下没有两片完全一样的树叶,集资诈骗案件也多种多样。公司的运营本身十分复杂,资金的支出项目更是多种,个案的判断应结合具体的案件情况和资金的全面走向,并考虑是否同时存在其他情形来进行综合认定,不宜用确定的数量进行判断,否则会导致机械适用的局面。

---

① 北京市朝阳区人民法院(2016)京0105刑初606号判决书。

2. 肆意挥霍投资款，致使集资款不能返还

肆意挥霍投资款，是否要求挥霍的投资人达到一定数量或者一定比例？司法解释要求挥霍的结果是"致使集资款不能返还"，即因为行为人的挥霍行为导致对整个集资款的返还产生了一定的影响，而并非犯罪嫌疑人私用部分集资款就认定为具有非法占有目的。但在一些非法集资案件特别是涉互联网非法集资案件中，非法募集资金的总量往往是巨大的，资金总额高达1亿元以上的案件增多，有的甚至超百亿达千亿级别。行为人个人占有的钱款虽然数额较大，但相比较集资款比例却不大。对此应如何认定，争议较大。

一般而言，将公众资金投入所谓的项目并非当然可以排除非法占有目的，或者说项目的存在不一定是阻却非法占有目的认定的理由，更不能割裂地评价行为人对每一笔资金去向是否有非法占有目的，认为用于投资经营的部分没有非法占有目的。解决认识分歧，需要就非法占有目的的判断路径形成基本共识，为复杂的判断提供相对稳定的框架。非法占有目的的认定，实际上是证据的判断过程，且是基于各种与集资款使用有关的情形的整体判断，在资金去向复杂的情况下，往往不能单纯地凭借其中某一项情形作出判断。为此，2017年《纪要》提出，在没有证据证明犯罪嫌疑人逃避返还资金时，可以围绕融资项目真实性、资金去向、归还能力等事实证据，重点审查犯罪嫌疑人对资金能否归还是否具有不负责任的主观态度和相关行为并作出综合判断。

在此基础上，2017年《纪要》提出了认定"非法占有目的"的几种常见情形指引：(1) 大部分资金未用于生产经营活动，或名义上投入生产经营但又通过各种方式转移资金的；(2) 资金使用成本过高，生产经营活动的盈利能力不具有支付全部本息的现实可能性的；(3) 对资金使用的决策极度不负责任或肆意挥霍造成资金缺口较大的；(4) 归还本息主要通过借新还旧来实现的；等等。

上述项目仍然需要整体判断。其中，实践中经常出现争议的是借新还旧的问题，但实际上这应当成为认定集资诈骗非法占有目的的共识。在最高人民检察院发布的指导性案例周辉集资诈骗案中，也进一步明确将借新还旧作为判断非法占有目的的一个指标，该指导性案例的要旨指出：网络借贷信息中介机构或其控制人，利用网络借贷平台发布虚假信息，非法

建立资金池募集资金,所得资金大部分未用于生产经营活动,主要用于借新还旧和个人挥霍,无法归还所募资金数额巨大,应认定为具有非法占有目的,以集资诈骗罪追究刑事责任。此外,虽然借新还旧未写入2010年《解释》中,但起草人认为该种模式可以为第一项情形所涵盖,没有将借新还旧排除在外。他们认为,"以新还旧""以后还前"确实可以初步断定最终不具有归还能力,但其不具有归还能力的根本原因不在于是否支付本息,而是没有具体的生产经营活动,对此,完全可以认定为以非法占有为目的。①

在共同犯罪或单位犯罪案件中,不同层级的犯罪嫌疑人存在犯罪目的发生转化或者犯罪目的明显不同的情形,应当根据主客观统一的原则,对犯罪嫌疑人的犯罪目的分别认定。(1)根据犯罪目的转化的时间节点予以区分。在集资诈骗犯罪案件中,经常存在犯罪嫌疑人的犯罪目的因资金情况的变化发生转变。比如,起初不具有非法占有的目的,但在出现资金链断裂等问题后,明知资不抵债仍然继续非法吸收公众存款的,对后一阶段的行为可以认定犯罪嫌疑人具有非法占有的目的。(2)注意审查同案犯之间的犯罪目的差异。在涉案人员众多的犯罪案件中,不同的犯罪嫌疑人由于所处层级不同,对全案犯罪事实的认识不同,在犯罪目的上就会存在差异。比如,主要犯罪嫌疑人具有非法占有目的,但是其他同案犯只是实施了非法吸收公众存款行为,对资金去向存在错误认识,不明知主要犯罪嫌疑人以非法占有目的吸收资金,在这种情形下,就不能认定其具有非法占有目的。2022年《非法集资解释》增加了有关规定。

二、集资诈骗数额的认定

集资诈骗数额是定罪量刑的基准,其金额以案发时实际未兑付的金额计算。由于集资诈骗资金往来复杂,计算方法直接影响定罪量刑。对此,司法解释作了明确规定:(1)集资诈骗的数额以行为人实际骗取的数额计算,案发前已归还的数额应予扣除。集资诈骗系目的犯,应当从非法

---

① 参见刘为波:《〈关于审理非法集资刑事案件具体应用法律若干问题的解释〉的理解与适用》,载《人民司法》2011年第5期。

占有的目的角度来认定集资诈骗的数额,也即行为人通过集资行为从集资参与人处实际骗取的资金,故不包括行为人已经归还给集资参与人的资金数额。该解释中规定的"案发后",刑法理论界及实务界一致的认识是立案时间。对于立案后行为人归还的数额不从犯罪数额中扣除,仅作为量刑情节予以考虑。(2)行为人为实施集资诈骗活动而支付的广告费、中介费、手续费、回扣,或者用于行贿、赠与等费用,不予扣除。这是因为,行为人为实施集资诈骗活动而支付的广告费、中介费、提成费等属于犯罪成本,对于非法集资行为来讲,犯罪成本属于维系犯罪活动进行的必要支出,虽未直接被行为人个人所占有,但该部分资金仍属于集资参与人所遭受的财产损失。(3)行为人为实施集资诈骗活动而支付的利息,可以折抵未归还的本金。

第三节　集资诈骗罪证据指引

一、主要证据

集资诈骗案件中证据的审查、运用总体上可以参照上一章非法吸收公众存款罪的证据指引。两罪的区别在于犯罪嫌疑人、被告人是否具有非法占有目的，在办理非法集资案件时，应当围绕非法占有目的的证明全面收集、固定证据。避免因证据收集不及时、不到位，造成资金去向无法查清，非法占有目的无法认定。除了前述非法吸收公众存款列举的相关证据外，证明非法占有目的的重点证据包括：

（一）证明资金去向的证据

应当尽可能查清吸收资金的全部去向和各自所占的比例，调取资金往来记录、会计账簿和会计凭证等，以证明吸收公众存款的各项支出，如返本支出、利息支出、业务员提成支出、其他经营成本支出、投资项目支出、挥霍使用支出、挪用侵占情况等。核实犯罪嫌疑人是否将吸收资金用于违法犯罪活动。

（二）证明投资决策过程的证据

调取股东会、董事会等与投资决策有关的会议记录、项目尽职调查报告等投资项目启动、运营相关材料，调取项目投资有关资金交易记录、财务会计报告等，讯问犯罪嫌疑人，询问参与项目决策、经营的有关工作人员相关决策、经营过程，核实投资决策和项目经营是否符合商业经营的基本规则。

(三) 证明归还能力的证据

调取公司财务会计报告等，核实公司整体收支情况；对于投资项目，应当在核实投资项目真实性的基础上，逐一核实已投入情况、进一步投资需求、盈利变现情况等；调取与犯罪嫌疑人及其实际控制公司有关的借款、合同、诉讼情况等证据材料，核实犯罪嫌疑人的其他债权债务情况；调取犯罪嫌疑人在非法集资过程中与吸收、使用资金有关的异常表现等情况，如伪造金融票证虚构经济实力、提高吸收存款利率扩大吸收资金规模等，以证明其不同阶段的经济状况和主观目的。

对于上述据以判断的证据性事实的认定，需要依靠专业的司法审计对资金流向进行分析。在司法审计时，可以向审计机构明确需要审计的具体项目，集资人数及规模、运营及资金情况分析、各犯罪嫌疑人涉案情况三大部分内容，报告的附表应至少包括集资参与人信息总表（含报案与未报案）、P2P案件全部平台数据信息分类汇总表、对外投资或债权汇总表、涉案账户全部交易流水汇总表（资金池账户单列）、各嫌疑人被告人涉案情况表等。其中，要重点对犯罪嫌疑人运营情况及资金使用情况的进行审计。

二、证据的审查判断

如前所述，审查集资诈骗案件的难点是非法占有目的的认定，尤其是行为人在吸收资金后基本都有相应的项目投入的案件经常出现争议。对于涉案金额巨大的，行为人在吸收资金后基本都有相应的项目投入，重点应当围绕投资项目的真实性和盈利能力、集资成本的高低和模式的可持续性、资金的实际流向和最终用途、行为人偿还资金的主观态度和现实可能性四个方面对相关证据进行全面系统的综合审查判断。

（一）投资项目的真实性和盈利能力

正常的生产经营活动主要考虑生产成本和收益，因此首先要从投资收益和成本投入两个方面对是否具有非法占有目的进行分析。实践中，非法集资活动均存在名义上的"项目外衣"，如理财产品、投资项目、借贷合同、公司原始股权等，而将所吸收的社会公众资金投入所谓的项目是行为人辩称自己没有非法占有目的的主要理由。针对此类辩解，如果集资款未用于任何投资项目，可以直接推定行为人在集资时存在"非法占有目的"。如果行为人投资的项目确实存在，除了根据《非法集资解释》计算投资比例和吸收资金比例外，还可以分以下两种情况进一步细化分析。

第一种情况是所谓"张冠李戴"式投资，即宣称的项目具有一定程度的虚假性。事实上，当前经济领域经营主体的丰富程度早已超越2010年《非法集资解释》颁布时的状况，集资人本身不再单纯限定在实业经营人，跨业经营、行为人运用集团公司实施跨地域的集资活动也十分常见。在实际案件中，对于集团化的经营主体，募集资金宣称的用途系用于A项目，而实际投入B项目；或者宣称投入生产经营，而实际上却投入资本运营等金融活动中，对此如何判定其主观状态？本书认为，这种程度的虚假性，系在客观行为上体现出了"欺诈"特征，属于"虚构事实、隐瞒真相"的诈骗手段，但仅以此尚不足以判断行为人的非法占有意图，需要结合其他因素进行具体分析。

第二种情况更为复杂，即部分公众资金确实投入了一些经营项目，而有些甚至表面上确有盈利能力，在此情况下，应对行为人投资的审慎程度、项目的可盈利性、投资和吸收金额比例等问题作细致分析。如在某逸集团集资诈骗案中，行为人辩称自己没有非法占有目的，所吸收的资金均投入颇有盈利能力的项目，但经过办案检察官的审查和审计核算，事实并非如此。以下是检察官的论证路径：第一步，涉案公司和行为人与投资人签订投资协议吸收160余亿元，但仅有不到1亿元投入当初与投资人签订借款合同的项目中，而30余亿元投入投资人并不知情的其他项目中。对此可以认定具有"虚构事实、隐瞒真相"的欺诈行为。第二步，投资行为的随意性。前述30余亿元中涉及60多个项目，分布在不动产开发、旅游、酒业、汽车销售等行业。而在投资项目联络和决策过程中，均是由行为人个人出面，也从未聘请专业评估团队、经理人等专业人士对投资进行前期评估和尽职调查，对投资项目也没有专门团队或人员进行研究评判，仅凭自己的投资喜好和熟人关系进行投资，全权掌握公司投资和资金划拨，投资随意性非常明显。第三步，经过对行为人投资的60多个项目作进一步调查，从行为人供述的投资额、审计查明的投资额、行为人辩称项目是否盈利、证人证言证实的价值或盈利能力等维度对每个项目进行分析，结果显示：一方面，行为人对本集团的对外投资项目的投资额、盈利能力均掌握得非常模糊，再次印证其进行投资的决策和管理方面存在肆意投资、缺乏审慎态度的情况。另一方面，涉案集团公司投资额与盈利能力极不相称。所投资的60余个项目，仅有10个项目证明有盈利，盈利共计每年不足1亿元。而该公司每年经营成本就高达6亿余元，还不包括对投资人无法兑付的高额年化收益，即投资盈利和经营成本比例还不足1/6。虽然涉案集团公司还拥有房屋、土地，但除小部分可以销售外，大量房屋仍需继续投资建设才能销售兑现。在对全部投资项目进行列表式分析的基础上，检察官对行为人一直声称的最具有盈利的一个项目进行了审计计算，发现即使按计划完成，所获得收入约60多年才能还清债务和收回投资，而且盈利根本无法在近期内弥补所有投资成本和债务，以及不断扩大的吸收资金数额。综合以上因素，再加上审计显示涉案集团公司归还本金的主要方法是借新还旧，行为人也有个人挥霍资金的行为，综合认定为集资诈骗罪。

（二）集资成本的高低和模式的可持续性

非法集资活动的基本特征之一是利诱性，所以利息或成本是非法集资活动的必备因素，也是判断一项经济行为是否符合经济规律，具有合理性、可持续性的重要因素。行为人宣称的利息或支付的成本状况，也是判断犯罪主体是否具备非法占有目的的重要考量因素。比如，在一起案件中，行为人设立网上商城，以高出市场价5至10倍的价格出售商品或服务，并以承诺消费者在该商城消费后可在规定账期获得全额报销为诱饵，进行非法集资。虽然行为人称自己是经营商城、销售产品，没有非法占有目的，但是对网上商城的报销规则计算便知，按照10倍价格最长报销期60+2天的年化收益率为58.87%，按照5倍价格最长报销期7+2天的年化收益率为811.11%，平台的盈利能力显然难以承受如此高额的资金回报，属于典型的借新还旧的盈利模式，最终认定为集资诈骗。

（三）资金的实际流向和最终用途

按照司法解释的规定，如果行为人得款后肆意挥霍相应资金，携款潜逃，从事相关违法活动或者其他使得集资资金不能返还的情形，都可以判断出当事人非法占有目的的存在。实践中争议较大的是行为人将资金投向房产、土地等不动产。如在一起案件中，行为人吸收资金的名目是房产抵押的债权转让，行为人也确实有投资房产，而经审查，行为人吸收的7亿元资金中仅有5000余万元被用于房产抵押贷款业务，大部分的资金被用来归还投资者本息、购置房产、公司运营成本支出等。虽然案发时涉案公司享有一定数量的商品房产权和债权，但资产价值未作评估难以确认，而且所购置办公房和其他房产均已抵押得款用于兑付投资人，资产价值早已经先期透支。再结合行为人案发后潜逃境外，涉案公司使用诈骗手法，存在虚构借款人，债权项目重复使用抵押房产宣传，将债权登记于业务员名下等规避法律、隐瞒关联关系等行为，其盈利能力不具有支付全部本息的现实可能性，其经营模式也不可持续，认定其主观具有非法占有目的是依据充分的。

（四）行为人偿还资金的主观态度和现实可能性

《非法集资解释》已经将"携款潜逃、抽逃隐匿财产、销毁账目、编造破产、拒不交代资金去向"等逃避返还资金的行为，直接认定为在集资过程中有"非法占有目的"，司法实践中还需要考虑行为人偿还集资款的态度，是否对偿还投资人资金付出了真诚的努力。除此之外，将资金大部分用于弥补亏空、归还债务的；将资金用于高风险的投机活动，造成亏损的；在已经出现无法兑付的经营风险、没有归还能力的情况下仍旧大量非法集资的，上述情况均系通过对行为人偿还资金可能性和态度的考察，能推定出其不具有返还资金的意图。[①]

以上认定集资诈骗案件中非法占有目的的要素或路径并不是分割孤立的，非法占有目的是对犯罪嫌疑人主观目的的认定，在大多数的案件中是综合多方面事实要素作出的评价。

---

① 参见陈晨等：《司法机关应对非法集资案件中新情况、新问题的对策建议》，载《刑事检察工作指导》（2019年第4辑），中国检察出版社2020年版，第227—231页。

第四节 相关案例评析

一、周辉集资诈骗案[①]

【关键词】 集资诈骗 非法占有目的 网络借贷信息中介机构

【基本案情】

被告人周辉,男,1982年2月出生,原系浙江省衢州市中宝投资有限公司(以下简称中宝投资公司)法定代表人。

2011年2月,被告人周辉注册成立中宝投资公司,担任法定代表人。公司上线运营"中宝投资"网络平台,借款人(发标人)在网络平台注册、缴纳会费后,可发布各种招标信息,吸引投资人投资。投资人在网络平台注册成为会员后可参与投标,通过银行汇款、支付宝、财付通等方式将投资款汇至周辉公布在网站上的8个其个人账户或第三方支付平台账户。借款人可直接从周辉处取得所融资金。项目完成后,借款人返还资金,周辉将收益给予投标人。

运行前期,周辉通过网络平台为13个借款人提供总金额约170万余元的融资服务,因部分借款人未能还清借款造成公司亏损。此后,周辉除用本人真实身份信息在公司网络平台注册2个会员外,自2011年5月至2013年12月陆续虚构34个借款人,并利用上述虚假身份自行发布大量虚假抵押标、宝石标等,以支付投资人约20%的年化收益率及额外奖励等为诱饵,向社会不特定公众募集资金。所募资金未进入公司账户,全部由周辉个人掌控和支配。除部分用于归还投资人到期的本金及收益外,其余主要用于购买房产、高档车辆、首饰等。这些资产绝大部分登记在周辉名下或供周辉个人使用。2011年5月至案发,周辉通过中宝投资网络平

[①] 最高人民检察院第十批指导性案例(检例第40号)。

台累计向全国 1586 名不特定对象非法集资共计 10.3 亿余元，除支付本金及收益回报 6.91 亿余元外，尚有 3.56 亿余元无法归还。案发后，公安机关从周辉控制的银行账户内扣押现金 1.80 亿余元。

【要旨】

网络借贷信息中介机构或其控制人，利用网络借贷平台发布虚假信息，非法建立资金池募集资金，所得资金大部分未用于生产经营活动，主要用于借新还旧和个人挥霍，无法归还所募资金数额巨大，应认定为具有非法占有目的，以集资诈骗罪追究刑事责任。

【指控与证明犯罪】

2014 年 7 月 15 日，浙江省衢州市公安局以周辉涉嫌集资诈骗罪移送衢州市人民检察院审查起诉。

审查起诉阶段，衢州市人民检察院审查了全案卷宗，讯问了犯罪嫌疑人。针对该案犯罪行为涉及面广，众多集资参与人财产遭受损失的情况，检察机关充分听取了辩护人和部分集资参与人意见，进一步核实了非法集资金额，对扣押的房产等作出司法鉴定或价格评估。针对辩护人提出的非法证据排除申请，检察机关审查后发现，涉案证据存在以下瑕疵：公安机关向部分证人取证时存在取证地点不符合刑事诉讼法规定以及个别辨认笔录缺乏见证人等情况。为此，检察机关要求公安机关予以补正或作出合理解释。公安机关作出情况说明：证人从外地赶来，经证人本人同意，取证在宾馆进行。关于此项情况说明，检察机关审查后予以采信。对于缺乏见证人的个别辨认笔录，检察机关审查后予以排除。

2015 年 1 月 19 日，浙江省衢州市人民检察院以周辉犯集资诈骗罪向浙江省衢州市中级人民法院提起公诉。6 月 25 日，衢州市中级人民法院公开开庭审理本案。

法庭调查阶段，公诉人宣读起诉书指控被告人周辉以高息为诱饵，虚构借款人和借款用途，利用网络 P2P 形式，面向社会公众吸收资金，主要用于个人肆意挥霍，其行为构成集资诈骗罪。对于指控的犯罪事实，公诉人出示了四组证据予以证明：一是被告人周辉的立案情况及基本信息；二是中宝投资公司的发标、招投标情况及相关证人证言；三是集资情况的证据，包括银行交易清单、司法会计鉴定意见书等；四是集资款的去向，包括购买车辆、房产等物证及相关证人证言。

法庭辩论阶段，公诉人发表公诉意见：被告人周辉注册网络借贷信息平台，早期从事少量融资信息服务。在公司亏损、经营难以为继的情况下，虚构借款人和借款标的，以欺诈方式面向不特定投资人吸收资金，自建资金池。在公安机关立案查处时，虽暂可通过"拆东墙补西墙"的方式偿还部分旧债维持周转，但根据其所募资金主要用于还本付息和个人肆意挥霍，未投入生产经营，不可能产生利润回报的事实，可以判断其后续资金缺口势必不断扩大，无法归还所募全部资金，故可以认定其具有非法占有的目的，应以集资诈骗罪对其定罪处罚。

辩护人提出：一是周辉行为系单位行为；二是周辉一直在偿还集资款，主观上不具有非法占有集资款的故意；三是周辉利用互联网从事P2P借贷融资，不构成集资诈骗罪，构成非法吸收公众存款罪。

公诉人针对辩护意见进行答辩：第一，中宝投资公司是由被告人周辉控制的一人公司，不具有经营实体，不具备单位意志，集资款未纳入公司财务进行核算，而是由周辉一人掌控和支配，因此周辉的行为不构成单位犯罪。第二，周辉本人主观上认识到资金不足，少量投资赚取的收益不足以支付许诺的高额回报，没有将集资款用于生产经营活动，而是主要用于个人肆意挥霍，其主观上对集资款具有非法占有的目的。第三，P2P网络借贷，是指个人利用中介机构的网络平台，将自己的资金出借给资金短缺者的商业模式。根据中国银行业监管委员会、工业和信息化部、公安部、国家互联网信息办公室制定的《暂行办法》等监管规定，P2P作为新兴金融业态，必须明确其信息中介性质，平台本身不得提供担保，不得归集资金搞资金池，不得非法吸收公众资金。周辉吸收资金建资金池，不属于合法的P2P网络借贷。非法吸收公众存款罪与集资诈骗罪的区别，关键在于行为人对吸收的资金是否具有非法占有的目的。利用网络平台发布虚假高利借款标募集资金，采取借新还旧的手段，短期内募集大量资金，不用于生产经营活动，或者用于生产经营活动与筹集资金规模明显不成比例，致使集资款不能返还的，是典型的利用网络中介平台实施集资诈骗行为。本案中，周辉采用编造虚假借款人、虚假投标项目等欺骗手段集资，所融资金未投入生产经营，大量集资款被其个人肆意挥霍，具有明显的非法占有目的，其行为构成集资诈骗罪。

法庭经审理，认为公诉人出示的证据能够相互印证，予以确认。对周辉及其辩护人提出的不构成集资诈骗罪及本案属于单位犯罪的辩解、辩护意见，不予采纳。综合考虑犯罪事实和量刑情节，2015年8月14日，浙江省衢州市中级人民法院作出一审判决，以集资诈骗罪判处被告人周辉有期徒刑15年，并处罚金人民币50万元。继续追缴违法所得，返还各集资参与人。

一审宣判后，浙江省衢州市人民检察院认为，被告人周辉非法集资10.3亿余元，属于刑法规定的集资诈骗数额特别巨大并且给人民利益造成特别重大损失的情形，依法应处无期徒刑或者死刑，并处没收财产，一审判决量刑过轻。2015年8月24日，向浙江省高级人民法院提出抗诉。被告人周辉不服一审判决，提出上诉。其上诉理由是量刑畸重，应判处缓刑。

本案二审期间，2015年8月29日，第十二届全国人大常委会第十六次会议审议通过了《刑法修正案（九）》，删去《刑法》第199条关于犯集资诈骗罪"数额特别巨大并且给国家和人民利益造成特别重大损失的，处无期徒刑或者死刑，并处没收财产"的规定。《刑法修正案（九）》于2015年11月1日起施行。

浙江省高级人民法院经审理后认为，《刑法修正案（九）》取消了集资诈骗罪死刑的规定，根据从旧兼从轻原则，一审法院判处周辉有期徒刑15年符合修订后的法律规定。上诉人周辉具有集资诈骗的主观故意及客观行为，原审定性准确。2016年4月29日，二审法院作出裁定，维持原判。终审判决作出后，周辉及其父亲不服判决提出申诉，浙江省高级人民法院受理申诉并经审查后，认为原判事实清楚，证据确实、充分，定性准确，量刑适当，于2017年12月22日驳回申诉，维持原裁判。

【指导意义】

是否具有非法占有目的，是正确区分非法吸收公众存款罪和集资诈骗罪的关键。对非法占有目的的认定，应当围绕融资项目真实性、资金去向、归还能力等事实、证据进行综合判断。行为人将所吸收资金大部分未用于生产经营活动，或名义上投入生产经营，但又通过各种方式抽逃转移资金，或供其个人肆意挥霍，归还本息主要通过借新还旧来实现，造成数额巨大的募集资金无法归还的，可以认定具有非法占有的目的。

集资诈骗罪是近年来检察机关重点打击的金融犯罪之一。对该类犯罪，检察机关应着重从以下几个方面开展工作：一是强化证据审查。非法集资类案件由于参与人数多、涉及面广，受主客观因素影响，取证工作易出现瑕疵和问题。检察机关对重大复杂案件要及时介入侦查、引导取证。在审查案件中要强化对证据的审查，需要退回补充侦查或者自行补充侦查的，要及时退查或补查，建立起完整、牢固的证据锁链，夯实认定案件事实的证据基础。二是在法庭审理中要突出指控和证明犯罪的重点。要紧紧围绕集资诈骗罪构成要件，特别是行为人主观上具有非法占有目的、客观上以欺骗手段非法集资的事实梳理组合证据，运用完整的证据体系对认定犯罪的关键事实予以清晰证明。三是要将办理案件与追赃挽损相结合。检察机关办理相关案件，要积极配合公安机关、人民法院依法开展追赃挽损、资产处置等工作，最大限度减少人民群众的实际损失。四是要结合办案开展以案释法，增强社会公众的法治观念和风险防范意识，有效预防相关犯罪的发生。

二、某逸集团集资诈骗案[①]

【关键词】 集资诈骗　非法占有目的　生产经营　追赃挽损

【要旨】

行为人通过虚构项目或资金用途等手段非法集资后，虽将部分集资款投入生产经营活动，但使用资金决策过程严重不负责任，实际盈利能力明显不具有支付全部本息的现实可能性，主要通过借新还旧归还集资参与人本息，经营模式不具有可持续性的，应当认定行为人具有非法占有目的，构成集资诈骗罪。

【基本案情】

2014年12月，被告人孔某在明知某逸公司非法集资的情况下，与周某约定受让某逸公司。2015年春节后，孔某接手某逸公司，后改名为某逸集团。2015年3月至2018年2月，某逸集团及其控制的关联公司未经有关部门批准，以"石门县华宇新能源科技有限公司"等投资项目名义推出所谓理财产品，通过发放宣传资料、召开酒会等方式进行公开宣传，

---

① 根据上海市第二中级人民法院（2019）沪02刑初38号编写。

承诺保本并许以 5.4% 至 26% 的年化收益，共向 2.7 万余人非法吸收资金 130 亿余元。至案发，仍有 44 亿余元本金未兑付。

【诉讼过程】

1. 审查起诉

2018 年 2 月，公安机关对某逸集团、孔某等人涉嫌非法吸收公众存款罪立案侦查，并将某逸集团和相关犯罪嫌疑人移送起诉。

检察机关审查认为，本案证明某逸集团所吸收资金的去向和用途、某逸集团的投资模式和资产价值、孔某个人使用资金情况等方面的证据仍存在不足，需进一步补证，遂将案件退回公安机关补充侦查，要求公安机关围绕案发前孔某的经营和资产状况、集资款用于投资项目的决策过程、集资款的去向等方向进行补证，特别是对涉案所有投资项目逐一核实，查明具体决策过程、投资方式、实际投资金额、盈利能力等，以证实某逸集团、孔某非法集资时是否具有非法占有目的，并继续对可能使用非法集资资金项目涉及账户、股权、财产等采取查封、冻结措施。公安机关补充相关证据后重新移送起诉。

检察机关经审查认定，在周某控制经营期间，某逸集团构成非法吸收公众存款罪；在孔某控制经营期间，某逸集团及孔某使用诈骗的方法吸收社会公众资金且具有非法占有目的，构成集资诈骗罪。2019 年 4 月 30 日，上海市人民检察院第二分院对被告单位某逸集团以非法吸收公众存款罪、集资诈骗罪，对被告人孔某以集资诈骗罪提起公诉。

在办案过程中，检察机关会同公安机关开展追赃挽损工作，督促涉案人员退赃退赔，相关涉案人员共退赃 500 万余元。对扣押在案的旧款手机、平板电脑等易贬值、易损耗物品进行公开拍卖并全程公证，避免上述物品因新品上市可能造成持续贬值的后果。

2. 指控和证明犯罪

2019 年 12 月 27 日，上海市第二中级人民法院公开开庭审理某逸集团、孔某集资诈骗、非法吸收公众存款案。

某逸集团诉讼代表人提出，某逸集团投资项目真实存在，其目的是给投资人带来利益，不构成任何犯罪。孔某辩称某逸集团系正当经营和融资，其本人没有实施任何欺骗和以非法占有为目的的行为，不构成犯罪。孔某的辩护人提出，孔某在负责某逸集团经营期间，将绝大部分集资款投入生产经营活动，虽有 40 余亿元未兑付，但不排除已投资项目如能正常运营可形成充足现金流的可能性，即使无法正常运营，截至案发，某逸集团的资产也可以覆盖未兑付金额，同时孔某用于个人消费的金额远未达到肆意挥霍的程度，故孔某没有非法占有目的，不构成集资诈骗罪。孔某仅构成非法吸收公众存款罪，但其存在法定及酌定从轻量刑情节，请求对其从轻处罚。

针对上述辩解及辩护意见，公诉人答辩指出，在案证据足以证明某逸集团及孔某具有非法占有目的：第一，孔某对非法集资款的投资决策十分随意，既不组织专业团队考察评估，也不事先预测投资项目风险收益。第二，某逸集团虽将少部分集资款投入生产经营，但实际投资金额与项目盈利能力不相匹配，且资金成本和经营开支费用高昂，其部分项目的盈利根本难以支撑其经营模式，不具有持续运行的现实可能性。其中，针对孔某提出某逸集团有两个项目规模较大且具有盈利能力的辩解，公诉人结合证据重点作出说明：甲项目背负大量贷款和民间借贷，后续仍需投资大量资金才能继续建造并可能盈利，某逸集团和孔某却宣称项目价值高达 50 亿元；乙项目在某逸集团接手时已经负债 2300 余万元，某逸集团归还上述债务后仍一直处于严重亏损状态，且亏损额每年递增，其中 2017 年亏损 1300 余万元，孔某却宣传该项目每年盈利上千万，马上就能在新三板挂牌。某逸集团在这两个项目上虚假宣传的真实目的是营造某逸集团的繁荣假象，诱骗投资人继续投资，以维持骗局。第三，由于经营模式难以为继，兑付投资人本息主要以借新还旧方式维持，某逸集团只能通过不断扩大吸收资金规模维持运转。第四，孔某将 3 亿余元用于挥霍或提现。综上，现有证据足以认定某逸集团以诈骗方法非法吸收社会公众资金，并具有非法占有目的，构成集资诈骗罪。孔某作为某逸集团法定代表人、实际控制人，属于单位犯罪中直接负责的主管人员，应以集资诈骗罪追究其刑事责任。

3. 处理结果

法院经审理认为，2014 年 8 月至 2015 年 2 月间，周某实际控制某逸公司，未经依法批准，向不特定社会公众以公开宣传方式许以保本付息，非法吸收资金 2.5 亿元，构成非法吸收公众存款罪。2015 年 3 月起，被告人孔某实际控制某逸集团等单位，采用了以单位名义虚构资金用途的诈骗手段，集资后大部分资金没有用于生产经营活动，而是以借新还旧的方法归还部分募集的资金，导致案发后仍有 44 亿余元集资款无法返还。被告单位某逸集团及被告人孔某构成集资诈骗罪。

2020 年 7 月 23 日，上海市第二中级人民法院作出一审判决，认定被告单位某逸集团犯非法吸收公众存款罪，判处罚金人民币 100 万元；犯集资诈骗罪，判处罚金人民币 2000 万元，决定执行罚金人民币 2100 万元；被告人孔某犯集资诈骗罪，判处无期徒刑，剥夺政治权利终身，并处罚金人民币 1000 万元。周某等人以犯非法吸收公众存款罪被法院依法判决。宣判后，被告人孔某提出上诉后撤诉，上述判决均已生效。

【评析意见】

其一，非法集资案件中犯罪嫌疑人、被告人是否具有非法占有目的，应当综合其全部行为整体认定。行为人通过虚构项目或资金用途等手段向社会公众非法吸收资金后，虽然将部分集资款投入生产经营活动，但使用资金决策过程严重不负责任，实际盈利能力明显不具有支付全部本息的现实可能性，归还集资参与人本息主要通过借新还旧实现，经营模式不具有可持续性，致使集资款不能返还或者逃避返还的，应当认定行为人具有非法占有目的。不能因部分集资款投入到生产经营活动、个别项目有所盈利等，就直接否定行为人具有非法占有目的。实施非法集资的单位股权、实际控制人等发生过变更的，变更前的单位及其实际控制人难以证明具有非法占有目的，但变更后的单位及其实际控制人具有非法占有目的的，变更前后的单位及其实际控制人分别构成非法吸收公众存款罪和集资诈骗罪。

其二，对非法集资案件引导取证，应当树立全面收集证据的意识。对于未兑付损失严重的非法集资案件，应当以查清集资去向为核心，提出引导取证的意见，发现犯罪嫌疑人可能具有非法占有目的的线索的，应当在介入侦查、审查逮捕、审查起诉等过程中明确提出侦查方向、要点和目的，避免因证据收集不及时、不到位等原因导致无法认定集资诈骗罪。

其三，注重把追赃挽损贯穿办理非法集资案件全过程，创新措施提升追赃挽损效果。追赃挽损工作是体现非法集资案件办案效果的重要组成部分，检察机关在办案中应注意发现行为人的涉案资产线索，避免遗漏可追缴的资产，依法甄别具体财产权属状况，及时依法采取查封、扣押、冻结等强制性措施，避免涉案财物被隐匿、转移、毁损。同时，针对不同类型资产，探索采取不同的处置方式实现保值、增值。如对易贬值、易损耗的涉案物品，通过司法拍卖等方式依法先行处置；对具有经营价值的经营性资产，探索维持项目正常经营的方式，尽最大可能减少集资参与人的损失。

第十章

欺诈发行证券罪办案指引

第一节 欺诈发行证券罪概述

欺诈发行证券罪[①]属于证券期货犯罪,主要规范使用欺诈手段发行股票、债券、存托凭证以及其他证券的行为。资本市场作为直接金融市场,在国家经济社会中发挥着枢纽功能,发行证券是公司、企业直接融资的重要手段,是资本市场发挥枢纽功能的重要内容。特别是在证券发行注册制改革的大背景下,信息披露的真实、完整、准确对于资本市场交易的重要性更加凸显,信息披露是注册制改革的核心。欺诈发行证券行为,严重损害投资人的合法权益,破坏资本市场秩序,长此以往甚至会影响资本市场的健康发展。对欺诈发行证券行为,不仅要追究刑事责任,符合规定还要被证券交易所强制退市。

一、立法沿革

刑法第一百六十条 在招股说明书、认股书、公司、企业债券募集办法等发行文件中隐瞒重要事实或者编造重大虚假内容,发行股票或者公司、企业债券、存托凭证或者国务院依法认定的其他证券,数额巨大、后果严重或者有其他严重情节的,处五年以下有期徒刑或者拘役,并处或者单处罚金;数额特别巨大、后果特别严重或者有其他特别严重情节的,处五年以上有期徒刑,并处罚金。

控股股东、实际控制人组织、指使实施前款行为的,处五年以下有期徒刑或者拘役,并处或者单处非法募集资金金额百分之二十以上一倍以

---

① 根据最高人民法院、最高人民检察院《关于执行〈中华人民共和国刑法〉确定罪名的补充规定(七)》(法释〔2021〕2号),将《刑法》第160条罪名由欺诈发行股票、债券罪修改为欺诈发行证券罪。

下罚金；数额特别巨大、后果特别严重或者有其他特别严重情节的，处五年以上有期徒刑，并处非法募集资金金额百分之二十以上一倍以下罚金。

单位犯前两款罪的，对单位判处非法募集资金金额百分之二十以上一倍以下罚金，并对其直接负责的主管人员和其他直接责任人员，依照第一款的规定处罚。

欺诈发行证券罪是随着我国资本市场的发展而产生的，1979年制定刑法之时，我国尚未建立证券市场，因此1979年刑法未规定此罪名。国务院1987年出台了《关于加强股票、债券管理的通知》，1993年出台了《企业债券管理条例》。1993年全国人大常委会通过公司法，对股票、债券发行的条件、程序等作了具体的规定。然而，在证券市场中为筹集资金，一些企业和个人欺诈发行股票、债券的行为仍时有发生，严重扰乱了国家对证券市场的管理秩序，仅以一般的行政责任、民事责任追究，不足以对应此类行为的严重社会危害性。为此，1995年全国人大常委会通过《关于惩治违反公司法的犯罪的决定》，该决定第3条首次规定了欺诈发行股票、公司债券的行为应被追究刑事责任。[1]该决定是为了适应社会主义市场经济发展的需要，保障公司法的正确贯彻实施而制定的一部单行刑事法律，首次正式确立了欺诈发行股票、公司债券罪，为惩治欺诈发行股票、债券行为提供了刑法依据。决定的颁布施行，对遏制该行为继续膨胀、维护社会经济秩序，保障和促进改革的顺利进行及社会主义市场经济的健康发展，具有重要意义。

1997年刑法吸收了该决定第3条，同时还增加了"企业债券"的规定，增设了欺诈发行股票、债券罪："在招股说明书、认股书、公司、企业债券募集办法中隐瞒重要事实或者编造重大虚假内容，发行股票或者公司、企业债券，数额巨大、后果严重或者有其他严重情节的，处五年以下

---

[1] 全国人大常委会《关于惩治违反公司法的犯罪的决定》第3条规定："制作虚假的招股说明书、认股书、公司债券募集办法发行股票或者公司债券，数额巨大、后果严重或者有其他严重情节的，处五年以下有期徒刑或者拘役，可以并处非法募集资金金额百分之五以下罚金。单位犯前款罪的，对单位判处非法募集资金金额百分之五以下罚金，并对直接负责的主管人员和其他直接责任人员，依照前款的规定，处五年以下有期徒刑或者拘役。"

有期徒刑或者拘役,并处或者单处非法募集资金金额百分之一以上百分之五以下罚金。单位犯前款罪的,对单位判处罚金,并对其直接负责的主管人员和其他直接责任人员,处五年以下有期徒刑或者拘役。"这些规定充分注意发挥财产刑的作用,加大了打击此类犯罪的力度,使得司法实践有了明确的执行标准。①

近年来,随着资本市场的发展和注册制改革,为了保障发行市场的公平秩序和投资者权益,刑法与证券法进行了联动修改。《刑法修正案(十一)》对欺诈发行股票、债券罪条文进行了进一步完善,一是将原规定中的"招股说明书、认股书、公司、企业债券募集办法"修改为"招股说明书、认股书、公司、企业债券募集办法等发行文件",以解决将原规定理解成不容许有差别的专有名词的歧义。二是增加一档法定刑,对数额特别巨大、后果特别严重或者有其他特别严重情节的,处5年以上有期徒刑,并处罚金,体现了从严惩处的基本精神。三是增加一款对控股股东、实际控制人组织、指使实施欺诈发行证券行为的提示性规定,加大对控股股东、实际控制人的刑事处罚力度。2021年2月,最高人民法院、最高人民检察院在《关于执行〈中华人民共和国刑法〉确定罪名的补充规定(七)》中,将《刑法》第160条欺诈发行股票、债券罪罪名修改为欺诈发行证券罪。

二、犯罪构成

(一)犯罪客体

本罪侵犯的客体是复杂客体,既包括证券法、《企业债券管理条例》等法律、行政法规所规定的证券发行的管理制度,也包括股票、公司债券、企业债券、存托凭证和国务院依法认定的其他证券持有人的合法权益。

(二)客观方面

本罪的客观方面表现为招股说明书、认股书、公司、企业债券募集

---

① 参见刘生荣主编:《施刑范典》,中国方正出版社1999年版,第257页。

办法等发行文件中隐瞒重要事实或者编造重大虚假内容，发行股票、公司债券、企业债券、存托凭证或者国务院依法认定的其他证券，数额巨大、后果严重或者有其他严重情节的行为，以及控股股东、实际控制人组织、指使实施前款行为的行为。

（三）犯罪主体

本罪的犯罪主体为一般主体，但实际构成欺诈发行证券罪的主体主要是发行股票或公司债券、企业债券的单位和自然人，且一般只有法律规定有权发行股票、债券的单位和个人。值得关注的是，《刑法修正案（十一）》对控股股东、实际控制人组织、只是实施欺诈发行行为构成犯罪和处罚进行了特别规定。

关于控股股东、实际控制人的认定，可以参照证券法和证监会的有关规定。根据有关规定，所谓控股股东，是指其出资额占有限责任公司资本总额50%以上或者其持有的股份占股份有限公司股本总额50%的股东；出资额或者持有股份的比例虽然不足50%，但依其出资额或者持有的股份所享有的表决权已足以对股东会、股东大会的决议产生重大影响的股东。所谓实际控制人，是指虽不是公司的股东，但通过投资关系、协议或者其他安排，能够实际支配公司行为的人。①

《刑法》第160条第2款属于注意提示性规定。根据刑法总则有关共同犯罪的规定，控股股东、实际控制人组织、指使公司、企业的董事、监事、高级管理人员以发行人的名义实施欺诈发行行为的，应当按照共同犯罪处理，通常情况下还应认定为主犯，追究其刑事责任。因此，即使未作本款规定，实际上也不应影响对相关人员刑事责任的追究。但是，考虑到实践中发行人实施欺诈发行行为一般很难与控股股东、实际控制人的意志相违背，往往是董事、监事、高级管理人员等实际执行人员受控股股东、

---

① 《公司法》第216条规定："……（二）控股股东，是指其出资额占有限责任公司资本总额百分之五十以上或者其持有的股份占股份有限公司股本总额百分之五十以上的股东；出资额或者持有股份的比例虽然不足百分之五十，但依其出资额或者持有的股份所享有的表决权已足以对股东会、股东大会的决议产生重大影响的股东。（三）实际控制人，是指虽不是公司的股东，但通过投资关系、协议或者其他安排，能够实际支配公司行为的人……"

实际控制人的组织、指使,在幕后进行操纵的控股股东、实际控制人是欺诈发行行为的罪魁祸首和实际获益者,因此,有必要在刑法中对这些人员的责任予以明确规定。对其中符合刑法总则关于共同犯罪中的主犯、首要分子规定的人员,能够查证属实的,应当同时依照有关追究主犯、首要分子刑事责任的规定,予以处罚。①

(四)主观方面

本罪的主观方面由故意构成。从刑法条文的表述中使用的"隐瞒""编造"等行为来看,行为人的行为只能出于故意而非过失,因此,过失不构成本罪。如果行为人在招股说明书、认股书、公司、企业债券募集办法等发行文件中由于过失行为致使出现错误信息,不能以欺诈发行证券罪论处。

三、定罪量刑标准

《刑法修正案(十一)》全面提高了欺诈发行证券罪的法定刑幅度,将自由刑提升至有期徒刑 15 年,这与欺诈发行证券犯罪的社会危害性是相匹配的,其罪责不亚于非法吸收公众存款等犯罪。

《刑法》第 160 条规定了两档刑罚:(1)欺诈发行股票、债券,数额巨大、后果严重或者有其他严重情节的,处 5 年以下有期徒刑或者拘役,并处或者单处罚金;(2)数额特别巨大、后果特别严重或者有其他特别严重情节的,处 5 年以上有期徒刑,并处罚金。对控股股东、实际控制人的刑事责任,刑法作了专门规定,在构成共同犯罪的情形下,对控股股东、实际控制人组织、指使实施前述行为的,处 5 年以下有期徒刑或者拘役,并处或单处非法募集资金金额 20% 以上 1 倍以下罚金;数额特别巨大、后果特别严重或者有其他特别严重情节的,处 5 年以上有期徒刑,并处非法募集资金金额 20% 以上 1 倍以下罚金。单位犯前述罪的,对单位判处非法募集资金金额 20% 以上 1 倍以下罚金,并对其直接负责的主管人员

---

① 参见王爱立主编:《中华人民共和国刑法释义》,法律出版社 2021 年版,第 299—300 页。

和其他直接责任人员，依照规定处罚。

构成本罪必须是欺诈发行股票或者公司、企业债券等证券，数额巨大，后果严重或者有其他严重情节的行为。根据2022年修订后《立案追诉标准（二）》第5条的规定，在招股说明书、认股书、公司、企业债券募集办法中隐瞒重要事实或者编造重大虚假内容，发行股票或者公司、企业债券，涉嫌下列情形之一的，应予立案追诉：（1）非法募集资金金额在1000万元以上的；（2）虚增或者虚减资产达到当期资产总额30%以上的；（3）虚增或者虚减营业收入达到当期营业收入总额30%以上的；（4）虚增或者虚减利润达到当期利润总额30%以上的；（5）隐瞒或者编造的重大诉讼、仲裁、担保、关联交易或者其他重大事项所涉及的数额或者连续12个月的累计数额达到最近一期披露的净资产50%以上的；（6）造成投资者直接经济损失数额累计在100万元以上的；（7）为欺诈发行证券而伪造、变造国家机关公文、有效证明文件或者相关凭证、单据的；（8）为欺诈发行证券向负有金融监督管理职责的单位或者人员行贿的；（9）募集的资金全部或者主要用于违法犯罪活动的；（10）其他后果严重或者有其他严重情节的情形。

第二节 欺诈发行证券罪司法疑难问题

一、证券的范围

《刑法修正案（十一）》对本罪的适用对象作了调整，除了股票、债券外，增加了存托凭证和国务院依法认定的其他证券，以与2019年修订的证券法相适应。因此，欺诈发行证券罪的对象包括股票或公司债券、企业债券、存托凭证和国务院依法认定的其他证券。

股票，是股份有限公司为筹集资金而发行给各个股东作为持股凭证并借以取得股息和红利的一种有价证券，主要是指上市公司发行的各类股票。

债券，是指具有债券实质的各类证券，而不要求证券名称上必须有"债券"二字。根据中国人民银行、证监会、发展改革委《关于进一步加强债券市场执法工作的意见》规定，公司债券、企业债券、非金融企业债务融资工具、金融债券等各类债券品种的信息披露违法违规、内幕交易、操纵证券市场以及其他违反证券法的行为，由证监会根据证券法有关规定进行认定和行政处罚。在刑法适用上，应当与行政执法保持一致。需注意的是，私募债券也属于本罪规定的债券的范畴，但由于其在发行方式、发行对象等方面有所区别，在评价社会危害性时需要具体分析判断。

存托凭证（Depository Receipts，DR），又称存券收据或存股证，是指在一国证券市场流通的代表外国公司有价证券的可转让凭证，属公司融资业务范畴的金融衍生工具。2018年3月，国务院办公厅转发证监会《关于开展创新企业境内发行股票或存托凭证试点若干意见》，据此发行的中国存托凭证，简称为CDR。2020年3月实施的证券法将中国存托凭证与股票、债券并列为主要证券类型。根据相关规定，只有注册地在中国境外的公司才能在国内发行CDR。在中国境内发行存托凭证应符合以下基础制度安排，并严格遵守相关监管规则：(1)参与主体。基础证券发行人在境外发行的基础证券由存托人持有，并由存托人在境内签发存托凭证。基础证券发行人应符合证券法关于股票等证券发行的基本条件，参与存托凭证发行，依法履行信息披露等义务，并按规定接受证监会及证券交易所监督管理。存托人应按照存托协议约定，根据存托凭证持有人意愿行使境外基础证券相应权利，办理存托凭证分红、派息等业务。存托人资质应符合证监会有关规定。存托凭证持有人依法享有存托凭证代表的境外基础证券权益，并按照存托协议约定，通过存托人行使其权利。(2)存托协议。基础证券发行人、存托人及存托凭证持有人通过存托协议明确存托凭证所代表权益及各方权利义务。投资者持有存托凭证即成为存托协议当事人，视为其同意并遵守存托协议约定。存托协议应约定因存托凭证发生的纠纷适用中国法律法规规定，由境内法院管辖。(3)存托凭证基础财产。存托凭证基础财产包括境外基础证券及其衍生权益。存托人可在境外委托金融机构担任托管人。托管人负责托管存托凭证基础财产，并负责办理与托管相关的其他业务。存托人和托管人应为存托凭证基础财产单独立户，将存托凭证基础财产与其自有财产有效隔离、分别管理、分别记账，不得将存托凭证基础财产归入其自有财产，不得违背受托义务侵占存托凭证基础财产。

"国务院依法认定的其他证券"并不是广义的兜底性规定，其与《证券法》第2条第1款中规定的"国务院依法认定的其他证券"的含义是一致的，只有经国务院法定程序确认的新型证券品种才符合这一规定。[1]

---

[1] 《证券法》第2条规定："在中华人民共和国境内，股票、公司债券、存托凭证和国务院依法认定的其他证券的发行和交易，适用本法；本法未规定的，适用《中华人民共和国公司法》和其他法律、行政法规的规定。政府债券、证券投资基金份额的上市交易，适用本法；其他法律、行政法规另有规定的，适用其规定。资产支持证券、资产管理产品发行、交易的管理办法，由国务院依照本法的原则规定。在中华人民共和国境外的证券发行和交易活动，扰乱中华人民共和国境内市场秩序，损害境内投资者合法权益的，依照本法有关规定处理并追究法律责任。"

二、发行文件的范围

《刑法》第160条规定的"招股说明书、认股书、公司、企业债券募集办法等发行文件"是公司、企业设立和公司、企业向社会筹集资金的重要书面文件。公司法、证券法以及国家有关规定对制作这些文件的内容和要求都有明确具体的规定,目的是使社会公众了解公司、企业的真实情况,保护投资者和社会公众利益,维护正常的市场经济秩序。如果内容虚假,其实质就是欺骗投资者,使投资者在不明真相的情况下作出错误的判断和选择,使投资者处于高风险之中,不仅会给投资者带来重大的经济损失,还会扰乱证券市场管理秩序,影响社会稳定。

招股说明书,是指发起人介绍本公司发展方向、经营策略及公司前景、公司财产状况及发行本次股票的详细说明文件。《公司法》第86条规定:"招股说明书应当附有发起人制订的公司章程,并载明下列事项:(一)发起人认购的股份数;(二)每股的票面金额和发行价格;(三)无记名股票的发行总数;(四)募集资金的用途;(五)认股人的权利、义务;(六)本次募股的起止期限及逾期未募足时认股人可以撤回所认股份的说明。"根据《证券法》第13条[①]规定,招股说明书是公司公开发行新股应当报送的主要文件之一。

认股书,是指股票发行人依照法定要求制作的由认购股票的人(又称认股人)填写要求购买股票的人数、金额等事项的书面协议,即认股人认购股份的书面形式的协议。认股书由发起人制作和提供,是投资者认股的标准格式的承诺文件,供认股人认股之用。由于向社会公开募集股份直接关系到投资者的切实利益,各国公司法、证券法多对发起人募股采取了严格的法律控制。[②]《公司法》第85条规定:"认股书应当载明本法第八十六条所列事项,由认股人填写认购股数、金额、住所,并签名、盖章。认股人按照所认购股数缴纳股款。"这种行为在法律性质上属于合同行为,发起人为邀约方,认股人为承诺方。认股人有按认股书所填数额缴

[①] 《证券法》第13条规定:"公司公开发行新股,应当报送募股申请和下列文件:(一)公司营业执照;(二)公司章程;(三)股东大会决议;(四)招股说明书或者其他公开发行募集文件;(五)财务会计报告;(六)代收股款银行的名称及地址。"

[②] 参见李宇先:《证券期货犯罪研究》,人民法院出版社2019年版,第79页。

纳股款的义务，发起人有向认股人催缴股权的权利。认股行为发生后，只有发生公司法规定的法定事由，认股人才可以要求撤回股本，按照所交股款并计算银行同期利息，要求发起人返还，从而使认股行为失去法律效力，否则不能抽回股本。①

公司、企业债券募集办法，是指公司、企业债券的发行人以法定要求制作的说明公司债券、企业债券募集方式有关事项的书面文件或章程。根据《公司法》第153条规定，公司债券是指公司依照法定程序发行、约定在一定期限还本付息的有价证券。《公司法》第154条第2款规定："公司债券募集办法中应当载明下列主要事项：（一）公司名称；（二）债券募集资金的用途；（三）债券总额和债券的票面金额；（四）债券利率的确定方式；（五）还本付息的期限和方式；（六）债券担保情况；（七）债券的发行价格、发行的起止日期；（八）公司净资产额；（九）已发行的尚未到期的公司债券总额；（十）公司债券的承销机构。"《企业债券管理条例》第5条规定："企业债券，是指企业依照法定程序发行、约定在一定期限内还本付息的有价证券。"第13条规定："企业发行企业债券应当制订发行章程。发行章程应当包括下列内容：（一）企业的名称、住所、经营范围、法定代表人；（二）企业近3年的生产经营状况和有关业务发展的基本情况；（三）财务报告；（四）企业自有资产净值；（五）筹集资金的用途；（六）效益预测；（七）发行对象、时间、期限、方式；（八）债券的种类及期限；（九）债券的利率；（十）债券总面额；（十一）还本付息方式；（十二）审批机关要求载明的其他事项。"

《刑法修正案（十一）》增加了"等发行文件"这一文字表述，以更加全面地涵盖在证券发行过程中与"招股说明书、认股书、公司、企业债券募集办法"重要性相当的其他发行文件，包括公司的监事会对募集说明书的真实性、准确性、完整性的审核意见，募集资金使用的可行性报告，以及增发、发行可转换公司债券等涉及的发行文件等。注册制实施后，需要通过交易所审核和证券监督管理部门注册两个环节完成股票、债券等的注册发行。交易所审核主要通过向发行人提出问题、发行人回答问题的方

---

① 《公司法》第91条规定："发起人、认股人缴纳股款或者交付抵作股款的出资后，除未按期募足股份、发起人未按期召开创立大会或者创立大会决议不设立公司的情形外，不得抽回其股本。"

式来进行。这种"问答"环节所形成的文件也属于这里的发行文件。

需要注意的是,在《刑法修正案(十一)》实施前,对招股说明书、认股书、公司、企业债券募集办法也应当作实质解释,而不能拘泥于表面文字。

三、欺诈发行证券行为的认定

(一)隐瞒重要事实或者编造重大虚假内容

这是欺诈发行证券的核心要件,是指违反公司法、证券法及其有关法律、法规的规定,制作的招股说明书、认股书、公司、企业债券募集办法等发行文件的内容全部是虚构的,或者对其中重要的事项和部分内容作虚假的陈述或记载,或者对某些重要事实进行夸大或者隐瞒,或者故意遗漏有关的重要事项等。需要强调的是,欺诈的内容涉及的事实和内容必须符合"重要""重大"的特征,即具有"重大性"的特点,并非对任何事实进行隐瞒或者虚构都构成本罪。例如,虚构发起人认购股份数额;故意夸大公司、企业生产经营利润和公司、企业净资产额;对所筹资金的使用提出虚假的计划和虚假的经营生产项目;故意隐瞒公司、企业所负债务和正在进行的重大诉讼;故意遗漏公司、企业签订的重要合同等。[①]证券法和证监会出台有关证券发行、信息披露的相关文件,都对涉及"重大性"的事项作出列举式规定,都可以作为判断重大性或者相当性的重要参考。比如,《证券法》第80条、第81条分别列举了可能对上市公司、股票在国务院批准的其他全国性证券交易场所交易的公司的股票、债券交易价格产生较大影响的重大事件。需要注意的是,判断相关事项是否具有"重大性",应当坚持形式与实质并重,即实质判断是否会对证券价格产生较大影响,从而影响投资者的投资决策。

(二)发行行为

行为人采取制作虚假的招股说明书、认股书、公司债券募集办法、

[①] 参见王爱立主编:《中华人民共和国刑法释义》,法律出版社2021年版,第298页。

企业债券募集办法等发行文件的欺诈手段的目的是发行股票或公司、企业债券、存托凭证或者国务院依法认定的其他证券。证券法规定的发行包括公开发行和非公开发行,刑法条文中对"发行"没有进行限定,原则上公开发行证券和非公开发行证券都可以适用本罪,但由于两种发行方式的发行对象和社会影响不同,对以欺诈方式非公开发行证券的行为,需要根据投资者是否实质上受到欺诈、欺诈发行证券的社会危害程度等方面具体判断是否追究刑事责任,不能一概而论。

如果行为人制作了虚假的招股说明书、认股书、公司债券募集办法、企业债券募集办法等发行文件,但未向交易所提出发行申请,或者还未来得及发行就被阻止、不予注册或者主动撤回注册申请,未实施向社会发行股票或者公司、企业债券、存托凭证或者国务院依法认定的其他证券的行为,是否追究刑事责任?对此有两种观点:一种观点认为,行为人必须实际发行证券才构成本罪。如果没有实施向社会发行股票、债券等的行为,就不会对社会产生危害,因而不构成犯罪。另一种观点认为,如果行为人制作了虚假的发行文件,递交给证券主管部门以骗取审核或注册发行股票、债券,却因被主管部门发现而不能发行股票、债券的,可以认定为犯罪未遂。因为行为人已经着手实施了犯罪,破坏了证券市场管理秩序,造成了一定的危害,却因意志以外的原因未得逞,是犯罪未遂。本书认为,欺诈发行证券未遂的,可以构成本罪。但由于发行未能完成,尚未造成投资人损失等严重后果的,在行政处罚足以达到惩戒效果时,一般宜由行政主管机关依法处理。对于个别造成特别严重社会危害的欺诈发行行为,可以以欺诈发行罪(未遂)追究刑事责任。

四、欺诈发行数额的认定

关于欺诈发行数额的理解。一种观点认为,发行股票、债券的数额应当根据发行文件载明的股票、债券的数额来确定,不应当以投资者购买的股票、债券的数额是否巨大作为依据。[1]也有观点认为,所谓数额巨大,

---

[1] 参见高铭暄主编:《新型经济犯罪研究》,中国方正出版社2000年版,第324页。

应当是指隐瞒重要事实真相、编造重大虚假内容发行股票或公司、企业债券后实际发行的数额,而不是指在招股说明书或债券募集办法中所载明的数额。① 该犯罪行为对市场的危害程度以及社会公众的合法财产受损害的程度,宜作为犯罪数额认定,行政执法和刑事司法实践中一般都如此处理。

关于数额的计算标准。有观点认为,犯罪数额应当是指实际发行的股票、公司债券或企业债券的面值金额,计算方法是每只股票、公司债券或企业债券的票面金额乘以发行总数。也有观点认为,由于股票可以溢价发行,可以高于股票面值发行,而不得低于股票发行,② 数额计算应当以每只股票发行的实际价格乘以发行总数。③ 显然,应当采第二种观点。此外,公司、企业在发行过程中支付的费用一般不宜从犯罪数额中扣除。

---

① 参见林维:《妨害公司企业管理秩序罪的认定与处罚》,中国检察出版社1998年版,第90页。

② 《公司法》第127条规定:"股票发行价格可以按票面金额,也可以超过票面金额,但不得低于票面金额。"

③ 参见熊选国主编:《刑法罪名疑难问题精析》,人民法院出版社2007年版,第636页。

第三节 欺诈发行证券罪证据指引

一、主要证据

（一）证明在招股说明书、认股书等发行文件中隐瞒重要事实或者编造重大虚假内容的证据

收集招股说明书、认股书、公司、企业债券募集办法等发行文件。由于我国的股票、债券等发行主要通过证券交易所等发行机构进行，在调取发行文件等相关证据时，应以证券交易所等发行机构提供的涉案公司、企业发行文件版本为准。

在此基础上，收集发行人隐瞒重要事实或者编造重大虚假内容的证据，比较常见的涉及财务造假的案件，如提供虚假或者隐瞒重要事实的财务会计报告，要注意全面收集正式对外披露的报告、制作报告的底稿、与财务造假相关的合同、文件等材料，并请审计公司进行财务审计，出具审计报告作为鉴定意见，以此证明财务数据的虚假程度。

（二）证明实际发行证券的证据

发行人的实际股票、公司债券、企业债券、存托凭证或者国务院依法认定的其他证券。需要调取发行人实际发行的股票、公司债券、企业债券、存托凭证或者国务院依法认定的其他证券的时间、数额、发行的渠道、面向的投资者范围、所涉及的证券服务中介机构等。同时，注意收集募集资金的去向相关证据。

对于面向特定投资者（主要是合格投资者）的非公开发行的证券、债券等，一般须向投资人收集必要的材料，包括投资者资质的审查、购买金额、购买渠道、造成的损失等。

（三）证明控股股东、实际控制人组织、指使实施欺诈发行行为的证据

在发行人的控股股东、实际控制人涉嫌组织、指使实施欺诈发行行为时，需要证明涉案人员的身份、地位，包括控股股东、实际控制人在公司、企业的持股数、实际支配上市公司股份表决权数量、对公司董事会成员选任的决定情况、实际支配股份表决权对公司股东大会的决议的影响程度等证据，以证明涉案人员通过投资关系、协议或者其他安排，能够支配、实际支配公司行为，以准确认定为实际控制人和控股股东。在此基础上，收集控股股东、实际控制人组织、指示发行人欺诈发行的行为。

（四）证明犯罪数额或情节的证据

一般需要通过证券交易所等部门调取正式的发行文件，收集发行人实际证券、债券等金融产品的具体发行数额。此外，发行人有伪造、变造国家机关公文、有效证明文件或者相关凭证、单据的；利用募集的资金进行违法活动的；转移或者隐瞒所募集资金的等行为的，需要收集相关的证据。

二、证据的审查判断

本罪的客观方面要件是"在招股说明书、认股书、公司、企业债券募集办法等发行文件中隐瞒重要事实或者编造重大虚假内容"，即行为人在发行中实施了"欺诈"行为，如何证明该行为就成为定罪的关键。根据2022年《立案追诉标准（二）》的规定，应予追诉的情形中，除数额外，欺诈行为的严重程度也属于判断犯罪后果或情节的因素。在审查证据时应当结合公司、企业的财务报告和实际财务情况进行比照判断，对于实际财务情况等通常需要由会计师事务所等出具专业的司法审计报告。具体包括：

（1）虚增或者虚减资产、营业收入或者利润达到当期资产总额、当期营业收入或者当期利润总额30%以上的，重点审查证明虚增或者虚减

资产、营业收入、利润具体实施过程的相关证据及其产生的相应数额相关证据。其中，财务造假是欺诈证据认定的重点。财务造假模式是证明财务造假数额的关键。对于简单地通过修改财务报表数据造假模式，可将从税务局调取的原纳税申报表、资产负债表等财务报表、审计报告底稿的数字与发行文件中的财务报表数字进行对比，从中判断营业收入、利润总额、资本公积和债务等财务数据中是否存在虚构、人为调整等造假情形。对于通过伪造虚假生产经营行为的全流程财务造假，首先应当对公司、企业用于犯罪的虚假财务报告和案发后专业机构出具的审计报告，犯罪嫌疑人、被告人供述和辩解，参与财务造假人员的证人证言等进行综合审查，查清涉案、公司企业财务造假的具体模式，进而审查属于财务造假的具体金额。

对于行为人关于财务数据来源的辩解，需要结合企业会计准则等规定进行审查。比如，有的行为人辩解调增的营业收入是真实的账外收入，只是没有开发票而已。对此，根据《企业会计准则第 14 号——收入》规定以及营业收入的一般审计程序，调整进入的账外收入需要在一定期限前缴税，否则调整进入的账外收入就不应当计入营业收入，即使行为人有账外收入，也于事无补。另外，如果账外收入确实影响犯罪情节的判断的，可以进一步审查账外收入有无合同、出入库单等证明相关收入是否存在的证据。如果行为人无法提交相关凭证，其辩解便不具有合理根据，不予采信。如果经侦查证明系事后补做，更可以反向证明相关财务报告等数据是编造的内容。

对有关董事会决议、股东会决议等会议记录，有的控股股东或实际控制人会辩解自己没有参与策划或制作虚假财务凭证的具体行为，对欺诈事情完全不知情。对此，应重点审查相关会议记录的签字情况和有关会议材料的寄送、阅读情况。原则上，只要其在股东会决议、发行文件上签字且没有提出反对意见，即应保证相关决议、文件的真实性，不论其辩解是否阅看相关会议材料，都应承担相应的刑事责任。

（2）隐瞒或者编造的重大诉讼、仲裁、担保、关联交易或者其他重大事项所涉及的数额或者连续 12 个月的累计数额达到最近一期披露的净资产 50% 以上的，要逐项对证明存在相关事项及其涉及的金额的相关数据进行审查。此外，需要注意的是此处计算差值的基准数额系最近一期披露的净资产数额,而非案发时或者行为发生时的净资产数额。

(3)为欺诈发行证券而伪造、变造国家机关公文、有效证明文件或者相关凭证、单据的,或者向负有金融监督管理职责的单位或者人员行贿的,重点审查相关手段行为是否成立。

第四节　相关案例评析

一、欣某股份有限公司、温某乙、刘某胜欺诈发行股票、违规披露重要信息案[①]

【基本案情】

欣某股份有限公司（以下简称欣某公司）原系深圳证券交易所创业板上市公司。该公司实际控制人温某乙与财务总监刘某胜为达到使欣某公司上市的目的，组织单位工作人员通过外部借款、使用自有资金或伪造银行单据等方式，虚构2011年至2013年6月间的收回应收款项情况，采用在报告期末（年末、半年末）冲减应收款项，下一会计期初冲回的方式，虚构了相关财务数据，在向证监会报送的首次公开发行股票并在创业板上市申请文件和招股说明书中记载了上述重大虚假内容，骗取了证监会的股票发行核准，公开发行股票募集资金2.57亿元。欣某公司上市后，于2013年7月至2014年12月间，沿用前述手段继续伪造财务数据，粉饰公司财务状况，并分别于2014年4月15日、2014年8月15日、2015年4月25日向公众披露了虚假和隐瞒重要事实的2013年年度报告、2014年半年度报告、2014年年度报告。

辽宁省丹东市公安局以欣某公司、温某乙、刘某胜涉嫌欺诈发行股票罪向丹东市人民检察院移送起诉。检察机关审查发现，欣某公司上市公开发行股票之后，在向社会公开披露的三份财务报告中仍包含虚假财务信息，涉嫌违规披露重要信息犯罪，遂将该案退回公安机关，要求公安机关对温某乙、刘某胜在公司上市后的违规披露重要信息犯罪进行补充侦查。

[①] 2020年11月6日最高人民检察院、证监会联合发布的12起证券违法犯罪典型案例之一。

公安机关补充侦查后，以欣某公司、温某乙、刘某胜涉嫌欺诈发行股票罪，违规披露、不披露重要信息罪再次移送起诉。

检察机关审查认为，欣某公司为达到上市发行股票的目的，采取伪造财务数据等手段，在招股说明书中编造重大财务虚假内容并发行股票；作为信息披露义务主体，多次向股东和社会公众提供虚假和隐瞒重要事实的财务报告，严重损害股东利益。温某乙、刘某胜为直接负责的主管人员。2017年4月20日，辽宁省丹东市人民检察院以欣某公司、温某乙、刘某胜涉嫌欺诈发行股票罪，违规披露、不披露重要信息罪提起公诉。

2019年4月23日，丹东市中级人民法院作出一审判决，以欺诈发行股票罪，判处被告单位欣某公司罚金人民币832万元；以欺诈发行股票罪，违规披露、不披露重要信息罪对被告人温某乙、刘某胜数罪并罚，对温某乙决定执行有期徒刑3年，并处罚金人民币10万元；对刘某胜决定执行有期徒刑2年，并处罚金人民币8万元。被告单位和被告人均未上诉，判决已生效。

中国证监会对欣某公司的欺诈发行和违规披露重要信息行为进行调查后，于2016年7月5日作出行政处罚。深圳证券交易所决定对欣某公司股票终止上市并摘牌。欣某公司退市后，主承销商设立先行赔付专项基金，涉案投资人的损失得到相应赔偿。

【案例评析】

其一，依法从严惩治资本市场财务造假行为。上市公司在发行、持续信息披露中的财务造假行为，严重蛀蚀资本市场的诚信基础，破坏市场信心，损害投资者利益，必须严厉惩治。资本市场财务造假行为主要通过信息披露的方式表现出来。对于不同阶段涉财务造假信息的违规披露行为，刑法规定了不同的罪名和相应刑罚。司法办案当中要注意区分不同时期信息披露行为触犯的刑法规范，根据刑法规定的构成要件分别适用不同罪名，数罪并罚；对于审查发现新的犯罪事实和线索，通过退回公安机关补充侦查或者自行侦查，查清事实，依法追诉。

其二，综合发挥行政执法和刑事司法职能作用。财务造假和信息披露违法行为，可能同时违反行政监管法律规范和刑法规范，触发行政处罚程序和刑事追诉程序。证券监督管理部门和司法机关应当发挥各自职能作用，根据执法司法工作的需要，及时追究相关市场主体的法律责任。证券监督管理部门作出行政处罚后,认为相关人员构成犯罪的,应当及时移送公安机关立案侦查,加强行政执法与刑事司法之间的有效衔接,防止以罚代刑,已经作出的行政处罚决定不影响司法机关追究刑事责任。对于欺诈发行、违规披露信息的上市公司,符合退市条件的,还应当由证券交易所依法强制退市。

其三,注重维护投资者的合法权益。2020年3月实施的证券法进一步完善了投资者保护制度,先行赔付、证券代表人诉讼等规定为更好地保护投资人合法权益提供了法律依据。本案办理过程中,主承销商设立先行赔付专项基金,投资人的损失得到相应赔偿,维护了投资者的合法权益,取得了较好的社会效果。

二、中某通机械制造有限公司、卢某旺等人欺诈发行债券、出具证明文件重大失实、非国家工作人员受贿案[①]

【基本案情】

卢某旺、卢某煊、卢某光分别系中某通机械制造有限公司(以下简称中某通公司)的董事长、法定代表人和原财务总监;杨某杰、陈某明、王某宇和徐某分别系利某会计师事务所某分所副所长、项目经理、主任会计师授权签字人和部门经理;边某系某证券股份有限公司(以下简称某证券公司)固定收益融资总部业务部董事。

2013年下半年,中某通公司流动资金不足,卢某旺为发行私募债券融资,经与卢某煊、卢某光合谋,虚增公司营业收入5.13亿余元、虚增利润总额1.31亿余元、虚增资本公积金6555万余元、虚构某银行授信额度500万元、隐瞒外债2025万余元。利某会计师事务所承接中某通公司审计项目后,未按审计准则要求对中某通公司账外收入和股东捐赠情况进行审计,在审计报告中虚增了上述营业收入、净利润和资本公积金。其中,杨某杰在出具重大失实报告中实施了组织、管理等行为;陈某明实施了现场审计和初稿起草行为;王某宇作为利某会计师事务所授权的签字注

[①] 2020年11月6日最高人民检察院、证监会联合发布的12起证券违法犯罪典型案例之一。

册会计师,在未按审计准则对中某通审计报告进行审核的情况下,草率签发审计报告;徐某作为注册会计师,在未实际参与中某通项目现场审计的情况下,应杨某杰要求在审计报告上署名。承销券商某证券公司以此为基础出具了《中某通公司非公开发行2014年中小企业私募债券募集说明书》。经向上海证券交易所备案,中某通公司于2014年5月至7月间非公开发行两年期私募债券共计1亿元,被相关投资人认购。其中,两位投资人在边某的介绍下分别认购该私募债券,边某收受中某通公司给予的贿赂款150万元。2016年该私募债券到期后,中某通公司无力偿付债券本金和部分利息,造成投资人重大经济损失。

上海市公安局以边某涉嫌非国家工作人员受贿罪,杨某杰、陈某明、王某宇、徐某涉嫌出具证明文件重大失实罪,中某通公司、卢某旺、卢某煊、卢某光涉嫌欺诈发行债券罪向上海市人民检察院第一分院和上海市徐汇区人民检察院移送起诉。

2017年8月3日,上海市徐汇区人民检察院以边某涉嫌非国家工作人员受贿罪提起公诉。2017年8月21日、11月21日,上海市人民检察院第一分院分别以杨某杰、陈某明、王某宇、徐某涉嫌出具证明文件重大失实罪,中某通公司、卢某旺、卢某煊、卢某光涉嫌欺诈发行债券罪提起公诉。

2017年8月21日,上海市徐汇区人民法院作出一审判决,以非国家工作人员受贿罪,判处被告人边某有期徒刑2年6个月,没收违法所得。2017年11月21日、2018年1月31日,上海市第一中级人民法院分别作出一审判决,以出具证明文件重大失实罪,判处被告人杨某杰有期徒刑2年、缓刑3年,被告人陈某明有期徒刑1年6个月、缓刑2年,被告人王某宇拘役6个月、缓刑6个月,被告人徐某有期徒刑6个月、缓刑1年,并分别判处罚金人民币5万元至10万元不等;以欺诈发行债券罪,判处被告单位中某通公司罚金人民币300万元,被告人卢某旺有期徒刑3年6个月,被告人卢某光有期徒刑2年6个月,被告人卢某煊有期徒刑2年、缓刑2年。一审宣判后,陈某明、王某宇、徐某提出上诉,上海市高级人民法院裁定维持原判,判决已生效。

2020年4月,上海市人民检察院结合本案以及其他同类案件的办理,向中国注册会计师协会发出了加强会计师行业监管的检察建议书。中国注册会计师协会收到检察建议书后,积极采取措施增强中介机构职责重要性教育,完善注册会计师专业标准体系,加强法律知识培训和职业道德教育,研究完善会计师事务所质量管理相关准则,更好地发挥行业自律监管作用。

【典型意义】

其一,坚持保护资本市场创新发展和惩治证券违法犯罪并重,促进证券市场健康发展。为规范中小企业私募债券业务,拓宽中小微型企业融资渠道,服务实体经济发展,深圳证券交易所和上海证券交易所于2011年开展了中小企业私募债券业务试点;在总结中小企业私募债试点经验的基础上,证监会于2015年发布《公司债券发行与交易管理办法》,全面建立了非公开发行债券制度。中小企业私募债券市场是多层次资本市场的重要组成部分,是解决中小企业融资问题的有益创新,但一些中小企业的欺诈发行行为,严重损害了私募债券市场信心,侵害了投资者合法权益。对于私募债券、新三板、科创板等资本市场中的创新活动,检察机关应当坚持保护创新和惩治犯罪并重,坚定地维护资本市场正常运行秩序,依法惩治财务造假、信息披露违法等严重破坏资本市场秩序的犯罪,为资本市场健康发展提供司法保障。

其二,严厉惩治中介机构参与财务造假,促进落实"看门人"责任。资本市场中的证券公司、会计师事务所、律师事务所等中介机构是信息披露、投资人保护相关制度得以有效实施的"看门人",中介机构不依法依规履职将严重影响资本市场的健康运行。在惩治市场主体财务造假行为的同时,应当主动开展"一案双查",同步审查相关中介机构是否存在提供虚假证明文件、出具证明文件重大失实以及非国家工作人员受贿等违法犯罪行为,并依法追究相关主体的法律责任,引导市场主体合法经营和中介机构依法依规履职。

其三,注重结合办案提出检察建议,促进资本市场制度机制不断健全。对于办案当中发现的相关中介机构及其执业人员违反职业操守、职业规范,以及相关监督管理缺失问题,检察机关应当深入分析原因,向有关主管机关提出改进工作、完善监管的检察建议,促进社会治理。

第十一章

违规披露、不披露重要信息罪办案指引

第一节 违规披露、不披露重要信息罪概述

资本市场是一个信息市场，真实、准确、完整披露信息是信息披露义务人的基本要求，也是保护资本市场投资者的重要手段。特别是在证券发行注册制的大背景下，其对于资本市场交易的重要性更加凸显，信息披露是注册制改革的核心。当前我国资本市场中财务造假行为时有发生，并以财务报告的形式呈现在投资者面前，误导投资者决策，损害投资者利益，严重阻碍资本市场的改革发展。为此，证券法设专章规定信息披露制度，系统完善了信息披露制度。《刑法》第161条违规披露、不披露重要信息罪，是针对资本市场中信息披露义务人财务造假等信息披露违法情节严重的行为，该罪名的立法完善和执法实践，进一步推动构建民事赔偿、行政处罚和刑事追责的立体化追责体系，切实提高了违法犯罪行为成本。

一、立法沿革

刑法第一百六十一条 依法负有信息披露义务的公司、企业向股东和社会公众提供虚假的或者隐瞒重要事实的财务会计报告，或者对依法应当披露的其他重要信息不按照规定披露，严重损害股东或者其他人利益，或者有其他严重情节的，对其直接负责的主管人员和其他直接责任人员，处五年以下有期徒刑或者拘役，并处或者单处罚金；情节特别严重的，处五年以上十年以下有期徒刑，并处罚金。

前款规定的公司、企业的控股股东、实际控制人实施或者组织、指使实施前款行为的，或者隐瞒相关事项导致前款规定的情形发生的，依照前款的规定处罚。

犯前款罪的控股股东、实际控制人是单位的，对单位判处罚金，并对其直接负责的主管人员和其他直接责任人员，依照第一款的规定处罚。

本罪因市场经济的发展而产生，经历了一个从无到有、不断完善的过程。1992年之前，国家经济以国有、集体经济为主，按照计划生产经营，没有使用刑法对提供虚假财务会计报告或者违规信息披露进行惩治的现实需要。随着市场经济改革逐渐活跃，各种规模的公司、企业不断涌现，财务会计报告等生产经营信息变得越来越重要，成为衡量公司价值、引导市场投资的重要参考。一些公司管理人员捏造虚假财务会计报告，欺骗股东、社会、国家监管部门的现象不断出现，严重损害了国家财务会计制度和公司股东的利益。为了打击上述行为，1993年，全国人大常委会通过公司法规定，提供虚假财务会计报告的责任人员要承担1万元到10万元的罚款，构成犯罪的，依法追究刑事责任。然而，由于1979年刑法并无相关罪名条款，导致该规定中关于刑事处罚的部分无法付诸实施。为充分发挥刑法的惩治预防功能，1995年全国人大常委会《关于惩治违反公司法的犯罪的决定》以单行刑法的方式，对提供虚假财务信息需要承担的刑事责任作出了明确规定[①]。1997年《刑法》第161条在前述决定的基础上对罚金下限作出规定，形成了如下内容："公司向股东和社会公众提供虚假的或者隐瞒重要事实的财务会计报告，严重损害股东或者其他人利益的，对其直接负责的主管人员和其他直接责任人员，处三年以下有期徒刑或者拘役，并处或者单处二万元以上二十万元以下罚金。"提供虚假财会报告罪的确立，标志着财务造假行为正式入刑，对震慑违法犯罪分子、保障市场经济秩序发挥了重要作用。

随着市场经济的进一步发展，特别是我国资本市场的发展壮大，上市公司日渐成为经济增长的重要来源，是社会公众参与最广泛、最深入的经济实体。作为上市公司向投资者和社会公众沟通信息的桥梁，信息披露对维持证券市场秩序、保护投资者利益起着非常重要的作用。随着资本市

[①]《关于惩治违反公司法的犯罪的决定》第4条规定："公司向股东和社会公众提供虚假的或者隐瞒重要事实的财务会计报告，严重损害股东或者其他人利益的，对直接负责的主管人员和其他直接责任人员，处三年以下有期徒刑或者拘役，可以并处二十万元以下罚金。"

场的迅速发展,提供虚假财会报告罪存在的一些不足逐渐暴露出来。如,犯罪主体只限于上市公司,范围太窄,根据证券法规定,公司、企业债券上市交易的公司、企业,也负有信息披露义务;本条只规定向股东和社会提供虚假的或者隐瞒重要事实的财务会计报告,但按照证券法规定,应当披露的信息还有招股说明书、债券募集办法、上市公司中期报告、年度报告、临时报告及其他信息披露资料;本条要求严重损害股东或者其他人利益才构成犯罪,但实践中如何认定损害结果存在诸多困难,给查处定性带来很大困难。① 针对上述问题,2006年《刑法修正案(六)》第5条作出规定,将《刑法》第161条修正为:"依法负有信息披露义务的公司、企业向股东和社会公众提供虚假的或者隐瞒重要事实的财务会计报告,或者对依法应当披露的其他重要信息不按照规定披露,严重损害股东或者其他人利益,或者有其他严重情节的,对其直接负责的主管人员和其他直接责任人员,处三年以下有期徒刑或者拘役,并处或者单处二万元以上二十万元以下罚金。"《刑法修正案(六)》对犯罪主体、客观方面、构罪标准等方面进行了全面修正,极大扩充了本罪的内涵和外延。与此相应,罪名变更为违规披露、不披露重要信息罪。

2019年12月28日,修订后的证券法审议通过,显著提高了违规信息披露的行政处罚力度。为保障以信息披露为核心的证券发行注册制改革顺利进行,《刑法修正案(十一)》综合各方意见建议,决定对本罪再次进行修订。本次刑法修订主要作了以下修改:一是增设法定刑档次,大幅提高法定刑,将最高刑从3年提高至10年;二是将罪名的倍比罚金制调整为无限额罚金制;三是扩展了犯罪的实行行为,明确了公司、企业的控股股东、实际控制人组织、指使实施欺诈发行股票或违规披露、不披露重要信息行为的刑事责任;四是在保留不处罚依法负有信息披露义务的公司、企业单位责任的同时,规定对控股股东、实际控制人构成单位犯罪的情形适用双罚制。本次修订,提高了信息披露违法犯罪的成本,明确了控股股东、实际控制人的刑事责任。

从立法发展来看,对违规披露、不披露重要信息行为从无到有到更

---

① 参见黄太云:《〈刑法修正案(六)〉的理解与适用(上)》,载《人民检察》2006年第7期。

严厉的规制，体现的是罪名背后法益保护的需要，充分体现了国家对资本市场违法犯罪行为"零容忍"的要求。

二、犯罪构成

（一）犯罪客体

本罪侵犯的是复杂客体，既包括国家关于公司、企业的信息披露管理制度，又包括股东、债权人及社会公众的利益。信息披露是证券市场的基石，是维护证券市场公平、效率和秩序的保证。违规信息披露破坏证券市场根基和广大投资者利益，牵涉面广，危害性大。一方面，本罪行为直接违反证券市场信息披露规则，侵害国家对证券市场的管理制度，进而危害证券市场秩序的稳定。另一方面，本罪行为因具欺诈性，会造成证券市场信息不对称，严重损害投资者的知情权，诱导投资者依据错误的信息做出投资选择，给公司、股东和债权人利益造成严重损害。

（二）客观方面

本罪客观方面表现为向股东和社会公众提供虚假的或者隐瞒重要事实的财务会计报告，或者不按照规定向股东和社会公众披露依法应当披露的重要信息，严重损害股东或者其他人利益，或者有其他严重情节的行为。本罪既可以通过作为方式实施，也可以通过不作为方式实施。

1. 违反规定

构成本罪，应当以违反规定为前置要件。这里的规定，主要包括三类：一是法律、行政法规，如证券法、会计法等；二是部门规章，如证监会制定的《上市公司信息披露管理办法》（以下简称《管理办法》），财政部制定的《企业会计制度》《代理记账管理办法》等；三是证券交易场所制定的自律监管规则。

2. 违规披露、不披露行为

根据《刑法》第161条的规定，本罪行为类型包括四种：

（1）提供虚假的或者隐瞒重要事实的财务会计报告。

根据《公司法》第62条①、第164条②、第165条③的规定，公司应当在每一会计年度终了时，依照法律、行政法规和国务院财政部门的规定编制财务会计报告，并依法经会计师事务所审计。有限责任公司应当依照公司章程规定的期限将财务会计报告送交各股东。股份有限公司的财务会计报告应当在召开股东大会年会的20日前置备于本公司，供股东查阅；公开发行股票的股份有限公司必须公告其财务会计报告。依照上述规定，制作并向股东和社会公众提供财务会计报告是公司的一项法定义务。客观记录和反映公司经营情况，如实地制作财务会计报告，才能让股东准确地了解其出资或投资的收益情况。公司向股东和社会公众提供虚假的或者隐瞒重要事实的财务会计报告，对股东和社会公众的利益造成损害的，应追究其相应的刑事责任。

在此条款中，所谓虚假，是指捏造并不存在事实；隐瞒重要事实，是指故意将已经存在的事实进行隐匿，致使披露的财务会计报告与真实情形不符。实践中，虚假与隐瞒重要事实是交织在一起的，属于一体两面，数字虚假的背后是对真实经营状况、营业收入、利润、成本等情况的隐瞒。

（2）不按照规定披露依法应当披露的其他重要信息。

"不按照规定披露"，通常包括应当披露而没有披露、虽然披露但披露的信息不真实、不全面、不及时以及没有按照法定程序进行披露三种情形。其他重要信息，是指除了财务会计报告以外，可能对证券市场产生较大影响、依法应当披露的重要信息，如公司重大诉讼、仲裁、担保、关联交易等。在具体认定时，应当根据证券法等相关规定来判断。

---

① 《公司法》第62条规定："一人有限责任公司应当在每一会计年度终了时编制财务会计报告，并经会计师事务所审计。"

② 《公司法》第164条规定："公司应当在每一会计年度终了时编制财务会计报告，并依法经会计师事务所审计。财务会计报告应当依照法律、行政法规和国务院财政部门的规定制作。"

③ 《公司法》第165条规定："有限责任公司应当依照公司章程规定的期限将财务会计报告送交各股东。股份有限公司的财务会计报告应当在召开股东大会年会的二十日前置备于本公司，供股东查阅；公开发行股票的股份有限公司必须公告其财务会计报告。"

根据《证券法》第 80 条之规定，发生可能对上市公司、股票在国务院批准的其他全国性证券交易场所交易的公司的股票交易价格产生较大影响的重大事件，投资者尚未得知时，公司应当立即将有关该重大事件的情况向国务院证券监督管理机构和证券交易场所报送临时报告，并予公告，说明事件的起因、目前的状态和可能产生的法律后果。公司的控股股东或者实际控制人对重大事件的发生、进展产生较大影响的，应当及时将其知悉的有关情况书面告知公司，并配合公司履行信息披露义务。《证券法》第 81 条也作了相同规定。

再如，《管理办法》规定，信息披露文件主要包括招股说明书、募集说明书、上市公告书、定期报告和临时报告；另根据公司法、证券法、证券投资基金法、银行业监督管理法等相关法律法规的规定，应依法披露的重要信息还包括债券募集方法、基金招股说明书、基金合同、基金托管协议、董事和高管人员变更、基金资产净额和基金份额净值等。

（3）组织、指使公司、企业违规披露、不披露重要信息。

这里的组织、指使，特指公司、企业的控股股东、实际控制人实施的行为。本情形为《刑法修正案（十一）》所新增，从刑法理论上看，组织、指使行为属于共同犯罪范畴，完全可以依据刑法总论中共同犯罪理论追究控股股东、实际控制人的刑事责任。因此，该条款实际上属于注意条款。

（4）隐瞒重要事项导致公司、企业违规披露、不披露重要信息。

该情形中，行为需具有以下构成要件要素：其一，控股股东、实际控制人实施隐瞒重要事项行为，对具体事项重要性的认定，需要结合证券法相关规定来判定。其二，造成了公司、企业违规披露、不披露重要信息的结果。其三，隐瞒行为与结果之间具有刑法上的因果关系。

（三）犯罪主体

本罪的行为主体是所有依法负有信息披露义务的公司、企业，法律根据的范围较为宽泛，不仅仅限于法律、行政法规。具体包括依据证券法、公司法、银行业监督管理法、证券投资基金法等法律、行政法规、规章规定的具有信息披露义务的股票发行人、上市公司，公司、企业债券上市交易的公司、企业，银行、基金管理人、基金托管人和其他信息披露义务人。[①]其中，股票发行人、上市公司是我国证券市场最常见的信息披露义务人，也是本罪在司法实践中最主要的规制对象。根据《证券法》第78条规定，国务院证券监督管理机构有权对其他信息披露义务人作出规定。[②]中国证监会规定的需要作出公开承诺的公司、企业，也可以认定为依法负有信息披露的公司、企业。比如，《上市公司重大资产重组管理办法》第26条第2款规定："重大资产重组的交易对方应当公开承诺，将及时向上市公司提供本次重组相关信息，并保证所提供的信息真实、准确、完整……"根据此规定，此处上市公司的交易对方也可以独立构成本罪。

依法负有信息披露义务的公司、企业的控股股东、实际控制人实施或组织实施违规披露、不披露重要信息的行为，或者隐瞒相关事项导致公司、企业违规披露、不披露重要信息的，对控股股东、实际控制人追究刑事责任。控股股东、实际控制人是单位的，同时处罚该单位及其直接负责的主管人员和其他直接责任人员。

（四）主观方面

本罪是故意犯罪。明知是虚假的或者隐瞒重要事实的财务会计报告，仍然将其对外披露；或者明知特定信息属于依法应当披露的重要信息，但将其隐瞒不报，或者故意不按照规定进行披露。

三、定罪量刑标准

根据《刑法》第161条规定，依法负有信息披露义务的公司、企业犯本罪的，不追究单位责任，只处罚相关责任人员，对其直接负责的主管人员和其他直接责任人员，处5年以下有期徒刑或者拘役，并处或者单处

[①] 参见黄太云：《〈刑法修正案（六）〉的理解与适用（上）》，载《人民检察》2006年第7期。

[②] 《证券法》第78条规定："发行人及法律、行政法规和国务院证券监督管理机构规定的其他信息披露义务人，应当及时依法履行信息披露义务。信息披露义务人披露的信息，应当真实、准确、完整，简明清晰，通俗易懂，不得有虚假记载、误导性陈述或者重大遗漏。证券同时在境内境外公开发行、交易的，其信息披露义务人在境外披露的信息，应当在境内同时披露。"

罚金；情节特别严重的，处 5 年以上 10 年以下有期徒刑，并处罚金。控股股东、实际控制人犯本罪的，处 5 年以下有期徒刑或者拘役，并处或者单处罚金；情节特别严重的，处 5 年以上 10 年以下有期徒刑，并处罚金；如控股股东、实际控制人系单位，且构成单位犯罪的，则对控股股东、实际控制人判处罚金，并对其直接负责的主管人员和其他直接责任人员，处 5 年以下有期徒刑或者拘役，并处或者单处罚金，情节特别严重的，处 5 年以上 10 年以下有期徒刑，并处罚金。

构成本罪需要到达情节严重标准，即严重损害股东或者其他人利益，或者有其他严重情节。

根据 2022 年修订后《立案追诉标准（二）》第 6 条规定，依法负有信息披露义务的公司、企业向股东和社会公众提供虚假的或者隐瞒重要事实的财务会计报告，或者对依法应当披露的其他重要信息不按照规定披露，涉嫌下列情形之一的，应予立案追诉：（1）造成股东、债权人或者其他人直接经济损失数额累计在 100 万元以上的；（2）虚增或者虚减资产达到当期披露的资产总额 30% 以上的；（3）虚增或者虚减营业收入达到当期披露的营业收入总额 30% 以上的；（4）虚增或者虚减利润达到当期披露的利润总额 30% 以上的；（5）未按照规定披露的重大诉讼、仲裁、担保、关联交易或者其他重大事项所涉及的数额或者连续 12 个月的累计数额达到最近一起披露的净资产 50% 以上的；（6）致使不符合发行条件的公司、企业骗取发行核准并且上市交易的；（7）致使公司、企业发行的股票或者公司、企业债券、存托凭证或者国务院依法认定的其他证券被终止上市交易的；（8）在公司财务会计报告中将亏损披露为盈利，或者将盈利披露为亏损的；（9）多次提供虚假的或者隐瞒重要事实的财务会计报告，或者多次对依法应当披露的其他重要信息不按照规定披露的；（10）其他严重损害股东、债权人或者其他人利益，或者有其他严重情节的情形。

第二节 违规披露、不披露重要信息罪司法疑难问题

一、财务会计报告和其他重要信息的认定

实践中,对财务会计报告和其他重要信息的认定,有时会存在一些争议,需要进一步明确。

(一)财务会计报告的认定

财务会计制度产生的历史悠久,是现代公司治理的重要制度,是对企业已发生和已完成的经济业务事项中能用货币计量的数据,按照一定的会计原则、方法及模式,加工转换成借助于财务报表所表达的财务信息,以供企业内外有关方面在谋求增收节支、提高效益和进行理财决策时参考。典型表现形式即为公司的财务会计报告,即由公司的业务部门或者公司委托的其他会计、审计机构,按照国家的规定于每一年度终了时制作的反映公司财务状况和经营成果的文件。

证券法明确规定,上市公司披露的年度报告、中期报告必须包含财务会计报告。因此,本罪条款一直使用并延续了"财务会计报告"这一表述方式。通常情形下,对财务会计报告的理解与认定是没有争议的。但实践中,有的公司、企业将包含了主要财务会计数据的文件冠以"财务报表""会计报表""财会报表"等名义对外披露,是否应当将其认定为财务会计报告进而适用本罪条款进行规制,还存在不同认识。以上情形是客观存在的,常见于季度报告、在增发时出具的临时报表等。从证券监管角度看,难以对所有信息披露情形的文件名称、格式作统一规定;从财务会计专业角度看,相关概念的外延和内涵没有明确区分、替代使用、相互通

用、不规范使用的现象较为普遍。本书认为,要准确合理认定财务会计报告,既不能完全局限于字面含义进行认定,认为本罪规定的情形只适用于标注为"财务会计报告"的披露文件,导致本罪设定的规制情形被规避,产生司法不公、放纵犯罪等后果,也不能任意扩大解释,将财务会计报告概念解释成所有涉及财务会计信息的披露文件,而应该采取实质性的认定方法,从财务会计文件的主要内容、是否属于重要信息的角度来综合认定。实践中,如果对外披露的文件包含了资产负债表、利润表、现金流量表等主要财务会计数据,那么无论文件标注的名义为何,也无论上述主要财务会计数据处于披露文件的正文还是附注位置,均应依法将其认定为刑法意义上的财务会计报告。

(二)其他重要信息的认定

依法应当披露的其他重要信息,是指除了财务会计报告以外,可能对证券市场产生较大影响、依法应当披露的信息。《证券法》第80条、第81条规定的重大事件,以及上市公司信息披露办法等规定的应当披露的重要信息属于应当披露的其他重要信息。比如,《证券法》第80条规定的重大事件有:"(一)公司的经营方针和经营范围的重大变化;(二)公司的重大投资行为,公司在一年内购买、出售重大资产超过公司资产总额百分之三十,或者公司营业用主要资产的抵押、质押、出售或者报废一次超过该资产的百分之三十;(三)公司订立重要合同、提供重大担保或者从事关联交易,可能对公司的资产、负债、权益和经营成果产生重要影响;(四)公司发生重大债务和未能清偿到期重大债务的违约情况;(五)公司发生重大亏损或者重大损失;(六)公司生产经营的外部条件发生的重大变化;(七)公司的董事、三分之一以上监事或者经理发生变动,董事长或者经理无法履行职责;(八)持有公司百分之五以上股份的股东或者实际控制人持有股份或者控制公司的情况发生较大变化,公司的实际控制人及其控制的其他企业从事与公司相同或者相似业务的情况发生较大变化;(九)公司分配股利、增资的计划,公司股权结构的重要变化,公司减资、合并、分立、解散及申请破产的决定,或者依法进入破产程序、被责令关闭;(十)涉及公司的重大诉讼、仲裁,股东大会、董事会决议被依法撤销或者宣告无效;(十一)公司涉嫌犯罪被依法立案调查,公司的控股股东、实际控制人、董事、监事、高级管理人员涉嫌犯罪被依法采取强制措施;(十二)国务院证券监督管理机构规定的其他事项。"

《证券法》第81条规定的重大事件包括:"(一)公司股权结构或者生产经营状况发生重大变化;(二)公司债券信用评级发生变化;(三)公司重大资产抵押、质押、出售、转让、报废;(四)公司发生未能清偿到期债务的情况;(五)公司新增借款或者对外提供担保超过上年末净资产的百分之二十;(六)公司放弃债权或者财产超过上年末净资产的百分之十;(七)公司发生超过上年末净资产百分之十的重大损失;(八)公司分配股利,作出减资、合并、分立、解散及申请破产的决定,或者依法进入破产程序、被责令关闭;(九)涉及公司的重大诉讼、仲裁;(十)公司涉嫌犯罪被依法立案调查,公司的控股股东、实际控制人、董事、监事、高级管理人员涉嫌犯罪被依法采取强制措施;(十一)国务院证券监督管理机构规定的其他事项。"

二、本罪的处罚范围

对于依法负有信息披露义务的公司实施违规披露、不披露行为的,刑法没有规定对单位的刑事责任。因此,处罚范围上需要重点把握以下内容:其一,《刑法》第161条第1款不追究单位刑事责任,主要是考虑到负有信息披露义务的公司、企业所涉及的利益具有明显的公众性。在公司、企业及广大中小股东、公众投资者、债权人等利益已经受到严重损害的情况下,再对公司、企业进行定罪处罚,难免会对公司、股东及其他人员利益造成二次伤害。其二,司法实践中,准确适用本条款,则不应将负有信息披露义务的公司、企业列为立案侦查、审查追诉、起诉审判的对象。如公安机关将单位一并移送起诉的,检察机关应当对单位作法定不起诉。

《刑法修正案(十一)》增加规定了控股股东、实际控制人的刑事责任。控股股东、实际控制人的认定可以参照公司法、证券法和证监会相关规定。比如,《公司法》第216条规定:"控股股东,是指其出资额占有限责任公司资本总额百分之五十以上或者其持有的股份占股份有限公司股本总额百分之五十以上的股东;出资额或者持有股份的比例虽然不足百分之五十,但依其出资额或者持有的股份所享有的表决权已足以对股东会、股东大会的决议产生重大影响的股东。……实际控制人,是指虽不是公司的股东,但通过投资关系、协议或者其他安排,能够实际支配公司行为的人。"控股股东和实际控制人既可以是自然人,也可以是法人或者其他组织。需要特别注意的是,对于控股股东与实际控制人为单位的,刑法规定双罚制,与对依法负有信息披露义务公司、企业的单罚制规定不同。这体现了对组织、实施的控股股东、实际控制人更大的处罚力度。在违规信息披露犯罪案例中,控股股东和实际控制人出于发展业绩、稳定股价、违规担保、占用资金等各种动机,滥用控股、控权地位,导致公司、企业违规信息披露的现象比较严重。如果对此类主体采用单罚制,则不仅不能发挥保护中小股东利益的作用,反而会纵容控股股东、实际控制人滥用地位实施违规信息披露违法犯罪行为,从而背离了设置单罚制的立法初衷。

三、罪名辨析

从世界各国的证券法律规定来看,信息披露都是一项重要的法律制度,如果公司、企业披露的财务会计报告或者其他重要信息属于虚假记录或陈述,或者应当披露而不披露,将会使社会公众作出错误投资判断,利益受损,甚至影响国家经济决策、社会稳定,以及国民经济的良性发展。[①]在司法实践中把握该罪名,其核心在于信息披露义务的履行,实现公司治理的透明。对于一些犯罪分子往往以违规信息披露为方式、手段,实施欺诈发行证券、操纵证券市场等犯罪,由此产生此罪与彼罪、一罪与数罪的区分问题,应予以关注并准确区分。

(一)本罪与欺诈发行证券罪的区别

根据《刑法》第160条规定,欺诈发行证券罪,是指在招股说明书、认股书、企业债券募集办法等发行文件中隐瞒重要事实或者编造重大虚假内容,发行股票或者公司、企业债券,具有严重情节的行为。本罪必须发

---

① 参见高铭暄、陈冉:《由顾雏军案论违规披露、不披露重要信息罪的理解与适用》,载中华人民共和国最高人民法院刑事审判第一、二、三、四、五庭主办:《刑事审判参考》(总第116集),法律出版社2019年版,第37页。

生在证券发行阶段。证券发行是一个整体概念，包含了发行人与证券认购人之间的一种证券买卖关系，包括初次发行以及已经上市的公司发行新股等一系列行为。从本质上看，两罪都是信息披露义务人实施的违规信息披露犯罪行为，存在法条竞合关系，在犯罪主体、客观表现、侵害法益等方面，具有较多重合性。当依法负有信息披露义务的发行人在招股说明书、认股书等发行文件中违规披露重要信息，会同时构成欺诈发行证券罪和违规披露、不披露重要信息罪。《立案追诉标准（二）》第6条第6项就将"致使不符合发行条件的公司、企业骗取发行核准或者注册并且上市交易"明确为违规披露、不披露重要信息行为情节严重的情形之一。

综上，准确区分本罪与欺诈发行证券罪，重点要从是否处于发行阶段、是否通过发行文件隐瞒重要事实或者编造重大虚假内容、是否向股东和社会公众披露等方面进行判断。如果发行阶段的违规披露行为同时构成两罪，依照牵连犯处置原则，应当择一重罪，以欺诈发行证券一罪进行定罪处罚。如果欺诈发行后继续实施违规披露、不披露重要信息行为，均构成犯罪的，则应当按照数罪并罚原则处理。

（二）本罪与信息型操纵证券市场罪的区别

信息型操纵是操纵证券市场的方式之一，主要包括蛊惑交易操纵、利用信息优势操纵等。根据2019年最高人民法院、最高人民检察院《关于办理操纵证券、期货市场刑事案件适用法律若干问题的解释》（以下简称《操纵司法解释》）第1条第4项的规定，利用信息优势操纵是指，"通过控制发行人、上市公司信息的生成或者控制信息披露的内容、时点、节奏，误导投资者作出投资决策，影响证券交易价格或者证券交易量，并进行相关交易或者谋取相关利益"。从构成要件看，利用信息优势操纵行为比较复杂，要同时包括控制信息、误导投资决策、影响证券交易价格或者数量、进行相关交易或者谋利等行为。控制信息，表现为控制信息的生成或者控制信息披露的内容、时点、节奏，其范畴涵盖了违规披露、不披露信息。蛊惑交易操纵就是利用虚假的或者不确定的重大信息进行操纵市场，利用信息行为本身包含了违规披露重要信息。

准确认定两罪，应重点把握以下四点：其一，是否违反信息披露规定。信息型操纵的方式包括了违规披露、不披露信息，但并不以违规为必要条件。其二,是否存在特定目的。违规披露、不披露重要信息罪不以特定目的为构成要件要素,而信息型操纵要求行为人以误导投资者决策,影响证券交易价格和交易量并从中谋取相关利益为目的。其三,是否进行了配套交易或者谋利行为。如果只有违规披露行为,并未进行相关交易或者谋取相关利益,不能构成信息型操纵证券市场。其四,由于信息型操纵是复合行为,常以违规信息披露为手段,如同时构成违规披露、不披露重要信息罪和操纵证券市场罪,以操纵证券市场罪一罪进行全面评价定罪处罚为宜。

第三节 违规披露、不披露重要信息罪证据指引

一、主要证据

办理此类案件应注意从以下方面重点收集、固定和运用证据,确保案件质量和效果。

(一)证明犯罪主体与责任人员相关证据

主要包括两个方面证据:一是为认定公司、企业为依法负有信息披露义务的公司、企业,调取、收集公司、企业的营业执照、上市批准文件等材料。二是为证明相关责任人员的法定职责、岗位职责情况,调取公司、企业的章程、各项管理规则、劳务合同及相关证明文件,收集当事人供述和证人证言,必要时还要调取股东会、董事会等各类相关会议记录、工作记录、合同材料等。

(二)证明公司、企业违规信息披露过程及相关责任人员的具体行为相关证据

首先,为证明公司、企业在披露信息过程中存在的故意违规行为,调取会议记录、表决记录、证言等方式,重点查明公司董事会、股东大会、总经理办公会策划、讨论、表决涉案重要信息的经过及单位意志形成的过程。其次,为查证涉案相关责任人员的具体行为内容,从涉案重要信息的生成、传递、汇总、讨论、表决、披露过程出发,查明参与人员的具体行为。对董事、监事、高级管理人员等法定责任人员,既要注重收集证据证明积极组织、策划、实施违法犯罪的行为,也要注重收集证据证明其

没有积极履行保证信息披露真实、准确、完整义务的消极行为。对一般身份的参与人员，要注重收集证据证明其明知帮助的事项可能造成违规信息披露的结果，但仍然积极参加，并对完成犯罪起到较大作用的证据。

（三）证明控股股东、实际控制人实施或者组织、指使、隐瞒行为相关证据

当涉案公司、企业的控股股东、实际控制人涉嫌实施或者组织、指使实施前述行为的，或者隐瞒相关事项导致前述规定的情形，应收集涉案人员的身份、地位，包括控股股东、实际控制人在公司、企业的持股数、实际支配上市公司股份表决权数量、对公司董事会成员选任的决定情况、实际支配股份表决权对公司股东大会的决议的影响程度等证据，以证明涉案人员通过投资关系、协议或者其他安排，能够支配、实际支配公司行为，以准确认定为实际控制人和控股股东。

在此基础上，需要收集实际控制人、控股股东的相关证据，主要包括实施或者组织、指使、隐瞒等多种行为方式。在认定组织、指示信息披露违法犯罪行为时，需要以证据证明实际控股人、控股股东在信息披露犯罪中的起意、策划和主导作用。

（四）证明情节严重程度相关证据

对于涉及财务造假的案件，如提供虚假或者隐瞒重要事实的财务会计报告，要收集正式对外披露的报告、制作报告的底稿、与财务造假相关的合同、文件等材料，并请审计机构进行财务审计，出具审计报告，以此证明财务数据的造假内容、方式、程度等。对于未按照规定披露重大诉讼、仲裁、担保、关联交易等重大事项案件，要收集证据证明相关事项的存在、属于重大事项、单独或者累计达到了追诉标准。在运用证据证明违规披露、不披露重要行为给股东、债权人或者其他人造成直接经济损失时，已有民事判决的，应当收集并以法院生效的民事赔偿判决为准。对存在终止上市交易、多次停牌上市交易情形的，应当调取正式的文件及相关证明、说明等材料。

二、证据的审查判断

信息披露违法犯罪是注册制改革背景下证券市场监管和刑事犯罪打击预防的重点犯罪类型,在罪名把握和证据组织中,应坚持主客观相一致的定罪原则和方法。

从客观方面来看,首先需要审查信息本身是否存在虚假以及虚假的程度,信息披露造假主要体现在财务造假方面,审查判断的方法与前述欺诈发行证券罪中财务造假的审查判断方法一致。此处不再赘述。由于本罪对主体有特殊要求,其次还需要重点对承担信息披露的义务主体身份、职能,其违背信息披露义务的行为,以及造成相应损害结果之间的因果关系等要素进行重点证明。

从主观方面来看,本罪主观方面的要求为故意,实践中,对不同身份主体主观故意的认定,证明方法注意有所区别。对公司、企业董事、监事、高级管理人员等具有保证信息披露质量的法定责任人员,一般可以根据其职责推定其应当知道。对于参与违规信息披露的一般工作人员,应当根据其实施的具体行为,进而证明其存在为违规披露重要信息提供帮助的故意。

第四节　相关案例评析

一、博元投资股份有限公司、余蒂妮等人违规披露、不披露重要信息案①

【关键词】　违规披露　不披露重要信息　犯罪与刑罚

【要旨】

刑法规定违规披露、不披露重要信息罪只处罚单位直接负责的主管人员和其他直接责任人员，不处罚单位。公安机关以本罪将单位移送起诉的，检察机关应当对单位直接负责的主管人员及其他直接责任人员提起公诉，对单位依法作出不起诉决定。对单位需要给予行政处罚的，检察机关应当提出检察意见，移送证券监督管理部门依法处理。

【基本案情】

被告人余蒂妮，女，广东省珠海市博元投资股份有限公司董事长、法定代表人，华信泰投资有限公司法定代表人。

被告人陈杰，男，广东省珠海市博元投资股份有限公司总裁。

被告人伍宝清，男，广东省珠海市博元投资股份有限公司财务总监、华信泰投资有限公司财务人员。

被告人张丽萍，女，广东省珠海市博元投资股份有限公司董事、财务总监。

被告人罗静元，女，广东省珠海市博元投资股份有限公司监事。

被不起诉单位广东省珠海市博元投资股份有限公司，住所广东省珠海市。

广东省珠海市博元投资股份有限公司（以下简称博元公司）原系上

---

① 最高人民检察院第十七批指导性案例（检例第66号）。

海证券交易所上市公司，股票名称：ST 博元，股票代码：600656。华信泰投资有限公司（以下简称华信泰公司）为博元公司控股股东。在博元公司并购重组过程中，有关人员作出了业绩承诺，在业绩不达标时需向博元公司支付股改业绩承诺款。2011 年 4 月，余蒂妮、陈杰、伍宝清、张丽萍、罗静元等人采取循环转账等方式虚构华信泰公司已代全体股改义务人支付股改业绩承诺款 3.84 亿余元的事实，在博元公司临时报告、半年报中进行披露。为掩盖以上虚假事实，余蒂妮、伍宝清、张丽萍、罗静元采取将 1000 万元资金循环转账等方式，虚构用股改业绩承诺款购买 37 张面额共计 3.47 亿元银行承兑汇票的事实，在博元公司 2011 年的年报中进行披露。2012 年至 2014 年，余蒂妮、张丽萍多次虚构银行承兑汇票贴现等交易事实，并根据虚假的交易事实进行记账，制作虚假的财务报表，虚增资产或者虚构利润均达到当期披露的资产总额或利润总额的 30% 以上，并在博元公司当年半年报、年报中披露。此外，博元公司还违规不披露博元公司实际控制人及其关联公司等信息。

【指控与证明犯罪】

2015 年 12 月 9 日，珠海市公安局以余蒂妮等人涉嫌违规披露、不披露重要信息罪，伪造金融票证罪向珠海市人民检察院移送起诉；2016 年 2 月 22 日，珠海市公安局又以博元公司涉嫌违规披露、不披露重要信息罪，伪造、变造金融票证罪移送起诉。随后，珠海市人民检察院指定珠海市香洲区人民检察院审查起诉。

检察机关审查认为，犯罪嫌疑单位博元公司依法负有信息披露义务，在 2011 年至 2014 年期间向股东和社会公众提供虚假的或者隐瞒主要事实的财务会计报告，对依法应当披露的其他重要信息不按照规定披露，严重损害股东以及其他人员的利益，情节严重。余蒂妮、陈杰作为博元公司直接负责的主管人员，伍宝清、张丽萍、罗静元作为其他直接责任人员，已构成违规披露、不披露重要信息罪，应当提起公诉。根据《刑法》第 161 条规定，不追究单位的刑事责任，对博元公司应当依法不予起诉。

2016 年 7 月 18 日，珠海市香洲区人民检察院对博元公司作出不起诉决定。检察机关同时认为，虽然依照刑法规定不能追究博元公司的刑事责任，但对博元公司需要给予行政处罚。2016 年 9 月 30 日，检察机关向中国证券监督管理委员会发出《检察意见书》，建议对博元公司依法给予行政处罚。

2016年9月22日，珠海市香洲区人民检察院将余蒂妮等人违规披露、不披露重要信息案移送珠海市人民检察院审查起诉。2016年11月3日，珠海市人民检察院对余蒂妮等5名被告人以违规披露、不披露重要信息罪依法提起公诉。珠海市中级人民法院公开开庭审理本案。法庭经审理认为，博元公司作为依法负有信息披露义务的公司，在2011年至2014年期间向股东和社会公众提供虚假的或者隐瞒主要事实的财务会计报告，或者对依法应当披露的其他重要信息不按照规定披露，严重损害股东或者其他人的利益，情节严重，被告人余蒂妮、陈杰作为公司直接负责的主管人员，被告人伍宝清、张丽萍、罗静元作为其他直接责任人员，其行为均构成违规披露、不披露重要信息罪。2017年2月22日，珠海市中级人民法院以违规披露、不披露重要信息罪判处被告人余蒂妮等五人有期徒刑1年7个月至拘役3个月不等刑罚，并处罚金。宣判后，5名被告人均未提出上诉，判决已生效。

【指导意义】

其一，违规披露、不披露重要信息犯罪不追究单位的刑事责任。上市公司依法负有信息披露义务，违反相关义务的，刑法规定了相应的处罚。由于上市公司所涉利益群体的多元性，为避免中小股东利益遭受双重损害，刑法规定对违规披露、不披露重要信息罪只追究直接负责的主管人员和其他直接责任人员的刑事责任，不追究单位的刑事责任。《刑法》第162条妨害清算罪、第162条之二虚假破产罪、第185条之一违法运用资金罪等也属于此种情形。对于此类犯罪案件，检察机关应当注意审查公安机关移送起诉的内容，区分刑事责任边界，准确把握追诉的对象和范围。

其二，刑法没有规定追究单位刑事责任的，应当对单位作出不起诉决定。对公安机关将单位一并移送起诉的案件，如果刑法没有规定对单位判处刑罚，检察机关应当对构成犯罪的直接负责的主管人员和其他直接责任人员依法提起公诉，对单位应当不起诉。鉴于刑事诉讼法没有规定与之对应的不起诉情形，检察机关可以根据刑事诉讼法规定的最相近的不起诉情形，对单位作出不起诉决定。

其三，对不追究刑事责任的单位，人民检察院应当依法提出检察意见督促有关机关追究行政责任。不追究单位的刑事责任并不表示单位不需要承担任何法律责任。检察机关不追究单位刑事责任，容易引起当事人、社会公众产生单位对违规披露、不披露重要信息没有任何法律责任的误解。由于违规披露、不披露重要信息行为，还可能产生上市公司强制退市等后果，这种误解还会进一步引起当事人、社会公众对证券监督管理部门、证券交易所采取措施的质疑，影响证券市场秩序。检察机关在审查起诉时，应当充分考虑办案效果，根据证券法等法律规定认真审查是否需要对单位给予行政处罚；需要给予行政处罚的，应当及时向证券监督管理部门提出检察意见，并进行充分的释法说理，消除当事人、社会公众因检察机关不追究可能产生的单位无任何责任的误解，避免对证券市场秩序造成负面影响。

二、任某虎等四人违规披露重要信息案①

【关键词】 违规披露重要信息 季报造假 责任人员认定

【要旨】

包含主要财会数据的季度会计报表、财务报表，可以认定为《刑法》第161条规定的财务会计报告；情节严重的，构成违规披露重要信息罪。办理信息披露犯罪案件，应当秉持客观公正原则，全面审查行政认定，未受行政处罚并非当然的出罪事由。

【基本案情】

2015年7月，在上海证券交易所上市的上海某公司子公司与江西某公司签订《国际山地自行车赛道景观配套项目施工合同》，后因未支付保证金等原因，合同未生效，项目未实际开展。2015年10月，上海某公司为虚增业绩，经任某虎决定，将施工合同中已由他人完工的约80%工程收入违规计入公司三季度财务报表，具体由林某楠、秦某华、盛某实施。盛某负责安排子公司提供虚假的工程、财务数据，秦某华依据上述数据编制上海某公司三季度财务报表，交林某楠签字确认。2015年10月28日，上海某公司将包含了三季度财务报表的三季报对外披露。经鉴定，共虚增主营收入7200余万元，占同期披露总额的50.24%；虚增利润1000余万

---

① 根据上海市第三中级人民法院（2020）沪03刑初4号刑事判决书编写。

元，占同期披露总额的 81.35%；虚增净利润 790 余万元，将亏损披露为盈利。2018 年 4 月，上海证监局作出行政处罚决定，对上海某公司及任某虎等 17 名责任人员处警告并罚款。

【诉讼过程】

2020 年 1 月 9 日，上海市检察院第三分院以四人涉嫌违规披露重要信息罪，向上海市第三中级人民法院提起公诉。2020 年 4 月 10 日，法院依法公开审理本案，采纳了检察机关指控的全部事实和量刑建议，当庭以违规披露重要信息罪对任某虎等人判处拘役 3 个月，缓刑 3 个月至有期徒刑 1 年，缓刑 1 年不等的自由刑，并处 5 万元至 20 万元不等的罚金。判决宣告后，四名被告人均认罪服判，未提出上诉，判决已生效。

【评析意见】

本案在办理过程中，主要争议焦点有二：一是包含主要财会数据的季度会计报表、财务报表，是否可以认定为《刑法》第 161 条规定的财务会计报告；二是信息披露犯罪案件中，能否直接追究未受行政处罚的人员的刑事责任。

1. 包含主要财会数据的季度会计报表、财务报表可以认定为《刑法》第 161 条规定的财务会计报告

上海某公司对外披露的虚假信息载体为"2015 年第三季度报告"，文件含四个部分：重要提示、公司主要财务数据和股东变化、重要事项及附表，附表标题为"财务报表"，并附合并资产负债表、母公司资产负债表、合并利润表、母公司利润表、合并现金流量表、母公司现金流量表。对于如何认定其性质，存在两种意见：第一种意见是不属于财务会计报告，不宜认定。主要理由是：财务会计报告是一个严谨、规范的概念，其结构、内容都有较为明确的规定，其中，年度会计报告必须经过审计才能公布。既然刑法条文使用该表述，表明其意图规制的对象是财务会计报告。其他载体中如包含财务会计数据，可以通过行政处罚进行处理。实践中，尚无虚假季度会计报表入刑的案例，亦是印证。第二种意见是包含主要财会数据的季度会计报表、财务报表符合财务会计报告的实质内涵，可以认定为财务会计报告。主要理由是：刑法条文上的概念与行政法规上的概念即使表述完全相同，但内涵也并非完全一致。季度报表与年度、半年度报表一样，都要求真实、准确、完整，都是重要的投资价值指标。对《刑法》

161条中财务会计报告概念的认定应当进行穿透式、实质性的审查,以防相关法律法规被犯罪分子恶意规避。

本案采纳第二种意见。其一,从文义解释角度来看,根据国务院2001年施行的《企业财务会计报告条例》,财务会计报告分为年度、半年度、季度和月度财务会计报告,季度、月度财务会计报告通常仅指会计报表,会计报表至少应当包括资产负债表和利润表。因此,将包含了资产负债表和利润表等主要财会数据的季度会计报表、财务报表等认定为财务会计报告,有行政法律依据。本案中,上海某公司2015年三季报以附录形式包含了合并资产负债表、母公司资产负债表、合并利润表、母公司利润表、合并现金流量表、母公司现金流量表,完全符合《企业财务会计报告条例》的上述规定。其二,从目的解释角度来看,信息披露是注册制改革的核心,凡是对投资者作出投资决策有重大影响的信息,依法均应当披露。上市公司在季报中披露的会计报表、财务报表,与在年报、中报中披露的财务会计报告相比,没有本质区别,如若虚假,都会损害广大投资者权益,破坏证券市场秩序。因此,将名为财务报表、会计报表等包含主要财会数据的信息载体认定为财务会计报告,是对法益的全面保护。

2. 对未受行政处罚人员可以直接追究刑事责任

被告人秦某华参与了违规披露重要信息,但是在行政处罚阶段未受到行政处罚。对于如何认识和处理该种情况,存在不同意见。一种意见认为,不应追究该情形下的刑事责任。主要理由是:本罪系典型的行政犯,在程序上先由证券监管部门稽查处罚,构成犯罪的,移送司法机关处理。证券监管部门调查本案时,秦某华处于在案状态,接受、配合调查。既然证券监管部门未将秦某华列为行政违法人员并进行行政处罚,那么刑事司法机关就应当遵循刑法的谦抑性,尽量认可前置程序处理的决定,不再追究刑事责任。另一种意见认为,经司法机关审查有追究必要的,可以直接追究刑事责任。主要理由是:刑事审查与行政处罚虽相互衔接、联系紧密,但也具有相对独立性。是否追究刑事责任,应当依据刑法、刑事诉讼法等刑事法规作出决定,未受到行政处罚并非当然的免责依据。

本案采纳第二种意见。信息披露犯罪中行刑衔接具有特殊性、复杂性,有必要坚持刑事司法的独立性,发挥好审查把关功能,确保案件办理质量和效果。与其他行政犯相比，信息披露犯罪链条长、涉及人员多，公安机关将未受行政处罚的人员立案侦查，检察机关对未受行政处罚的人员进行追捕追诉现象，具有特定的形成机制和原因，并非个案。从证券监管处罚视角看，处罚上市公司董监高与非董监高两类人员违规的证明标准和取证要求不同。前者负有确保公司信息披露真实、准确、完整的责任，对外签字作出保证。证券监管部门在调查中，只要能够证明对外披露的信息存在虚假并达到一定程度，就可以推定为该信息签字、背书的董监高已经构成行政违法，除非涉案董监高能够举证，提供证据表明其已经履行勤勉尽责义务。董监高单以"不知道""不清楚"等理由作抗辩，并不能证明其已经履行勤勉尽责义务，仍要受到行政处罚。

实践中，一些当事人往往心存侥幸、相互包庇，而证券监管部门调查手段有限、缺乏强制措施等原因，致使有些非董监高人员因证据不足未受到行政处罚。案件进入刑事阶段以后，原先未能查清的行为和事实，会被进一步查清。当该类人员行为达到共犯条件的，达到立案追诉标准，就会出现本案的情形。从会计行政监管视角看，存在行业监管信息缺失、沟通不畅以致会计处罚缺位的情况，该种情形往往与上市公司财务会计人员相关。证券监管部门基于其非董监高身份举证不能，因而未作出行政处罚。但事实上，会计主管部门可以依据已经取得的证据，根据会计法、《企业财务会计报告条例》等规定作出行政处罚。如《企业财务会计报告条例》第40条规定，企业编制、对外提供虚假的或者隐瞒重要事实的财务会计报告，构成犯罪的，依法追究刑事责任。对直接负责的主管人员和其他直接责任人员，可以处3000元以上5万元以下的罚款。实践中，因为证券监管部门未能及时将相关情况移送会计监管部门，使得相关财务人员得以逃避证券法、会计法规定的行政责任。

司法机关判断是否犯罪的标准，应当从基本的犯罪构成出发，综合考虑行为的地位、作用，最终作出是否构成犯罪、是否需要起诉的决定。本案中，秦某华未受行政处罚的原因系其当时未如实供述，证券监管部门因证据不足而未能作出行政处罚。刑事立案后，其本人及其他在案人员进一步作出有罪供述，使得案件具备了追究秦某华刑事责任的证据标准。因此，检察机关审查后，决定对秦某华提起公诉。经释法说理，秦某华及其辩护律师逐渐认可检察机关的意见，秦某华最终认罪认罚。

此外，检察机关在审查中发现存在应当立案而不立案或者以罚代刑等问题的，应当依法行使法律监督职责，对相关人员依法监督立案。经审查后发现不构成犯罪，但仍应追究行政责任的，则应当向证券监督管理部门提出检察意见，由其依法作出行政处罚。

第十二章

内幕交易、泄露内幕信息罪办案指引

第一节 内幕交易、泄露内幕信息罪概述

内幕交易是指行为人使用未公开的、具有重要性的信息在证券、期货交易中获利的行为,其实质是利用不公平的信息优势谋取不正当利益。内幕交易、泄露内幕信息行为严重违反了证券、期货交易应当遵循的公开、公平、公正的原则,破坏了证券、期货市场秩序和投资者的利益。加大打击内幕交易力度,早已成为证券市场监管和刑事司法共识,对内幕交易犯罪准确认定和处罚,方能进一步保障市场公平交易秩序,维护资本市场诚信、保护投资者利益。

一、立法沿革

刑法第一百八十条第一款至第三款 证券、期货交易内幕信息的知情人员或者非法获取证券、期货交易内幕信息的人员,在涉及证券的发行,证券、期货交易或者其他对证券、期货交易价格有重大影响的信息尚未公开前,买入或者卖出该证券,或者从事与该内幕信息有关的期货交易,或者泄露该信息,或者明示、暗示他人从事上述交易活动,情节严重的,处五年以下有期徒刑或者拘役,并处或者单处违法所得一倍以上五倍以下罚金;情节特别严重的,处五年以上十年以下有期徒刑,并处违法所得一倍以上五倍以下罚金。

单位犯前款罪的,对单位判处罚金,并对其直接负责的主管人员和其他直接责任人员,处五年以下有期徒刑或者拘役。

内幕信息、知情人员的范围,依照法律、行政法规的规定确定。

本罪是1997年刑法新设的罪名,1979年刑法和单行刑法均没有规定

此罪名。1997年修订刑法时，考虑到改革开放以来我国证券市场发展过程中出现了一些新问题和新情况，为了规范证券发行和交易，保障证券交易市场健康、有序地发展，惩处证券交易中的各种犯罪行为，在刑法中对证券犯罪作了规定。考虑到当时我国期货交易市场还处在探索、初创阶段，国家关于其监督管理的相关政策还不很明确，尚未制定有关期货交易管理的行政法规，对期货犯罪难以准确界定。因此，在1997年刑法中没有规定期货方面的犯罪。

1999年6月，国务院颁布《期货交易管理暂行条例》，对期货内幕交易、泄露期货交易内幕信息的行为作了规制，第61条规定："期货交易内幕信息的知情人员或者非法获取期货交易内幕信息的人员，在对期货交易价格有重大影响的信息尚未公开前，利用内幕信息从事期货交易，或者向他人泄露内幕信息，使他人利用内幕信息进行期货交易的，没收违法所得，并处违法所得1倍以上5倍以下的罚款；没有违法所得或者违法所得不满10万元的，处10万元以上50万元以下的罚款；构成犯罪的，依法追究刑事责任。"期货交易市场清理整顿取得了一定的成效，但仍然存在着一些不容忽视的问题，立法机关考虑到期货犯罪与证券犯罪在犯罪构成和社会危害等许多方面都有相似之处，因此，1999年《刑法修正案》增加了有关期货犯罪的规定，将《刑法》第180条修改为："证券、期货交易内幕信息的知情人员或者非法获取证券、期货交易内幕信息的人员，在涉及证券的发行，证券、期货交易或者其他对证券、期货交易价格有重大影响的信息尚未公开前，买入或者卖出该证券，或者从事与该内幕信息有关的期货交易，或者泄露该信息，情节严重的，处五年以下有期徒刑或者拘役，并处或者单处违法所得一倍以上五倍以下罚金；情节特别严重的，处五年以上十年以下有期徒刑，并处违法所得一倍以上五倍以下罚金。单位犯前款罪的，对单位判处罚金，并对其直接负责的主管人员和其他直接责任人员，处五年以下有期徒刑或者拘役。内幕信息、知情人员的范围，依照法律、行政法规的规定确定。"这就增加了对期货内幕交易、泄露期货交易内幕信息犯罪的规制。

2009年《刑法修正案（七）》再次对本罪罪状作出修改，在《刑法修正案》规定的"买入或者卖出该证券，或者从事与该内幕信息有关的期货交易，或者泄露该信息"行为方式的基础上，增加了"明示、暗示他人从事上述交易活动"的罪状描述。①

二、犯罪构成

(一) 犯罪客体

本罪侵犯的客体是国家对证券、期货交易的管理制度和投资者的合法权益。内幕交易是指行为人使用未公开的、具有重要性的信息在证券、期货交易中获利的行为，其实质是利用不公平的信息优势谋取不正当利益。虽然有理论观点认为适度的内幕交易可以促使市场更加活跃，②但是主张内幕交易具有社会危害性、应当予以严厉制裁的观点一直在理论界占据主流地位，并指导着各国的相关立法，世界上大多数国家对内幕交易行为明令禁止并严格监管。各国立法形式基本分为三类：第一类是将内幕交易置于公司法框架下，主要关注董事的诚信义务。第二类是将内幕交易置于证券法框架下，主要关注内幕交易对证券市场秩序的损害，是证券交易中的不正当行为。一般而言，所涉主体范围较为宽泛。第三类是刑法规制，考虑到内幕交易严重打击投资者对证券市场的信心，具有严重的社会危害性，因此应当以刑法中的犯罪行为论处。③

---

① 《刑法修正案（七）》第2条第1款，将《刑法》第180条第1款修改为："证券、期货交易内幕信息的知情人员或者非法获取证券、期货交易内幕信息的人员，在涉及证券的发行，证券、期货交易或者其他对证券、期货交易价格有重大影响的信息尚未公开前，买入或者卖出该证券，或者从事与该内幕信息有关的期货交易，或者泄露该信息，或者明示、暗示他人从事上述交易活动，情节严重的，处五年以下有期徒刑或者拘役，并处或者单处违法所得一倍以上五倍以下罚金；情节特别严重的，处五年以上十年以下有期徒刑，并处违法所得一倍以上五倍以下罚金。"

② 对内幕交易监管的反对，是20世纪60至70年代质疑公共利益学派的"修正主义"的一部分，代表人物有经济学家斯蒂格勒（George J.Stigler）和法学家曼尼（Henry Manne）。曼尼在《防止内幕交易》和《内幕交易和股票市场》一书中，提出对内幕交易规制的大胆质疑。他的观点主要从以下几个方面展开：一是既然纯粹的利益驱动举措很少，那么需要给经营者建立一种回报激励机制，将从事内幕交易的机会视作对公司创业者的一种回报；二是内幕交易或有益于市场的整体发展，因为其能够确保股票价格的波动不像其他股票价格那么剧烈。参见王玉珏：《内幕交易罪应用法律对策与监管模式研究》，北京大学出版社2017年版，第3页。

③ 参见井涛：《英国规制内幕交易的新发展》，载《环球法律评论》2007年第1期。

（二）客观方面

本罪的客观方面表现为行为人在其掌握或者非法获取的内幕信息尚未公开前，买入或者卖出与该内幕信息有关的证券、期货合约，或者泄露该内幕信息，或者明示、暗示他人从事上述交易活动，且情节严重的行为。

1. 内幕信息

《刑法》第180条明确规定："内幕信息……的范围，依照法律、行政法规的规定确定。"证券法规定的内幕信息范围，就是刑法认定的根据。根据《证券法》第52条的规定，证券交易活动中，涉及发行人的经营、财务或者对该发行人证券的市场价格有重大影响的尚未公开的信息，为内幕信息。《证券法》第80条第2款①、第81条第2款②所列重大事件属于

---

① 《证券法》第80条第2款规定："前款所称重大事件包括：（一）公司的经营方针和经营范围的重大变化；（二）公司的重大投资行为，公司在一年内购买、出售重大资产超过公司资产总额百分之三十，或者公司营业用主要资产的抵押、质押、出售或者报废一次超过该资产的百分之三十；（三）公司订立重要合同、提供重大担保或者从事关联交易，可能对公司的资产、负债、权益和经营成果产生重要影响；（四）公司发生重大债务和未能清偿到期重大债务的违约情况；（五）公司发生重大亏损或者重大损失；（六）公司生产经营的外部条件发生的重大变化；（七）公司的董事、三分之一以上监事或者经理发生变动，董事长或者经理无法履行职责；（八）持有公司百分之五以上股份的股东或者实际控制人持有股份或者控制公司的情况发生较大变化，公司的实际控制人及其控制的其他企业从事与公司相同或者相似业务的情况发生较大变化；（九）公司分配股利、增资的计划，公司股权结构的重要变化，公司减资、合并、分立、解散及申请破产的决定，或者依法进入破产程序、被责令关闭；（十）涉及公司的重大诉讼、仲裁，股东大会、董事会决议被依法撤销或者宣告无效；（十一）公司涉嫌犯罪被依法立案调查，公司的控股股东、实际控制人、董事、监事、高级管理人员涉嫌犯罪被依法采取强制措施；（十二）国务院证券监督管理机构规定的其他事项。"

② 《证券法》第81条第2款规定："前款所称重大事件包括：（一）公司股权结构或者生产经营状况发生重大变化；（二）公司债券信用评级发生变化；（三）公司重大资产抵押、质押、出售、转让、报废；（四）公司发生未能清偿到期债务的情况；（五）公司新增借款或者对外提供担保超过上年末净资产的百分之二十；（六）公司放弃债权或者财产超过上年末净资产的百分之十；（七）公司发生超过上年末净资产百分之十的重大损失；（八）公司分配股利，作出减资、合并、分立、解散及申请破产的决定，或者依法进入破产程序、被责令关闭；（九）涉及公司的重大诉讼、仲裁；（十）公司涉嫌犯罪被依法立案调查，公司的控股股东、实际控制人、董事、监事、高级管理人员涉嫌犯罪被依法采取强制措施；（十一）国务院证券监督管理机构规定的其他事项。"

内幕信息。2022年出台的《期货和衍生品法》第14条规定，内幕信息是指可能对期货和衍生品交易价格产生重大影响的尚未公开的信息，包括：（1）国务院期货监督管理机构以及其他相关部门正在制定或者尚未发布的对期货交易价格可能产生重大影响的政策、信息或者数据；（2）期货交易场所、期货结算机构作出的可能对期货交易价格产生重大影响的决定；（3）期货交易场所会员、交易者的资金和交易动向；（4）相关市场中的重大异常交易信息；（5）国务院期货监督管理机构规定的对期货交易价格有重大影响的其他信息。

2. 内幕信息敏感期

内幕信息敏感期是指内幕信息自形成至公开的期间，根据相关法律法规，内幕信息知情人员或非法获取内幕信息人员只有在敏感期内从事证券交易活动才可能构成内幕交易犯罪。由于内幕信息形成和公开时间的认定将会直接影响内幕交易犯罪的定罪量刑，因此往往成为案件的争议焦点。

3. 利用内幕信息，从事与该内幕信息有关的证券、期货交易

这是内幕交易行为的本质特征，即行为人在内幕信息敏感期内从事与内幕信息有关的证券交易活动。原则上，内幕信息知情人或者非法获取内幕信息的人员在内幕信息敏感期内进行证券交易，不论是否在内幕信息公开后进行反向交易，都属于内幕交易行为。但由于内幕信息公开前的证券交易行为，一般不会对其他投资者的利益构成损害，社会危害性程度较低，可以根据其社会危害程度、内幕信息公开前进行反向交易的具体原因等判断刑事追诉的必要性。

2012年最高人民法院、最高人民检察院《关于办理内幕交易、泄露内幕信息刑事案件具体应用法律若干问题的解释》（以下简称《内幕交易司法解释》）第4条还规定若干不作为内幕交易处理的情形：（1）持有或者通过协议、其他安排与他人共同持有上市公司百分之五以上股份的自然人、法人或者其他组织收购该上市公司股份的；（2）按照事先订立的书面合同、指令、计划从事相关证券、期货交易的；（3）依据已被他人披露的信息而交易的；（4）交易具有其他正当理由或者正当信息来源的。

4. 泄露内幕信息

内幕交易、泄露内幕信息罪属于选择性罪名。除了利用内幕信息进

行证券期货交易外，内幕信息知情人员泄露内幕信息，即使本人未实施内幕交易行为，也未从他人利用内幕信息交易的行为中获利，仍然构成犯罪，即泄露内幕信息罪。但是，只有泄露内幕信息行为，而未导致他人的具体交易行为的，由于没有产生实质的社会危害，一般不作为犯罪处理。《内幕交易司法解释》对此也作了限制性规定。需要注意的是，单纯泄露内幕信息犯罪和泄露内幕信息后与他人共同实施内幕交易犯罪不同，后者应当以内幕交易罪定罪处罚。

（三）犯罪主体

本罪的犯罪主体包括证券、期货交易内幕信息的知情人员或者非法获取证券、期货交易内幕信息的人员。自然人和单位均可构成本罪的主体，但单位犯罪中有关主管人员和直接责任人员的刑罚轻于自然人犯罪。

内幕信息的知情人员，包括基于管理地位、监督地位、职业地位或者职务行为、业务关系能够接触或者获得内幕信息的人员。关于内幕信息的知情人员的具体范围，《内幕交易司法解释》援引了证券法和《期货交易管理条例》的相关规定。①《证券法》第 51 条规定，证券交易内幕信息的知情人包括：（1）发行人及其董事、监事、高级管理人员；（2）持有公司百分之五以上股份的股东及其董事、监事、高级管理人员，公司的实际控制人及其董事、监事、高级管理人员；（3）发行人控股或者实际控制的公司及其董事、监事、高级管理人员；（4）由于所任公司职务或者因与公司业务往来可以获取公司有关内幕信息的人员；（5）上市公司收购人或者重大资产交易方及其控股股东、实际控制人、董事、监事和高级管理人员；（6）因职务、工作可以获取内幕信息的证券交易场所、证券公司、证券登记结算机构、证券服务机构的有关人员；（7）因职责、工作可以获取内幕信息的证券监督管理机构工作人员；（8）因法定职责对证券的发行、交易或者对上市公司及其收购、重大资产交易进行管理可以获取内幕信息的有关主管部门、监管机构的工作人员；（9）国务院证券监督管理机构规定的可以获取内幕信息的其他人员。《期货和衍生品法》第 15 条规定，内

---

① 2012 年《内幕交易司法解释》出台时援引的证券法已于 2019 年全面修订；《期货交易管理条例》也被 2022 年期货和衍生品法取代。

幕信息的知情人，是指由于经营地位、管理地位、监督地位或者职务便利等，能够接触或者获得内幕信息的单位和个人。包括：(1)期货经营机构、期货交易场所、期货结算机构、期货服务机构的有关人员；(2)国务院期货监督管理机构和其他有关部门的工作人员；(3)国务院期货监督管理机构规定的可以获取内幕信息的其他单位和个人。但是，对于法定的内幕信息知情人员，仍需要对其是否知悉内幕信息进行实质判断，有相反证据证实其不知悉内幕信息的，不应作为内幕信息知情人员处理。

除了内幕信息法定知情人，《内幕交易司法解释》第2条对"非法获取证券、期货交易内幕信息的人员"作了列举式规定："(1)利用窃取、骗取、套取、窃听、利诱、刺探或者私下交易等手段获取内幕信息的；(2)内幕信息知情人员的近亲属或者其他与内幕信息知情人员关系密切的人员，在内幕信息敏感期内，从事或者明示、暗示他人从事，或者泄露内幕信息导致他人从事与该内幕信息有关的证券、期货交易，相关交易行为明显异常，且无正当理由或者正当信息来源的；(3)在内幕信息敏感期内，与内幕信息知情人员联络、接触，从事或者明示、暗示他人从事，或者泄露内幕信息导致他人从事与该内幕信息有关的证券、期货交易，相关交易行为明显异常，且无正当理由或者正当信息来源的。"上述第2、3项判断规则，实际上不仅仅是对"非法获取内幕信息人员"这一主体身份的推定，也涵盖了对整个内幕交易行为的推定。

(四)主观方面

内幕交易、泄露内幕信息犯罪的主观方面由故意构成，过失不构成本罪。前述《内幕交易司法解释》第4条的例外规定，诸如组织收购、按照事先计划进行证券交易、依据已披露信息交易等，实际上也表明行为人缺乏内幕交易的主观故意。泄露内幕信息行为也只能是故意泄露的情形才构成本罪。比如，有的内幕信息知情人员与他人在联系沟通时，由于过失泄露了内幕信息，或者无意间被他人了解到内幕信息，不能因双方在内幕信息敏感期内联系接触、他人相关交易行为明显异常等就认为内幕信息知情人员构成内幕交易、泄露内幕信息罪。

三、定罪量刑标准

《刑法》第180条对内幕交易、泄露内幕交易罪规定了两档刑罚:"情节严重的,处五年以下有期徒刑或者拘役,并处或者单处违法所得一倍以上五倍以下罚金;情节特别严重的,处五年以上十年以下有期徒刑,并处违法所得一倍以上五倍以下罚金。单位犯前款罪的,对单位判处罚金,并对其直接负责的主管人员和其他直接责任人员,处五年以下有期徒刑或者拘役。"

《内幕交易司法解释》第6条、第7条规定了本罪的"情节严重""情节特别严重"的认定标准,其中"情节严重"标准与2010年《立案追诉标准(二)》一致。但2022年修订后《立案追诉标准(二)》第30条对本罪的立案追诉标准作了适当提高,该规定施行后应以该标准为准,《内幕交易司法解释》规定的两个标准都不宜再适用。情节严重的标准为:(1)获利或者避免损失数额在50万元以上的;(2)证券交易成交额在200万元以上的;(3)期货交易占用保证金数额在100万元以上的;(4)2年内3次以上实施内幕交易、泄露内幕信息行为的;(5)明示、暗示3人以上从事与内幕信息相关的证券、期货交易活动的;(6)具有其他严重情节的。

内幕交易获利或者避免损失数额在25万元以上,或者证券交易成交额在100万元以上,或者期货交易占用保证金数额在50万元以上,同时涉嫌下列情形之一的,应予立案追诉:(1)证券法规定的证券交易内幕信息的知情人实施或者与他人共同实施内幕交易行为的;(2)以出售或者变相出售内幕信息等方式,明示、暗示他人从事与该内幕信息相关的交易活动的;(3)因证券、期货犯罪行为受过刑事追究的;(4)2年内因证券、期货违法行为受过行政处罚的;(5)造成其他严重后果的。

第二节 内幕交易、泄露内幕信息罪司法疑难问题

一、内幕信息的认定

《刑法》第 180 条规定,内幕信息的范围,依照法律、行政法规的规定确定。《证券法》第 52 条关于内幕信息的规定便是认定的根据。该条第 1 款规定:"证券交易活动中,涉及发行人的经营、财务或者对该发行人证券的市场价格有重大影响的尚未公开的信息为,内幕信息。"该款属于定义性规定。第 2 款又规定:"本法第八十条第二款、第八十一条第二款所列重大事件属于内幕信息。"该款实际上列举了属于内幕信息的具体情形。

需要探讨的是,《证券法》第 52 条规定的第 1 款与第 2 款之间的关系是什么?内幕信息仅限于第 2 款规定的内容,还是可以根据第 1 款作出实质判断?第 80 条、第 81 条对重大事件作了一个"封闭式"的规定,即除了具体列举的重大事件外,只有"国务院证券监督管理机构规定的其他事项"才能作为重大事件。也就是说,不在规定范围内的其他事件便不属于重大事件,不能事后认定。在未作出规定的情形下,对于证券交易活动中涉及发行人的经营、财务或者对该发行人证券的市场价格有重大影响的尚未公开的信息是否可以认定为内幕信息?对此有不同认识。

影响证券市场价格的因素十分复杂,法律规定难以囊括所有具有价格敏感性的信息。若以封闭式的规定来限制内幕信息范围,可能会造成实质上具有内幕交易性质的行为无法认定,从而损害公平、公开、公正的市场秩序。从文义来看,《证券法》第 52 条第 2 款仅表明第 80 条、第 81 条

规定的重大事件属于内幕信息，内幕信息与重大事件系包含与被包含的关系。除证券法规定的重大事件外，内幕信息仍可以根据其是否对证券价格有重大影响、是否公开进行实质判断。在具体案件办理中，办案人员可以根据定义条款对其他事项是否属于内幕信息作出实质判断，必要时商请监管机构出具认定意见。当然，由于不属于重大事件或者其他规定事项的信息不在强制信息披露的范围之列，实际未披露的事件并不构成信息，因此不能将知悉相关事项并进行交易的行为径直认定为内幕交易，内幕信息敏感期的起始点一般应当是筹划或决定将该事件予以披露的时点，而非事件本身的形成期间。2022年出台的期货和衍生品法除定义条款外，对内幕信息也作了列举。

二、内幕信息敏感期的认定

《内幕交易司法解释》对内幕信息敏感期的认定规则予以明确。其一，内幕信息的公开时间采用"形式公开论"的认定方法，司法实践中一般只需要审查内幕信息在中国证监会指定的媒体披露内容和时间，并结合中国证监会出具的认定意见作出判断即可。其二，关于内幕信息的形成时间，《内幕交易司法解释》第5条第2款、第3款进行了规定，不仅包括证券法、期货和衍生品法等法律法规所规定的"重大事件""计划""方案""决定"等形成时间，还包括"影响内幕信息形成的动议、筹划、决策或者执行人员，其动议、筹划、决策或者执行初始时间，应当认定为内幕信息的形成之时"。

针对《内幕交易司法解释》第5条第2款、第3款对不同类型的内幕信息和不同类型的内幕信息知情人作出的不同规定，在司法实践中应根据案件具体情况区分适用。第2款之所以将针对"影响内幕信息形成的动议、筹划、决策或者执行人员"的内幕信息形成时间提前，是基于此类人员对动议、筹划、决策或执行的实质影响力和对市场确信度，而他们往往在"重大事件""计划""方案""政策"和"决定"形成时间之前就从事相关证券、期货交易，所以其动议、筹划、决策或者执行的初始时间，应当被认定为内幕信息的形成之时。①

三、违法所得的计算

违法所得数额是认定"情节严重""情节特别严重"的标准之一，办案时需要准确计算《刑法》第180条第1款规定的"违法所得"。《内幕交易司法解释》第10条规定，《刑法》第180条第1款规定的"违法所得"，是指通过内幕交易行为所获利益或者避免的损失。内幕信息的泄露人员或者内幕交易的明示、暗示人员未实际从事内幕交易的，其罚金数额按照因泄露而获悉内幕信息人员或者被明示、暗示人员从事内幕交易的违法所得计算。根据我国《刑法》第180条的规定，构成内幕交易、泄露内幕信息罪，行为人的行为必须达到情节严重的程度。《内幕交易司法解释》明确内幕交易犯罪数额为判断内幕交易犯罪情节的主要要素，表现为证券交易成交额、期货交易占用保证金数额、获利或避免损失数额等三种类型。

内幕交易行为"获利或者避免损失数额"——行为人的违法所得，是评价内幕交易犯罪行为重要的罪质要素和量刑标准。获取违法所得是行为人实施内幕交易犯罪行为的根本经济动因。虽然各国对于内幕交易违法所得的范围基本形成了共识——基于未公开的重大信息而实施的证券、期货

---

① 以陈某某、刘某内幕交易、泄露内幕信息一案为例，2013年8月起，T上市公司与C公司开始商谈租赁厂房、设备并以租金抵偿应收账款的意向等。同年11月1日，T公司与C公司正式签订合作协议。2013年11月4日，T公司申请停牌，公告上述合作事项及2013年业绩预测情况等，并于5日复牌。被告人陈某某为该内幕信息法定知情人，在敏感期内多次将内幕信息泄露给被告人刘某。刘某非法获取上述内幕信息后，利用其实际控制的"谭某成""谭某华"等人证券账户，于2013年9月11日至11月1日间，共买入T公司股票319万余股，并于内幕信息公告前后抛售该股票从中获利，交易金额人民币2336万余元，非法获利人民币139万余元。在本案中，2013年7—8月，租赁抵债动议提出的主体是T公司和C公司的董事长，董事长属于公司决策的核心人物，且双方董事长关系较为密切，双方董事长共同商量的事项具有很大的实现可能性。此外，还有相关证据证明T公司董事长在8月时就已经考虑利用C公司的生产线扩大其关联公司H公司的产能，并让H公司的执行董事陪同其考察；同时C公司也在积极寻求合作伙伴。综合上述因素判断，以租抵债方案在2013年8月一经提出就有很大的实现可能性了。本案中，陈某某是T公司的总经理，负责公司的整体运营，对于上述动议的提出及背景情况完全了解，可以判断两家董事长在动议提出时此内幕信息基本已确定了。因此，本案中内幕信息的形成时间应是影响内幕信息形成的动议之时。

交易的获利与避损,包括积极的增值(交易的利润)与消极的增值(风险的规避),但涉及具体案件,违法所得的准确认定却无统一标准,司法解释也缺乏细致的操作规则,司法实践中逐步形成了以下的认定思路。

(一)未参与分赃的内幕信息泄露者① 违法所得的计算

2012年《内幕交易司法解释》出台前,对于未参与分赃的泄露内幕信息人员,其情节严重、情节特别严重的标准能否参照因泄露而获取内幕信息人员的成交额、获利或者避免损失数额认定,司法实务中存在争论。对此,《内幕交易司法解释》予以明确,要根据泄露内幕信息后果的轻重,对泄露内幕信息罪单独作出准确评价。《内幕交易司法解释》第7条细化了《刑法》第180条第1款中的"情节特别严重"的规定,并在第10条第2款中规定了未实际从事内幕交易的内幕信息泄露人员或者内幕交易的明示、暗示人员的罚金数额计算方法。即使内幕信息的泄露人员自身没有从事内幕交易,其定罪量刑所依据的违法所得应以"泄露内幕信息导致他人从事与该内幕信息有关的证券、期货交易"金额计算。

(二)利空型内幕交易行为违法所得的计算

当内幕信息为利空消息时,内幕交易者会在信息公开前卖出股票,以避免股价下跌带来的损失。对此类型内幕交易人的违法所得,证监会所采用的计算方法是:以该内幕信息公告日作为计算基准日,以实际卖出时的股票金额减去卖出股票在计算基准日的虚拟市值来计算违法所得(即避免的损失)的公式。② 具体公式如下:

违法所得(规避的损失)= 累计卖出金额 – 卖出证券在基准日的虚拟市值 – 交易费用③

---

① 是指仅泄露内幕信息,自身没有从事也未与信息接收者共谋从事内幕信息行为的行为人。

② 参见中国证监会行政处罚委员会:《证券行政处罚案例判解》,法律出版社2009年版,第20页。

③ 在避免损失型内幕交易中违法所得将交易费用扣除的计算方法于法有据。因为交易费用是任何一次股票交易必须缴纳的费用,在避免损失的内幕交易中,行为人购买股票时合法,交易费用并非为犯罪行为存在而付出的直接费用。参见万志尧:《内幕交易刑事案件"违法所得"的司法认定》,载《政治与法律》2014年第2期。

卖出证券在基准日的虚拟市值＝卖出股票数量×基准日该股票的收盘价

需要说明的是，关于是以基准日的收盘价还是平均价作为基准日的虚拟市值的计算标准，尚有继续讨论的必要，①本书倾向于以收盘价作为计算标准，因为收盘价是证券市场参与者所共同认可的价格，而最高价和最低价分别为期望的卖出价格和买进价格，本身性质不同，②不宜简单地取平均值。因此，从对行为人认定公平角度和证券市场内在逻辑角度综合考量，以收盘价作为基准日计算标准更为适宜。

下面以周某内幕交易案③来说明利空型内幕交易犯罪的违法所得计算规则。2012年10月23日至12月29日间，被告人周某作为C公司市场营销部总监，参加了C公司召开的内部会议及高管研商，获悉公司出现生产停滞、贷款无法归还等经营困境，遂于同年12月11日至17日间，卖出其名下的C公司股票242万余股，成交金额总计人民币1000余万元，避免损失113万元。同年12月20日C公司股票停牌，12月29日公告重大事项进展，2013年2月1日复牌。在本案中，周某违法所得即为消极的增值——避免损失。计算方法按照C公司股票复牌后打开跌停日2013年2月6日的收盘价4.23元计算，周某证券账户卖出C公司股票242万余股，股票转让收入为1027万余元，与周某实际股票转让收入1149万余元比较，减少股票转让收入121万余元，扣除相应税费以及加上政府企管公司奖励后，与周某股票转让的实际所得比较，减少股票转让所得113万余元。

（三）买入后未出售股票违法所得的计算

对于内幕交易行为人在内幕信息公开后一直未出售相关股票，或者在内幕信息公开较长时间之后再出售的股票，如何计算违法所得，有不同认识。一种观点认为，应当以行为人的实际获利认定违法所得。对未抛售

---

① 参见彭冰：《内幕交易行政处罚案例初步研究》，载《证券法苑》2010年第2期。

② 参见罗开卷：《利好型内幕信息复牌后未兑现的违法所得认定》，载《人民司法》2014年第8期。

③ 上海市第一中级人民法院刑事判决书（2015）沪一中刑初字第82号。

的，按照案发时的收盘价计算；对已抛售的，按照已抛售的实际价格计算，不论该价格是否与内幕信息存在条件因果关系。主要理由是：基于内幕交易持有的股票，无论何时抛售，其实际获利都与内幕交易行为具有因果关系。另一种观点认为，违法所得应当与内幕信息之间存在条件因果关系。对于案发时仍为抛售的，应计算账面获利，基准为复牌日收盘价或首个打开涨跌停板日收盘价；对于案发时已抛售的，也应当以上述基准计算账面获利，而非实际获利。主要理由是：内幕信息公开后的后续股价变化与内幕信息之间无条件因果关系。行为人继续持股获取的利益或遭受的损失都不能归因于内幕信息，完全取决于其个人的判断和决策，故其复牌后的获利与内幕信息的因果关系应该已经中断。在王文芳泄露内幕信息、徐双全内幕交易案中，徐双全取得了重组的的内幕信息并进行了交易，但股票复牌日宣告重组失败，股票复牌后未出现涨停，徐双全未立即抛售股票，而是在内幕信息公开后3个月陆续抛售所涉股票，获利730万元；如果按照复牌日收盘价计算，其账面获利为150万元。最后法院认定违法所得为150万元。[①] 在行政处罚实践中，对于已抛售和未抛售的还存在区别对待的做法：对已抛售的，按照实际获利认定违法所得；对于未抛售的，按照上述基准认定账面违法所得。

  本书倾向于认为，内幕交易的本质是行为人利用内幕信息欺诈社会公众并从中获利。内幕交易的违法所得应当与内幕信息具有条件因果关系。内幕信息的市场影响力消除后，行为人继续持有涉案股票产生的账面获利不应再认定为违法所得。因此，内幕交易违法所得数额，原则上应当以内幕信息公开后该信息对证券价格的市场影响力消除之日股票价格与行为人在内幕信息敏感期内买入或卖出股票价格至差额作为基准进行计算。对于以哪个时点作为内幕信息影响消除之时，需要综合各种因素进行判断，不同案件所涉内幕信息对市场影响的持续时间不同，该信息市场影响力消除之日不应只局限于复牌日或涨停日。实践中对利好型内幕信息以复牌后打开涨停之日收盘价作为计算基准，虽不一定完全准确，但具有相对确定性，可以作为参照。一般情况下，利用利好型内幕信息的，可以参照证监会关于余股账面获利的计算方法，即复牌当日未涨停的，按复牌日收

[①] 参见《刑事审判参考》指导案例第918号。

盘价未基准；复牌当日涨停的，按首次打开涨停日收盘价为基准。但唯需进一步研究讨论的是，如果行为人在公开时间较长后抛售的实际获利，低于按照上述标准计算账面获利的，仍以账面获利计算违法所得是否妥当。本书倾向于认为，由于行为人在内幕信息公开后未立即抛售股票，实际上并未利用内幕信息获得不法利益，对市场的损害相对较小，以账面获利认定其违法所得不符合罪责刑相适应的原则，可以以实际获利认定违法所得或者直接以内幕交易数额定罪处罚。

第三节 内幕交易、泄露内幕信息罪证据指引

一、主要证据

(一) 证明内幕信息相关证据

收集的证据主要包括：(1) 内幕信息公开后形成的公开信息相关书证：重大事项停牌公告，关于终止筹划资产重组市场暨公司证券复牌的公告；证券交易所的问询函等核查意见；(2) 证明内幕信息形成的相关证据，如动议、策划、决策、商谈的相关会议记录，犯罪嫌疑人供述、证人证言、合同等，以证明内幕信息形成的时间、内容，参与人员范围等。一般可以商证券行政监管机关的认定意见、关于涉嫌内幕交易犯罪的移送函等证据材料，以证明涉案信息具有重大性和未公开性，属于证券法或期货管理条例规定的内幕信息以及涉案内幕信息敏感期的起止时间。

(二) 证明犯罪主体相关证据

构成内幕交易、泄露内幕信息的犯罪主体主要包括两类人员，一是内幕信息的法定知情人，二是非法获取内幕信息的人员。

对于内幕信息的法定知情人，是指《证券法》第51条和《期货和衍生品法》第15条等条文明确规定的知情人员。一是收集其身份证据，主要包括涉案公司的工商登记资料，被告人、犯罪嫌疑人的任职情况说明，重大重组事项内幕信息知情人登记表。二是收集其参与内幕信息相关重大事件或者参与信息发布的相关证据：涉案人员参加内幕信息项目会议的会议记录、签字，相关证人证言等。此外，在一些重组、收购项目中，

证券服务机构人员和涉案公司还会签订《保密协议》等，对此应予重视并收集，以证明被告人、犯罪嫌疑人在重组和收购项目中所担任的职务，参与收购项目的起始时间，签订《保密协议》，团队组成情况，保密内容等。

对于非法获取内幕信息的人员，主要收集：（1）其与涉案内幕信息法定知情人员的关系和联络证据，包括电话、短信、微信、邮件、见面联络、行踪轨迹等，必要时调取相关的监控资料和通话记录等证据。（2）本人的职业经历、专业背景等判断其专业程度方面的证据。

（三）证明内幕交易行为相关证据

主要包括涉案账户情况以及名义持有人与涉案人员的关系，账户开立、销户以及交易的时间、IP及MAC地址等证据，以证明被告人、犯罪嫌疑人对涉案账户的实际控制关系。涉案证券账户资金、股票交易数据，交易股票的资金来源，交易股票获利资金的去向等，并重点从时间吻合程度、交易背离程度和利益关联程度等方面进行分析，综合证明交易明显异常、交易数额和犯罪所得等情况。

此外，在案件审查中需要高度重视行为人的辩解，收集相应的无罪或罪轻的证据，如果有证据证明被告人、犯罪嫌疑人具有以下情形，则属于内幕交易、泄露内幕信息犯罪的阻却事由，需要予以重视并收集：（1）持有或者通过协议、其他安排与他人共同持有上市公司百分之五以上股份的自然人、法人或者其他组织收购该上市公司股份的；（2）按照事先订立的书面合同、指令、计划从事相关证券、期货交易的；（3）依据已被他人披露的信息而交易的；（4）交易具有其他正当理由或者正当信息来源的。

二、证据的审查判断

（一）关于间接证据证明内幕交易的规则

内幕交易、泄露内幕信息犯罪较为隐蔽，实践中，一些犯罪嫌疑人、被告人否认知悉内幕信息、实施内幕交易行为。在此种情形下，依靠间接证据也可以证明犯罪事实，需通过对犯罪嫌疑人的供述和辩解、证明特殊主体身份、交易行为是否异常等主客观证据进行综合分析判断。

《内幕交易司法解释》第2条关于"非法获取证券、期货交易内幕信息的人员"的规定中，第2、3项分别规定了内幕信息知情人员的近亲属或者其他与内幕信息知情人员关系密切的人员和与内幕信息知情人员联络、接触人员认定为"非法获取证券、期货交易内幕信息的人员"的情形。第2项规定："内幕信息知情人员的近亲属或者其他与内幕信息知情人员关系密切的人员，在内幕信息敏感期内，从事或者明示、暗示他人从事，或者泄露内幕信息导致他人从事与该内幕信息有关的证券、期货交易，相关交易行为明显异常，且无正当理由或者正当信息来源的。"第3项规定："在内幕信息敏感期内，与内幕信息知情人员联络、接触，从事或者明示、暗示他人从事，或者泄露内幕信息导致他人从事与该内幕信息有关的证券、期货交易，相关交易行为明显异常，且无正当理由或者正当信息来源的。"从规定的内容看，实质上是指明了上述人员在不供述内幕交易、泄露内幕信息的情形下，如何运用间接证据证明其犯罪事实的证明方法，而不仅仅是涉及主体身份认定的规定，即明确了"知悉＋（敏感期的异常）交易→（推定）利用"的刑事推定证明规则。涉及的关键判断要素是：(1)相关交易行为是否明显异常；(2)有无正当理由或者正当信息来源（应当是公开来源）；(3)内幕信息敏感期内是否与内幕信息知情人员联络、接触。其中，"明显异常交易行为"的认定是推定内幕交易行为成立的前提，也是三项要素中证明较为复杂的要素。需要结合证据重点分析以下判断要素。

一是时间吻合程度。根据《内幕交易司法解释》第3条第1—4项，所要比对的时间主要有三类，包括行为人开户、销户、激活资金账户或者指定交易（托管）、撤销指定交易（转托管）时间；资金变化时间；以及相关证券、期货合约买入或者卖出时间。如果行为人的交易时点与内幕信息的形成、变化、公开时间出现了高度吻合，行为人的"决策"呈现不合常理、难以想象的精确，则有可能指向"异常交易"。

二是交易背离程度。司法实践中，证券交易异常情形是最值得关注的，突出的直观表现就是涉及内幕信息的证券在行为人账户中进行集中交易。此外，可以重点关注的异常要素包括交易风格突变（以往多是分散投资的行为人突然单一、大量买入某种证券，甚至不计成本卖出之前持有证券之后再投资）、背离市场基本面的投资（如对确定亏损的公司进行大额投资）、资金异常调度（变现为大笔资金的转入转出，长期闲置账户短时间内的交投活跃），以及开设账户的异常（如刻意借用他人账户进行交易）等。

三是利益关联程度，主要从账户交易资金进出与该内幕信息知情人员或者非法获取人员有无关联或者利害关系把握。

（二）关于基于专业决策交易辩解的审查

在前述陈某某、刘某内幕交易、泄露内幕信息一案中，行为人刘某在一审阶段辩称其长期从事证券二级市场投资和私募基金管理，且对T公司、C公司所在行业长期关注，对该行业发展和企业经营都有深入了解，其作出的投资T公司股票的决策不仅基于陈某某所泄露的内幕信息，也是其专业知识和判断的结果，要求在法院定罪量刑予以考虑。刘某的辩解在司法实践中并不鲜见。内幕交易案件中，不少行为人是证券从业人员或者涉案领域的专业人员，具有相应的专业知识和行业经验，多数会提出其曾经关注、研究、分析过上市公司及其证券交易情况等抗辩理由。本书认为，行为人的证券、期货交易决策可能利用了专业知识判断，但只要证明其在知悉内幕信息的情形下交易，便可认定内幕交易。

在当前证券、期货犯罪复杂化、隐蔽化的背景之下，如果行为人的专业知识可以作为其排除其交易行为违法性的理由，不仅缺乏法理依据，而且会直接造成司法实践中对相关行业从业人员的行为性质认定的证明难度。司法实践中，"对内幕信息的影响力不应作程度限制，不要求内幕信息对行为人交易决定的影响是唯一的，只要行为人获取的内幕信息对促进其交易决定有一定的影响，即帮助其在一定程度上确信从事相关交易必定获得丰厚回报，就应当认定行为人是利用内幕信息从事内幕交易"。[①]

从比较法的角度来看，在美国Chiarella案中，首席法官Burger在阐述盗用理论时，表达了类似的观点。他强调法律"应该允许交易者依靠自

[①]《肖时庆受贿、内幕交易案》，载中华人民共和国最高人民法院刑事审判第一、二、三、四、五庭主办：《刑事审判参考》（总第85集），法律出版社2012年版。

身能力和经验对相关信息进行确认和分析,从而促使人们勤勉工作、认真分析并作出精确的市场判断。但是上述规则有其适用边界,尤其当行为人不是基于其高明的经验、预测或者努力,而是基于不法手段获得的信息优势,这样的规则就不适用了"①。陈某某、刘某内幕交易、泄露内幕信息一案中行为人刘某即使通过其专业知识和行业经验,对T公司的发展趋势和股票价值作出初步判断,但最终还是根据非法获取的内幕信息加强了其预判的确信,应当追究其内幕交易的刑事责任。

(三) 关于行政认定意见的审查

由于证券、期货犯罪案件专业性强,中国证监会出具的行政认定意见是证明证券期货犯罪事实成立的重要参考。2011年最高人民法院、最高人民检察院、公安部、中国证监会《关于办理证券期货违法犯罪案件工作若干问题的意见》第4条规定:"证券监管机构可以根据司法机关办案需要,依法就案件涉及的证券期货专业问题向司法机关出具认定意见。"办理内幕交易案件时,通常由证券监督管理机构对内幕信息、内幕信息敏感期、内幕信息知情人员等要件出具行政认定意见。

司法实践中,关于行政认定意见的法律性质一直以来存在争议,有的认为属于书证,有的认为属于鉴定意见。本书认为,行政认定意见是证券监管机构工作人员基于事实材料进行分析判断后形成的专业性意见,是判断是否追究相关人员刑事责任的重要参考,可以作为证据使用。但其不属于书证,也不属于鉴定意见。行政认定意见更接近于鉴定人经过主观思维活动后出具的鉴定意见,但是由于证券监管机构和工作人员不具备法定鉴定资质、仅加盖单位印章不署名鉴定人等原因,也不是鉴定意见。2021年3月1日起施行的最高人民法院《关于适用〈中华人民共和国刑事诉讼法〉的解释》第100条规定:"因无鉴定机构,或者根据法律、司法解释的规定,指派、聘请有专门知识的人就案件的专门性问题出具的报告,可以作为证据使用。对前款规定的报告的审查与认定,参照适用本节(鉴定意见)的有关规定。"该解释第101条还进一步规定:"有关部门对事故进行调查形成的报告……可以作为证据使用……涉及专门性问题的意见……

---

① Chiarella v. United States, 445 U. S.239-240(1080)(Burger, J., dissenting).

可以作为定案的根据。"行政认定意见与报告有类似之处。因此，对于证券监管机构出具的认定意见可以参照适用上述两条规定。

需注意的是，中国证监会出具的行政认定意见可以作为证据使用，但不当然是直接定案的依据，司法机关应结合全案证据进行审查，准确认定案件事实和涉案人员责任。一方面，不是所有的证券期货案件都必须要有行政认定意见，不能机械地认为没有行政认定意见司法机关就不能定罪；另一方面，对于证券监管机构的认定意见，司法人员要立足案情，对照刑法、证券法及司法解释的规定，对认定意见作出司法判断，决定是否可采纳作为定案依据。

上述意见同样适用于其他金融监管部门出具的行政认定意见。

第四节 相关案例评析

一、王某、王某玉等人内幕交易、泄露内幕信息案[①]

【基本案情】

2014年间,某基金公司总经理王某,向上市公司青某公司推荐华某公司的超声波制浆技术,并具体参与了青某公司收购该超声波制浆技术及非公开发行股票的全过程。其中,2014年8月6日至7日,王某参与了项目的考察洽谈活动,并于同月28日与青某公司、华某公司签订了《三方合作框架协议书》,约定了某基金公司、青某公司、华某公司的合作内容。2014年10月14日,青某公司公告停牌筹划重大事项。2015年1月29日,青某公司发布签订收购超声波制浆专利技术框架协议的公告。2015年2月12日,青某公司复牌并公告非公开发行股票预案。中国证监会依法认定,上述公告内容系内幕信息,内幕信息敏感期为2014年8月7日至2015年2月12日。在内幕信息敏感期内,被告人王某分别与其朋友尚某、妹妹王某玉、妹夫陈某、战友王某仪联络、接触。上述人员及王某仪的妻子王某红在青某公司内幕信息敏感期内大量买入该公司股票共计1019万余股,成交金额2936万余元,并分别于青某公司因重大事项停牌前、发布收购超声波制浆技术及非公开发行股票信息公告复牌后将所持有的青某公司股票全部卖出,非法获利共计1229万余元。

【诉讼过程】

福建省泉州市公安局以王某涉嫌泄露内幕信息罪,王某玉、尚某、陈某、王某仪、王某红等五人涉嫌内幕交易罪向泉州市人民检察院移送

---

① 2020年11月6日最高人民检察院、证监会联合发布的12起证券违法犯罪典型案例之一。

起诉。

在检察机关审查过程中，王某、王某玉、尚某、陈某不供认犯罪事实，王某仪、王某红如实供述了犯罪事实。泉州市人民检察院对全案证据进行了细致审查分析，认为现有证据能够证明王某玉、尚某、陈某、王某仪在涉案股票内幕信息敏感期内均与内幕信息知情人王某联络、接触，并从事与该内幕信息有关的股票交易，交易行为具有明显异常性，且无法作出合理解释，足以认定王某构成泄露内幕信息罪、王某玉等五人构成内幕交易罪。2016年10月10日、10月11日、12月28日，泉州市人民检察院分别以王某仪、王某红涉嫌内幕交易罪，尚某、陈某涉嫌内幕交易罪，王某涉嫌泄露内幕信息罪、王某玉涉嫌内幕交易罪提起公诉。

2017年11月13日，泉州市中级人民法院分别作出一审判决，以泄露内幕信息罪判处被告人王某有期徒刑6年6个月，并处罚金人民币1235万元；以内幕交易罪分别判处被告人尚某有期徒刑6年、陈某有期徒刑5年、王某仪有期徒刑3年、王某红有期徒刑3年、王某玉有期徒刑6个月，并处罚金不等，违法所得予以追缴。其中，对犯罪情节较轻、能如实供述犯罪事实、积极退赃、具有悔罪表现的王某仪、王某红依法从轻处罚并宣告缓刑。一审宣判后，王某、王某玉和尚某、陈某提出上诉。2018年12月28日，福建省高级人民法院裁定维持原判，判决已生效。

【典型意义】

1. 依法惩治内幕交易违法犯罪，促使内幕信息知情人严格依法履职

证券期货从业人员及上市公司高管、员工应当恪守职业道德，严格依照证券期货法律法规的规定，对可能影响市场行情的敏感信息履行保密义务，不得主动、被动向第三人透露相关内幕信息，不得直接或变相利用掌握的相关内幕信息谋取利益，自觉维护证券从业市场生态。

2. 准确把握内幕交易犯罪的证据特点和证据运用规则，全面准确认定案件事实

犯罪嫌疑人、被告人不供认犯罪事实，依靠间接证据同样可以证明犯罪事实。在指控证明过程中，要根据内幕交易行为的特征，围绕内幕信息知情人员与内幕交易行为人之间的密切关系、联络行为，相关交易行为与内幕信息敏感期的时间吻合程度、交易背离程度、利益关联程度等证明要求，有针对性地引导侦查取证，全面收集交易数据、行程轨迹、通讯记

录、资金往来、社会关系等相关证据，按照证据特点和证据运用规则，对各类证据进行综合分析判断，构建证明体系。犯罪嫌疑人、被告人不供述犯罪事实，其他在案证据能够形成证明链条，排除其他可能性，证明结论唯一的，可以认定犯罪事实，依法追究刑事责任。

3. 贯彻落实宽严相济刑事政策，当宽则宽、该严则严

在办理共同犯罪案件时，对于主动认罪悔罪、退赃退赔的犯罪嫌疑人、被告人，应当依法从宽处理；对于拒不供认犯罪事实的犯罪嫌疑人、被告人，应当依法从严惩处。检察机关在办案当中要注重做好对犯罪嫌疑人、被告人的释法说理工作，通过讲法律、讲政策、讲危害、讲后果，促使其认识犯罪行为的社会危害性，主动认罪认罚、退缴违法所得，尽可能挽回犯罪造成的损失。

二、宁某、樊某内幕交易案[①]

【关键词】 内幕交易　从业禁止

【要旨】

办理证券期货犯罪，可以根据《刑法》第37条之一的规定禁止被告人从事证券期货相关职业，更好地发挥刑法惩治和预防犯罪的功能。从业禁止的适用应当符合必要性原则，适用从业禁止时应当对"犯罪情况"和"预防再犯罪的需要"进行评估。

【基本案情】

2016年2月中旬，经广州证券上海分公司总经理潘某介绍，上海JLT化工股份有限公司（以下简称JLT）起意收购上海YC文化传媒股份有限公司（以下简称YC传媒）。同年2月23日至3月上旬，JLT与YC传媒在广州证券上海分公司潘某及被告人宁某等人陪同下，互相派员至对方公司考察，启动JLT收购YC传媒项目。2016年3月22日，JLT发布重大事项停牌公告。同年6月2日，JLT发布发行股份购买资产暨重大资产重组报告书草案。同年7月8日，JLT股票复牌。本次重大资产重组事项内幕信息敏感期为2016年3月上旬（不晚于3月10日）

[①] 根据上海市第二中级人民法院（2019）沪02刑初55号编写。

至 2016 年 6 月 2 日。宁某系内幕信息知情人，并将该信息告诉了其妻子——被告人樊某。

2016 年 3 月 18 日（JLT 股票停牌前两个交易日），被告人宁某、樊某在明知 JLT 有重大利好型内幕消息的情况下，控制"徐某某"名下证券账户，买入 JLT 股票 19 万余股，成交金额人民币 137 万余元（以下币种均为人民币），并于同年 7 月 8 日股票复牌当日全部卖出，非法获利总计 17 万余元。

【诉讼过程】

2019 年 7 月 15 日，上海市人民检察院第二分院以宁某、樊某涉嫌内幕交易罪向法院提起公诉。2020 年 5 月 26 日，上海市第二中级人民法院作出一审判决，以内幕交易罪判处宁某有期徒刑 1 年，并处罚金人民币 30 万元；判处被告人樊某有期徒刑 1 年，缓刑 1 年，并处罚金人民币 30 万元；禁止被告人宁某自刑罚执行完毕之日起或者假释之日起 3 年内禁止从事与证券相关的职业。一审判决后，被告人提出上诉，上海市高级人民法院裁定驳回上诉，判决已生效。

【评析意见】

本案的焦点问题是，刑法设立第 37 条之一规定刑事从业禁止制度，是否可以在证券期货犯罪中适用以及如何使用。

1. 证券期货刑事案件可以适用从业禁止的规定

《刑法》第 37 条之一第 3 款规定："其他法律、行政法规对其从事相关职业另有禁止或者限制性规定的，从其规定。"理论界和实务界对"从其规定"的理解一直存在争议。有观点认为，在证券犯罪案件中，因证券法及中国证监会已经有明确的"证券市场禁入"相关规定，所以不能对被告人适用刑事从业禁止，本案被告人宁某应当由中国证监会决定采取市场禁入的措施，人民法院不能判处从业禁止。

刑事从业禁止与证券市场禁入两者不相冲突，既不是包容关系，也不是排斥关系，而是一种并列关系，在办案中可以区分情形适用：第一，行为不构成犯罪，只是一般违法的，应当予以行政处罚，并可依据证券法等有关规定决定采取市场禁入措施。第二，行为构成犯罪的，应当适用刑法进行独立判断予以定罪处罚，人民法院还可以根据犯罪情况和预防再犯罪的需要进行综合考量，对被告人处以从业禁止。第三，刑事从业禁止与证券市场禁入不能同时使用。若行为人已经被中国证监会处以市场禁入的措施,则不应再对其同一行为作出从业禁止的刑事处罚;若中国证监会未对行为人决定市场禁入,则人民法院可以适用刑法的有关规定判处从业禁止。本案中,中国证监会在行政调查阶段,仅对被告人樊某作出行政处罚决定,不仅未对证券从业人员宁某作出行政处罚,更未对其作出市场禁入决定。在刑事诉讼中,人民法院出于预防再犯罪的需要,依据《刑法》第37条之一对宁某判处从业禁止,既符合法律规定,亦不涉及重复评价,量刑适当。

2. 按照必要性和适当性原则准确适用从业禁止制度

从业禁止的适用应当符合必要性原则,检察机关在建议适用从业禁止时应当对"犯罪情况"和"预防再犯罪的需要"进行评估。

本案的两名被告人,在移送起诉前均处于取保候审状态,认罪态度良好,根据其内幕交易成交金额和违法所得金额,属于"情节严重"情形,有可能被判处缓刑。但是检察机关认为,对于被告人宁某应当从严惩处,判处实刑,并且有适用"从业禁止"的必要性。第一,被告人宁某在中国证监会调查期间不配合调查,唆使其妻子被告人樊某以及舅舅徐某某作伪证,帮助其隐瞒内幕交易的真实情况,企图逃避法律处罚,导致中国证监会未对宁某的违法行为作出处罚,应当酌情从重处罚。因此,公诉人建议法庭对宁某判处实刑。第二,被告人宁某身为证券从业人员,作为项目经理参与上市公司并购重组工作,违背保密义务和职业操守要求,利用其职业便利非法牟利,知法犯法,再犯罪的可能性极高,为防止犯罪分子利用职业和职务之便再次进行犯罪,从预防犯罪角度应当依据其犯罪情况对这类犯罪采取预防性措施。因此,公诉人建议法庭依据《刑法》第37条之一的规定,对其作出从业禁止的判决。第三,本案系证券从业人员直接进行内幕交易的典型案件,反映出部分从业人员法制意识淡漠,职业自律性不强等问题。检察机关认为有必要以本案的依法处理进行警示教育,体现司法机关维护证券市场稳定发展,从严惩处证券从业人员犯罪的决心和力度,发挥"查处一案、教育一片"的办案综合效果。

证券市场是最重要的资本市场组成部分,被称为国民经济的"晴雨表",具有重要的投融资、资本定价和资本配置功能。证券市场的稳定和发展,关系到整个资本市场的健康发展。近年来,党中央对维护金融安全、化解金融风险高度重视，依法从严打击证券违法犯罪力度不断增加。除了依法打击证券违法犯罪，重视违法犯罪的预防，从实体和程序加强行政执法与刑事司法的有效衔接，也是全面落实对资本市场违法犯罪"零容忍"的工作要求的应有之义，将刑事从业禁止与证券市场禁入两种制度互相配合，并适当提高适用率，是有效预防打击证券从业人员犯罪探索的创新思路和有效路径。

第十三章

利用未公开信息交易罪办案指引

第一节 利用未公开信息交易罪概述

利用未公开信息交易，俗称"老鼠仓"，是指金融机构从业人员及有关监管部门、行业协会工作人员利用职务便利获取与证券期货有关的未公开信息并进行相关交易活动的行为。这种行为不仅对其任职单位的财产利益造成损害，而且严重破坏了公开、公平、公正的证券、期货市场原则，严重损害客户投资者或处于信息弱势的散户利益，严重损害金融行业信誉，影响投资者对金融机构的信任，进而对资产管理和基金、证券、期货市场的健康发展产生负面影响。

一、立法沿革

刑法第一百八十条第四款 证券交易所、期货交易所、证券公司、期货经纪公司、基金管理公司、商业银行、保险公司等金融机构的从业人员以及有关监管部门或者行业协会的工作人员，利用因职务便利获取的内幕信息以外的其他未公开的信息，违反规定，从事与该信息相关的证券、期货交易活动，或者明示、暗示他人从事相关交易活动，情节严重的，依照第一款的规定处罚。

在1997年刑法中，未规定利用未公开信息交易罪。2009年《刑法修正案（七）》在第180条中增加一款作为第4款，规定了利用未公开信息交易罪，确定该罪的构成要件和刑罚，为依法惩治利用未公开信息交易犯罪提供了法律依据。2008年8月25日，在第十一届全国人大会常委会第四次会议上，全国人大常委会法制工作委员会主任李适时对《刑法修正案（七）（草案）》增设利用未公开信息交易罪的理由作了说明："刑法第一百八十条对利用证券、期货交易的内幕信息从事内幕交易的犯罪及刑事责任作了规定。有些全国人大代表和中国证监会提出，一些证券投资基金管理公司、证券公司等金融机构的从业人员，利用其因职务便利知悉的法定内幕信息以外的其他未公开的经营信息，如本单位受托管理资金的交易信息等，违反规定从事相关交易活动，牟取非法利益或者转嫁风险。这种被称为'老鼠仓'的行为，严重破坏金融管理秩序，损害公众投资者利益，应当作为犯罪追究刑事责任。经同有关部门研究，建议在刑法第一百八十条中增加一款，规定：金融机构的工作人员，利用因职务便利获取的内幕信息以外的其他未公开的经营信息，违反规定从事相关交易活动，情节严重的，依照本条第一款关于从事内幕交易犯罪的规定处罚。"[1]利用未公开信息交易罪增设后，成为证券期货案件中适用较多的罪名之一。

二、犯罪构成

（一）犯罪客体

本罪侵犯的客体是国家对证券交易的管理制度和投资者的合法权益。近年来，随着我国资本市场发展，在证券、期货交易活动中，利用未公开信息交易的违法犯罪行为多发，某些金融机构从业人员以金融机构管理的巨额资金作后盾，利用信息优势，在金融机构买入证券、期货等金融产品前后，以自己名义，或假借他人名义，或者告知其亲属、朋友、关系户，买入证券、期货等金融产品非法获利，违背了从业纪律，严重破坏了公开、公平、公正的证券、期货市场原则，损害金融行业信誉，影响投资者对金融机构的信任，进而对资产管理和基金、证券、期货市场的健康发展产生负面影响。[2]利用未公开信息交易犯罪侵犯的客体具有复杂性，既违

---

[1] 全国人大常委会法制工作委员会主任李适时：《关于〈中华人民共和国刑法修正案（七）（草案）〉的说明》，载中国人大网，http://www.npc.gov.cn/wxzl/gongbao/2009-06/09/content_1517174.htm。

[2] 参见许永安：《刑法修正案（七）的立法背景与主要内容》，载中国人大网，http://www.npc.gov.cn/zgrdw/npc/xinwen/rdlt/fzjs/2009-03/05/content_1482958.htm。

背了对其所任职的金融机构和服务的投资人的忠实义务,又损害了其他公众投资者的利益,违背社会的诚信和资本市场的运行规则,破坏了金融管理秩序,社会危害性严重。

(二)客观方面

本罪客观方面表现为行为人以其利用因职务便利获取的内幕信息以外的其他未公开的信息,违反规定,从事与该信息相关的证券、期货交易活动,或者明示、暗示他人从事相关交易活动,情节严重的行为。

违反规定是指违反法律、行政法规、部门规章、全国性行业规范有关证券、期货未公开信息保护的规定,以及行为人所在的金融机构有关信息保密、禁止交易、禁止利益输送等规定。

本罪中"内幕信息以外的其他未公开信息",包括:(1)证券、期货的投资决策、交易执行信息;(2)证券持仓数量及变化、资金数量及变化、交易动向信息;(3)其他可能影响证券、期货交易活动的信息。而且该未公开信息必须是行为人因职务便利获取的。职务便利,指因职务上经办、主管、履行本职工作中产生的与职务有关的便利条件。那些因职务便利知悉信息的金融机构、监管部门、行业协会工作人员对信息有合法的知情权,因此负有比其他人更加严格的保密义务和自我约束限制,具体如参与文件起草、制定、发布、传达、执行而获取信息;因审查、批准相关交易行为而获取信息等。而利用与职务无关仅因工作关系熟悉相关环境、凭工作人员身份容易进入某些单位、通过交谈获知的他人无意间泄露的未公开信息等条件获取未公开信息的,不属于利用职务便利。具有职务便利的人员自行交易或者明示、暗示他人从事相关交易活动,均构成本罪。

(三)犯罪主体

本罪的犯罪主体为特殊主体,即证券交易所、期货交易所、证券公司、期货经纪公司、基金管理公司、商业银行、保险公司等金融机构的从业人员以及有关监管部门或者行业协会的工作人员才能构成。单位不能构成本罪的犯罪主体。

值得注意的是,与内幕交易、泄露内幕信息罪不同,非法获取未公开信息的人员不能单独构成利用未公开信息交易罪,因为利用未公开信息交易罪"打击的是利用金融管理职权的职务行为，而非衍生出的第三人利用非法获取的未公开信息交易的行为"①，内幕交易更多的是损害不特定的社会公众投资者的合法权益，而利用未公开信息交易罪更多的是损害资产管理机构的客户的利益，非法获取未公开信息的主体一般对信息所涉的特定机构及客户不具有相对应的信义义务，也不存在单独以利用未公开信息交易定罪处罚的法理基础。②同理，相关金融机构中的其他工作人员（如证券公司、期货交易所、基金管理公司等金融机构工作的后勤、人事等不参与投资管理业务的人员）一般不能独立构成"老鼠仓"案件的适格主体，因为其缺乏职务便利和信息义务基础。③

对于私募基金机构是否属于金融机构，尚存在争议。目前司法机关尚未将私募基金从业人员作为本罪的适格主体。

（四）主观方面

利用未公开信息交易罪的主观方面只能是故意，即明知自己因职务便利获取了内幕信息以外的未公开信息，不应从事与该信息有关的交易，而希望或放任此种行为的发生。过失不构成本罪。本罪不要求行为人具有

---

① 参见石奎：《利用未公开信息交易罪的刑法分析》，载《财经科学》2014年第2期。

② 参见陈晨：《利用未公开信息交易犯罪疑难问题研析：基于理论和实践的双重坐标》，载黄红元总编：《证券法苑》（第二十六卷），法律出版社2019年版，第292页。

③ 如在一起案件中，2009年2月至2010年7月，被告人唐某某在担任A证券公司证券及衍生品投资部投资经理期间，利用负责管理公司自营账户职务便利所获取的未公开交易信息，使用其实际控制的户名为盛某某的证券账户，早于、同期于或稍晚于A公司自营账户买入或卖出相同股票共计45只，趋同交易金额累计6821万余元，非法获利330万余元。2009年2月至2010年7月，被告人张某某在明知唐某某负责A证券公司自营账户交易的情况下，利用从唐某某处获取的未公开交易信息，与唐某某及梁某某共同使用相关账户，早于、同期于或稍晚于A公司自营账户买入或卖出相同股票共计39只，趋同交易金额累计8677万余元，账户获利394万余元。嗣后，唐某某、张某某分别从A公司自营账户持有人处获得好处费27.5万元、22.5万元。本案中，张某某虽然系A证券公司固定收益部员工，但其缺乏获取相关未公开信息的职务便利，因此不能单独认定为利用未公开信息交易罪的犯罪主体，应将其作为唐某某的共犯处理获罪。参见上海市第一中级人民法院刑事判决书（2018）沪01刑初7号。

盈利或避免损失的主观目的,只要行为人实施了客观行为,无论出于何种目的,均不影响本罪的成立。

三、定罪量刑标准

《刑法》第180条第4款规定利用未公开信息交易罪的刑罚适用内幕交易、泄露内幕信息交易罪的相关规定:"情节严重的,依照第一款的规定处罚。"该条第1款规定:"情节严重的,处五年以下有期徒刑或者拘役,并处或者单处违法所得一倍以上五倍以下罚金;情节特别严重的,处五年以上十年以下有期徒刑,并处违法所得一倍以上五倍以下罚金。"因此,利用未公开信息交易罪适用《刑法》第180条第1款规定的两档刑罚,最高刑为10年有期徒刑,并处违法所得五倍罚金。

2019年最高人民法院、最高人民检察院《关于办理利用未公开信息交易刑事案件适用法律若干问题的解释》(以下简称《未公开信息司法解释》)第5条规定:"利用未公开信息交易,具有下列情形之一的,应当认定为刑法第一百八十条第四款规定的'情节严重':(一)违法所得数额在一百万元以上的;(二)二年内三次以上利用未公开信息交易的;(三)明示、暗示三人以上从事相关交易活动的。"第6条规定:"利用未公开信息交易,违法所得数额在五十万元以上,或者证券交易成交额在五百万元以上,或者期货交易占用保证金数额在一百万元以上,具有下列情形之一的,应当认定为刑法第一百八十条第四款规定的'情节严重':(一)以出售或者变相出售未公开信息等方式,明示、暗示他人从事相关交易活动的;(二)因证券、期货犯罪行为受过刑事追究的;(三)二年内因证券、期货违法行为受过行政处罚的;(四)造成恶劣社会影响或者其他严重后果的。"第7条规定了"情节特别严重"标准:"利用未公开信息交易,违法所得数额在一千万元以上的,应当认定为'情节特别严重'。违法所得数额在五百万元以上,或者证券交易成交额在五千万元以上,或者期货交易占用保证金数额在一千万元以上,具有本解释第六条规定的四种情形之一的,应当认定为'情节特别严重'。"

除违法所得的相关认定标准外,适用司法解释规定的其他标准不以行为人获利或者避免损失为要件。因为影响证券、期货市场价格的因素极为复杂，除了自身的原因外，还受大盘、政策、市场资金充裕程度等等因素的影响。只要行为人利用未公开信息交易行为完成，并且到了规定的追诉标准，就应以利用为公开信息交易罪追究其刑事责任，不以其是否实际盈利或避免损失为成立要件。

第二节 利用未公开信息交易罪司法疑难问题

一、未公开信息范围的认定

与"内幕信息"不同，未公开信息在证券法律法规中并无明确的概念，《刑法修正案（七）》增设该罪名后，"未公开信息"作为一个新的刑法概念，备受关注和讨论。《未公开信息司法解释》第1条规定："刑法第一百八十条第四款规定的'内幕信息以外的其他未公开的信息'，包括下列信息：（一）证券、期货的投资决策、交易执行信息；（二）证券持仓数量及变化、资金数量及变化、交易动向信息；（三）其他可能影响证券、期货交易活动的信息。"此外，《未公开信息司法解释》还赋予司法机关一定的认定权，其第2条规定，内幕信息以外的其他未公开的信息难以认定的，司法机关可以在有关行政主（监）管部门的认定意见的基础上，根据案件事实和法律规定作出认定。

就目前司法实践而言，既成案例主要是基金、资产管理业务领域从业人员的犯罪行为，所涉未公开信息基本为金融从业人员因其工作职责所掌握的有关投资决策、交易方面的重要信息，如基金所投资股票的数量、价格、盈利预期、买卖时点等，之所以将其认定为未公开信息，主要是考虑代表了二级市场的投资者判断或者资金投向动态，基本上可以归纳为"投资型未公开信息"。

对"未公开信息"的内涵外延存在观点分歧，但在"未公开性"和"重大性"两大特征上可以达成基本共识。所谓未公开性，是指涉案信息在行为人从事相关交易时尚未被公布，而重大性（或称价格敏感性、实质性），则是指涉案信息一旦被实施或者公布后对相关证券、期货交易价格有重大影响。价格敏感性的判断标准，司法实践中一般从证券市场对未公开信息的反应来判断。①

在根据刑法规定、司法解释对具体案件中所涉未公开信息进行认定时，特别是涉及投资型未公开信息以外的其他可能影响证券、期货交易活动的信息，需要结合"未公开性""重大性"两大特征，所认定的信息与司法解释明确列举的"投资型未公开信息"比较，应对证券、期货市场和交易活动具有同质、等量影响力。

二、"情节特别严重"的适用

在《刑法修正案（七）》增设本罪后，是否适用《刑法》第180条第1款（内幕交易、泄露内幕信息罪）规定的两档法定刑，在司法实践中出现了争议。在2015年最高人民检察院抗诉的马乐利用未公开信息交易案中，一审、二审法院均认为本罪不适用《刑法》第180条第1款中的"情节特别严重"的罚则，只能适用"情节严重"，因为第4款仅规定"情节严重的，依照第一款的规定处罚"。最高人民检察院认为法院适用法律错误，依法向最高人民法院提出抗诉。最高人民检察院的抗诉意见和最高人民法院的再审判决都认为，《刑法》第180条第4款规定的利用未公开信息交易罪援引法定刑的情形，应当是对第1款内幕交易、泄露内幕信息罪全部法定刑的引用，即利用未公开信息交易罪应有"情节严重""情节特别严重"两种情形和两个量刑档次，纠正了一审、二审法院的错误判决。随后，最高人民检察院、最高人民法院都通过指导性案例明确了利用未公开信息交易罪的罚则。

主要理由是：

第一，《刑法》第180条第4款属于援引法定刑的情形，应当引用第1款处罚的全部规定。按照立法精神，《刑法》第180条第4款中的"情节严重"是入罪标准，在处罚上应当依照本条第1款的全部罚则处罚，即区分情形依照第1款规定的"情节严重"和"情节特别严重"两个量刑档次处罚。首先，援引的重要作用就是减少法条重复表述，只需就该罪的

---

① 上海市高级人民法院（2013）沪高刑终字第5号刑事裁定书。

基本构成要件作出表述，法定刑全部援引即可；如果法定刑不是全部援引，才需要对不同量刑档次作出明确表述，规定独立的罚则。刑法分则多个条文都存在此种情形，这是业已形成共识的立法技术问题。其次，《刑法》第 180 条第 4 款"情节严重"的规定是入罪标准，作此规定是为了避免"情节不严重"也入罪，而非量刑档次的限缩。最后，从立法和司法解释先例来看，《刑法》第 285 条第 3 款也存在相同的文字表述，2011 年最高人民法院、最高人民检察院《关于办理危害计算机信息系统安全刑事案件应用法律若干问题的解释》第 3 条明确规定了《刑法》第 285 条第 3 款包含有"情节严重""情节特别严重"两个量刑档次。司法解释的这一规定，表明了最高司法机关对援引法定刑立法例的一贯理解。

第二，利用未公开信息交易罪与内幕交易、泄露内幕信息罪的违法与责任程度相当，法定刑亦应相当。内幕交易、泄露内幕信息罪和利用未公开信息交易罪，都属于特定人员利用未公开的可能对证券、期货市场交易价格产生影响的信息从事交易活动的犯罪。两罪的主要差别在于信息范围不同，其通过信息的未公开性和价格影响性获利的本质相同，均严重破坏了金融管理秩序，损害了公众投资者利益。《刑法》将两罪放在第 180 条中分款予以规定，亦是对两罪违法和责任程度相当的确认。因此，从社会危害性理解，两罪的法定刑也应相当。①

2019 年《未公开信息司法解释》确认了指导性案例确立的规则，并进一步明确列举了"情节严重""情节特别严重"的认定标准。

---

① 参见马乐利用未公开信息交易案，最高人民检察院指导性案例检例第 24 号，最高人民法院指导案例第 61 号。

第三节　利用未公开信息交易罪证据指引

一、主要证据

（一）证明利用职务便利获得未公开信息相关证据

根据《未公开信息司法解释》，未公开信息主要包括证券、期货的投资决策、交易执行信息；证券持仓数量及变化、资金数量及变化、交易动向信息；以及其他可能影响证券、期货交易活动的信息。在行政执法和刑事司法实践中，涉嫌该罪名的主体主要是公募基金、资产管理公司等金融机构相关人员，应全面收集被告人、犯罪嫌疑人在相关基金公司的任职和相关职权证据，即基金公司经理名册、投研部门成员名册，基金公司投资管理部、研究部管理制度，涉案基金的情况说明，参与相关决策讨论、获取未公开信息方式、途径等。

（二）证明明示、暗示他人从事相关交易活动行为相关证据

主要收集具有职务便利、掌握未公开信息的人员与从事涉案股票交易人员之间的联络证据，包括电话、短信、微信、邮件、见面联络、行踪轨迹等，必要时调取相关的监控资料和通话记录等证据。此外，还要注意收集实际交易人员的交易习惯、职业经历、专业背景以及实际交易人员与掌握未公开信息人员之间的资金往来、利益分配等证据，来进一步印证明示、暗示的犯罪行为。

（三）证明利用未公开信息交易数据相关证据

收集证据主要包括涉案账户情况以及名义持有人与涉案人员的关系，账户交易的时间、IP及MAC地址等证据，以证明被告人、犯罪嫌疑人对

涉案账户的实际控制关系；涉案证券账户资金和股票交易数据等，并委托证券交易所等专业机构对交易数据进行分析，计算趋同交易率、趋同交易金额和违法所得等情况。

二、证据的审查判断

在犯罪嫌疑人、被告人不供述、不认罪案件中，需要综合运用间接证据构建证明体系，通常通过身份关系、资金往来和接触联络等证据，证明双方具备传递信息的动机和传递信息的过程；通过被告人被指控犯罪时段和其他时段证券交易数据、未公开信息相关交易信息等证据，证明其交易与未公开信息的关联性、趋同度及与其平常交易习惯的差异性；通过专业背景、职业经历、接触人员等证据，证明实际交易人员的交易行为不符合其个人能力经验。综合上述经证据证明的客观事实，进行审查判断。

其中，利用未公开信息交易人员与未公开信息来源金融机构的交易趋同率是推定利用未公开信息交易的重要指标，通常需要借助证券交易所的分析报告予以确认。趋同本来并非股市的专业词，但是随着证券类案件的侦查，趋同率这一概念在证券犯罪领域逐渐明晰化。利用未公开交易中趋同交易，指的是犯罪主体使用私人账户进行与他管理的基金相同方向的买入卖出行为，这是"利用未公开信息交易罪"的典型特征。在具体案件中，未公开信息形成前后的交易区间不是固定的，在计算趋同率的计算区间时，交易所常规采取前五后二的计算方法。所谓"前五后二"，就是看投资经理为公司购买某一只股票的前五个工作日和后两个工作日，关联账号购买的趋同比率。这里涉及两个趋同比率，一个用关联账户股票和标的股票的股票只数在七个工作日内进行比对，算出一个比率数；另一个是用关联账户股票购买资金数额和标的股票购买资金数额进行比对，算出一个比率数。两个都叫趋同比率，是证明行为人是否与基金账户属于关联账户，是否利用了未公开信息的重要客观证据之一。需要指出的是，"前五后二"只是一个相对简便的计算方法，具体案件中仍应根据利用未公开信息交易的具体期间来进行趋同率的判断。比如，对于基金公司的交易员而言，一般是在交易指令下来当日才知道交易的股票，便不能按照"前五后二"的方法进行计算。

除从正面以间接证据判断得出结论外,还需进一步审查证据以排除证据矛盾,确保证明结论唯一。排除证据矛盾,应重点审查证明体系中单一证据所包含的信息之间以及不同证据之间是否存在矛盾,还要注重审查证明体系之外的其他证据中是否存在相反信息,审查犯罪嫌疑人、被告人的辩解和其他相反证据,并对在案证据证明的事实进行对比,如果相反证据与证明体系存在实质矛盾并且不能排除其他可能性的,不能认定案件事实。比如,对于犯罪嫌疑人、被告人提出的利用个人专业知识进行判断的辩解,可以通过其学习经历、工作经历、投资经历等判断其专业程度,通过对比其在可能利用未公开信息交易期间与不具有未公开信息期间的交易习惯判断其交易行为的异常性,通过其他异常甚至违法行为判断其辩解的合理性。

最高人民检察院发布的指导性案例王鹏等人利用未公开信息交易案(检例65号)详细阐述了间接证据证明犯罪事实的过程及其原理,可作为办理其他案件的参考。

第四节 相关案例评析

一、马乐利用未公开信息交易案[①]

【关键词】 适用法律错误 刑事抗诉 援引法定刑 情节特别严重

【基本案情】

马乐，男，1982年8月生，河南省南阳市人。

2011年3月9日至2013年5月30日期间，马乐担任博时基金管理有限公司旗下博时精选股票证券投资基金经理，全权负责投资基金投资股票市场，掌握了博时精选股票证券投资基金交易的标的股票、交易时点和交易数量等未公开信息。马乐在任职期间利用其掌控的上述未公开信息，操作自己控制的"金某""严某进""严某雯"三个股票账户，通过临时购买的不记名神州行电话卡下单，从事相关证券交易活动，先于、同期于或稍晚于其管理的"博时精选"基金账户，买卖相同股票76只，累计成交金额人民币10.5亿余元，非法获利人民币19120246.98元。

【诉讼过程】

2013年6月21日中国证监会决定对马乐涉嫌利用未公开信息交易行为立案稽查，交深圳证监局办理。2013年7月17日，马乐到广东省深圳市公安局投案。2014年1月2日，深圳市人民检察院向深圳市中级人民法院提起公诉，指控被告人马乐构成利用未公开信息交易罪，情节特别严重。2014年3月24日，深圳市中级人民法院作出一审判决，认定马乐构成利用未公开信息交易罪，鉴于《刑法》第180条第4款未对利用未公开信息交易罪情节特别严重作出相关规定，马乐属于犯罪情节严重，同时考虑其具有自首、退赃、认罪态度良好、罚金能全额缴纳等可以从轻处罚情

[①] 最高人民检察院第七批指导性案例（检例第24号）。

节，因此判处其有期徒刑 3 年，缓刑 5 年，并处罚金 1884 万元，同时对其违法所得 1883 万余元予以追缴。

深圳市人民检察院于 2014 年 4 月 4 日向广东省高级人民法院提出抗诉，认为被告人马乐的行为应当认定为犯罪情节特别严重，依照"情节特别严重"的量刑档次处罚；马乐的行为不属于退赃，应当认定为司法机关追赃。一审判决适用法律错误，量刑明显不当，应当依法改判。2014 年 8 月 28 日，广东省人民检察院向广东省高级人民法院发出《支持刑事抗诉意见书》，认为一审判决认定情节错误，导致量刑不当，应当依法纠正。

广东省高级人民法院于 2014 年 10 月 20 日作出终审裁定，认为《刑法》第 180 条第 4 款并未对利用未公开信息交易罪规定有"情节特别严重"情形，马乐的行为属"情节严重"，应在该量刑幅度内判处刑罚，抗诉机关提出马乐的行为应认定为"情节特别严重"缺乏法律依据；驳回抗诉，维持原判。

广东省人民检察院认为终审裁定理解法律规定错误，导致认定情节错误，适用缓刑不当，于 2014 年 11 月 27 日提请最高人民检察院抗诉。2014 年 12 月 8 日，最高人民检察院按照审判监督程序向最高人民法院提出抗诉。

【抗诉理由】

最高人民检察院审查认为，原审被告人马乐利用因职务便利获取的未公开信息，违反规定从事相关证券交易活动，累计成交额人民币 10.5 亿余元，非法获利人民币 1883 万余元，属于利用未公开信息交易罪"情节特别严重"的情形。本案终审裁定以《刑法》第 180 条第 4 款并未对利用未公开信息交易罪有"情节特别严重"规定为由，对此情形不作认定，降格评价被告人的犯罪行为，属于适用法律确有错误，导致量刑不当。理由如下：

第一，马乐的行为应当认定为"情节特别严重"，对其适用缓刑明显不当。《立案追诉标准（二）》对内幕交易、泄露内幕信息罪和利用未公开信息交易罪"情节严重"规定了相同的追诉标准，《内幕交易司法解释》将成交额 250 万元以上、获利 75 万元以上等情形认定为内幕交易、泄露内幕信息罪"情节特别严重"。如前所述，利用未公开信息交易罪"情节特别严重"的，也应当依照第一款的规定，遵循相同的标准。马乐利用未公开信息进行交易活动，累计成交额人民币 10.5 亿余元，从中非法获利人民币 1883 万余元，显然属于"情节特别严重"，应当在"五年以上十年以下有期徒刑"的幅度内量刑。其虽有自首情节，但适用缓刑无法体现罪责刑相适应，无法实现惩罚和预防犯罪的目的，量刑明显不当。

第二，本案所涉法律问题的正确理解和适用，对司法实践和维护我国金融市场的健康发展具有重要意义。自《刑法修正案（七）》增设利用未公开信息交易罪以来，司法机关对该罪是否存在"情节特别严重"、是否有两个量刑档次长期存在分歧，亟需统一认识。正确理解和适用本案所涉法律问题，对明确同类案件的处理、同类从业人员犯罪的处罚具有重要指导作用，对于加大打击"老鼠仓"等严重破坏金融管理秩序的行为，维护社会主义市场经济秩序，保障资本市场健康发展具有重要意义。

【案件结果】

2015 年 7 月 8 日，最高人民法院第一巡回法庭公开开庭审理此案，最高人民检察院依法派员出庭履行职务，原审被告人马乐的辩护人当庭发表了辩护意见。最高人民法院审理认为，最高人民检察院对《刑法》第 180 条第 4 款援引法定刑的理解及原审被告人马乐的行为属于犯罪情节特别严重的抗诉意见正确，应予采纳；辩护人的辩护意见不能成立，不予采纳。原审裁判因对《刑法》第 180 条第 4 款援引法定刑的理解错误，导致降格认定了马乐的犯罪情节，进而对马乐判处缓刑确属不当，应予纠正。

2015 年 12 月 11 日，最高人民法院作出再审终审判决：维持原刑事判决中对被告人马乐的定罪部分；撤销原刑事判决中对原审被告人马乐的量刑及追缴违法所得部分；原审被告人马乐犯利用未公开信息交易罪，判处有期徒刑 3 年，并处罚金人民币 1913 万元；违法所得人民币 19120246.98 元依法予以追缴，上缴国库。

【要旨】

《刑法》第 180 条第 4 款利用未公开信息交易罪为援引法定刑的情形，应当是对第 1 款法定刑的全部援引。其中，"情节严重"是入罪标准，在处罚上应当依照本条第 1 款内幕交易、泄露内幕信息罪的全部法定刑处罚，即区分不同情形分别依照第 1 款规定的"情节严重"和"情节特别严重"两个量刑档次处罚。

【指导意义】

我国刑法分则"罪状＋法定刑"的立法模式决定了在性质相近、危害相当罪名的法条规范上，基本采用援引法定刑的立法技术。本案对《刑法》第180条第4款援引法定刑理解的争议是刑法解释的理论问题。正确理解刑法条文，应当以文义解释为起点，综合运用体系解释、目的解释等多种解释方法，按照罪刑法定原则和罪责刑相适应原则的要求，从整个刑法体系中把握立法目的，平衡法益保护。

其一，从法条文义理解，《刑法》第180条第4款中的"情节严重"是入罪条款，为犯罪构成要件，表明该罪情节犯的属性，具有限定处罚范围的作用，以避免"情节不严重"的行为也入罪，而非量刑档次的限缩。本条款中"情节严重"之后并未列明具体的法定刑，不兼具量刑条款的性质，量刑条款为"依照第一款的规定处罚"，应当理解为对第1款法定刑的全部援引而非部分援引，即同时存在"情节严重""情节特别严重"两种情形和两个量刑档次。

其二，从刑法体系的协调性考量，一方面，刑法中存在与第180条第4款表述类似的条款，印证了援引法定刑为全部援引。如《刑法》第285条第3款规定"情节严重的，依照前款的规定处罚"，2011年最高人民法院、最高人民检察院《关于办理危害计算机信息系统安全刑事案件应用法律若干问题的解释》第3条明确了本款包含有"情节严重""情节特别严重"两个量刑档次。另一方面，从刑法其他条文的反面例证看，法定刑设置存在细微差别时即无法援引。如《刑法》第180条第2款关于内幕交易、泄露内幕信息罪单位犯罪的规定，没有援引前款个人犯罪的法定刑，而是单独明确规定处5年以下有期徒刑或者拘役。这是因为第1款规定了情节严重、情节特别严重两个量刑档次，而第2款只有一个量刑档次，并且不对直接负责的主管人员和其他直接责任人员并处罚金。在这种情况下，为避免发生歧义，立法不会采用援引法定刑的方式，而是对相关法定刑作出明确表述。

其三，从设置利用未公开信息交易罪的立法目的分析，刑法将本罪与内幕交易、泄露内幕信息罪一并放在第180条中分款予以规定，就是由于两罪虽然信息范围不同，但是其通过信息的未公开性和价格影响性获利的本质相同，对公众投资者利益和金融管理秩序的实质危害性相当，行为人的主观恶性相当，应当适用相同的法定量刑幅度，具体量刑标准也应一致。如果只截取情节严重部分的法定刑进行援引，势必违反罪刑法定原则和罪刑相适应原则，无法实现惩罚和预防犯罪的目的。

二、王鹏等人利用未公开信息交易案①

【关键词】 利用未公开信息交易　间接证据　证明方法

【要旨】

具有获取未公开信息职务便利条件的金融机构从业人员及其近亲属从事相关证券交易行为明显异常，且与未公开信息相关交易高度趋同，即使其拒不供述未公开信息传递过程等犯罪事实，但其他证据之间相互印证，能够形成证明利用未公开信息犯罪的完整证明体系，足以排除其他可能的，可以依法认定犯罪事实。

【基本案情】

被告人王鹏，男，某基金管理有限公司原债券交易员。

被告人王慧强，男，无业，系王鹏父亲。

被告人宋玲祥，女，无业，系王鹏母亲。

2008年11月至2014年5月，被告人王鹏担任某基金公司交易管理部债券交易员。在工作期间，王鹏作为债券交易员的个人账号为6610。因工作需要，某基金公司为王鹏等债券交易员开通了恒生系统6609账号的站点权限。自2008年7月7日起，该6609账号开通了股票交易指令查询权限，王鹏有权查询证券买卖方向、投资类别、证券代码、交易价格、成交金额、下达人等股票交易相关未公开信息；自2009年7月6日起又陆续增加了包含委托流水、证券成交回报、证券资金流水、组合证券持仓、基金资产情况等未公开信息查询权限。2011年8月9日，因新系统启用，某基金公司交易管理部申请关闭了所有债券交易员登录6609账号的权限。

2009年3月2日至2011年8月8日期间，被告人王鹏多次登录6609账号获取某基金公司股票交易指令等未公开信息，王慧强、宋玲祥操作

① 最高人民检察院第十七批指导性案例（检例第65号）。

牛某、宋某祥、宋某珍的证券账户，同期于或稍晚于某基金公司进行证券交易，与某基金公司交易指令高度趋同，证券交易金额共计8.78亿余元，非法获利共计1773万余元。其中，王慧强交易金额9661万余元，非法获利201万余元；宋玲祥交易金额7.8亿余元，非法获利1572万余元。

【指控与证明犯罪】

2015年6月5日，重庆市公安局以被告人王鹏、王慧强、宋玲祥涉嫌利用未公开信息交易罪移送重庆市人民检察院第一分院审查起诉。

审查起诉阶段，重庆市人民检察院第一分院审查了全案卷宗，讯问了被告人。被告人王鹏辩称，没有获取未公开信息的条件，也没有向其父母传递过未公开信息。被告人王慧强、宋玲祥辩称，王鹏没有向其传递过未公开信息，买卖股票均根据自己的判断进行。针对三人均不供认犯罪事实的情况，为进一步查清王鹏与王慧强、宋玲祥是否存在利用未公开信息交易行为，重庆市人民检察院第一分院将本案两次退回重庆市公安局补充侦查，并提出补充侦查意见：（1）继续讯问三被告人，以查明三人之间传递未公开信息的情况；（2）询问某基金公司有关工作人员，调取工作制度规定，核查工作区通讯设备保管情况，调取某基金债券交易工作区现场图，以查明王鹏是否具有传递信息的条件；（3）调查王慧强、宋玲祥的亲友关系，买卖股票的资金来源及获利去向，以查明王鹏是否为未公开信息的唯一来源，三人是否共同参与利用未公开信息交易；（4）询问某基金公司其他债券交易员，收集相关债券交易员登录工作账号与6609账号的查询记录，以查明王鹏登录6609账号是否具有异常性；（5）调取王慧强、宋玲祥在王鹏不具有获取未公开信息的职务便利期间买卖股票情况、与某基金股票交易指令趋同情况，以查明王慧强、宋玲祥在被指控犯罪时段的交易行为与其他时段的交易行为是否明显异常。经补充侦查，三被告人仍不供认犯罪事实，重庆市公安局补充收集了前述第2项至第5项证据，进一步补强证明王鹏具有获取和传递信息的条件，王慧强、宋玲祥交易习惯的显著异常性等事实。

2015年12月18日，重庆市人民检察院第一分院以利用未公开信息交易罪对王鹏、王慧强、宋玲祥提起公诉。重庆市第一中级人民法院公开开庭审理本案。

法庭调查阶段，公诉人宣读起诉书指控三名被告人构成利用未公开信息交易罪,并对三名被告人进行了讯问。三被告人均不供认犯罪事实。公诉人全面出示证据,并针对被告人不供认犯罪事实的情况进行重点举证。

第一,出示王鹏与某基金公司的《劳动合同》《保密管理办法》、6609账号使用权限、操作方法和操作日志、某基金公司交易室照片等证据,证实:王鹏在2009年1月15日至2011年8月9日期间能够通过6609账号登录恒生系统查询到某基金公司对股票和债券的整体持仓和交易情况、指令下达情况、实时头寸变化情况等,王鹏具有获取某基金公司未公开信息的条件。

第二,出示王鹏登录6610个人账号的日志、6609账号权限设置和登录日志、某基金公司工作人员证言等证据,证实:交易员的账号只能在本人电脑上登录,具有唯一性,可以锁定王鹏的电脑只有王鹏一人使用;王鹏通过登录6609账号查看了未公开信息,且登录次数明显多于6610个人账号,与其他债券交易员登录6609账号情况相比存在异常。

第三,出示某基金公司股票指令下达执行情况,牛某、宋某祥、宋某珍三个证券账户不同阶段的账户资金对账单、资金流水、委托流水及成交流水以及牛某、宋某祥、宋某珍的证言等证据,证实:(1)三个证券账户均替王慧强、宋玲祥开设并由他们使用。(2)三个账户证券交易与某基金公司交易指令高度趋同。在王鹏拥有登录6609账号权限之后,王慧强操作牛某证券账户进行股票交易,牛某证券账户在2009年3月6日至2011年8月2日间,买入与某基金旗下股票基金产品趋同股票233只、占比93.95%,累计趋同买入成交金额9661.26万元、占比95.25%。宋玲祥操作宋某祥、宋某珍证券账户进行股票交易,宋某祥证券账户在2009年3月2日至2011年8月8日期间,买入趋同股票343只、占比83.05%,累计趋同买入成交金额1.04亿余元、占比90.87%。宋某珍证券账户在2010年5月13日至2011年8月8日期间,买入趋同股票183只、占比96.32%,累计趋同买入成交金额6.76亿元、占比97.03%。(3)交易异常频繁,明显背离三个账户在王鹏具有获取未公开信息条件前的交易习惯。从买入股数看,2009年之前每笔买入股数一般为数百股,2009年之后买入股数多为数千甚至上万股;从买卖间隔看,2009年之前买卖间隔时间多为几天甚至更久,但2009年之后买卖交易频繁,买卖间隔时间明显缩短，多为一至两天后卖出。（4）牛某、宋某祥、宋某珍三个账户停止股票交易时间与王鹏无权查看6609账号时间即2011年8月9日高度一致。

第四，出示王鹏、王慧强、宋玲祥和牛某、宋某祥、宋某珍的银行账户资料、交易明细、取款转账凭证等证据，证实：三个账户证券交易资金来源于王慧强、宋玲祥和王鹏，王鹏与宋玲祥、王慧强及其控制的账户之间存在大额资金往来记录。

法庭辩论阶段，公诉人发表公诉意见指出，虽然三名被告人均拒不供认犯罪事实，但在案其他证据能够相互印证，形成完整的证据链条，足以证明：王鹏具有获取某基金公司未公开信息的条件，王慧强、宋玲祥操作的证券账户在王鹏具有获取未公开信息条件期间的交易行为与某基金公司的股票交易指令高度趋同，且二人的交易行为与其在其他时间段的交易习惯存在重大差异，明显异常。对上述异常交易行为，二人均不能作出合理解释。王鹏作为基金公司的从业人员，在利用职务便利获取未公开信息后，由王慧强、宋玲祥操作他人账户从事与该信息相关的证券交易活动，情节特别严重，均应当以利用未公开信息交易罪追究刑事责任。

王鹏辩称，没有利用职务便利获取未公开信息，亦未提供信息让王慧强、宋玲祥交易股票，对王慧强、宋玲祥交易股票的事情并不知情；其辩护人认为，现有证据只能证明王鹏有条件获取未公开信息，而不能证明王鹏实际获取了该信息，同时也不能证明王鹏本人利用未公开信息从事交易活动，或王鹏让王慧强、宋玲祥从事相关交易活动。王慧强辩称，王鹏从未向其传递过未公开信息，王鹏到某基金公司后就不知道其还在进行证券交易；其辩护人认为，现有证据不能证实王鹏向王慧强传递了未公开信息，及王慧强利用了王鹏传递的未公开信息进行证券交易。宋玲祥辩称，没有利用王鹏的职务之便获取未公开信息，也未利用未公开信息进行证券交易；其辩护人认为，宋玲祥不是本罪的适格主体，本案指控证据不足。

针对被告人及其辩护人辩护意见，公诉人结合在案证据进行答辩，进一步论证本案证据确实、充分，足以排除其他可能。首先，王慧强、宋玲祥与王鹏为亲子关系，关系十分密切，从王慧强、宋玲祥的年龄、从业经历、交易习惯来看，王慧强、宋玲祥不具备专业股票投资人的背景和经验，且始终无法对交易异常行为作出合理解释。其次，王鹏在证监会到某基金公司对其调查时,畏罪出逃,且离开后再没有回到某基金公司工作,亦未办理请假或离职手续。其辩称系因担心证监会工作人员到他家中调查才离开,逃跑行为及理由明显不符合常理。最后,刑法规定利用未公开信息罪的主体为特殊主体,虽然王慧强、宋玲祥本人不具有特殊主体身份,但其与具有特殊主体身份的王鹏系共同犯罪,主体适格。

法庭经审理认为,本案现有证据已形成完整锁链,能够排除合理怀疑,足以认定王鹏、王慧强、宋玲祥构成利用未公开信息交易罪,被告人及其辩护人提出的本案证据不足的意见不予采纳。

2018年3月28日,重庆市第一中级人民法院作出一审判决,以利用未公开信息交易罪,分别判处被告人王鹏有期徒刑6年6个月,并处罚金人民币900万元;判处被告人宋玲祥有期徒刑4年,并处罚金人民币690万元;判处被告人王慧强有期徒刑3年6个月,并处罚金人民币210万元。对三被告人违法所得依法予以追缴,上缴国库。宣判后,三名被告人均未提出上诉,判决已生效。

【指导意义】

经济金融犯罪大多属于精心准备、组织实施的故意犯罪,犯罪嫌疑人、被告人熟悉法律规定和相关行业规则,犯罪隐蔽性强、专业程度高,证据容易被隐匿、毁灭,证明犯罪难度大。特别是在犯罪嫌疑人、被告人不供认犯罪事实、缺乏直接证据的情形下,要加强对间接证据的审查判断,拓宽证明思路和证明方法,通过对间接证据的组织运用,构建证明体系,准确认定案件事实。

其一,明确指控的思路和方法,全面客观补充完善证据。检察机关办案人员应当准确把握犯罪的主要特征和证明的基本要求,明确指控思路和方法,构建清晰明确的证明体系。对于证明体系中证明环节有缺陷的以及关键节点需要补强证据的,要充分发挥检察机关主导作用,通过引导侦查取证、退回补充侦查,准确引导侦查取证方向,明确侦查取证的目的和要求,及时补充完善证据。必要时要与侦查人员直接沟通,说明案件的证明思路、证明方法以及需要补充完善的证据在证明体系中的证明价值、证明方向和证明作用。在涉嫌利用未公开信息交易的犯罪嫌疑人、被告人不供认犯罪事实,缺乏证明犯意联络、信息传递和利用的直接证据的情形下,应当根据指控思路,围绕犯罪嫌疑人、被告人获取信息的便利条件、时间吻合程度、交易异常程度、利益关联程度、行为人专业背景等关键要素,通过引导侦查取证、退回补充侦查或者自行侦查,全面收集相关证据。

其二,加强对间接证据的审查,根据证据反映的客观事实判断案件事实。在缺乏直接证据的情形下,通过对间接证据证明的客观事实的综合判断,运用经验法则和逻辑规则,依法认定案件事实,建立从间接证据证明客观事实,再从客观事实判断案件事实的完整证明体系。本案中,办案人员首先通过对三名被告人被指控犯罪时段和其他时段证券交易数据、未公开信息相关交易信息等证据,证明其交易与未公开信息的关联性、趋同度及与其平常交易习惯的差异性;通过身份关系、资金往来等证据,证明双方具备传递信息的动机和条件;通过专业背景、职业经历、接触人员等证据,证明交易行为不符合其个人能力经验;然后借助证券市场的基本规律和一般人的经验常识,对上述客观事实进行综合判断,认定了案件事实。

其三,合理排除证据矛盾,确保证明结论唯一。运用间接证据证明案件事实,构成证明体系的间接证据应当相互衔接、相互支撑、相互印证,证据链条完整、证明结论唯一。基于经验和逻辑作出的判断结论并不必然具有唯一性,还要通过审查证据,进一步分析是否存在与指控方向相反的信息,排除其他可能性。既要审查证明体系中单一证据所包含的信息之间以及不同证据之间是否存在矛盾,又要注重审查证明体系之外的其他证据中是否存在相反信息。在犯罪嫌疑人、被告人不供述、不认罪案件中,要高度重视犯罪嫌疑人、被告人的辩解和其他相反证据,综合判断上述证据中的相反信息是否会实质性阻断由各项客观事实到案件事实的判断过程、是否会削弱整个证据链条的证明效力。与证明体系存在实质矛盾并且不能排除其他可能性的,不能认定案件事实。但不能因为犯罪嫌疑人、被告人不供述或者提出辩解,就认为无法排除其他可能性。犯罪嫌疑人、被告人的辩解不具有合理性、正当性,可以认定证明结论唯一。

第十四章

操纵证券、期货市场罪
办案指引

第一节 操纵证券、期货市场罪概述

操纵与交易相伴而生,与有组织的市场交易历史同样久远,最早可以追溯至 16 世纪的安特卫普金融市场。操纵证券市场通过滥用资本优势或者信息优势等市场优势,扭曲正常的证券期货价格形成机制,破坏公开、公平、公正的市场秩序,损害其他投资者的合法权益,进而影响资本市场资源配置等重要功能的发挥,一直以来是各国证券期货监管机构重点惩治的违法犯罪活动。近年来,随着我国证券市场的发展和交易技术的进步,新的操纵手段、操纵类型也日趋增多,隐蔽性更强,监管难度更大,给准确适用法律追究法律责任带来更大挑战。

一、立法沿革

刑法第一百八十二条 有下列情形之一,操纵证券、期货市场,影响证券、期货交易价格或者证券、期货交易量,情节严重的,处五年以下有期徒刑或者拘役,并处或者单处罚金;情节特别严重的,处五年以上十年以下有期徒刑,并处罚金:

(一)单独或者合谋,集中资金优势、持股或者持仓优势或者利用信息优势联合或者连续买卖的;

(二)与他人串通,以事先约定的时间、价格和方式相互进行证券、期货交易的;

(三)在自己实际控制的账户之间进行证券交易,或者以自己为交易对象,自买自卖期货合约的;

(四)不以成交为目的,频繁或者大量申报买入、卖出证券、期货合约并撤销申报的;

（五）利用虚假或者不确定的重大信息，诱导投资者进行证券、期货交易的；

（六）对证券、证券发行人、期货交易标的公开作出评价、预测或者投资建议，同时进行反向证券交易或者相关期货交易的；

（七）以其他方法操纵证券、期货市场的。

单位犯前款罪的，对单位判处罚金，并对其直接负责的主管人员和其他直接责任人员，依照前款的规定处罚。

本罪是 1997 年刑法新设的罪名，1999 年、2006 年、2020 年全国人大常委会对该条文进行三次修正。1997 年刑法只规定了操纵证券市场犯罪，主要内容表述为"有下列情形之一，操纵证券交易价格，获取不正当利益或者转嫁风险，情节严重的，处五年以下有期徒刑或者拘役，并处或单处违法所得一倍以上五倍以下罚金……"。最高人民法院、最高人民检察院的司法解释将罪名确定为"操纵证券交易价格罪"。1999 年《刑法修正案》第 6 条增加了"期货"作为操纵对象，司法解释将罪名修改为"操纵证券、期货交易价格罪"。2005 年，证券法作了大规模的修订，以适应不断发展变化的证券市场。2006 年《刑法修正案（六）》对本条作了较大幅度的修改，以与 2005 年全面修改的证券法相衔接：一是将"操纵证券、期货交易价格"修改为"操纵证券、期货市场"，在列举的具体操纵情形中，相应修改为"影响证券、期货交易价格或者证券、期货交易量"，把影响、操纵证券、期货交易量作为情形之一；二是删除了"获取不正当利益或者转嫁风险"这一要件，使操纵证券、期货市场的构成要件更为简洁，减少适用时的分歧；三是将按违法所得倍数罚金修改为无限额罚金刑。随后的司法解释将罪名修改为"操纵证券、期货市场罪"。2020 年 3 月 1 日，随着注册制等资本市场改革的深度推进，中央更加重视资本市场法治建设，证券法又作了一次重大调整，对操纵证券市场相关条文也作了修改。2020 年底通过的《刑法修正案（十一）》也作了相应修改，此次修改主要涉及列举的具体操纵情形，在"连续买卖""约定交易""自买自卖"的基础上增列了三种常见操纵情形——"幌骗操纵""蛊惑交易"和"抢帽子交易"，这三种操纵手段在 2019 年最高人民法院、最高人民检察院出台的《操纵司法解释》和 2020 年实施的修订后证券法中均有规定。

二、犯罪构成

（一）犯罪客体

证券、期货市场是金融市场的重要组成部分，市场运行必须遵行公开、公平、公正原则，操纵市场行为误导和欺诈广大投资者，破坏作为证券市场基石的"三公"原则和诚信原则，破坏有效价格形成机制，损害资源配置功能，扰乱资本市场秩序，甚至可能引发系统型金融风险。本罪侵犯的客体是国家对证券、期货交易的管理制度和投资者的合法权益。

这一客体特征较为抽象，准确把握操纵证券市场的客体特征，需要正确认识操纵证券、期货市场行为的本质。对此，存在"欺诈说""滥用市场优势说"等不同观点。欺诈说一度占据主流，即将市场操纵视为对其他投资者的一种欺诈行为，但是欺诈说难以解释连续（联合）买卖行为、利用信息优势行为本身是否具有欺诈特征。从行为本质特征出发，本书更倾向于滥用市场优势说。但与传统的滥用市场优势说不同的是，对滥用市场优势还需要作出适当限制。操纵证券、期货市场的本质，是"滥用市场优势，扭曲自由公平的证券、期货价格形成机制"。前者是行为特征，后者是危害特征，两者缺一不可。市场优势，是操纵者相对于其他交易者所具有的与证券价格密切相关的资本、信息、技术等方面的优势。正当利用市场优势的行为不具有违法性，只有对市场优势的滥用才需要法律给予禁止，欺诈、垄断以及其他违反法律规定的行为，是滥用市场优势的主要表现形式。扭曲自由公平的证券价格形成机制，则是区分诸多以滥用市场优势为基础的不同类型的限定条件。不具有扭曲自由公平价格形成机制的行为，不属于操纵证券、期货市场类型。

（二）客观方面

2019年以来，立法机关、司法机关密集修法，2019年实施的《操纵司法解释》、2020年实施的新修订证券法、2021年实施的《刑法修正案（十一）》以及2022年实施的期货和衍生品法都对操纵证券、期货市场相关规定进行调整，重点在于完善操纵的客观构成要件，细化操纵的具体情形，以解决频繁适用"兜底条款"的法律供给不足问题。除此之外，2007

年证监会曾出台过一个内部工作指引——《证券市场操纵行为认定指引（试行）》（以下简称《操纵认定指引》），也对具体操纵情形和相关客观要件作出了规定。《刑法修正案（十一）》对列举的操纵情形与上述其他规定并不完全一致，在适用刑法时需要注意两个方面的问题：第一，对于不在《刑法修正案（十一）》中列举的情形，仍可适用《刑法》第182条规定的兜底条款，依法追究刑事责任。第二，证券法和刑法在认定操纵行为成立的法律适用上应保持完全一致，采取同一标准，两者的差异仅在于情节严重程度，从行政执法角度认为不构成操纵的行为，当然不构成犯罪；反之，构成犯罪的操纵行为，必定属于行政违法行为。

上述法律规定和司法解释明确列举的具体操纵类型包括：（1）连续（联合）买卖操纵：进一步可以区分为利用持股优势、资金优势连续（联合）买卖操纵和利用信息优势连续（联合）买卖操纵；（2）约定交易操纵；（3）洗售操纵；（4）虚假申报操纵；（5）特定时点操纵：如尾市操纵、特定时间的价格或价值操纵；（6）蛊惑交易操纵；（7）抢帽子交易操纵；（8）利用信息优势操纵；（9）重大事件操纵；（10）跨市场操纵。

早在1992年，国外学者就将操纵证券、期货市场分为三种类型：（1）基于行动的操纵，即通过改变资产的真实价值或可观测的价值实施操纵；（2）基于信息的操纵，即通过散布虚假信息实施操纵；（3）基于交易的操纵，即不采取任何改变资产价值或散布虚假信息的方式，而纯粹通过在证券市场上买入和卖出股票实施操纵。[①] 这一分类基于影响证券价格的主要因素——改变基本价值面、改变信息和改变证券供求关系而展开，根本上反映不同类型操纵行为的一些基本特征。从对证券价格产生影响的机理来看，基于信息的操纵和基于行动的操纵又具有同质性，改变证券基本价值面的行为对证券市场的影响，最终仍需要通过重大事件相关信息的散布、传播得以实现，对基本价值面的人为改变等同于人为制造重大信息。而各种基于交易的操纵，包括基于约定交易、自买自卖、幌骗交易等虚假交易行为实施的操纵，以及基于连续（联合）买卖等真实交易行为实施的操纵。因此，本书将基于行动的操纵和基于信息的操纵均统称为信息型操

---

① See Franklin Allen, Douglas Gale, Stock Price Manipulation, 5 Review of Financial Studies. 504-505（1992）.

纵。按照交易型操纵和信息型操纵的分类方法，我国各个法律规定已列举的10项操纵行为中，前述第（1）项至第（5）项以及第（10）项可以归入到交易型操纵的范畴，其中又可以根据交易行为的真实与否，区分为基于真实交易的操纵和基于虚假交易的操纵。真实交易型操纵包括连续买卖、特定时间的价格或价值操纵、尾市交易操纵；虚假交易型操纵包括约定交易操纵、洗售操纵和虚假申报操纵。前述第（6）项至第（9）项可以归入信息型操纵的范畴，根据信息的真假属性又可以区分为基于虚假信息的操纵和基于真实信息的操纵，虚假信息型操纵包括蛊惑交易操纵和抢帽子交易操纵；真实信息型操纵就是控制信息发布时间、节奏，利用信息优势操纵证券市场。

交易型操纵和信息型操纵，由于其实现操纵的行为方式、市场机理等方面存在一定差异，在客观构成要件上也就明显不同，下文将分别叙述，此不赘述。

（三）犯罪主体

自然人和单位均可构成本罪的主体，但具体操纵情形仍对主体的身份特征有一定要求，主要体现在信息型操纵。《刑法修正案（十一）》和《操纵司法解释》施行后，进一步取消了抢帽子交易、利用信息优势操纵等主体身份的要求。但是，这并不表明信息型操纵对主体身份没有任何要求。在具体认定信息型操纵是否成立时，需要结合行为人的身份特征判断其是否具有信息优势，其利用信息优势的行为是否会对其他投资者形成误导。这是因为，在利用信息操纵的策略中，操纵者利用的是其他投资者容易受欺骗或者相信交易行为可以产生大量回报的心理。[1] 市场参与者是否容易受信息欺骗，或者说其对信息的信任度，首先取决于发布信息者的市场影响力。凡是掌握非公开信息的人都有能力通过技巧性地扭曲信息的发布与传递来操纵资本市场。[2] 若要让其他投资者陷入错误认识，主体的身份地位很重要。同样的信息内容，如果从籍籍无名之辈口中吐露出来，恐

---

[1] See Bianca Petcu, Fake News and Financial Markets: A 21st Century Twist on Market Manipulation, 7 American University Business Law Review. 301（2018）.

[2] 参见徐瑶：《信息型市场操纵的内涵与外延——基于行政和刑事案件的实证研究》，载吴清总编：《证券法苑》（第二十一卷），法律出版社2017年版，第406页。

怕根本无法引起旁人的注意，但若从上市公司高管或者知名证券分析师口中透露出来，哪怕是寥寥数语都可能诱发市场跟风。市场影响力的形成与主体的身份、职务以及社会影响力、职责密切相关，并非所有市场主体都能成为操纵证券、期货市场的主体，基于虚假信息的操纵也不例外。

（四）主观方面

1997年《刑法》第182条曾将"获取不正当利益或者转嫁风险"作为操纵证券交易价格罪构成要件之一，但考虑到操纵行为对证券市场以及其他投资者的危害不在于操纵者是否能从操纵行为中获利，而在于人为操纵、扭曲证券价格欺骗其他投资者、扰乱市场秩序，该要件被2006年《刑法修正案（六）》第11条所废除。① 因此，从现行《刑法》第182条规定来看，行为人构成操纵证券、期货市场罪并不需要具备其他特定的目的，而在其他立法或文献中提及的引诱他人交易的目的、影响证券交易价格或交易量的意图等，本身就属于主观故意的内容。操纵证券、期货市场的主观故意，即明知滥用市场优势行为会发生扭曲自由公平证券价格形成机制的后果，并且希望或者放任这种后果发生。

三、定罪量刑标准

《刑法》第182条对操纵证券、期货市场罪规定了两档刑罚，即"情节严重的，处五年以下有期徒刑或者拘役，并处或者单处罚金；情节特别严重的，处五年以上十年以下有期徒刑，并处罚金"。《操纵司法解释》和《立案追诉标准（二）》对相关标准作了明确规定。

（一）构成"情节严重"的标准

由于具体操纵情形之间差异较大，司法解释规定了三种类型的情节严重标准，且对证券和期货在标准上有所区别。

---

① 参见黄太云：《〈刑法修正案（六）〉的理解与适用（下）》，载《人民检察》2006年第16期。

1. 针对交易型操纵的交易比例标准

利用持股优势、资金优势类的连续（联合）买卖操纵中，操纵证券市场的标准为，持有或者实际控制证券的流通股份数量达到该证券的实际流通股份总量 10% 以上，实施《刑法》第 182 条第 1 款第 1 项的行为，连续 10 个交易日的累计成交量达到同期该证券总成交量 20% 以上。通过连续（联合）买卖或者囤积现货影响特定期货品种市场行情操纵期货市场的标准为，实际控制的账户合并持仓连续 10 个交易日的最高值超过期货交易所限仓标准的 2 倍，累计成交量达到同期该期货合约总成交量 20% 以上，且期货交易占用保证金数额在 500 万元以上的。

约定交易、自买自卖操纵中，证券市场的标准为，连续 10 个交易日的累计成交量达到同期该证券总成交量 20% 以上；期货市场的标准为，实际控制的账户连续 10 个交易日的累计成交量达到同期该期货合约总成交量 20% 以上，且期货交易占用保证金数额在 500 万元以上。

"虚假申报操纵"证券市场的入罪标准，即当日累计撤回申报量达到同期该证券、期货合约总申报量 50% 以上，且证券撤回申报额在 1000 万元以上、撤回申报的期货合约占用保证金数额在 500 万元以上的。

2. 针对信息型操纵的成交额标准

蛊惑交易操纵、抢帽子交易操纵、重大事件操纵、利用信息优势操纵证券市场的入罪标准，均为证券交易成交额在 1000 万元以上。司法解释未对证券交易成交额的计算方式作出规定，实践中可能产生以单边买入或者卖出成交额还是双边买卖成交额为准的争议。本书认为，作为判断操纵情节是否严重的标准，应当将反向交易或者谋取相关利益的交易金额作为计算基准。对于期间的其他交易金额，不应作为判断操纵情节严重的基准。通过上述方式操纵期货市场的标准为，实际控制的账户连续 10 个交易日的累计成交量达到同期该期货合约总成交量 20% 以上，且期货交易占用保证金数额在 500 万元以上的。

3. 违法所得数额标准

对于刑法规定的各类操纵证券、期货市场行为，违法所得数额在 100 万元以上的，即构成情节严重。适用违法所得标准，理论上不需达到前述交易比例标准，但适用的前提是行为已经构成操纵证券、期货市场。由于司法解释未规定交易型操纵成立的认定标准，对于何种交易行为可以构成操纵,以及如何计算违法所得,有待进一步研究。

为进一步严密刑事法网,加大对部分主观恶性较大的操纵行为的处罚力度,司法解释还规定了"数额+情节"标准,即违法所得在50万元以上不满100万元的,但具有七项情形的,也属于情节严重。这七项情形是:(1)发行人、上市公司及其董事、监事、高级管理人员、控股股东或者实际控制人实施操纵证券、期货市场行为的;(2)收购人、重大资产重组的交易对方及其董事、监事、高级管理人员、控股股东或者实际控制人实施操纵证券、期货市场行为的;(3)行为人明知操纵证券、期货市场行为被有关部门调查,仍继续实施的;(4)因操纵证券、期货市场行为受过刑事追究的;(5)2年内因操纵证券、期货市场行为受过行政处罚的;(6)在市场出现重大异常波动等特定时段操纵证券、期货市场的;(7)造成恶劣社会影响或者其他严重后果的。

(二)构成"情节特别严重"的标准

关于操纵证券、期货市场罪"情节特别严重"的认定,《操纵司法解释》以"情节严重"的标准作为基准,对交易比例、证券交易成交额和违法所得数额分别作了一定幅度的提高,并同步采取"数额+情节"的标准。具体如下:(1)持有或者实际控制证券的流通股份数量达到该证券的实际流通股份总量10%以上,实施《刑法》第182条第1款第1项操纵证券市场行为,连续10个交易日的累计成交量达到同期该证券总成交量50%以上的;(2)实施《刑法》第182条第1款第2项、第3项操纵证券市场行为,连续10个交易日的累计成交量达到同期该证券总成交量50%以上的;(3)实施本解释第1条第1项至第4项操纵证券市场行为,证券交易成交额在5000万元以上的;(4)实施《刑法》第182条第1款第1项及本解释第1条第6项操纵期货市场行为,实际控制的账户合并持仓连续10个交易日的最高值超过期货交易所限仓标准的5倍,累计成交量达到同期该期货合约总成交量50%以上,且期货交易占用保证金数额在2500万元以上的;(5)实施《刑法》第182条第1款第2项、第3项及本解释第1条第1项、第2项操纵期货市场行为,实际控制的账户连续10个交易日的累计成交量达到同期该期货合约总成交量50%以上,且期货交易占用保证金数额在2500万元以上的;(6)实施操纵证券、期货市场行为,违法所得数额在1000万元以上的;(7)实施操纵证券、期货市场行为,违法所得数额在500万元以上,并具有《操纵司法解释》第3条规定的七种情形之一的。

第二节 操纵证券、期货市场罪司法疑难问题

一、交易型操纵的认定

交易型操纵是指以证券交易为主要手段实施的操纵证券、期货犯罪。因此,其构成要件的核心就是交易行为。根据交易行为是否具有实际成交目的,又可以区分为真实交易型操纵和虚假交易型操纵。《刑法》第182条第1款第1项规定的连续(联合)买卖,以及《证券法》第55条第1款第7项规定的跨市场操纵、《操纵司法解释》第1条第6项规定的"跨期、现货市场操纵"一般归属于真实交易型操纵,相关交易行为实际完成,不可逆转。而《刑法》第182条第1款第2项规定的约定交易操纵、第3项规定的自买自卖操纵(洗售操纵)属于典型的虚假交易型操纵,表面上发生了交易行为,但均是在行为人自己实际控制的账户之间进行,不具有真实交易的目的;第4项规定的虚假申报操纵(幌骗交易操纵)一般也归类于虚假交易型操纵,但由于其报单、撤单行为均真实发生,与典型的虚假交易型操纵有所区别。

(一)连续(联合)买卖操纵

连续(联合)买卖操纵,即单独或者合谋,集中资金优势、持股或者持仓优势或者利用信息优势联合或者连续交易,操纵证券、期货交易价格或者证券、期货交易量的行为。《操纵司法解释》第2条第1项、第4项分别规定了证券和期货连续买卖情节严重的认定标准:"持有或者实际控制证券的流通股份数量达到该证券的实际流通股份总量百分之十以上,实施刑法第一百八十二条第一款第一项操纵证券市场行为,连续十个交易

日的累计成交量达到同期该证券总成交量百分之二十以上的……实施刑法第一百八十二条第一款第一项及本解释第一条第六项操纵期货市场行为，实际控制的账户合并持仓连续十个交易日的最高值超过期货交易所限仓标准的二倍，累计成交量达到同期该期货合约总成交量百分之二十以上，且期货交易占用保证金数额在五百万元以上的……"该司法解释以量化标准的形式，同时明确了连续买卖操纵行为成立且情节严重的标准。持股和成交量占比的标准，实则反映了行为人集中资金优势、持股优势或者持仓优势，同时也规定了连续（联合）买卖构成操纵情节严重的标准。只要符合该量化标准的，可以直接认定操纵证券、期货市场行为"情节严重"。除了持股优势和资金优势外，《刑法》第182条还规定了利用信息优势连续（联合）买卖操纵，对于该种情形在利用信息优势操纵中一并讨论。

真实的证券交易行为均是市场的组成部分，市场参与者之间天然存在资金、持股方面的优势劣势，并非只要具有资金优势、持股优势或持仓优势进行连续（联合）买卖便构成操纵。《操纵司法解释》还将"违法所得数额在一百万元以上"作为独立的定罪标准，也就是说即使不符合前述连续（联合）买卖的量化标准，违法所得在100万元以上，也可以构成犯罪。但是，适用违法所得数额标准的前提是，连续（联合）买卖构成操纵，对于没有达到量化标准的行为，就需要对该行为是否具有操纵特征进行实质判断。[①]证监会所作行政处罚决定所积累的判断规则和判断方法，可以作为刑事认定的参考。对其他操纵情形适用违法所得数额标准时，也需要遵守上述基本原则，下文不再赘述。

（二）约定交易和自买自卖操纵

约定交易，即与他人串通，以事先约定的时间、价格和方式相互进行证券、期货交易，影响证券、期货交易价格或者证券、期货交易量的行为；自买自卖，即在自己实际控制的账户之间进行证券交易，或者以自己为交易对象，自买自卖期货合约，影响证券、期货交易价格或者证券、期货交易量的行为。自买自卖操纵与约定交易操纵，是古老的虚假交易操纵

[①] 基于真实交易的连续（联合）买卖是否构成操纵，国内外一直存在争议，在具体认定时更要慎重，避免把正常的市场交易行为作为操纵来规制，影响市场的活跃度。

方式。约定交易操纵是以约定的时间、价格买卖证券的行为；自买自卖操纵是所有权没有发生实质转移、没有经济后果的虚假交易行为。两者均不以交易的所有权转移为真实目的，没有形成真实资本配置、产生实际交易价值，对证券价格的发现和形成没有任何意义，往往是行为人抬高或者压低价格的一种手段。① 与基于真实交易的连续买卖操纵相比，该种行为构成操纵几乎没有争议，其本质上属于欺诈行为，不产生任何社会价值，具有社会危害性，对其他交易者产生误导，并损害股票价格的准确性，影响资本市场的合理配置。② 虽然这两种操纵有所区别，前者是在不同行为人控制的账户之间进行交易，后者系行为人自己实际控制的账户间交易，但从对证券价格产生扭曲的运作机制来看，具有同质性。在我国证监会行政处罚案例中，以自买自卖操纵为主，且往往与连续买卖操纵相伴，适用约定交易条款的案件几乎没有。而在自买自卖操纵中，一般均是操纵者实际控制多个账户进行交易，或者指挥他人下单进行交易，两种虚假交易之间的界限日趋模糊。

《操纵司法解释》对这两种典型的虚假交易操纵规定了同样的"情节严重"认定标准："实施刑法第一百八十二条第一款第二项、第三项操纵证券市场行为，连续十个交易日的累计成交量达到同期该证券总成交量百分之二十以上的……"由于虚假交易具有典型的欺诈性，虚假交易成交量占比达到一定程度，即会对当时的交易价格产生不正当影响，因此与连续（联合）买卖不同，此处未规定持股比例的要求。

（三）虚假申报操纵（幌骗）

虚假申报操纵的行为特征是：行为人不以成交为目的，频繁申报、撤单或者大额申报、撤单，误导投资者作出投资决策，影响证券、期货交易价格或者证券、期货交易量，并进行与申报相反的交易或者谋取相关利益。实现虚假申报操纵通常包括三个步骤：首先，操纵者在单边进行大量申报，逐步拉抬（压低）价格，以引诱其他交易者跟随同方向拉抬（压

---

① See Note, Regulation of Stock Market Manipulation, 56 The Yale Law Journal. 513（1947）.

② See Merritt B. Fox, Lawrence R. Glosten, Gabriel V. Rauterberg, Stock Market Manipulation and Its Regulation, 35 Yale Journal on Regulation. 115（2018）.

低）股价；其次，操纵者在大单成交之前全部撤销，但同时可能会允许小额申报成交以吸引其他交易者；最后，在将股价拉抬（压低）到预期价格后，在撤销大单的同时随即进行反方向申报，以卖出（买入）获利。在虚假申报操纵过程中，操纵者还会通过增加申报数量等方式降低报单成交的可能性。其中，虽然我国证券法将该种手段定义为虚假申报，但实际上委托申报行为现实发生，只不过随后被操纵者撤销，这一过程表面上与正常申报后撤单的行为并无明显区别。

在证券交易中，申报后撤单并非当然异常。证券交易价格瞬息万变，一旦申报后未能成交，交易者根据证券价格趋势变化，可以随时作出调整，撤单后再行报价，这是交易规则所允许的正常交易行为。比如，上海证券交易所交易规则明确规定，除开盘集合竞价阶段外，其他接受交易申报的时间内，未成交申报均可以撤销。因此，证券法禁止的不是撤销申报的行为，而是以影响证券交易价格或其他投资者投资决定为目的的频繁申报或频繁撤销申报行为。由于两者外在表现几乎完全一致，区分正常申报撤单和虚假申报撤单往往成为难题。对此，《操纵司法解释》也规定了量化标准："实施本解释第一条第五项操纵证券、期货市场行为，当日累计撤回申报量达到同期该证券、期货合约总申报量百分之五十以上，且证券撤回申报额在一千万元以上、撤回申报的期货合约占用保证金数额在五百万元以上的……"

与连续（联合）买卖操纵、约定交易操纵、自买自卖操纵不同的是，《操纵司法解释》还规定此种交易行为必须伴随"进行与申报相反的交易或者谋取相关利益"的行为。该要件虽在《刑法修正案（十一）》中没有规定，但对于区分合法撤单和虚假申报具有重要作用。本书认为，进行与申报相反的交易或者谋取相关利益，是认定"不以成交为目的"的重要根据。由于虚假申报对市场的影响周期十分短暂，该相反交易和谋取相关利益行为与虚假申报行为在时间上还需要有紧密的关联性，间隔时间较长的反向交易行为并不一定能从虚假申报制造的价格异动中获得好处。

（四）跨市场操纵

这是当前操纵期货市场的一种典型方式，在期货和衍生品法、证券法和《操纵司法解释》中都有相应规定。《期货和衍生品法》第 12 条对利用现货市场进行期货操纵行为,即通过囤积现货,影响特定期货品种市场行情,并进行相关期货交易,作出禁止性规定。《刑法修正案(十一)》虽没有规定跨市场操纵,但对于跨市场操纵行为,可以适用《刑法》第182条的兜底条款。《操纵司法解释》也明确列举操纵期货的具体情形。证券法以及期货和衍生品法还都将利用在其他相关市场的活动操纵证券市场作为操纵证券市场的一种情形,其内涵比跨期、现货市场操纵更为广泛,但我国执法司法实践中尚未出现相关案例。在国外较为典型的有伦敦银行间同业拆借利率"LIBOR"操纵案。① 但随着资本市场的发展,跨市场、跨金融产品可能给市场操纵者提供新的手段和获利空间,此类案件可能会进一步增多。如在实现期现联动的市场上,传统的抢帽子交易等操纵手法可能发生变化。行为人可以先买入股指期货多头仓位,随后发布散播证券的相关利好消息并进行炒作,在股指期货上涨过程中卖出持有的多头仓位实现盈利。随后,行为人可继续卖出股指期货合约,在期货市场建立空头仓位,T+1日,当信息被市场澄清证明不实,投资者卖出股票导致指数下跌,行为人又可从其股指期货空仓获得利润。

二、信息型操纵的认定

信息型操纵是指滥用信息优势实施操纵证券、期货犯罪的行为。信息型操纵的本质,是通过对信息优势的滥用,影响其他投资者的决策,扭曲自由公平证券价格形成机制。在信息型操纵中,对证券价量扭曲产生主要作用的是信息,而非交易,交易通常是操纵获利的手段。我国修订前刑法和证券法只规定了利用信息优势连续买卖操纵,未列举其他信息型操纵类型。修订后证券法增加了蛊惑交易、重大事项操纵等信息型操纵类型,《刑法修正案(十一)》则只增加了蛊惑交易操纵。根据这些规定,目前有明确规定的信息型操纵类型已包括蛊惑交易操纵、抢帽子交易操纵、重大事项操纵、利用信息优势操纵四种类型。从执法司法实践看,很长一段时间在抢帽子交易操纵之外未出现其他信息型操纵案件,直至2015年后

---

① 参见王越:《LIBOR操纵案的刑法学反思——试论市场操纵犯罪的新类型:基准操纵》,载《政治与法律》2015年第12期。

信息型操纵的案件逐渐增多,主要包括《刑法》第 182 条第 1 款第 5 项规定的"蛊惑交易操纵"、第 6 项规定的"抢帽子交易操纵"以及《操纵司法解释》第 1 条第 4 项规定的"利用信息优势操纵"等。与交易型操纵类似,信息型操纵也区分为真实信息操纵和虚假信息操纵。前述利用信息优势操纵可归属于真实信息操纵;重大事项操纵、蛊惑交易可归属于虚假信息操纵;而抢帽子交易对信息的真实性没有要求,既可以是真实信息,也可以是虚假信息,其操纵原理与真实信息操纵相类似。

无论是真实信息操纵还是虚假信息操纵,操纵者利用的信息均是信息型操纵的核心要件。信息对于证券市场和其他投资者的意义,在于其可以成为投资者决策的依据,进而能够对市场价格产生影响。但是,并非任何信息都能对市场和投资者产生影响。在认定信息型操纵时,首先要对信息的范围作适当的限制,即具备"重大性"的特征。所谓重大性,是指可能对证券、期货的市场价格产生重大影响的信息。①《刑法》第 182 条第 1 款第 5 项明确规定蛊惑交易利用的是虚假或者不确定的"重大信息",应当理解为对市场价格可能产生重大影响的信息。具体信息范围可以参照证券法关于内幕信息、重大事件的相关规定,但不限于规定列举的信息范围,具体应当根据信息对价格可能产生的影响程度进行实质判断。对于《刑法》第 182 条第 1 款第 1 项规定的"信息优势"以及《操纵司法解释》规定的"利用信息优势操纵"中的信息,虽然相关条文未明确表述为"重大信息",但也应当具备重大性特征。

对相关信息是否具有重大性,可以从两个方面判断:第一,根据证券法或者证监会相关规定进行判断,如《证券法》第 80 条、第 81 条列举的重大事件,《操纵认定指引》列举的对证券市场有重大影响的经济政策、金融政策;对证券市场有显著影响的证券交易信息;在证券市场上具有重要影响的投资者或者证券经营机构的信息,等等。第二,对于上述规定之外的信息,应根据信息形成发布时特定的市场环境、发布信息的主体、信息发布产生的实际影响等因素进行实质判断,即考察其对证券、期货市场价格的可能产生影响的程度。

---

① 《证券法》第 52 条关于内幕信息的规定,第 80 条、第 81 条关于股票、债券相关重大事件的规定,都采用了与"对证券交易价格产生重大影响"同义的表述。在信息型操纵中,可参照适用。

（一）利用信息优势操纵

利用信息优势操纵的行为特征是：通过控制发行人、上市公司信息的生成或者控制信息披露的内容、时点、节奏，误导投资者作出投资决策，影响证券交易价格或者证券交易量，并进行相关交易或者谋取相关利益的。需要特别关注的是，2010年《立案追诉标准（二）》中将该类型操纵限定为特殊主体，即行为人必须是"上市公司及其董事、监事、高级管理人员、控股股东、实际控制人或其他关联人员"。《操纵司法解释》和2022年修订后《立案追诉标准（二）》修改为一般主体，这是因为：从近年来查办的案件来看，大量出现的是其他人员与上述人员内外勾结，共同通过控制发行人、上市公司信息的生成与发布，误导投资者，进行市场操纵，参与的身份主体越来越广泛，限定为特殊主体不具有合理性。[①]

《操纵认定指引》对何为"信息优势"进行了阐释，根据其第19条第1款规定，信息优势，是指行为人相对于市场上一般投资者对标的证券及其相关事项的重大信息具有获取或者了解更易、更早、更准确、更完整的优势。就行政处罚案例来看，2015年之后的陈宏庆案和上海永邦案均有涉及。综合行政监管文件和案例，可以将"信息优势"理解为能够影响公众投资者投资行为和决策的信息，包括公司经营的重大信息，影响证券市场的经济、金融政策和措施，可能影响投资决策的特定股票交易和持仓情况，市场上有影响力的券商、投行、证券机构对证券的评级、分析和价值判断等。利用信息优势实施操纵者往往与上市公司有着千丝万缕的联系，事先获取公司发生重大变化的信息后，利用这些信息操纵市场，甚至是公司的实际控制人。

《刑法》第182条第1款第1项还规定了利用信息优势连续（联合）买卖操纵，该操纵情形是信息型操纵与交易型操纵的综合运用，是指操纵行为利用信息优势发布信息之时（同期或稍晚于信息发布之时），进行连续（联合）买卖配合信息优势影响证券、期货交易价格、交易量。利用信息优势连续（联合）买卖的操纵方式不同于纯粹的利用信息优势操纵，反向交易或者谋取相关利益行为并不是必备要件，关键是看操纵行为对证

---

① 参见缐杰、吴峤滨：《〈关于办理操纵证券、期货市场刑事案件适用法律若干问题的解释〉重点难点问题解读》，载《检察日报》2019年8月18日，第3版。

券、期货价格的影响程度。

此外，利用信息优势的操纵与内幕交易行为需要廓清，特别是在当前市场操纵呈现出与内幕交易、虚假陈述等证券违法行为结合更加紧密的发展态势之下，对信息型操纵与内幕交易更应从主观意图、行为方式、信息范围等方面仔细甄别，其基本思路可借鉴抢帽子交易与利用未公开信息交易之区别，在此不再赘述。

（二）蛊惑交易操纵

蛊惑交易操纵的行为特征是：行为人利用虚假或者不确定的重大信息，诱导投资者作出投资决策，影响证券、期货交易价格或者证券、期货交易量，并进行相关交易或者谋取相关利益。典型的模式为：行为人交易特定股票→行为人编造或散布虚假信息→影响市场→行为人反向交易。应当注意把握《刑法》第181条第1款编造并传播证券、期货交易虚假信息罪与蛊惑交易操纵的界限：一是行为方式不同。前者表现为行为人本人编造并传播影响期货交易的虚假信息，如果行为人只是编造而没有传播，或者道听途说又散布给他人，不构成该罪；后者表现为行为人利用虚假或者不确定的重大信息进行操纵，既包括行为人本人编造并传播信息，也包括行为人传播他人编造的信息。二是主观目的不同。后者的主观目的一般是通过操纵行为从中谋取利益，而前者是否具有从中谋取利益的主观目的，不影响该罪的构成。

《操纵司法解释》规定"重大事件操纵"，即行为人通过策划、实施资产收购或者重组、投资新业务、股权转让、上市公司收购等虚假重大事项，误导投资者作出投资决策，影响证券交易价格或者证券交易量，并进行相关交易或者谋取相关利益。利用虚假重大事项，本质就是蛊惑交易操纵的一种。这是因为，在证券市场上，任何事件通常都需要通过信息的形式为各市场投资者所知悉，如果仅有事件而未形成信息，难以对市场投资者产生误导。而司法解释将重大事件限定于虚假重大事项，在信息的类型上必然体现为虚假陈述，与蛊惑交易中的利用虚假的重大信息，并无二致。

（三）抢帽子交易操纵

抢帽子交易操纵也就是比较常见的利用"黑嘴"荐股交易操纵，其行为特征是：通过对证券及其发行人、上市公司、期货交易标的公开作出评价、预测或者投资建议，误导投资者作出投资决策，影响证券、期货交易价格或者证券、期货交易量，并进行与其评价、预测、投资建议方向相反的证券交易或者相关期货交易。可以归结为"行为人交易→评价或推荐→影响市场→行为人反向交易"的模式，且行为人未公开其持股情况。

对抢帽子交易中所涉及的评价、预测或者投资建议，只要其能够对市场其他投资者产生误导，不论经考察是否有科学根据，都可以构成抢帽子交易操纵。从这个角度而言，抢帽子交易本质上是一种特殊形式的利用信息优势操纵。同时，抢帽子交易操纵还需具备两个要件：一是行为人在公开评价时未披露其持股情况；二是相关评价性信息发布之后，必须同时伴随反向交易或者谋取相关利益的行为。如果行为不符合其中一个要件，便不构成抢帽子交易操纵。

2010年《立案追诉标准（二）》和《操纵认定指引》均将该类型操纵限定为特殊主体，即行为人必须是"证券公司、证券投资咨询机构、专业中介机构或者从业人员"。但之后的《操纵司法解释》和《刑法修正案（十一）》都将其规定为一般主体。对于司法解释实施后的行为，应适用新的规定。原有规定对主体身份进行限制，实际上是以主体身份推定信息优势的存在，不符合主体身份的人员因其发布的信息不具有扭曲证券价格的能力，不具有信息优势，便被排除在操纵证券市场之外。这一规定在很大程度上减轻了信息优势——扭曲证券价格形成机制能力的证明难度，但其弊端也显而易见，对于法定主体范围之外的人员，即使具有扭曲证券价格形成机制的能力，也不能作出处罚，实则不当限缩了抢帽子交易的处罚范围。特别是信息网络时代的到来，股市"黑嘴"不再局限于具有特定身份的人员，原有规定显然不能适应这种变化。因此，刑法、证券法和《操纵司法解释》均取消了抢帽子交易的主体身份限制。不过需强调的是，这并不意味着只要行为人发布与证券相关的评价、预测、投资建议并进行反向交易，即构成抢帽子交易，构成操纵的前提仍然是行为人具有误导投资者作出决策的能力或者市场优势。

三、兜底条款的认定原则

鉴于实践中操纵行为的复杂性，刑法对操纵证券、期货市场规定了兜底条款。兜底条款在惩治不断升级的操纵犯罪时，发挥了重要作用，但对其如何准确理解适用，一直以来存在争议。

我国刑法和行政法律中存在大量兜底条款。同质性解释规则是理论界普遍认同的解释兜底条款的规则。[①] 确定兜底条款的内涵和外延，往往需要借助于对兜底条款所在条文本身的理解，[②] 即要判断所欲规范之事实"是否直接归属于法律明示的行为类型，或者是否契合本罪实质中可能存在的重要内涵"[③]。而对兜底条款所在的条文本身的理解也可能充满争议，特别是在条文只列举同类情形而未规定一般构成要件时。在2019年《证券法》修订前，法律只规定了连续买卖、洗售、约定交易三种交易型操纵情形。2008年汪建中抢帽子交易案发生后，由于抢帽子交易显然不具有上述三种操纵情形的特征，是否具有同质性并能够适用兜底条款，曾出现两种对立的观点。否定观点认为，抢帽子交易与法律明确列举的操纵行为不具有同质性；肯定观点则认为，抢帽子交易与上述三项操纵行为具有同质性，即都具有欺诈性，且行为样态相似，社会危害严重。[④] 还有观点认为，当在法律条文列举行为与所欲规范行为之间相差甚远的情形下，同质性规则可能无法适用，需要通过目的解释限定兜底条款的适用范围，而抢帽子交易恰恰符合"人为地扰乱或控制了证券、期货市场的行情"这一规范目的。[⑤] 然而，这一观点割裂了同质性解释规则与规范目的解释之间的联系，也没有解释为什么同质性规则不能适用。

---

① 参见李军：《兜底条款中同质性解释规则的适用困境与目的解释之补足》，载《环球法律评论》2019年第4期。

② 参见储槐植：《刑事一体化与关系刑法论》，北京大学出版社1996年版，第358—359页。

③ 刘宪权：《操纵证券、期货市场罪"兜底条款"解释规则的建构与应用》，载《中外法学》2013年第6期。

④ 参见何荣功：《刑法"兜底条款"的适用于"抢帽子交易"的定性》，载《法学》2011年第6期。

⑤ 参见李军：《兜底条款中同质性解释规则的适用困境与目的解释之补足》，载《环球法律评论》2019年第4期。

所谓同质，即具有相同的本质，这一本质也就是法律规定的某一类型的中心价值。因此，适用兜底条款认定操纵证券市场，最关键的是准确把握操纵证券市场的行为本质。如前所述，操纵证券、期货市场的本质，是"滥用市场优势，扭曲自由公平的证券、期货价格形成机制"。前者是行为特征，后者是危害特征，两者缺一不可。市场优势，是操纵者相对于其他交易者所具有的与证券价格密切相关的资本、信息、技术等方面的优势。正当利用市场优势的行为不具有违法性，只有对市场优势的滥用才需要法律给予禁止，欺诈、垄断以及其他违反法律规定的行为，是滥用市场优势的主要表现形式。扭曲自由公平的证券价格形成机制，则是区分诸多以滥用市场优势为基础的不同类型行为的限定条件。没有扭曲自由公平价格形成机制的行为，不归属于操纵证券市场类型。

任何具体操纵证券市场行为，都应具备上述本质。无论是真实交易还是虚假交易，利用真实信息还是虚假信息，行为的具体表现形式可以各不相同，但必须通过滥用市场优势行为来实现对自由公平价格形成机制的扭曲。这一本质，在将新出现的疑似行为适用兜底条款，判断其与法律已列明的操纵行为是否具有相当性时，具有指引解释的展开和限制过度自由裁量的作用。当然，借助这一本质，也可以更好地认定已经列举的具体操纵行为，更妥当地区分合法交易与非法操纵。

四、合法交易和非法操纵的区分

基于真实信息和交易的操纵与正常的证券期货交易行为之间界限模糊，认定时往往产生争议。对此，一些观点认为，在客观行为尤其是基于真实交易或真实信息的可疑操纵行为是否不法尚存疑虑的情形下，可以从行为人的操纵故意认定客观行为不法，因此行为人是否具有操纵的主观故意成为判断真实交易型操纵是否成立的决定性要件。这种观点并不妥当。以主观故意区分合法交易和非法操纵的判断路径，混淆了主客观之间的逻辑关系。法谚云："任何人不因思想受处罚。"法律禁止的是客观的违法行为，而非单纯的不当意图，上述观点忽视了最重要的一个方面，即行为是否客观上具有违法性。[1]违法犯罪的实质,是实施了法律所不允许的客观行为。法律不允许某种行为的实施,根本原因是此种行为客观上会产生与法律所保护利益相冲突、相违背的结果。行为人是否违法不应当由行为人的故意、过失决定,而应当由结果、行为等客观要素决定。[2]如果某种行为与法律所保护的利益不相违背,即使行为人主观上有此目的或者意愿,也不应遭受处罚。对不产生任何危害的交易行为进行处罚,不仅不利于保护市场参与者的合理预期,而且会损害市场流动性,进而影响市场的有效性。比如,在我国证券市场中,存在"明星效应",一些具有市场影响力的投资机构或者投资者的投资方向一经披露,就会引起投机交易者的跟风交易,不排除部分明星投资人巧妙利用自身影响力影响其他投资者,但若不能证明其交易行为本身存在违法,便不能因其具有诱使他人跟风交易的意图而直接认定操纵证券市场成立。

因此,在判断操纵证券、期货市场是否成立时,主客观要件之间并非平面组合关系。主客观构成要件之间具有特定的逻辑关系,特别是在真实交易型操纵等界限模糊的操纵案件中,不能单纯以行为人具有操纵的主观故意推定行为构成操纵,这将陷入主观归责的误区。第一步判断行为客观上是否违法,对于客观上不存在违法的行为,不论行为人主观状态如何,都应排除出操纵的范围;第二步判断行为人是否具有操纵的主观故意,以区分行为人构成操纵还是构成其他违法类型或者不予追究法律责任。阶层性的思考逻辑,有助于进一步厘清合法交易与非法操纵之间的界限,避免陷入主客观要件之间的循环证明误区,进而避免违反"任何人不因思想受罚"的法治精神。

---

[1] See Matthijs Nelemans, Redefining Trad-Based Market Manipulation, 42 Valparaiso University Law Review. 1175(2008).

[2] 参见张明楷:《刑法学》(第五版),法律出版社2016年,第104页。

第三节　操纵证券、期货市场罪证据指引

一、主要证据

办理操纵证券、期货犯罪，主要围绕操纵行为收集固定证据，以证明行为人滥用资金优势、信息优势等，扭曲证券、期货的正常价格形成机制。在收集、固定证据时，应当坚持主客观并重、客观证据相对优先的原则。

（一）证明操纵交易行为的相关证据

交易相关证据是证明操纵行为成立和情节严重程度的核心证据之一，在信息型操纵中，也需要收集固定利用信息进行交易的相关证据。包括：行为人实际控制的账户；实际控制账户的证券、期货交易记录（包括具体交易时间、交易价格、交易量、交易方向）；证券、期货交易资金的来源、去向；操纵期间相关证券、期货价格、交易量的变动情况，同一时期所涉证券、期货相关大盘指数、行业指数、板块指数等可参照价格指数情况；操纵证券、期货市场的违法所得或者持有证券情况；其他与证券、期货相关的交易行为记录，与操纵所涉证券、期货价格关联的谋取相关利益的情况；行为人实施交易行为的设备、环境证据；其他与交易相关的各方面证据。

（二）证明操纵所利用信息的相关证据

信息相关证据是证明信息型操纵犯罪成立的核心证据之一。应当调取证券交易所关于信息披露的证据材料、上市公司与信息发布有关的会议记录、工作文件、上市公司工作人员的职责范围、工作记录、电子邮件，

信息关联方的工作文件、工作人员的工作记录，并有针对性地讯问犯罪嫌疑人、询问有关工作人员，以证明：信息生成和信息发布的时间；信息的具体内容，信息的真实性；信息生成、发布的决策过程；信息的传播情况；其他与信息有关的各方面证据。

(三) 证明证券、期货价量变化的相关证据

证券、期货交易量、交易价格的变化情况，是判断操纵行为是否对交易量、交易价格产生影响的重要因素。以实施操纵的交易行为、信息发布行为的实际发生时间作为节点，分别调取操纵之前、操纵期间、操纵之后的股票、期货价格、交易量变化及其趋势；调取操纵股票所在板块在上述期间的指数变化情况。对于操纵行为分多个阶段实施的，应当根据操纵行为具体实施阶段，分别调取相关交易量、交易价格数据，防止将所有操纵行为实施期间合并成一个区间调取数据，导致无法判断操纵行为对特定期间交易量、交易价格的影响情况。对于指控操纵期间存在其他对证券、期货交易价格、交易量产生重要影响的情况的，应当调取相关的证明材料。

(四) 证明犯罪主体的相关证据

在操纵证券、期货犯罪中，名实不符的情况普遍存在，不能仅从证券、期货交易账户的开户者认定犯罪主体，需要综合各种证据确定账户的实际控制者、交易行为的具体实施者。这方面的证据包括：证券、期货账户的开立者、开立地、开立的设备相关证据；使用账户的设备地址，包括MAC地址、IP地址等信息网络地址；使用账户设备的电子数据；资金账户的开立者、开立地；资金账户内资金的来源、去向等交易记录。

在抢帽子交易等信息型操纵中，行为人的主体身份是判断其是否具有信息优势的重要根据，因此需要注意收集相关的证据：主体的任职情况，主体在信息网络中的影响力，其他与主体身份地位相关的证据。

操纵证券、期货市场行为呈现职业化、链条化特征，除了具体实施操纵行为的主体之外，还出现场外配资、制作交易程序、提供"云分仓"等交易软件等各种帮助者，他们与操纵行为的具体实施者可能构成共同犯罪。在收集、固定证据时，要同步收集与操纵证券、期货链条中各个参与

者及其实施行为的相关证据,以证明其在操纵行为中的地位、作用。

此外,还要注意收集主体之间事前通谋方面的证据,证明其犯罪的动机、目的和主观故意内容。

二、证据的审查判断

(一) 实际控制账户的证明

在大数据监管之下,操纵者在自买自卖售操纵与约定交易操纵中,很少使用自己的账户,而是通过各种方式控制他人账户进行交易。比如,2018年证监会对北八道公司操纵"江阴银行""和胜股份""张家港行"三只股票分别作出行政处罚,调查认定北八道公司在操纵过程中实际控制的证券账户多达301个,包括员工及员工相关账户,还包括民间配资中介提供账户。① 实际控制,顾名思义,涉案证券账户由操纵者管理、使用和处分,交易的决策或者具体交易由操纵者实施,交易的资金由操纵者提供,交易的获利由操纵者支配。

《操纵司法解释》专门列举四类可以认定为实际控制账户的情形:(1) 行为人以自己名义开户并使用的实名账户;(2) 行为人向账户转入或者从账户转出资金,并承担实际损益的他人账户;(3) 行为人以其他方式管理、支配或者使用的他人账户;(4) 行为人通过投资关系、协议等方式对账户内资产行使交易决策权的他人账户。从上述四种情形来看,判断账户实际控制关系的要素有两方面:一是账户资金控制关系,二是交易决策控制关系。但后三项属于推定条款,可以被其他相反证据所推翻。

在证明实际控制关系时,人员、行为、资金以及设备信息等证据需综合审查,但也并非缺一不可,需要根据实际情况按照诉讼证明标准作出法律判断。如在朱炜明操纵证券市场案中,通过犯罪嫌疑人的淘宝、网银等IP地址、MAC地址,并与涉案账户证券交易IP地址做筛选比对;将涉案账户资金出入与犯罪嫌疑人个人账户资金往来做关联比对;进一步对其父朱某在关键细节上做针对性询问,以核实朱炜明的辩解。这些账户在表面上与操纵者并无关联,认定行为人"自己实际控制的账户"是司法实践

---

① 参见中国证监会行政处罚决定书(2018)27、28、29号。

中认定操纵证券、期货市场犯罪的焦点和难点。①

（二）操纵证券、期货市场行为成立的证明

认定情节严重、情节特别严重的前提，是操纵证券、期货市场行为的成立。不同操纵类型的证明既有共同的特征，又需要根据每一个操纵行为的具体特征和运作机理，组织、运用相关证据进行证明，不能一概而论。

第一，操纵行为是影响证券、期货交易价格和交易量的行为，在证明时需要运用证据构建操纵实行行为与证券交易价格、交易量之间的关联关系，两者不能相互分离。比如，对于交易型操纵行为，交易行为对证券价格和交易量的影响时间十分有限，判断操纵行为是否影响证券交易价格、交易量，就需要通过在操纵行为实施之时的交易行为与该时点前后证券交易价格、交易量的波动情况之间建立联系，借助价格指数偏离度等指标证明操纵行为的影响程度。如果以交易型操纵行为预谋、策划之时与操纵行为结束一段时间后的证券交易价格、交易量波动与具体时点的交易行为进行关联，显然不符合操纵行为的实际运作机理。对于多个区间内的交易型行为，需要区分不同区间交易行为的关联程度，判断将操纵行为作为一个整体区间予以认定还是分别认定操纵。对信息型操纵也是如此，需要充分考虑信息发布对证券、期货市场的影响持续时间，建立起与进行相反交易或者谋取相关利益的行为之间的关联，不能将信息发布之后任意时间段的反向交易或者谋取相关利益行为组合成信息型操纵的构成。对于连续买卖、自买自卖、约定交易三种操纵手段（不包括虚假申报操纵），《操纵司法解释》规定了持股占比、成交量占比等量化标准，在已达到上述标准的情况下，是否还要进一步判断行为是否对价格、交易量造成影响，尚存在争议。本书倾向于认为，交易行为本身就是对正常市场价格形成机制的干扰，属于司法解释规制的判断影响证券、期货价格和交易量以及情节严重情形的标准，一般无须再另外以偏离度指标来衡量影响程度。

第二，对于不同类型的具体操纵手段，需要根据该操纵行为的特点

---

① 参见《依法惩治证券期货犯罪 促进资本市场稳定健康发展——"两高"有关部门负责人就关于办理操纵证券、期货市场、利用未公开信息交易刑事案件适用法律问题司法解释答记者问》，载《人民法院报》2019年6月29日，第4版。

组织运用证据建构证明体系。对于交易型操纵,司法解释规定了交易比例的量化标准。对于连续(联合)买卖操纵,重点在于运用资金交易记录,证券、期货交易记录等客观证据,证明行为人的持股优势、资金优势以及交易量占比,进而论证操纵证券、期货市场情节严重。特别需要指出的是,交易行为对市场的影响短暂,在分析交易记录等证据时应当尽量缩短分析区间。比如,对于虚假申报操纵,应当以交易日内"分钟"甚至"秒"为单位对报单、撤单、反向交易等行为进行分析对比,而不能以"小时"甚至"天"为时间区间。对于信息型操纵,则需要运用相关证据证明行为人的信息优势、信息的重大性以及信息发布行为与反向交易、谋取相关利益行为之间的关联性。

第三,注重各类证据信息之间的比对碰撞,认定操纵证券市场的构成要件事实。证券交易和信息发布已经进入信息网络时代,在大数据技术的影响下,通过数据之间的关系可以更加迅速地发现证明犯罪的线索和路径。任何证据所包含的信息是多元的,证明的指向也必然是多元的。对于操纵证券、期货市场犯罪行为的证明,要充分运用大数据技术的力量,通过多元信息关联比对分析,证明案件事实,而不能孤立地评价某一个证据的证明力。比如,实际控制账户的认定,需要借助资金关系、人际关系、设备关系等信息之间的相互碰撞,方能确定真正的控制人;信息型操纵的认定,则需要比对不同环节人员关系、信息发布生成异常、交易行为异常等各要素之间的关联程度,进而作出判断。

第四节 相关案例评析

一、朱炜明操纵证券市场案[①]

【关键词】 操纵证券市场 "抢帽子"交易 公开荐股

【要旨】

证券公司、证券咨询机构、专业中介机构及其工作人员违背从业禁止规定,买卖或者持有证券,并在对相关证券作出公开评价、预测或者投资建议后,通过预期的市场波动反向操作,谋取利益,情节严重的,以操纵证券市场罪追究其刑事责任。

【基本案情】

被告人朱炜明,男,1982年7月出生,原系国开证券有限责任公司上海龙华西路证券营业部(以下简称国开证券营业部)证券经纪人,上海电视台第一财经频道《谈股论金》节目(以下简称《谈股论金》节目)特邀嘉宾。

2013年2月1日至2014年8月26日,被告人朱炜明在任国开证券营业部证券经纪人期间,先后多次在其担任特邀嘉宾的《谈股论金》电视节目播出前,使用实际控制的三个证券账户买入多只股票,于当日或次日在《谈股论金》节目播出中,以特邀嘉宾身份对其先期买入的股票进行公开评价、预测及推介,并于节目首播后一至二个交易日内抛售相关股票,人为地影响前述股票的交易量和交易价格,获取利益。经查,其买入股票交易金额共计人民币2094.22万余元,卖出股票交易金额共计人民币2169.70万余元,非法获利75.48万余元。

---

① 最高人民检察院第十批指导性案例(检例第39号)。

【指控与证明犯罪】

2016年11月29日,上海市公安局以朱炜明涉嫌操纵证券市场罪移送上海市人民检察院第一分院审查起诉。

审查起诉阶段,朱炜明辩称:(1)涉案账户系其父亲朱某实际控制,其本人并未建议和参与相关涉案股票的买卖;(2)节目播出时,已隐去股票名称和代码,仅展示K线图、描述股票特征及信息,不属于公开评价、预测、推介个股;(3)涉案账户资金系家庭共同财产,其本人并未从中受益。

检察机关审查认为,现有证据足以认定犯罪嫌疑人在媒体上公开进行了股票推介行为,并且涉案账户在公开推介前后进行了涉案股票反向操作。但是,犯罪嫌疑人与涉案账户的实际控制关系,公开推介是否构成"抢帽子"交易操纵中的"公开荐股"以及行为能否认定为"操纵证券市场"等问题,有待进一步查证。针对需要进一步查证的问题,上海市人民检察院第一分院分别于2017年1月13日、3月24日二次将案件退回上海市公安局补充侦查,要求公安机关补充查证犯罪嫌疑人的淘宝、网银等IP地址、MAC地址(硬件设备地址,用来定义网络设备的位置),并与涉案账户证券交易IP地址做筛选比对;将涉案账户资金出入与犯罪嫌疑人个人账户资金往来做关联比对;进一步对其父朱某在关键细节上做针对性询问,以核实朱炜明的辩解;由证券监管部门对本案犯罪嫌疑人的行为是否构成"公开荐股""操纵证券市场"提出认定意见。

经补充侦查,上海市公安局进一步收集了朱炜明父亲朱某等证人证言、中国证监会对朱炜明操纵证券市场行为性质的认定函、司法会计鉴定意见书等证据。中国证监会出具的认定函认定:2013年2月1日至2014年8月26日,朱炜明在《谈股论金》节目中通过明示股票名称或描述股票特征的方法,对15只股票进行公开评价和预测。朱炜明通过其控制的三个证券账户在节目播出前一至二个交易日或当天买入推荐的股票,交易金额2094.22万余元,并于节目播出后一至二个交易日内卖出上述股票,交易金额2169.70万余元,获利75.48万余元。朱炜明所荐股票次日交易价量明显上涨,偏离行业板块和大盘走势。其行为构成操纵证券市场,扰乱了证券市场秩序,并造成了严重社会影响。

结合补充收集的证据,上海市人民检察院第一分院办案人员再次提讯朱炜明,并听取其辩护律师意见。朱炜明在展示的证据面前,承认其在节目中公开荐股,称其明知所推荐股票价格在节目播出后会有所上升,故在公开荐股前建议其父朱某买入涉案15只股票,并在节目播出后随即卖出,以谋取利益。但对于指控其实际控制涉案账户买卖股票的事实予以否认。

针对其辩解,办案人员将相关证据向朱炜明及其辩护人出示,并一一阐明证据与朱炜明行为之间的证明关系。(1)账户登录、交易IP地址大量位于朱炜明所在的办公地点,与朱炜明出行等电脑数据轨迹一致。例如,2014年7月17—18日,涉案的朱某证券账户登录、交易IP地址在重庆,与朱炜明的出行记录一致。(2)涉案三个账户之间与朱炜明个人账户资金往来频繁,初始资金有部分来自朱炜明账户,转出资金中有部分转入朱炜明银行账户后由其消费,证明涉案账户资金由朱炜明控制。经过上述证据展示,朱炜明对自己实施"抢帽子"交易操纵他人证券账户买卖股票牟利的事实供认不讳。

2017年5月18日,上海市人民检察院第一分院以被告人朱炜明犯操纵证券市场罪向上海市第一中级人民法院提起公诉。7月20日,上海市第一中级人民法院公开开庭审理了本案。

法庭调查阶段,公诉人宣读起诉书指控被告人朱炜明违反从业禁止规定,以"抢帽子"交易的手段操纵证券市场谋取利益,其行为构成操纵证券市场罪。对以上指控的犯罪事实,公诉人出示了四组证据予以证明:

一是关于被告人朱炜明主体身份情况的证据。包括:(1)国开证券公司与朱炜明签订的劳动合同、委托代理合同等工作关系书证;(2)《谈股论金》节目编辑陈某等证人证言;(3)户籍资料、从业资格证书等书证;(4)被告人朱炜明的供述。证明:朱炜明于2013年2月至2014年8月担任国开证券营业部证券经纪人期间,先后多次受邀担任《谈股论金》节目特邀嘉宾。

二是关于涉案账户登录异常的证据。包括:(1)朱某等证人的证言;(2)朱炜明出入境及国内出行记录等书证;(3)司法会计鉴定意见书、搜查笔录等;(4)被告人朱炜明的供述。证明:2013年2月至2014年8月,"朱某""孙某""张某"三个涉案证券账户的实际控制人为朱炜明。

三是关于涉案账户交易异常的证据。包括:(1)证人陈某等证人的证言;(2)证监会行政处罚决定书及相关认定意见、调查报告等书证;(3)司法会计鉴定意见书;(4)节目视频拷贝光盘、QQ群聊天记录等视听资料、电子数据;(5)被告人朱炜明的供述。证明:朱炜明在节目中推荐的15只股票,均被其在节目播出前一至二个交易日或播出当天买入,并于节目播出后一至二个交易日内卖出。

四是关于涉案证券账户资金来源及获利的证据。包括:(1)证人朱某的证言;(2)证监会查询通知书等书证;(3)司法会计鉴定意见书等;(4)被告人朱炜明的供述。证明:朱炜明在公开推荐股票后,股票交易量、交易价格涨幅明显。"朱某""孙某""张某"三个证券账户交易初始资金大部分来自朱炜明,且与朱炜明个人账户资金往来频繁。上述账户在涉案期间累计交易金额人民币4263.92万余元,获利人民币75.48万余元。

法庭辩论阶段,公诉人发表公诉意见:

第一,关于本案定性。证券公司、证券咨询机构、专业中介机构及其工作人员,买卖或者持有相关证券,并对该证券或其发行人、上市公司公开作出评价、预测或者投资建议,以便通过期待的市场波动取得经济利益的行为是"抢帽子"交易操纵行为。根据《刑法》第182条第1款第4项的规定,属于"以其他方法操纵"证券市场,情节严重的,构成操纵证券市场罪。

第二,关于控制他人账户的认定。综合本案证据,可以认定朱炜明通过实际控制的"朱某""孙某""张某"三个证券账户在公开荐股前买入涉案15只股票,荐股后随即卖出谋取利益,涉案股票价量均因荐股有实际影响,朱炜明实际获利75万余元。

第三,关于公开荐股的认定。结合证据,朱炜明在电视节目中,或明示股票名称,或介绍股票标识性信息、展示K线图等,投资者可以依据上述信息确定涉案股票名称,系在电视节目中对涉案股票公开作出评价、预测、推介,可以认定构成公开荐股。

第四,关于本案量刑建议。根据《刑法》第182条的规定,被告人朱炜明的行为构成操纵证券市场罪,依法应在5年以下有期徒刑至拘役之间量刑,并处违法所得一倍以上五倍以下罚金。建议对被告人朱炜明酌情判处3年以下有期徒刑,并处违法所得一倍以上的罚金。

被告人朱炜明及其辩护人对公诉意见没有异议,被告人当庭表示愿意退缴违法所得。辩护人提出，考虑被告人认罪态度好，建议从轻处罚。

法庭经审理，认定公诉人提交的证据能够相互印证，予以确认。综合考虑全案犯罪事实、情节，对朱炜明处以相应刑罚。2017 年 7 月 28 日，上海市第一中级人民法院作出一审判决，以操纵证券市场罪判处被告人朱炜明有期徒刑 11 个月，并处罚金人民币 76 万元，其违法所得予以没收。一审宣判后，被告人未上诉，判决已生效。

【指导意义】

证券公司、证券咨询机构、专业中介机构及其工作人员，违反规定买卖或者持有相关证券后，对该证券或者其发行人、上市公司作出公开评价、预测或者提出投资建议，通过期待的市场波动谋取利益的，构成"抢帽子"交易操纵行为。发布投资咨询意见的机构或者证券从业人员往往具有一定的社会知名度，他们借助影响力较大的传播平台发布诱导性信息，容易对普通投资者交易决策产生影响。其在发布信息后，又利用证券价格波动实施与投资者反向交易的行为获利，破坏了证券市场管理秩序，违反了证券市场公开、公平、公正原则，具有较大的社会危害性，情节严重的，构成操纵证券市场罪。

证券犯罪具有专业性、隐蔽性、间接性等特征，检察机关办理该类案件时，应当根据证券犯罪案件特点，引导公安机关从证券交易记录、资金流向等问题切入，全面收集涉及犯罪的书证、电子数据、证人证言等证据，并结合案件特点开展证据审查。对书证，要重点审查涉及证券交易记录的凭据，有关交易数量、交易额、成交价格、资金走向等证据。对电子数据，要重点审查收集程序是否合法，是否采取必要的保全措施，是否经过篡改，是否感染病毒等。对证人证言，要重点审查证人与犯罪嫌疑人的关系，证言能否与客观证据相印证等。

办案中，犯罪嫌疑人或被告人及其辩护人经常会提出涉案账户实际控制人及操作人非其本人的辩解。对此，检察机关可以通过行为人资金往来记录，MAC 地址（硬件设备地址）、IP 地址与互联网访问轨迹的重合度与连贯性，身份关系和资金关系的紧密度，涉案股票买卖与公开荐股在时间及资金比例上的高度关联性，相关证人证言在细节上是否吻合等入手，构建严密证据体系，确定被告人与涉案账户的实际控制关系。

非法证券活动涉嫌犯罪的案件，来源往往是证券监管部门向公安机关移送。审查案件过程中，人民检察院可以与证券监管部门加强联系和沟通。证券监管部门在行政执法和查办案件中收集的物证、书证、视听资料、电子数据等证据材料，在刑事诉讼中可以作为证据使用。检察机关通过办理证券犯罪案件，可以建议证券监管部门针对案件反映出的问题，加强资本市场监管和相关制度建设。

二、唐某博等人操纵证券市场案[①]

【基本案情】

2012年5月至2013年1月，唐某博伙同唐某子、唐某琦使用本人及其控制的数十个他人证券账户，不以成交为目的，采取频繁申报后撤单或者大额申报后撤单的方式，诱导其他证券投资者进行与虚假申报方向相同的交易，从而影响三只股票的交易价格和交易量，随后进行与申报相反的交易获利，违法所得金额共计2581万余元。其中：

2012年5月7日至5月23日，唐某博伙同唐某子、唐某琦，采用上述手法操纵"华资实业"股票，违法所得金额425.77万余元。其间，5月9日、10日、14日撤回申报买入量分别占当日该股票总申报买入量的57.02%、55.62%、61.10%，撤回申报买入金额分别为9000万余元、3.5亿余元、2.5亿余元。

2012年4月24日至5月7日，唐某博伙同唐某子、唐某琦采用上述手法操纵"京投银泰"股票，违法所得金额1369.14万余元。其间，5月3日、4日撤回申报买入量分别占当日该股票总申报买入量的56.29%、52.47%，撤回申报买入金额分别为4亿余元、4.5亿余元。

2012年6月5日至2013年1月8日，唐某博伙同唐某琦采用上述手法操纵"银基发展"股票，违法所得金额786.29万余元。其间，2012年8月24日撤回申报卖出量占当日该股票总申报卖出量的52.33%，撤回申报卖出金额1.1亿余元。

[①] 2020年11月6日最高人民检察院联合中国证券监督管理委员会发布的证券违法犯罪典型案例之一。

【诉讼过程】

2018年6月，唐某博、唐某子、唐某琦分别向公安机关投案，到案后对基本犯罪事实如实供述，主动缴纳全部违法所得并预缴罚金。唐某博还检举揭发他人犯罪，经查证属实。

上海市公安局以唐某博、唐某琦、唐某子涉嫌操纵证券市场罪向上海市人民检察院第一分院移送起诉。

2019年3月20日，上海市人民检察院第一分院以涉嫌操纵证券市场罪对唐某博、唐某琦、唐某子提起公诉。

2020年3月30日，上海市第一中级人民法院作出一审判决，综合全案事实、情节，对唐某博、唐某子减轻处罚，对唐某琦从轻处罚，以操纵证券市场罪判处被告人唐某博有期徒刑3年6个月，并处罚金人民币2450万元；被告人唐某子有期徒刑1年8个月，并处罚金人民币150万元；被告人唐某琦有期徒刑1年，缓刑1年，并处罚金人民币10万元。操纵证券市场违法所得2581万余元予以追缴。被告人未上诉，判决已生效。

【典型意义】

其一，严厉惩治各类操纵型证券犯罪，维护证券市场秩序。操纵证券市场行为违法干预证券市场供求关系，破坏自由、公平的证券价格形成机制，损害其他投资者合法权益，严重危害证券市场健康发展。随着证券市场的发展，操纵市场行为的专业性和隐蔽性明显增强，操纵手段花样翻新。证券法和《操纵司法解释》进一步明确了"幌骗交易操纵""蛊惑交易操纵""抢帽子交易操纵""重大事件操纵""利用信息优势操纵""跨期、现货市场操纵"等常见操纵手段，并降低了定罪标准，全面加大了惩治力度。司法机关要准确认识操纵型证券犯罪方法手段的变化，根据法律和司法解释的规定，对各类操纵证券交易价格和交易量、危害证券市场秩序的行为予以严肃追究。

其二，准确把握虚假申报操纵犯罪和正常报撤单的界限。虚假申报操纵是当前短线操纵的常见手段，操纵者不以成交为目的，频繁申报后撤单或者大额申报后撤单，误导其他投资者作出投资决策，影响证券交易价格或者证券交易量，并进行与申报相反的交易或者谋取相关利益。司法办案当中要准确区分虚假申报操纵行为和合法的报撤单交易行为，着重审查判断行为人的申报目的、是否进行与申报相反的交易或者谋取相关利益，并结合实际控制账户相关交易数据，细致分析行为人申报、撤单和反向申报行为之间的关联性、撤单所占比例、反向交易数量、获利情况等，综合判断行为性质。

其三，有针对性地提出量刑建议，不让贪利型犯罪获得经济上的利益。操纵证券市场的犯罪目的是获取非法利益。惩治操纵证券市场犯罪，要注意发挥各类刑罚方法的功能作用，检察机关在提出量刑建议时，要注重剥夺自由刑与财产处罚刑、追缴违法所得并用，不让犯罪者在经济上得到好处，增强刑事追究的惩罚力度和震慑效果。

第十五章

洗钱罪
办案指引

第一节 洗钱罪概述

《刑法》第191条规定的洗钱犯罪,[①] 采取各种方式掩饰、隐瞒毒品犯罪、黑社会性质的组织犯罪、恐怖活动犯罪、走私犯罪、贪污贿赂犯罪、破坏金融管理秩序犯罪、金融诈骗犯罪的所得及其产生的收益的来源和性质,不仅破坏国家的金融秩序和司法秩序,而且对国家的政治、经济、社会稳定构成严重威胁。自1988年《联合国禁止非法贩运麻醉药品和精神药物公约》要求打击毒品洗钱犯罪以来,世界各国对涉及毒品、腐败、有组织犯罪、恐怖活动等各个领域的反洗钱工作日趋重视。我国加入国际反洗钱组织"反洗钱金融行动特别工作组"后,反洗钱力度持续加大。特别是随着总体国家安全观的确立,我国对反洗钱重要性的认识也发生了质的提升。《刑法修正案(十一)》将涉及《刑法》第191条规定的上游犯罪本犯自洗钱入罪,进一步体现我国从严惩治洗钱犯罪的立场。为此,要转变长期以来重上游犯罪、轻洗钱犯罪的观念,在依法惩治各类上游犯罪的同时,同步查处自洗钱和他洗钱犯罪,以阻断资金流转,遏制毒品犯罪、金融犯罪、黑社会性质组织犯罪、恐怖活动犯罪等上游刑事案件的发生。

一、立法沿革

刑法第一百九十一条 为掩饰、隐瞒毒品犯罪、黑社会性质的组织犯罪、恐怖活动犯罪、走私犯罪、贪污贿赂犯罪、破坏金融管理秩序犯罪、金融诈骗犯罪的所得及其产生的收益的来源和性质,有下列行为之一的,没收实施以上犯罪的所得及其产生的收益,处五年以下有期徒刑或者

[①] 《刑法》第191条只规定了七类上游犯罪的洗钱犯罪。通说认为《刑法》第191条、第312条、第349条均属于规定洗钱犯罪的刑法条文。

拘役，并处或者单处罚金；情节严重的，处五年以上十年以下有期徒刑，并处罚金：

（一）提供资金帐户的；

（二）将财产转换为现金、金融票据、有价证券的；

（三）通过转帐或者其他支付结算方式转移资金的；

（四）跨境转移资产的；

（五）以其他方法掩饰、隐瞒犯罪所得及其收益的来源和性质的。

单位犯前款罪的，对单位判处罚金，并对其直接负责的主管人员和其他直接责任人员，依照前款的规定处罚。

洗钱是指掩饰、隐瞒犯罪所得及其收益并将犯罪所得和收益进行伪装，使之看起来合法的一种活动和过程，其作为毒品犯罪以及其他有组织犯罪的"生命线"，受到国际社会的广泛关注。1988年《联合国禁止非法贩运麻醉药品和精神药物公约》要求缔约国在国内法中将掩饰或隐瞒贩毒犯罪收益确立为刑事犯罪。1989年我国批准了该公约，1990年全国人大常委会颁布了《关于禁毒的决定》（已失效）[1]，将联合国公约的内容转化为国内法律。

洗钱罪真正引起整个国际社会重视源于毒品犯罪的泛滥以及毒品犯罪所引发的后续犯罪的多发性。如今，洗钱犯罪越来越多地将科学技术运用到洗钱行为的手段方式上，使得洗钱活动隐蔽性逐渐加强。同时，随着洗钱犯罪活动所涉及的范围越来越广泛，犯罪的国际化趋势逐渐增强。国际社会在意识到洗钱犯罪日益猖獗的现实状况后，各国以及各地区都相继出台法律规范以此来提高与洗钱犯罪作斗争的能力。与此同时，国际性的区域公约也在打击洗钱犯罪方面做出了积极的行动，在立法上根据犯罪的演化情况相继制定了若干项反洗钱刑法规范，从而为各公约国在立法上提供了参考，也促使各公约国更好地承担相应的反洗钱罪义务。

虽然洗钱犯罪在我国出现的时间较晚，但由于我国正处在加速发展

---

[1] 《关于禁毒的决定》第4条规定："包庇走私、贩卖、运输、制造毒品的犯罪分子的，为犯罪分子窝藏、转移、隐瞒毒品或者犯罪所得的财物的，掩饰、隐瞒出售毒品获得财物的非法性质和来源的，处七年以下有期徒刑、拘役或者管制，可以并处罚金。犯前款罪事先通谋的，以走私、贩卖、运输、制造毒品罪的共犯论处。"

和社会转型时期,洗钱罪在涉罪金额、影响范围的深度和广度上均有大幅度增加,这种现象引起了我国的高度重视。20世纪80年代末,第七届全国人大常务委员会第九次会议批准了《联合国禁止非法贩运麻醉药品和精神药物公约》。由于《关于禁毒的决定》对洗钱犯罪的规定过于简单,而且仅针对毒品犯罪领域的洗钱活动,为适应打击洗钱犯罪的需要,1997年刑法明文规定了"洗钱罪":"明知是毒品犯罪、黑社会性质的组织犯罪、走私犯罪的违法所得及其产生的收益,为掩饰、隐瞒其来源和性质,有下列行为之一的……(一)提供资金帐户的;(二)协助将财产转换为现金或者金融票据的;(三)通过转帐或者其他结算方式协助资金转移的;(四)协助将资金汇往境外的;(五)以其他方法掩饰、隐瞒犯罪的违法所得及其收益的性质和来源的。单位犯前款罪的……"1997年刑法将洗钱罪的上游犯罪从以前的毒品犯罪扩容到黑社会性质的组织犯罪、走私犯罪,并增加了单位这一犯罪主体。随后经历了三次修改。

为了打击恐怖活动犯罪,2001年12月19日第九届全国人大常委会第二十五次会议通过了《刑法修正案(三)》,将洗钱罪的上游犯罪进一步扩容到"毒品犯罪、黑社会性质的组织犯罪、恐怖活动犯罪、走私犯罪",并提高了单位犯罪的法定刑。2003年12月10日我国政府签署了《联合国反腐败公约》,并于2005年10月27日被全国人大常委会批准。为了适应该公约的要求以及基于实务界和理论界的呼应,2006年6月29日第十届全国人大常委会第二十二次会议通过了《刑法修正案(六)》,进一步增加了"破坏金融管理秩序犯罪、贪污贿赂犯罪、金融诈骗犯罪"这三个洗钱罪的上游犯罪,并把洗钱罪的行为方式之一"协助将财产转换为现金、金融票据"修改为"协助将财产转换为现金、金融票据、有价证券"。2006年10月31日,全国人大常委会通过了反洗钱法。其立法宗旨是"为了预防洗钱活动,维护金融秩序,遏制洗钱犯罪及相关犯罪"。反洗钱法主要规定了反洗钱监督管理、金融机构反洗钱义务、反洗钱调查、反洗钱国际合作,对完善我国的反洗钱法律体系具有重要的意义。之后,为了进一步加大对洗钱罪的惩治力度,并达到金融行动特别工作组关于惩治自洗钱犯罪的标准,2020年《刑法修正案(十一)》对第191条再次进行修改,一是通过删除"明知""协助"等用语,将上游犯罪人员"自洗钱"也作为犯罪处理;二是取消了罚金的限额;三是对跨境转移资产等行为方式的表述作了适当调整；四是修改了单位犯罪的刑罚。

此外，需要说明的是，除了《刑法》第191条规定的洗钱罪之外，还有两个罪名也可以归于洗钱犯罪体系中，即《刑法》第312条规定的掩饰、隐瞒犯罪所得、犯罪所得收益罪和第349条规定的窝藏、转移、隐瞒毒赃罪。掩饰、隐瞒犯罪所得、犯罪所得收益罪来源于1979年《刑法》第172条规定的窝赃销赃罪，1997年刑法将该罪名修改为窝藏、转移、收购、销售赃物罪。2006年《刑法修正案（六）》再次将此罪名修改为掩饰、隐瞒犯罪所得、犯罪所得收益罪。2009年《刑法修正案（七）》对此罪增加了单位犯罪主体。而窝藏、转移、隐瞒毒赃罪则来源于《关于禁毒的决定》，并在1997年刑法中正式确立下来。

从刑法及刑法修正案的历次修改情况来看，洗钱罪的上游犯罪有不断扩张的趋势，洗钱罪与掩饰、隐瞒犯罪所得、犯罪所得收益罪在犯罪主体、行为内容及行为对象上有趋同的现象。具体而言：从犯罪主体来看，《刑法》第191条洗钱罪的犯罪主体一直包括自然人和单位，而《刑法》第312条掩饰、隐瞒犯罪所得、犯罪所得收益罪的犯罪主体原本只有自然人，在《刑法修正案（六）》中又增加了单位犯罪主体，与洗钱罪的犯罪主体一致。从行为内容上看，洗钱罪的行为内容是"掩饰和隐瞒"犯罪所得及其收益的来源和性质，而掩饰、隐瞒犯罪所得、犯罪所得收益罪的行为内容也从原来的窝藏、转移、收购、代为销售变更为"掩饰和隐瞒"。从行为对象上看，洗钱罪的清洗对象是犯罪所得及其收益，掩饰、隐瞒犯罪所得、犯罪所得收益罪的行为对象也从原来的"犯罪所得的赃物"变更为"犯罪所得及其产生的收益"。

二、犯罪构成

（一）犯罪客体

洗钱犯罪不仅助长上游犯罪蔓延，更直接威胁金融秩序稳定，严重危害国家经济金融安全和社会稳定秩序。本罪处于破坏金融管理秩序罪一章，因此普遍认为本罪侵犯的客体是国家的金融管理秩序和司法秩序。但是，不能因此就将通过非金融渠道洗钱行为排除在洗钱的适用范围之外。

（二）客观方面

洗钱罪的本质在于为特定上游犯罪的犯罪所得披上合法外衣，逃避法律追究和制裁，实现犯罪所得安全循环使用。洗钱犯罪的客观方面表现为以各种方法掩饰、隐瞒毒品犯罪、黑社会性质的组织犯罪、恐怖活动犯罪、走私犯罪、贪污贿赂犯罪、破坏金融管理秩序犯罪或者金融诈骗犯罪的所得及其产生收益的来源和性质的行为。反洗钱工作不仅有利于及时发现和监控洗钱活动，追查并没收犯罪所得，遏制洗钱犯罪及其上游犯罪，而且还有利于发现和切断资助犯罪行为的资金来源和渠道，防范新的犯罪行为。[1]

（三）犯罪主体

犯罪主体为一般主体，自然人和单位均可构成本罪的主体。《刑法修正案（十一）》实施后，已经排除将洗钱罪适用于上游犯罪本犯的限制，实施上游犯罪的单位和个人以及上游犯罪之外其他单位和个人都可以构成洗钱罪。

（四）主观方面

洗钱罪的主观方面只能由故意构成，即为掩饰、隐瞒上游犯罪的所得及其产生的收益的来源和性质。行为人的主观方面，可以通过行为人的认知能力，接触和掌握上游犯罪及其犯罪所得和收益的情况，犯罪所得及其收益的种类、数额，掩饰、隐瞒犯罪所得及其收益的方式等，结合客观实际情况与犯罪意图综合判断。[2]需要指出的是，《刑法修正案（十一）》虽然删除了条文中的"明知"，但其目的在于更好地与自洗钱入罪相衔接。对于自洗钱的上游犯罪人员，当然知道其洗钱的对象是七类犯罪所得或者是其产生的收益，不需要再强调明知。但是对于协助为上游犯罪人员洗钱的人员，"明知"仍然是洗钱罪的构成要件。

---

[1] 参见王爱立：《反洗钱法解读》，载中国人大网，http://www.npc.gov.cn/zgrdw/npc/xinwen/rdlt/fzjs/2006-11/14/content_354119.htm。

[2] 参见王爱立主编：《中华人民共和国刑法释义》，法律出版社2021年版，第387—388页。

三、定罪量刑标准

《刑法》第191条对洗钱罪规定了两档刑罚：为掩饰、隐瞒毒品犯罪、黑社会性质的组织犯罪、恐怖活动犯罪、走私犯罪、贪污贿赂犯罪、破坏金融管理秩序犯罪、金融诈骗犯罪的所得及其产生的收益的来源和性质，构成洗钱犯罪的，没收实施以上犯罪的所得及其产生的收益，处5年以下有期徒刑或者拘役，并处或者单处罚金；情节严重的，处5年以上10年以下有期徒刑，并处罚金。

《刑法》第191条第2款是关于单位犯洗钱罪的处罚规定。对单位犯洗钱罪，本条规定了实行双罚制，既处罚单位又处罚有关的责任人员，并根据犯罪情节规定了两档刑罚：对于单位实施洗钱行为构成犯罪的，对单位判处罚金，并对其直接负责的主管人员和其他直接责任人员，没收犯罪的所得及其产生的收益，处5年以下有期徒刑或者拘役，并处或者单处罚金；情节严重的，除对单位判处罚金外，对其直接负责的主管人员和其他直接责任人员，没收犯罪的所得及其产生的收益，处5年以上10年以下有期徒刑，并处罚金。

需要注意的是，刑法条文未如其他罪名一样将"数额较大"或"情节严重"等作为入罪门槛，原则上只要为上游犯罪的犯罪所得及其产生的收益洗钱，即可构成犯罪。但在具体案件中，仍应根据洗钱行为的社会危害性判断追诉的必要性，比如，综合考虑上游犯罪的性质、洗钱行为的情节、后果及社会危害程度等作出判断。

第二节 洗钱罪司法疑难问题

一、上游犯罪的范围

《刑法》第191条对洗钱罪的上游犯罪作了限定,包括毒品犯罪、黑社会性质的组织犯罪、恐怖活动犯罪、走私犯罪、贪污贿赂犯罪、破坏金融管理秩序犯罪、金融诈骗犯罪共七类。条文采取了概括性表述的方式,未明确到具体适用的罪名。对此,应当根据刑法解释的基本方法,在文义的可能范围内进行实质解释,不能对上游犯罪从文字本身做机械理解。

具体而言:(1)毒品犯罪可以包括刑法分则第六章第七节规定的所有罪名,不应限缩至含有"毒品"字样的罪名。(2)黑社会性质的组织犯罪,主要是指《刑法》第294条规定的三个罪名。也有观点认为,黑社会性质的组织犯罪是一个类罪名,归属于这一类犯罪之下的标准是犯罪组织的性质和特征,根据《刑法》第294条的立法解释精神,可以认为只要具备了解释中的四个方面特征的黑社会性质组织实施的具体犯罪都应该属于黑社会性质组织的犯罪。[①]但如果相关上游犯罪人员未以黑社会性质组织相关犯罪定罪,恐引发争议。(3)恐怖活动犯罪包括刑法第120条及之一、之二、之三、之四、之五、之六等与恐怖活动相关的各个罪名。如为参加恐怖组织、接受恐怖活动培训或者实施恐怖活动,偷越国(边)境,而触犯《刑法》第322条"偷越国(边)境罪"时,该罪也应属于本罪规定的"恐怖活动犯罪"。(4)走私犯罪主要是指刑法分则第三章第二节的犯罪,走私毒品罪已经包含在毒品犯罪之中。(5)破坏金融管理秩序犯罪和金融诈骗犯罪包括刑法分则第三章第四节、第五节规定的全部罪名。其中,洗钱犯罪所得及其产生的收益,仍然可以成为下游洗钱犯罪的对象。

[①] 参见贾宇、舒洪水:《洗钱罪若干争议问题研究》,载《中国刑事法杂志》2005年第5期。

（6）贪污贿赂犯罪包括刑法分则第八章规定的全部罪名，不能因为具体罪名中没有出现"贪污、贿赂"就不作为上游犯罪，第八章规定的挪用公款罪同样是洗钱罪的上游范围。值得探讨的是，非国家工作人员受贿罪是否为洗钱罪的上游犯罪？有学者认为，《刑法》第191条中的"贪污贿赂犯罪"不完全等同于刑法分则第八章的"贪污贿赂罪"，将非国家工作人员受贿罪作为洗钱罪的上游犯罪，不违反罪刑法定原则。[1]从刑法解释的角度，理论上非国家工作人员受贿是受贿的一种类型，解释为贪污贿赂犯罪的一种，仍符合刑法条文文义可能范围，并不构成类推解释。但司法实践中尚未纳入洗钱罪的上游犯罪范围。

根据2009年《洗钱司法解释》之规定，洗钱罪应当以上游犯罪事实成立为认定前提。上游犯罪尚未依法裁判，但查证属实的，不影响洗钱罪的审判。上游犯罪事实可以确认，因行为人死亡、不具有刑事责任能力等原因依法不予追究刑事责任的，不影响洗钱罪的认定。上游犯罪事实可以确认，依法以其他罪名定罪处罚的，不影响洗钱罪的认定。[2]

对于为上述七类上游犯罪之外犯罪行为的犯罪所得及其产生的收益进行洗钱的行为，虽然不能以《刑法》第191条定罪处罚，但可以适用《刑法》第312条定罪处罚。

二、犯罪所得及其产生的收益的认定

《刑法》第191条规定的"犯罪的所得及其产生的收益的来源和性质"，是指上游犯罪行为人犯罪所得的非法利益所产生的孳息或者进行经

---

[1] 参见张明楷：《刑法学》（下册）（第五版），法律出版社2016年版，第794页。
[2] 《洗钱司法解释》第4条规定："刑法第一百九十一条、第三百一十二条、第三百四十九条规定的犯罪，应当以上游犯罪事实成立为认定前提。上游犯罪尚未依法裁判，但查证属实的，不影响刑法第一百九十一条、第三百一十二条、第三百四十九条规定的犯罪的审判。上游犯罪事实可以确认，因行为人死亡等原因依法不予追究刑事责任的，不影响刑法第一百九十一条、第三百一十二条、第三百四十九条规定的犯罪的认定。上游犯罪事实可以确认，依法以其他罪名定罪处罚的，不影响刑法第一百九十一条、第三百一十二条、第三百四十九条规定的犯罪的认定。本条所称'上游犯罪'，是指产生刑法第一百九十一条、第三百一十二条、第三百四十九条规定的犯罪所得及其收益的各种犯罪行为。"

营活动所产生的经济利益的来源和性质。① 刑法对犯罪所得及其产生的收益的定义未作出具体规定,但是相关的司法解释作出了规定。如最高人民法院《关于审理掩饰、隐瞒犯罪所得、犯罪所得收益刑事案件适用法律若干问题的解释》第10条规定,通过犯罪直接得到的赃款、赃物,应当认定为犯罪所得;上游犯罪的行为人对犯罪所得进行处理得到的孳息、租金等,应当认定为犯罪所得产生的收益。最高人民法院、最高人民检察院《关于适用犯罪嫌疑人、被告人逃匿、死亡案件违法所得没收程序若干问题的规定》第6条则指出,通过实施犯罪直接或间接产生、获得任何财产,应当认定为违法所得,来自违法所得转变、转化后的财产收益,或者来自已经与违法所得相混合财产中违法所得相应部分的收益,应当视为违法所得。从条文表述来看,后者似乎范围更广,进一步将违法所得扩张到间接获得的任何财产。实践中不同罪名犯罪所得范围是否完全一致,还需结合相关法律规定具体分析把握。②

根据刑法和司法解释的有关规定和洗钱罪的立法目的进行综合判断,对上游犯罪所得及其产生的收益应当作广义理解,避免过度限缩洗钱对象范围,也不违反罪刑法定原则。比如:在黑社会性质组织犯罪中,经济特征是黑社会性质组织的基本特征,也是维系黑社会性质组织运转的保证。黑社会性质组织犯罪中,犯罪所得主要来源于黑社会性质组织各类主体实施的犯罪。2009年最高人民法院、最高人民检察院、公安部《办理黑社会性质组织犯罪案件座谈会纪要》明确指出,黑社会性质组织及其成员通过犯罪活动聚敛的财物及其收益,是指在黑社会性质组织的形成、发展过程中,该组织及组织成员通过违法犯罪活动或不正当手段聚敛的全部财物、财产性权益及其孳息、收益。最高人民法院、最高人民检察院、公安部、司法部《关于办理黑恶势力刑事案件中财产处置若干问题的意见》更为细致地列举了应当依法追缴、没收的资产范围:(1)黑恶势力组织及其成员通过违法犯罪活动或者其他不正当手段聚敛的财产及其孳息、收益;(2)黑恶势力组织成员通过个人实施违法犯罪活动聚敛的财产及其孳息、

---

① 参见王爱立主编:《中华人民共和国刑法释义》,法律出版社2021年版,第388页。

② 比如,走私犯罪中,第191条规定的犯罪所得,是指走私货物、偷逃税额还是出售走私货物后取得的财产,尚有争议。

收益;(3)其他单位、组织、个人为支持该黑恶势力组织活动资助或者主动提供的财产;(4)黑恶势力组织及其成员通过合法的生产、经营活动获取的财产或者组织成员个人、家庭合法财产中,实际用于支持该组织活动的部分;(5)黑恶势力组织成员非法持有的违禁品以及供犯罪所用的本人财物;(6)其他单位、组织、个人利用黑恶势力组织及其成员违法犯罪活动获取的财产及其孳息、收益。根据上述规定,对上游犯罪为黑社会性质组织犯罪洗钱的案件,认定违法所得及其产生的收益,只要是黑社会性质组织各类主体实施的各类违法犯罪所形成的犯罪所得及其收益,都可以认定为洗钱的对象,不受形成违法所得的具体罪名的影响。比如,甲组织、领导黑社会性质组织,其违法所得来自于该组织成员实施的敲诈勒索等犯罪,敲诈勒索的违法所得当然属于洗钱罪中上游犯罪的违法所得。

三、洗钱行为的界定

根据《刑法》第191条的规定,洗钱罪的行为方式主要有以下五种:(1)提供资金账户的,是指为犯罪行为人提供真名账户、匿名账户、假名账户等,为其转移犯罪所得及其收益提供方便。(2)将财产转换为现金、金融票据、有价证券,是指犯罪行为人本人或者协助他人将犯罪所得及其收益的财产通过交易等方式转换为现金或者汇票、本票、支票等金融票据或者股票、债券等有价证券,以掩饰、隐瞒犯罪所得财产的真实所有权关系。(3)通过转账或者其他支付结算方式转移资金,这种行为的目的是犯罪行为人为自己或者为他人掩盖犯罪所得的来源、去向,这里的支付结算方式包括转账、票据承兑和贴现等。(4)跨境转移资产,是指以各种方式将犯罪所得的资产转移到境外的国家或地区,兑换成外币、动产、不动产等,或者将犯罪所得资产从境外转移到境内,兑换成人民币、动产、不动产等。实践中,跨境转移资产有直接跨境实施的,如通过运输、邮寄、携带等方式跨越国(边)境实现资产转移,以投资等方式购买境外资产等;也有间接跨境实施的,如犯罪集团控制境内、境外分别设立的两个资金池,当境内完成收款后,通知境外资金向外放款,实现跨境转移资产。(5)以其他方法掩饰、隐瞒犯罪所得及其收益的来源和性质的,是一个兜底性条款,以"其他方法"这一表述对未尽事项进行概括,包括将犯罪所得投资于各种行业进行合法经营,将非法获得的收入注入合法收入中,或者用犯罪所得购买不动产等各种手段,掩饰、隐瞒犯罪所得及其收益的来源和性质。①

根据《洗钱司法解释》第2条具有下列情形之一的,可以认定为"以其他方法掩饰、隐瞒犯罪所得及其收益的来源和性质":(1)通过典当、租赁、买卖、投资等方式,协助转移、转换犯罪所得及其收益的;(2)通过与商场、饭店、娱乐场所等现金密集型场所的经营收入相混合的方式,协助转移、转换犯罪所得及其收益的;(3)通过虚构交易、虚设债权债务、虚假担保、虚报收入等方式,协助将犯罪所得及其收益转换为"合法"财物的;(4)通过买卖彩票、奖券等方式,协助转换犯罪所得及其收益的;(5)通过赌博方式,协助将犯罪所得及其收益转换为赌博收益的;(6)协助将犯罪所得及其收益携带、运输或者邮寄出入境的;(7)通过前述规定以外的方式协助转移、转换犯罪所得及其收益的。

上述列举行为概括了洗钱行为形式上的典型特征,但仍需进一步探讨的是:客观上具备上述特征的行为是否当然属于洗钱行为,尤其是在"自洗钱"入罪的情形下,上游犯罪行为人实施了相关行为是否必然构成自洗钱?对此,需要结合刑法条文整体来具体认定。《刑法》第191条规定的"有下列行为之一"与前一句"为掩饰、隐瞒……来源和性质"是并列要件,必须同时具备。因此,洗钱是行为人为掩饰、隐瞒上游犯罪所得及其产生的收益的来源和性质所实施行为,如果行为人虽有相关行为但确实并非为掩饰、隐瞒来源和性质对犯罪所得进行处置,则不符合洗钱罪的构成,比如对于共同犯罪后控制犯罪所得行为人的分赃行为,上游犯罪行为人将犯罪所得用于小额日常消费的行为等。当然,大多数情形下行为人实施符合上述特征的行为,就可以推定是为了掩饰、隐瞒犯罪所得及其收益,不能因犯罪嫌疑人、被告人的辩解就不予认定。总体上,要把握以下判断标准:(1)客观上行为具有掩饰、隐瞒来源、性质的性质或作用,且洗钱的对象是已经确定的犯罪所得或其产生的收益。(2)主观上行为人具有掩饰、隐瞒来源和性质的主观故意,完全不具备这一主观故意的就不

---

① 参见王爱立主编:《中华人民共和国刑法释义》,法律出版社2021年版,第388—389页。

能认定,同时他洗钱行为人还必须明知是七类上游犯罪的所得或收益。(3)洗钱行为是否实际起到"洗白效果",不影响犯罪的认定,更不能因通过侦查、调查手段查清了财物的来源、性质,就认为没有"洗白"。

四、自洗钱的处罚原则

《刑法修正案(十一)》将自洗钱作为洗钱罪处理,是我国根据FATF(反洗钱金融行动特别工作组)关于反洗钱合规性建议所作的一项重要立法修改。2019年FATF对中国的反洗钱工作评估报告指出,中国刑法没有将自洗钱规定为犯罪是重要缺陷,从《刑法》第191条、第312条等罪状表述来看,洗钱犯罪只能是"帮助"型犯罪,无法运用解释论的方法将洗钱罪扩张至自洗钱行为。对于自洗钱能否入罪,我国理论界曾对此存在截然不同的观点。

我国刑法的传统观点大多反对将自洗钱入罪,认为自洗钱入罪不符合我国刑法的基本原理,即违反了禁止重复评价原则和吸收犯事后不可罚原则。所谓违反禁止重复评价原则,是因为对犯罪所得的占有是上游犯罪的自然结果,洗钱犯罪所列举的对犯罪所得及其收益的转化、转移是对犯罪所得及其收益的处理、处置行为,没有超出"占有"的范畴,上游犯罪人有交出违法所得及其收益的义务,但在处罚上游犯罪的同时,又处罚洗钱行为,具有对上游犯罪两次评价的嫌疑。所谓违反了吸收犯事后不可罚原则,是因为上游犯罪与洗钱这一事后犯罪之间的关系在我国刑法理论上属于吸收犯的典型情形,洗钱犯罪相对于上游犯罪不具有独立性,不能另行处罚洗钱犯罪。[①]这些观点一直占据主流地位。

然而,从国外立法的发展演变来看,自洗钱入罪已逐渐成为常态,如作为大陆法系刑法学代表的德国,其刑法典第261条第9款明确将自洗钱行为规定为犯罪。越来越多的观点认为,以事后不可罚原则作为洗钱罪主体不包括上游犯罪人的依据缺乏说服力,该原则的适用前提是事后行为没有侵害新的法益,实践中洗钱活动妨碍了司法侦查、提高了侦查成本和

[①] 参见赵秉志、袁彬:《中国洗钱犯罪的基本逻辑及其立法调整》,载《江海学刊》2018年第1期。

监管成本，完全有可能造成新的法益侵害。① 判断某个行为是否属于"不可罚的事后行为"，应当根据该行为是否属于事前的状态犯所通常包含的、引起新的法益侵害的行为，如果状态犯之构成要件无法评价新的法益侵害行为，则不应仍将该行为视为"不可罚的事后行为"，洗钱犯罪属于独立于上游犯罪的另一犯罪过程，不应被上游犯罪所吸收。② 在《刑法修正案（十一）》出台前，部分主张自洗钱行为不构成我国刑法上的洗钱罪的理由，并不是因为洗钱行为是事后不可罚的犯罪，而是因为修订前的条文只能解释为"他洗钱"。如张明楷、时延安等学者认为，从立法论上应当将自洗钱入罪，不过现行刑法明确规定洗钱罪仅限于"帮助"洗钱，排除了自洗钱行为，定罪不符合罪刑法定原则。③

从以上论述来看，将上游犯罪本犯作为洗钱罪的主体，并与上游犯罪数罪并罚，与禁止双重处罚或者事后行为不可罚的处理原则并不冲突，因为自洗钱本身并非必然属于不可罚的事后行为。而且，基于从严惩治洗钱犯罪的立场来看，将自洗钱作为犯罪处理，更有利于从源头上遏制洗钱犯罪和相关上游犯罪。此外，与国际接轨将自洗钱入罪，也有利于更加有效地打击跨境洗钱犯罪，对上游犯罪本犯在境外实施上游犯罪、在我国境内实施洗钱行为的进行跨境有效打击。鉴于我国刑法已明确上游犯罪本犯实施自洗钱行为构成洗钱罪，应当实行数罪并罚，而不宜按从一重罪处罚等方式处理。

五、他洗钱行为人的主观认识

明知是指"他洗钱"行为人对上游犯罪客观事实的认知。通说认为，此处的"明知"不仅包括确定性认识，还包括可能性认识，即可能知道是

---

① 参见时延安：《比特币洗钱犯罪的刑事治理》，载《国家检察官学院学报》2019年第2期。

② 参见王新：《国际视野中的我国反洗钱罪名体系研究》，载《中外法学》2009年第3期。

③ 参见张明楷：《刑法学》（下册）（第五版），法律出版社2016年版，第793页；时延安：《比特币洗钱犯罪的刑事治理》，载《国家检察官学院学报》2019年第2期。

七类上游犯罪的所得及其产生的收益。判断行为人是否明知，在办案中实质上属于证据判断的内容，即需要组织运用在案证据证明行为人对上游犯罪所得及其产生收益的认知程度。但是，由于《刑法》第191条将上游犯罪局限于七类犯罪，客观上增大了该条文中"明知"的证明难度，不仅需要证明相关掩饰、隐瞒来源和性质的财物系犯罪所得或其产生的收益，还需要证明明知犯罪所得来自于七类上游犯罪，而不是其他犯罪。

行为人在实施掩饰、隐瞒资金来源和性质行为时，其明知所处理的资金来源于七类上游犯罪的犯罪所得及收益的客观事实，即使上游犯罪以其他罪名论处，如牵连犯以重罪论处，不影响对下游洗钱行为人的法律定性。将《刑法》第191条某一上游犯罪的所得及其产生的收益认为是该条规定的其他上游犯罪的所得及其产生的收益的，不影响洗钱罪的认定。比如，行为人明知其所掩饰、隐瞒性质和来源的资金来源于上游行为人非法收购并出售他人信用卡（可能构成妨害信用卡管理罪）的行为，但以帮助信息网络犯罪活动罪或者上游犯罪的共同犯罪定罪处罚，不影响对下游犯罪行为人洗钱罪的认定。对于他洗钱的行为而言，其明知的程度与修法前仍应保持一致，包括知道和应当知道。"知道"是指根据犯罪嫌疑人、被告人的供述、证人证言等证据，可以直接证明犯罪嫌疑人、被告人知悉、了解其所掩饰、隐瞒的是《刑法》第191条规定的上游犯罪的所得及其产生的收益；"应当知道"是指结合查证的主客观证据，可以证明犯罪嫌疑人、被告人知悉、了解其所掩饰、隐瞒的是《刑法》第191条规定的上游犯罪的所得及其产生的收益。

对于明知对象错误的处理，需要具体分析。洗钱犯罪嫌疑人的明知对象认识错误主要有以下几种表现形式：一是将《刑法》第191条规定的某一上游犯罪的所得及其产生的收益误认为第191条规定的上游犯罪范围内的另一其他犯罪所得及其收益，比如将金融诈骗犯罪误认为是走私犯罪，根据司法解释的规定，不影响洗钱罪的认定。二是将《刑法》第191条规定的某一上游犯罪的所得及其产生的收益误认为第191条规定的上游范围外的其他犯罪所得及其收益，由于犯罪嫌疑人不具有帮助七类上游犯罪洗钱的主观故意，按照主客观相统一的原则，不宜认定为洗钱罪，而应按照掩饰、隐瞒犯罪所得、犯罪所得收益罪处理。三是将《刑法》第191条规定范围之外的其他犯罪的所得及其收益误认为第191条规定的上游犯罪所得及其收益的，因为客观上不存在为七类上游犯罪洗钱的行为，也应当按照掩饰、隐瞒犯罪所得、犯罪所得收益罪处理。

六、他洗钱和上游犯罪共犯的区分

在一些案件中，对提供资金账户、帮助转移资金等行为人，究竟按照洗钱罪处理还是按照上游犯罪的帮助犯处理，经常产生争议。理论上，洗钱罪属于上游犯罪的连累犯。所谓连累犯，是指事前与他人没有通谋，在他人犯罪以后，明知他人犯罪的情况，而故意以各种形式予以帮助，依法应受处罚的行为，其明显区别于共同犯罪，两者只能成立其中之一。[①]对犯罪人、犯罪所得等进行包庇、窝藏、洗钱的，都属于连累犯。因此，就洗钱罪而言，洗钱行为是上游犯罪取得犯罪所得后对犯罪所得的事后处理行为，不能成立上游犯罪的帮助犯。因此，在上游犯罪实施过程中为上游犯罪人提供资金账户直接取得财物的，不属于洗钱罪的构成。比如，受贿人借用他人账户接收行贿人的行贿款；毒品贩子借用他人账户直接接收购买者交付的毒资的，提供资金账户都是帮助促成上游犯罪的行为，不能将他人提供资金账户的行为认定为洗钱罪。此外，上游犯罪集团成员因分工不同专门负责处置资产的，一般也不宜认定洗钱罪。

在自洗钱入罪前，如果行为人与上游犯罪人事前通谋，通过提供资金账户等方式掩饰、隐瞒上游犯罪所得及其产生的收益来源和性质的，以共同犯罪论处。在《刑法》第156条、第349条关于走私罪，包庇毒品犯罪分子罪和窝藏、转移、隐瞒毒品、毒赃罪等规定中，都明确将事前通谋的作为共犯论处。最高人民法院《关于审理掩饰、隐瞒犯罪所得、犯罪所得收益刑事案件适用法律若干问题的解释》第5条明确规定："事前与盗窃、抢劫、诈骗、抢夺等犯罪分子通谋，掩饰、隐瞒犯罪所得及其产生的收益的，以盗窃、抢劫、诈骗、抢夺等犯罪的共犯论处。"根据体系解释的原则，与洗钱罪的上游犯罪人事前通谋的，不构成洗钱罪，而是与上游犯罪构成共同犯罪。

[①] 参见陈兴良：《共同犯罪论》（第2版），中国人民大学出版社2006年版，第426页。

在自洗钱入罪后，对于他洗钱与上游犯罪以及本犯自洗钱行为的关系需要重新梳理。如果行为人与上游犯罪行为人同时就上游犯罪、洗钱犯罪进行通谋，但只实施了洗钱行为的实行行为的，由于其通谋上游行为本身可以构成上游犯罪的共犯，而洗钱通谋和实行行为还另外构成洗钱罪，以一罪评价还是数罪评价，尚有争议。本书倾向于从一重罪处罚。

第三节 洗钱罪证据指引

一、主要证据

(一)证明上游犯罪所得及其产生的收益的证据

洗钱的对象是《刑法》第191条规定的七类上游犯罪所得及其产生的收益。首先,调取上游犯罪的判决书,确认上游犯罪事实成立,上游犯罪未判决的,应当调取证明上游犯罪查证属实的相关证据材料。其次,调取证明洗钱对象与上游犯罪所得及其产生收益联系的相关证据,以证明掩饰、隐瞒的对象即上游犯罪所得或者其产生的收益,重点是根据上游犯罪所得及其收益的形式,收集转移、转换全过程的相关证据。比如,上游犯罪所是存款、现金的,调取涉案资金转账、取现、存款等相关证据,包括银行对账单、银行监控录像等视频资料,行为人办理相关业务的留存材料等;上游犯罪所得是房产、贵金属、车辆等实物,或者转换为实物的,调取相关实物的购买、转让合同、注册登记证明、过户手续证明等证据;上游犯罪所得系虚拟币的,按照虚拟货币交易流程,收集行为人将赃款转换为虚拟货币、将虚拟货币兑换成法定货币或者使用虚拟货币的交易记录等证据,包括比特币地址、密钥,行为人与比特币持有者的联络信息和资金流向数据等。对于上游犯罪所得资金流向复杂的,可以商请中国人民银行反洗钱部门提供协助,排查可以交易,穿透资金链条,分析涉案资金的来源、流转过程和最终去向。

(二)证明洗钱行为的证据

《刑法》第191条列举了四种洗钱的具体手段,《洗钱司法解释》列举了掩饰、隐瞒犯罪所得及其收益的来源和性质的其他方法。首先,收集与上述洗钱手段有关的物证、书证、证人证言、犯罪嫌疑人供述和辩解、电子数据等证据,部分证据与第一项所列举的证据相同。收集证据应当根据每一类洗钱行为的特征有针对性地开展。其次,对于掩饰、隐瞒特征不明显的洗钱行为,应当注重收集其他外围证据,以证明相关行为属于为掩饰、隐瞒犯罪所得及其收益的来源和性质,而不是为了其他目的。比如,行为人将犯罪所得用于购置黄金首饰的,需要进一步收集证明购置首饰用途的相关证据,如购置的首饰是否用于赠送亲友,购置首饰的数量是否超出正常需求等。

(三)证明对犯罪所得的主观认识的证据

在他人为上游犯罪行为人实施掩饰、隐瞒前述七类上游犯罪所得及其产生的收益的情况下,主观上认识到"清洗"之财物系《刑法》第191条规定的七类上游犯罪所得及其产生的收益,是构成本罪的必要条件。对于自洗钱行为,在上游犯罪行为人自己实施掩饰、隐瞒毒品犯罪、黑社会性质的组织犯罪、恐怖活动犯罪、走私犯罪、贪污贿赂犯罪、破坏金融管理秩序犯罪、金融诈骗犯罪的所得及其产生的收益的来源和性质的情况下,其对资金来源和性质明知无须特别证明。而对于为他人洗钱的行为,仍需要收集相关证据进行证明。

证明他洗钱行为人对资金来源和性质的明知,需要收集涉嫌洗钱犯罪行为人与上游犯罪行为人的关系及联络证据,并通过洗钱行为人的客观行为和收取的费用等进行综合判断。洗钱罪所涉七类上游犯罪各自具有特殊表现,掩饰、隐瞒犯罪所得、犯罪所得收益的行为通常也具有异常性,通过归纳七类上游犯罪的特殊表征,结合与犯罪嫌疑人认知能力相关的证据,可以判断其是否明知系七类犯罪的所得及其产生的收益。通常需要收集的证据包括:(1)上游犯罪人的身份背景、职业特征、收入状况;(2)洗钱行为人的身份背景、认知能力;(3)上游犯罪所得及其收益的种类、数额,洗钱行为人接触、接收、转移、转化的途径、方式,是否具有异常表现;(4)洗钱行为人与上游犯罪人之间的关系,交往情况,了解、信任程度,通讯联络记录;(5)上游犯罪人及洗钱犯罪人所处的周边环境:如该地区是否为走私、毒品犯罪高发区;(6)其他有关洗钱犯罪人对上述情形认知程度和参与活动相关证据;等等。对于上述证据材料,应当尽量全面收集、固定,这对于准确认定行为人的主观认识状态具有重要作用。

比如，在赵某洗钱案中，公安机关移送起诉时认定洗钱数额200万元，系武某明确告知赵某钱款来源的数额，对于在此前后武某另外多次向赵某转账的1000余万元，因武某没有对赵某明示钱款来源，未认定洗钱。但是，资金来源、转账方式、用途与上述200万元一致。天津市东丽区人民检察院两次退回补充侦查，要求公安机关查证赵某和武某的真实关系，赵某对上述1000余万元资金来源和性质的认知情况。公安机关调取了武某的工资收入、个人房产情况，查明武某财产状况和工资收入水平；调取了武某、赵某任职经历证据，查明二人多年同在电影集团金融部工作且长期为上下级关系；讯问武某、王某，二人供述赵某与武某在同一办公室工作，武某与王某谈业务从不回避赵某，赵某、武某二人长期同居。通过上述证据的补充侦查，认定赵某对1000万元是贪污贿赂犯罪所得也具有主观明知，最终以洗钱1200万元对赵某起诉并判决。①

二、证据的审查判断

洗钱犯罪中，他洗钱行为人主观明知的认定是案件的难点和重点问题。《洗钱司法解释》第1条对此作了专门规定：应当结合被告人的认知能力，接触他人犯罪所得及其收益的情况，犯罪所得及其收益的种类、数额，犯罪所得及其收益的转换、转移方式以及被告人的供述等主客观因素进行认定；并列举了七种可以推定被告人明知系上游犯罪所得及其收益的具体情形：(1) 知道他人从事犯罪活动，协助转换或者转移财物的；(2) 没有正当理由，通过非法途径协助转换或者转移财物的；(3) 没有正当理由，以明显低于市场的价格收购财物的；(4) 没有正当理由，协助转换或者转移财物，收取明显高于市场的"手续费"的；(5) 没有正当理由，协助他人将巨额现金散存于多个银行账户或者在不同银行账户之间频繁划转的；(6) 协助近亲属或者其他关系密切的人转换或者转移与其职业或者财产状况明显不符的财物的；(7) 其他可以认定行为人明知的情形。但是，列举的情形总是有限的，不能覆盖实践中所有可能的洗钱手段，而且所能证明的对象只能达到明知是犯罪所得及其产生的收益这一层次。存在相反

---

① 2021年3月19日最高人民检察院、中国人民银行联合发布的惩治洗钱犯罪典型案例之一。

证据的情形下，刑事推定的结论仍可以被推翻，这些规定主要的作用在于为证据判断提供指引。

在具体案件中，对行为人主观明知的证明，关键在于合理运用证明方法构建证明体系，借助于上述推定规则进行判断。最重要的是，准确认定犯罪嫌疑人的主观认识状态，准确理解司法解释的认识方法和认定方法，结合行为人的认知能力，接触他人犯罪所得及其收益的情况，犯罪所得及其收益的种类、数额，转移、转换犯罪所得及其收益手段方式违反市场规律的异常性，上游犯罪人的职业与财物数额的不匹配性以及行为人的供述等主客观因素进行综合判断。

（一）明知犯罪所得及其收益的证明

司法解释采取概括加列举的方式，规定了七种可以认定行为人明知的情形。但需注意的是，司法解释的这一规定属于证据推定规则。在具体运用时，应当注意两个方面的问题：第一，司法解释规定的推定结论可以被相反证据推翻，有证据证实行为人确实不知道或者不可能知道的，可以推翻上述推定结论。第二，不能机械适用司法解释列举的推定规则，每一案件具体情形不同，需要根据列举推定规则所反映的证明方法，结合在案证据，并遵循经验和逻辑作出综合判断。从司法解释列举的六种情形来看，判断明知的关键在于两个异常性，即财物来源的异常性，如与其职业或者财产状况明显不符的财物；流转过程的异常性，如低价收购、高额手续费、频繁划转、非法途径等。对于司法解释未列出的其他同类异常情形，亦可用于推定明知。

（二）明知七类上游犯罪的证明

根据司法解释列举的推定规则，无法直接推定出系七类上游犯罪的违法所得及其产生的收益。是否明知七类上游犯罪，同样需要根据七类犯罪的常见特征对证据进行综合分析判断。判断是否明知，需要根据经验和逻辑对上述各类相关证据进行综合分析判断，构建证明体系，排除其他可能性，从而形成完整的证明链条。以贪污贿赂罪为例，可以结合上游犯罪人是否属于国家工作人员、其交付财物是否明显不符合其正常收入状况、洗钱犯罪人与上游犯罪人之间的关系等相关证据进行推定。

第四节 相关案例评析

一、赵某洗钱案[①]

【基本案情】

被告人赵某，原系国有独资企业天津市某电影集团有限公司（以下简称电影集团）金融部职员。

1. 上游犯罪

2012年1月至2018年6月，武某（另案处理）利用担任电影集团金融部副部长、部长、金融顾问等职务便利，伙同王某（另案处理）等人非法侵占公款5587万余元，索取收受他人贿赂680余万元，向他人行贿356万元。武某因犯贪污罪、受贿罪、行贿罪，被判处有期徒刑22年，并处罚金200万元。

2. 洗钱犯罪

2012年开始，赵某长期与武某保持情人关系。2013年至2018年6月，赵某向武某提供个人银行账户，多次接收从武某本人银行账户或者武某贪污罪共犯王某实际控制的银行账户转入的武某贪污、受贿款项，共计1200余万元。其中，2013年至2014年，赵某提供银行账户接收从武某银行账户转入的16笔汇款270余万元，后赵某将上述款项转入天津中某地产有限公司（以下简称中某公司）账户，以本人名义购买天津市河西区君某小区一处房产及车位。2015年7月至11月，赵某提供银行账户接收从武某银行账户转入的1笔汇款60万元，接收王某通过其母亲李某的银行账户转入的1笔汇款100万元，并从武某处得知该100万元系王某所给。

[①] 2021年3月19日最高人民检察院、中国人民银行联合发布的惩治洗钱犯罪典型案例之一。

后赵某将其中20万元转入天津市多家家具公司账户,为此前购买的君某小区房产购置家具,其余140万元以本人名义购买银行理财产品。2016年8月,赵某提供银行账户接收从武某银行账户转入的1笔汇款170万元,后赵某全部转入中某公司账户,以本人名义购买君某小区的另一处房产。2017年1月,赵某提供银行账户接收从武某银行账户转入的1笔汇款100万元,并从武某处得知系王某所给,后以本人名义购买银行理财产品。2018年6月,赵某提供银行账户接收从武某银行账户转入的1笔汇款500万元,后将其中300万元转入本人其他银行账户,其余200万元仍存于原银行账户。

【诉讼过程】

2018年11月12日,天津市公安局东丽分局以赵某涉嫌洗钱200万元将案件移送起诉。东丽区人民检察院审查发现,公安机关认定洗钱数额200万元,系武某明确告知赵某钱款来源的数额;在此前后,武某另有多次向赵某转账,共计1000余万元,武某虽然没有对赵某明示钱款来源,但是资金来源、转账方式、用途与上述200万元一致,可能涉嫌洗钱犯罪。由于赵某否认是武某的密切关系人,否认知悉钱款性质,东丽区人民检察院两次退回补充侦查,列出详细的补充侦查提纲,要求公安机关查证赵某和武某的真实关系、赵某对上述1000余万元资金来源和性质的认知情况。公安机关调取了武某的工资收入、个人房产情况,查明武某财产状况和工资收入水平;调取了武某、赵某任职经历证据,查明二人多年同在电影集团金融部工作且长期为上下级关系;讯问武某、王某,二人供述赵某与武某在同一办公室工作,武某与王某谈业务从不回避赵某,赵某、武某二人长期同居。检察机关认为,补充侦查获取的证据证明,赵某是武某的密切关系人,对武某通过贪污贿赂犯罪获取非法利益应当有概括性认识,应当知道其银行账户接收的1000余万元明显超过武某的合法收入,系其贪污受贿所得。2019年5月16日,东丽区人民检察院对赵某以洗钱罪提起公诉,认定犯罪金额1200余万元。

2019年9月4日,天津市东丽区人民法院作出判决,认定赵某犯洗钱罪,犯罪数额1200余万元,判处有期徒刑5年,并处罚金70万元。宣判后,赵某提出上诉。2020年6月8日,天津市第三中级人民法院裁定驳回上诉,维持原判。

【典型意义】

检察机关办理贪污贿赂犯罪案件，应当同步审查贪污贿赂款物的去向及转移过程，发现洗钱犯罪线索，及时移交公安机关立案侦查。贪污贿赂犯罪人员的近亲属、密切关系人等是洗钱犯罪的高发人群，虽然没有参与实施贪污贿赂犯罪，但是提供资金账户接收、转移犯罪所得，以投资、理财、购买贵重物品等方式掩饰、隐瞒赃款来源和性质，符合《刑法》第191条规定的，应当以洗钱罪追究刑事责任。

重证据，不依赖口供。犯罪嫌疑人不供认犯罪的，可以通过审查犯罪嫌疑人对贪污贿赂犯罪分子的职业、合法收入了解情况，双方交往、共同工作、生活情况，双方资金、财产往来情况，接收资金、财产后转移、投资情况，以及接受、转移的资产与其职业、收入是否相符等情况，综合认定犯罪嫌疑人对上游犯罪的了解、知悉状态。

检察机关审查洗钱犯罪案件，要对上游犯罪中相关的涉案财物全面审查，不能局限于移送的犯罪事实。发现遗漏犯罪事实、遗漏其他犯罪嫌疑人的，应当及时通知公安机关补充侦查或者补充移送起诉。要加强与监察机关、公安机关的沟通配合、工作引导，在严厉查办上游犯罪的同时，重视转移、掩饰、隐瞒犯罪所得及收益等洗钱犯罪的查办，并通过查办洗钱犯罪，追缴犯罪所得，有效遏制上游犯罪。

二、张某洗钱案[①]

【基本案情】

被告人张某，原系江苏某机关工作人员。

1. 上游犯罪

2007年至2012年，被告人张某的前夫陈某（另案处理）以个人或者徐州泰某投资管理有限公司等单位的名义，以投资生产蓄电池、硅导体等需要大量资金为由，通过虚构专利产品、夸大生产规模和效益等手段，在南京、徐州地区向社会公众非法集资人民币10亿余元，造成集资参与人

[①] 2021年3月19日最高人民检察院、中国人民银行联合发布的惩治洗钱犯罪典型案例之一。

损失 7 亿余元。陈某因犯集资诈骗罪被判处无期徒刑，剥夺政治权利终身，没收个人全部财产。

2. 洗钱犯罪

2007 年至 2012 年，被告人张某明知陈某从事非法集资活动，先后开立 6 个银行账户，提供给陈某使用，共接收陈某从其个人及其实际控制的亲友银行账户转入的非法集资款 6.6 亿余元。张某前往银行柜台将其中的 67 万余元转账至陈某控制的其他银行账户，1156 万元以开具本票的方式支取并汇入陈某控制的其他银行账户、取现给陈某或者用于购物付款；张某还将网银 U 盾提供给陈某，由陈某及其公司会计将其余 6.5 亿余元使用 U 盾陆续转出。另外，2009 年 3 月至 2011 年 8 月，张某将工资卡账户提供给陈某，接受陈某转入的非法集资款共计 307 万元，张某将转入资金与工资混用，用于消费、信用卡还款、取现等。

【诉讼过程】

在陈某集资诈骗案审查起诉过程中，集资参与人返还投资款诉求强烈。经两次退回补充侦查，仍有部分集资诈骗资金去向不明，南京市人民检察院决定自行侦查，并依法向中国人民银行南京分行调取证据。中国人民银行南京分行通过监测分析相关人员银行账户交易情况，发现陈某本人及关联账户巨额资金流入其前妻张某账户。经传讯，张某辩称其名下银行卡由陈某开立并实际使用，且已与陈某离婚多年，对陈某非法集资并不知情。针对张某辩解，检察机关进一步调取相关证据：一是调取银行卡开户申请、本票申请书、转账凭证等书证，并委托检察技术部门对签名进行笔迹鉴定，确认签名系张某书写，证明全部涉案银行卡、本票以及柜台转账均为张某本人前往银行办理。二是询问陈某亲属、公司工作人员证实，张某与陈某离婚不离家，仍然以夫妻名义共同生活、对外交往，公司员工曾告知张某协助陈某吸储的工作职责，张某曾向公司负责集资的员工表示将及时归还借款。上述证据证明张某应当知道陈某从事非法集资活动。检察机关自行侦查查明了陈某非法集资款的部分去向，同时发现张某明知陈某汇入其银行账户的资金来源于非法集资犯罪，仍然提供资金账户，协助将非法集资款转换为金融票证，协助转移资金，涉嫌洗钱罪。

南京市人民检察院依法对陈某以集资诈骗罪提起公诉后，将张某涉嫌洗钱罪的线索和证据移送公安机关立案侦查。南京市公安局鼓楼分局经立案侦查，于 2016 年 3 月 21 日对张某以涉嫌洗钱罪移送起诉。2016 年 9 月 26 日，南京市鼓楼区人民检察院以洗钱罪对张某提起公诉。2017 年 8 月 9 日，南京市鼓楼区人民法院作出判决，认定张某犯洗钱罪，判处有期徒刑 7 年，并处罚金 4000 万元。宣判后，张某提出上诉。2017 年 12 月 25 日，南京市中级人民法院裁定驳回上诉，维持原判。

【典型意义】

其一，检察机关对需要补充侦查的案件，可以退回公安机关补充侦查，也可以自行侦查。特别是对经退回补充侦查，公安机关未按补充侦查要求补充收集证据，关键证据存在灭失风险，需要及时收集固定，侦查活动可能存在违法情形的，检察机关应当依法自行侦查，并将自行侦查的结果向公安机关通报，对侦查人员怠于侦查的情况提出纠正意见。

其二，检察机关对洗钱罪上游犯罪开展自行侦查的，应当同步审查是否涉嫌洗钱犯罪。在自行侦查、同步审查时，应当注意全面收集、审查上游犯罪所得及收益的去向相关证据，如资金转账、交易记录等。发现洗钱犯罪线索的，应当将犯罪线索和收集的证据及时移送公安机关立案侦查，并做好跟踪监督工作，依法惩治洗钱犯罪。

其三，有效运用自行侦查追缴违法所得，切实维护人民群众合法权益。非法集资案件中，犯罪分子往往通过各种违法手段转移非法集资款，集资参与人损失惨重。以追踪资金为导向，严惩转移非法集资款的洗钱犯罪，有利于及时查清资金去向，有效截断资金转移链条，提高追缴犯罪所得的效率效果。在依法查办陈某集资诈骗案过程中，检察机关主动作为，依法自行侦查、立案监督、追诉张某洗钱罪，会同公安机关及时查清、查封涉案资产，追缴犯罪所得，返还集资参与人，有力维护了人民群众合法权益。

附 录

附录一 金融犯罪主要立法解释、司法解释索引

（一）综合

《全国法院审理金融犯罪案件工作座谈会纪要》（法〔2001〕8号）

最高人民检察院、公安部《关于公安机关管辖的刑事案件立案追诉标准的规定（二）》（公通字〔2010〕23号、公通字〔2022〕12号）

（二）涉信用卡犯罪

全国人民代表大会常务委员会《关于〈中华人民共和国刑法〉有关信用卡规定的解释》

最高人民检察院《关于拾得他人信用卡并在自动柜员机（ATM机）上使用的行为如何定性问题的批复》（高检发释字〔2008〕1号）

最高人民法院研究室《关于信用卡犯罪法律适用若干问题的复函》（法研〔2010〕105号）

最高人民法院、最高人民检察院、公安部《关于信用卡诈骗犯罪管辖有关问题的通知》（公通字〔2011〕29号）

最高人民法院、最高人民检察院《关于办理妨害信用卡管理刑事案件具体应用法律若干问题的解释》（法释〔2018〕19号）

（三）非法集资犯罪

最高人民法院《关于审理非法集资刑事案件具体应用法律若干问题的解释》（法释〔2010〕18号、法释〔2022〕5号）

最高人民法院、最高人民检察院、公安部《关于办理非法集资刑事

案件适用法律若干问题的意见》(公通字〔2014〕16号)

最高人民检察院公诉厅《关于办理涉互联网金融犯罪案件有关问题座谈会纪要》(高检诉〔2017〕14号)

最高人民法院、最高人民检察院、公安部《关于办理非法集资刑事案件若干问题的意见》(高检会〔2019〕2号)

(四) 证券期货犯罪

最高人民法院、最高人民检察院、公安部、中国证监会《关于办理证券期货违法犯罪案件工作若干问题的意见》(证监发〔2011〕30号)

最高人民法院、最高人民检察院《关于贯彻执行〈关于办理证券期货违法犯罪案件工作若干问题的意见〉有关问题的通知》(法发〔2012〕8号)

最高人民法院、最高人民检察院《关于办理内幕交易、泄露内幕信息刑事案件具体应用法律若干问题的解释》(法释〔2012〕6号)

最高人民法院、最高人民检察院《关于办理操纵证券、期货市场刑事案件适用法律若干问题的解释》(法释〔2019〕9号)

最高人民法院、最高人民检察院《关于办理利用未公开信息交易刑事案件适用法律若干问题的解释》(法释〔2019〕10号)

(五) 洗钱犯罪

最高人民法院《关于审理洗钱等刑事案件具体应用法律若干问题的解释》(法释〔2009〕15号)

最高人民法院《关于审理掩饰、隐瞒犯罪所得、犯罪所得收益刑事案件适用法律若干问题的解释》(法释〔2021〕8号)

(六) 其他金融犯罪

最高人民法院《关于审理伪造货币等案件具体应用法律若干问题的解释》(法释〔2000〕26号)

最高人民法院《关于审理伪造货币等案件具体应用法律若干问题的解释(二)》(法释〔2010〕14号)

最高人民法院、最高人民检察院《关于办理非法从事资金支付结算业务、非法买卖外汇刑事案件适用法律若干问题的解释》(法释〔2019〕1号)

附录二 最高人民法院、最高人民检察院金融犯罪指导性案例索引

马乐利用未公开信息交易案（最高人民法院指导案例 61 号）
马乐利用未公开信息交易案（最高人民检察院检例第 24 号）
朱炜明操纵证券市场案（最高人民检察院检例第 39 号）
周辉集资诈骗案（最高人民检察院检例第 40 号）
杨卫国等人非法吸收公众存款案（最高人民检察院检例第 64 号）
王鹏等人利用未公开信息交易案（最高人民检察院检例第 65 号）
博元投资股份有限公司、余蒂妮等违规披露、不披露重要信息案（最高人民检察院检例第 66 号）

图书在版编目（CIP）数据

金融犯罪办案指引 / 贝金欣主编 . — 北京：中国检察出版社，2022.5
ISBN 978-7-5102-2690-8

Ⅰ . ①金⋯ Ⅱ . ①贝⋯ Ⅲ . ①金融犯罪—研究—中国 Ⅳ . ① D924.334

中国版本图书馆 CIP 数据核字（2022）第 001781 号

金融犯罪办案指引

贝金欣　主编

责任编辑：葛晓湄
技术编辑：王英英
封面设计：曹　晓

出版发行：	中国检察出版社
社　　址：	北京市石景山区香山南路 109 号（100144）
网　　址：	中国检察出版社（www.zgjccbs.com）
编辑电话：	（010）86423706
发行电话：	（010）86423726　86423727　86423728
	（010）86423730　86423732
经　　销：	新华书店
印　　刷：	河北宝昌佳彩印刷有限公司
开　　本：	710mm×960mm　16 开
印　　张：	26.75
字　　数：	420 千字
版　　次：	2022 年 5 月第一版　2023 年 4 月第三次印刷
书　　号：	ISBN 978-7-5102-2690-8
定　　价：	90.00 元

检察版图书，版权所有，侵权必究
如遇图书印装质量问题本社负责调换